中央民族大学国家“十五”“211工程”建设项目

张海洋　杨筑慧　编

发展的故事

——社会实践与人性回归

中央民族大学出版社

图书在版编目（CIP）数据

发展的故事——社会实践与人性回归/张海洋，杨筑慧编．—北京：中央民族大学出版社，2006.6

ISBN 7－81108－207－1

Ⅰ．发…　Ⅱ．张…　Ⅲ．社会发展—中国—文集　Ⅳ．D668－53

中国版本图书馆 CIP 数据核字（2006）第 041456 号

发展的故事——社会实践与人性回归

编　　者　张海洋　杨筑慧
责任编辑　一　丁
封面设计　马钢工作室
出 版 者　中央民族大学出版社
　　　　　北京市海淀区中关村南大街 27 号　邮编:100081
　　　　　电话:68472815(发行部) 传真:68932751(发行部)
　　　　　　　68932218(总编室)　　　68932447(办公室)
发 行 者　全国各地新华书店
印 刷 者　北京宏伟双华印刷有限公司
开　　本　880×1230(毫米)　1/32　印张:14.25
字　　数　360 千字
印　　数　2000 册
版　　次　2006 年 6 月第 1 版　2006 年 6 月第 1 次印刷
书　　号　ISBN 7－81108－207－1/D·81
定　　价　30.00 元

民族学社会学教材与研究丛书总序

民族学与社会学学院的前身是建立于1952年的中央民族学院研究部。在20世纪五六十年代，研究部曾汇聚了中国大部分民族学与社会学的顶尖人才，如中国民族学与社会学的开拓者潘光旦、吴文藻、杨成志、吴泽霖、费孝通、林耀华和李有义等人，以及他们的学生陈永龄、宋蜀华、施联朱、王辅仁、吴恒和王晓义等著名学者。

20世纪80年代初，研究部更名为民族研究所，不久又建立了中国第一个民族学系，20世纪90年代扩大为民族学研究院，2000年更名为民族学与社会学学院。半个世纪以来，名称和建制的变化，并没有影响她致力于民族学教学与研究的宗旨，经过几代人的努力，从该院毕业的民族学专业的学士、硕士和博士已遍布全国各地，多为栋梁之材。同时出版了大量在国内影响巨大的专著和教材。如潘光旦、吴文藻、费孝通等人的文集，林耀华主编的《民族学通论》、宋蜀华的《民族研究文集》、陈永龄的《中国民族学史》(英文版)，还出版了全所历年研究成果的论集《民族研究论文集》。这些出版物的共同特点是，以实地调查的材料为基础，以中国的56个民族为主要研究对象。几十年来，这已成为民族学与社会学学院几代人的学术传统。

民族学（文化人类学）毕竟是一个自西方传来的学科，在中国发展历史较短，几十年来又多次受政治运动的影响，所以与我国一些传统的老学科相比，中国的民族学无论在专业的理论、方法和研究成果方面，都是一个比较年轻、比较薄弱的学科。因此，今后本学科的重点是加强民族学专业的基础理论和方法的建设。为此，我们认为需要长期坚持两个方面的工作：

一、积极了解和借鉴国外学者有关的理论、方法和实践。这就要求我们既要翻译、介绍国外一些经典的名著，又要随时掌握国外研究的动态，将其最新的代表性作品翻译介绍给国内的读者和同行。

二、继承我院50年来的传统，坚持实证性的研究方法，以中国的56个民族为主要研究对象，紧密联系实际，加强实地调查，以此为基础，进行理论的总结，为建立独树一帜的、有中国特色的民族学理论而努力。

我们认为有必要使我们的学科建设和理论研究进一步系统化、规范化，并且在研究成果的基础上不断更新教材。因此，我们于2000年成立了“民族学教材与研究丛书编委会”，目的是以民族学与社会学学院为基础，系统地编辑出版民族学专业的教材和以实证性研究为主的专著、调查报告和论文。编委会将重点支持以下内容的教材和著作：

1. 民族学专业主干课和紧缺的必修课教材。
2. 以实地调查资料为基础的专题研究著作。
3. 国外民族学名著或前沿理论与方法的译著。
4. 有重要学术资料价值且规范的田野调查报告。
5. 本院教师实证性研究的论文集。

我们要求教材的编写者，应具有多年讲授该课程的资历，并且发表过有关的研究论文。我们要求丛书中的教材和论著应参考并引用国内外最新的相关研究成果，能够与国际学术界对话。我们希望经过若干年的努力，本套丛书能够为民族学与社会学学院50年学术传统的发扬光大，为中国民族学学科的建设和中国民族学在国际学术界中较高地位的确立做出贡献。

杨圣敏

社会前进、社区延续与人性回归

（序）

这是一本用案例和故事反映中国现代的发展努力和中国人在社区层次上为发展付出代价的书。它的作者是中央民族大学民族学与社会学学院的6位硕士研究生。硕士学位论文通常不大可能正式出版，但下列理由使这6篇论文值得让更多读者来品读和思考：

第一，本书的6位年轻作者分别来自彝、回、汉、布依和景颇等5个民族。他们的选题包括广西古镇旅游开发、贵州水电工程移民、四川凉山黑彝地位变迁、云南景颇族遭遇毒品和艾滋病的状况和原因、宁夏回族农村牲畜牙行（经纪人）的实践知识、河南农村家族祠堂的重建等。问题虽然五花八门，但主因和主题都是一个：即发展的代价和实践主体的能动性。

中国各民族的农民和牧民、平地民和山地民，连同他们所在地方的生态环境和民族文化，都在近60年的中国经济和社会发展中付出了诸多代价，这些代价换来了我们当前部分人享受的发展成果，而这些成果还有很多人却没有享受到。但是饮水思源，我们要知道这些付出的代价对于家乡父老、兄弟姐妹、我们自身和子孙后代会有哪些意味和后果。中国今后还会发展，我们就是企盼在以后的发展中，国人都能有一种“代价和反思”意识，这种意识能使我们理解和珍重“和谐社会”的理念，明确“创新型国家”的含意和应该采取的行动。

发展的代价和反思还提醒我们：中国各民族的百姓和他们所

属的社区，从来都不是现代社会想象和现代话语中所描述的那样是“一穷二白”或者无知无能无力。他们都有自己的文化传统，有自己要追求的生活目标和理想，也有实现这种目标的文化资源和行动意义。无论面对的是革命还是改革，他们都能针对当时的处境做出能动的适应，即用社区的传统文化资源和生活规则来应对发展的挑战，保持生活的连续性，这就是行动主体的能动性。本书在揭示发展代价的同时也显示出他们的这种能动性。他们的能动性并没有惊天动地之处，但这种能动性延续了人类的生物个体和文化群体两条性命，这就非同小可。

第二，本书是中央民族大学民族学与社会学学院开展“参与式研究型教学”活动的成果之一。参与式研究型教学主张把高校的教学与研究结合起来，把学生与教师结合起来，利用高校的资源创造条件，让学生参与教师的教学和研究，让师生能共同参与社会实践和研究社会问题，提出有创意的分析和解释来回报社会和学科建设。在这种模式下，教师委托学生出面组织学术讲座，学生帮助教师准备教案甚至走上讲台，利用教师的研究经费在寒暑假做社会调查。教师则在这些活动中对学生进行全程指导，师生一起把社区田野当成课堂和拜各民族社区的报道人为师。最后，在相互尊重知识产权的基础上，学生、教师和社区报道人共同发表研究成果，再把成果反馈回教室、学科、社区和社会。我们认为这种参与式研究型教学乃是中国民族学人类学和社会学未来发展的必由之路。中央民族大学率先在民族学与社会学学院采用“参与式研究型”的教学模式来培养学生和研究中国社会，乃是基于如下考虑：

首先，当代中国正处在社会转型的关键期，各种社会政策法规都在逐渐完善之中。大学师生在此时运用学科和专业知识从事社会文化研究，反映现实问题并提出对策建议，可以满足基层社区和高层社会两方面的需求：社区百姓的生活状况和心声能藉此得到反映，国家社会的政策法规因此得到评估和信息反馈。往好处讲，这样做能为构建中国的和谐社会尽一份心力；往差处讲，它也能把弱势群体和少数民族在发展中遇到的困难呈现给主流社会，增加基层与高层、社会与社区双方的相互同情理解和配合意识，减少因缺乏理解和沟通而造成的种种不惑和困境。

其次，中国实行严格的计划生育政策已近30年。30年前，中国面对不发达状况和急剧增长的人口，采取了人口急刹车行动，针对不同民族和地域严格限定生育数量。现在看来，这次行动的成功是中国社会现代性的标志，它预示了有此现代性的中国经济和社会必定会快速发展，中国人生活水平会因此而迅速提高。但人类从来是既能解决问题又会制造问题的种群，并因之而产生一整套机制。

人口急刹车带来生活水平提高之时使中国社会出现四类人口状况：一是大量独生子女人群涌现，二是家庭核心化程度日趋显现，三是城市中的不婚人群和婚而不育的“丁克 DINK，double income & no kids”家庭数量大增，四是人的寿命大大延长。结果，目前的中国人口总量虽然没有明显下降反而略有上升，但这个人口总量不无泡沫。泡沫是说，中国人口主体部分已经处在年龄和性别金字塔结构的中上部，这些人口不能满足未来中国经济发展对劳动力的需求，也不能再为社会生育后代。近几年中国东部城市出现劳动力缺乏，可能是将来中国人口危机的冰山一角。

与此同时，近30年的“独生子女政策”给中国高校带来现实的挑战。当前中国大学生多半都是独生子女，他们固然健康聪明灵俐，但毛病也很多。如他们自幼受到太多的宠爱或溺爱而缺乏奉献精神和分享意识；他们参与实践不多，缺乏动手能力，也不太懂得尊师重道和尊老爱幼的道理。故此，大学需要对他们进行再次的社会化，即通过让他们接触实际，服务社会和帮助弱势群体来理解国家发展的沉痛代价和艰辛历程，强化他们的社会责任感和悲天悯人情怀。

再次，中国学术的基础自“五四”运动以来受创至深且巨。重创虽不至于让中国学术万劫不复，但积重难返却是事实。目前国家和社会有志恢复，也要再过几十年和几代人才能见到成效。但中国的发展一日千里，时不我待。面对这种需求和使命，民族学人类学社会学者别无选择，只能采用参与式研究型教学模式，在参与改革实践的同时培养学生和建设学科。

最后，我们主张实行参与式研究型教学还有如下考虑：当前中国学界的理论基础虽然薄弱，但中国的发展实践已经让世界刮目相看。我们的师生参与社会调查，总结中国经验和中国智慧来跟发达国家对话，有助于我们借鉴发达国家的经验和教训，完善我国的社会政策。这符合我们主张的中国人文社会学科应用原则，即“两个保护和一个维护”：保护生态环境，保护多元多样的民族文化传统，维护弱势群体和少数民族的权益；也符合我们主张的中国人文社会学科建设原则，即“两个借鉴和一个创建”：借鉴中国传统文化和当前社会实践，借鉴国外的学科理论方法，创建有中国特色的人文社会学科。

第三，本书的故事多发生在社区层次，由研究生从实地调查中收集。研究生的调查有粗细深浅之别，但总算能把生活中的一些案例收集上来并有所分析。这些故事并不能反映中国人为发展所付代价的全部，例如，中国还有牧区的生态困境，还有“两区”（经济发展区和自然及文化保护区）开发带来的当地居民生活资源受限问题，还有城市养老问题，还有主流社会对少数民族的刻板化印象，也还有多元文化与和谐社会的统计指标体系开发等迫切问题等。但读者通过本书的案例和故事，一定能够感受中国在从传统向现代转型的关键时期里，各民族农村社区的平民百姓曾经有过哪些经历和问题，又怎样从社会结构和文化资源中找出了自己的生存和发展之道。这本身就是中国经验的组成部分。

本书中的故事及其主人公的经历，可以说一定程度上反映了国家面对现代化和发展压力时所采取对策的结果。这些对策在把中国带到今天的繁荣之境时，也使中国农民百姓付出的代价高于其他社会阶层或群体，特别是高于官员和知识分子群体。中国的农民百姓人数虽多，但在全球化和信息化的社会里，他们手里能用来跟主流社会做交换和互动的资源却很有限。因此，他们特别需要人文社会学科的学者格外关注。

我们说中国老百姓跟主流社会互动的资源“有限”，不是说他们没有文化资源，而是说他们在社区中积累、维护和使用的那种资源跟我们在公民社会上所用的资源属于不同类型。类型不同的资源本来可以通过相互理解和交流实现沟通和互惠。但近现代以来，中国“社会”从西方引进了民族国家、科学技术、计划经济等现代意识，后来又加上市场经济和科学技术，因而变得格外强大。强大的社会往往自以为无所不能，所以就用简单的两元对立方法来给社区的资源贴标签，使之污名化。例如，我们认为我们所生活的城市社会是现代，民间社区是传统；现代社会代表未来，民间社区则代表过去；现代社会代表科学真理，民间社区代表封建迷信或愚昧落后。因此，至少从辛亥革命以来，中国的各种传统社区及其文化，包括少数民族传统社会组织，就一直处于被改造和教育的境地。结果，现代社会对传统社区形成了一种无可争议的支配性、优越感和霸权话语。

这种优越感和霸权话语妨碍了“我们”（特别是政府官员和知识分子）理解“他们”（特别是传统精英和宗教职业者）在社区中用仪式和行动体现的生活意义。例如，我们其实至今也不知道中国百姓的民间民俗和地方信仰，包括自然崇拜、万物有灵和风水观念到底应该叫个什么名字和应该怎样去做分类和研究。可“不知道”却无妨于我们给它们贴上一个“怪力乱神”的标签，然后或祛除批判或放任自流。近现代中国的主流社会对于传统的民间社区，一直就是误解多于理解，轻蔑多于尊重，批判多于研究，改造多于学习。这种误解造成三个后果：一是国家和社会的很多口号和运动不能在社区扎根；二是现代社会与民间社区不能在相互交流和理解的基础上和谐并存；三是平民百姓在社区层次上的经历和遭遇容易被国家和主流社会遗忘。

现代社会有着国家机器、国民经济和国民教育等资源，所以中国的孩子们将来肯定记得近代中国曾经有过鸦片战争、洋务运动、中法战争、甲午战争、戊戌变法、义和团运动和立宪运动；现代中国有过辛亥革命、土地革命、抗日战争、解放战争，抗美援朝和土地改革、社会主义改造、民主改革、大跃进，四清、“文化大革命”、拨乱反正、改革开放和参与全球化的经历。但由于民族民间传统社区没有这类资源，所以中国的孩子将来会记不得自己的父老乡亲在各自的社区里曾经怎样面对这些问题，理解和应对这些事件，又怎样想方设法将就着过那些年代。[①]

现代社会习惯于把短期目的当作终极目标来提倡和追求，所以，它会觉得孩子们把民族民间传统社区的经历和记忆忘记光光也许不坏。但从长远看，由于中国是一个多民族统一国家，中国社会具有多元一体格局，所以社区的多元文化才是中国人的精神家园。多元多样的民族民间社区文化小传统才是联接历史与现代，民族与国家和社区与社会的关键环节。多元多样的社区文化和集体记忆中，才蕴含着中国长久和可持续的创新能力，因而才是中国人认同的基础和根本。任何试图埋没这些社区文化和集体记忆的社会运动和政策，都是摧残国家的人文资源、符号资本和社会软实力的运动和政策，因而也是戕害人性的行为。当然，我们坚信，这样的运动和政策不会久长，最终只能像大跃进、“文

① 参见叶辛：《论中国大地上的知识青年上山下乡运动》，《上海社会科学》2006年第5期。

化大革命”那样沉舟侧畔，作为深刻教训教材进入历史。但它给社会自身造成的伤害，最终也要借助于传统的和社区的人文精神来慢慢修复，正像中国当前的文化建设和新农村建设。中国的文化建设，我们已在《简论中国的多元文化与和谐社会》一文中略有论述。[①] 中国的农村建设则与这本《发展的故事》关联更为紧密。

近代中国积贫积弱又遭遇内忧外患，国家忙于发展工业建设城市以求强国，因而对农村和农业亏欠也多。现在国家经济有了一些起色，想到拿些资源回馈农村也是报本。但本书6位同学提供的发展案例提醒我们：中国的农村建设远远不是建房铺路和改厕所那样简单。中国农村更需要重建的是社区共同体及其精神。社区共同体之于农民，恰如农村和农业之于中国。它不仅是社会基础，还是人的安身立命之所。社区的重要性体现于人的“两条生命说”。

所有动物都有一条生物小命。生物小命短暂无常，只能靠生育延续。因此，人类也像其他动物一样看重物质、性和生育。但人类出生后要过一段漫长的发育期、生长期，停止生育后又有一段漫长的老年期。这些时日都不能光靠社会上的物质、性和生育来支撑，而要靠社区里的语言、宗教和习俗以及精神来哺育、赡养。人类要在社区里开发出一条文化大命，这条文化大命就是社区的文化传统。文化传统能使人感到虽然做凡俗事业却有神圣不朽之感，虽然自知少必有老生必有死，却能以老为贵以死为生。社区与人生因此密不可分。这就是人类生活的意义，是人类区别于其他动物的根本标志。

两条生命论决定了“三种生产说”。恩格斯1882年曾在马克思墓前总结出两种生产说：一种是生活资料的生产，一种是人本

---

① 参见张海洋《简论中国的多元文化与和谐社会》，《思想战线》2006第2期。

身的生产。但我们现在知道，人类必须进行第三种生产，即文化的创造和传承，才能正常生活，才能使“小命”有意义和价值。事实上，所有动物都要从事前两种生产。因此，只有第三种生产，即社会制度和生活意义的生产才为人类所独有。人类社会生产和维护文化传统的单位就是多元多样的各民族传统社区，它包括各民族的平民百姓千百年来结成的各种血缘地缘和精神信仰共同体。

1887年，德国社会学家滕尼斯出版了他的垂世之作：《共同体与社会》。他的“共同体 Gemeinschaft”，在英语里被翻译成 community，在汉语里又被翻译成礼俗社区。他的 Gesellschaft，先被翻译为“群”，后来翻译成社会，现在的严格意义是法理社会。

滕尼斯辨析了社区与社会的区别：社区是本质意志的共同体，社会是选择意志的联合体。社区关系在人的理解中是现实的和有机的生命，社会关系则是思想和机械形态。社区共同体是古老的，社会是新的。人们把语言、习俗和信仰的组织叫共同体，却把职业、旅行、学术的组织叫协会或社会。社区是人们的意志的共同体，社会则是思维的共同体。意志共同体有现实或天然的统一，思维共同体仅有思想的或人为的统一。总之，“共同本是持久的和真正的共同生活。社会只不过是一种暂时的和表面的共同生活。因此，共同体本身应该被理解成一种生机勃勃的有机体，而社会应该被理解为一种机械的聚合和人工制品。”① 我们理解，它在说社区是道义共同体，社会是功利联合体。这些见解对于我们构建和谐的社区与社会关系都有启发意义。但最大的启发还有滕尼斯在第1版序言里讲的两句话：第一句是：“在历史和文化里没有个人主义，除非它派生于共同体并且仍然因此受到

① 滕尼斯：《共同体与社会》，林荣久译，商务印书馆，1999，第54页。其他间接引语见于5—146页。

制约，或者它创造并支撑着社会。”第二句是：“文化的天然的和（对我们来说）已经逝去的、然而总是作为基础的结构是共产主义的，现实的和正在形成的结构是社会主义的。”① 这话有些晦涩，说白了就是：社区 community 有着更强的 communism 即共产主义的性质，社会 society 则只有 socialism 即社会主义的性质。

上面这两段话听起来是对现代正统意识形态的离经叛道，但仔细思索社区与社会的关系，我们倒应该承认：传统社区的精神比起现代社会离共产主义的理想确实更近，我们曾经竭力破坏的传统的东西离我们要建设的目标反而更近，我们曾经要拼命建设的东西，却会使我们离理想目标更远些。如果我们不能兼容两者，就会形成一种悖论或怪圈。但如果我们真要构建和谐社会，这两者有没有什么矛盾呢？人的本性中既有物质和肉体需求，也有理念和精神需求。因此，真正的社会生活只能处在社区和社会这两者之间。我们在社会中寻求养人的资源，又在社区中寻求和培育“养神”的资源。如果这世界上真有“幸福指数”这种东西，那么我们也敢说，传统有神社区里中国老人的幸福指数肯定高于现代无神社会中的中国老人。

这一事实告诉我们：社会、社区与人性暨文化之间，实际上存在着一种“结构”性的运作模型：简单讲就是社会总是要前进，社区总是要延续，人和文化总是要回归传统自性。

这是因为现代社会跟现代国家一样，只能是一种现代构建，是一个单数概念。它由政府官员、文人学者和个人商人及个体消费者构成。它优先满足的，也是这些人的物质和功名追求。社区共同体则是传统文化的产物，是个多元的复数概念。虽然在现代化过程中，社区被国家和社会冲击得肢离破碎，但它毕竟有着更深的文化传统根基，因而也始终离老百姓的生活和需求更近。用

① 腾尼斯：《共同体与社会》，林荣久译，商务印书馆，1999，第16页。

最简单的话讲，社会可以由人员和物质堆积而成，只要社会上存在功名的利益，人群中的个体就会热心投身其中去追求他们的发展。相比之下，社区则不仅要有人和物，还要有“神”或文化传统。这种“神”或文化传统，才能向人提供幸福指数或满足感。

明白此理，事情就变得很清楚：从长时段和大范围的角度观察，国家社会从古到今始终都是“现代性”的体现，它的基调始终是突破传统追求进步以满足人的个体需求。传统社区，无论是血缘地缘还是族缘或宗教信仰的社区，则与人性绑缚得更紧。因此，它的基调就始终是运用传统文化资源保障人类生活的延续。它不仅要延续人的生物小命，还要延续文化大命，它不能像社会那样轻意“中断”和“割裂”传统。处于社会与社区之间的人性，则既要发展又要回归。在个体和肉体层面，人是亲现代和亲社会的，因为社会给人更多自由和机会。但在群体和精神层面，人却不能离开社区，只有社区才能安顿人的心灵，这也是为什么如此多的人只有在“山野”之中才能找到精神的慰藉，心灵的归属。这个貌似矛盾的运作模式就是我们解决中国社会当前所有问题的钥匙：沟通、理解、发挥和协调社会、社区和人性暨文化这三个实体的三种自性，就能实现可持续发展。《发展的故事》表明：能让社会、社区和文化和人性都能得到发展的发展才是真正的综合协调和可持续的发展。在多元社区文化的基础上构建和谐社会，就是当前中国发展和创新的最大主题。

张海洋

于中央民族大学

总 目 录

南盘江故事

——巴结水电移民的民族学研究

罗用频

目 录

题　记

人们日益分散到城市郊区，在不同的地方办公，奔波在高速公路上，居住地相距遥远。在这种情况下，用什么办法才能合理重建彼此之间的紧密关系，尤其是与那些缺乏物质资源和社会资源的贫困地区居民的重建关系？这就要发动人们参与工作，参与社区，从小群体层次到有组织的层次，直到全国层次，都要这样做。

参与权是一种办法，可以推动社会重建联系。

——托马斯·雅诺斯基《公民与文明社会》

引子：几个镜头

【镜头一】

时间：1997年6月，早上。地点：南盘江天生桥电站大坝。

南盘江大雾茫茫。这段时间，天生桥电站高坝正在封顶。

汽笛长鸣，江面上出现了几十艘机动船，船上挤满了身穿民族服装的老人和小孩。船一靠坝，数不清的老人和小孩互相搀扶着爬上坝顶。

正在施工的工人被赶出了工地。工地管理人员抵挡不住。

巴结人抢占电站水库大坝了！

工地报告市里。

市里报告州里。

州里报告省里。

省里报告中央。

中央指示：一定要把问题解决在萌芽状态！稳定压倒一切！

于是，从市到州到省，一片匆忙。州、市抽调了数百名机关干部驻扎到大坝周边乡镇，维持治安并展开思想工作。省、州紧急出动武警，奔赴大坝。

镶嵌在黔桂大山之间的雄伟的大坝中间，被划出了一道雪白的警戒线。在漆黑的夜空里，偶尔传出炸药包的爆炸声。呼叫声和呐喊声也在夜空里回荡。

一周过去了。双方对峙着。

两周过去了。整个库区依然弥漫着紧张气氛。

经过无数次的商议、动员、谈话甚至“谈判”。最后，静坐大坝20多天的库区数千名水电移民才悻然撤出。

【镜头二】

时间：2000年5月，上午。地点：贵州省黔西南布依族苗族自治州兴义市区。

“天无三日晴”的兴义市天朗气清。10点左右，我驾车上街购物，来到市人民医院路口，看到人们三三两两，交头接耳，不时指指划划，气氛与往常不同。

我停车探究，听到人们议论：

“巴结移民在市政府大院静坐，有四百多人！”

“还有五百多人在盘江宾馆路口的大街上拦路静坐，盘江路全被堵啦！”

“还有十几辆载着巴结人的中巴车正行使在开往兴义城里的路上！”

“出啥事了？”我好奇地问。

“听说是因为修电站的事。”一个市民告诉我。

“修电站不好吗？”我问。

“谁知道这里面出了啥事！”他说。

我存了车，向盘江路走去。

果然，平时四通八达的盘江路中心大街上，坐满了黑压压的、身穿民族服装的巴结人，个个神色凝然，情绪激昂。交警忙前跑后。不时有一两个记者按下相机快门，记下这个瞬间。

【镜头三】

时间：2003 年 3 月　地点：北京

“两会”期间，10 名巴结移民妇女到北京上访。最后市里的一名领导专程赶到北京，把她们劝回了兴义。在同一时间内，有消息传出，兴义市“金三角”失地农民正在积极活动，也要准备到北京上访。

【镜头四】

时间：2005 年 7 月　地点：兴义市政府大院

巴结移民数百人，夜以继日地聚集在市政府。市府大院里的空气又紧张起来。移民在大院里请愿、贴文稿、对话，饿了就支锅烧饭，累了就席地而卧。几辆警车横停在通往市政府大院的三条主要通道上。一时，巴结移民的事情又成了市民的话题。

一个多星期过去了。巴结移民不情愿地被政府派来的大车“请”了回去。

经过了解，事情的缘由还是因为利益问题。

……

兴义小山城，百姓遭遇惊动上下；南盘江辖地，发展故事耐人寻味！

第一章 与本研究课题相关的几个问题

第一节 研究目的、意义与原则

巴结水电移民的问题源于1994年，时值国家重点水电开发项目——天生桥水电站的开工修建。对于一个全新的问题，政府、开发公司、移民都不曾遇到过。但无论如何，彼此都怀着一颗炽热之心来应对这一新鲜的事物，并对开发所能带来的发展前景充满了信心：政府可以从中得到源源不断的财税，促进经济社会的快速发展；公司可以从中得到丰厚的利润，实现资本的再积累；移民通过搬迁、后靠等形式既支援了国家的建设，也可以改善自己的生产生活水平，加快脱贫致富奔小康的步伐。

但由于没有可行的经验效仿，政府是“一边建设、一边处理问题”；移民是“一边积极搬迁、一边预支建房、一边安排生产生活”。

然而，随着时间的推移，当初的许多被“热情”所掩盖问题都日益突显，而以利益为核心的诸多矛盾暴露出来了。于是，开始出现前文所述的一组并且还在继续演绎着的巴结移民“抢占”、“上访”、“闹事”、“静坐”的故事镜头。时至今日，水电移民问题仍然是“南盘江”水电开发中一个十分棘手的问题。

……

我们知道，社会是由若干部分组成的有机整体，需要各部分发挥功能，各部分也都有自己的主体特点和诉求。只有各部分协调运作，整体才能正常运转。

但在水电资源开发中，许多本应密切配合、协调发展的举措，却往往不能实现，其中的缘由值得深思与探求。

中国自古是农业大国。农民和农业的命运一直关乎国家命运。土地是农民的安身立命之本。农民有了土地，才能发挥其积极性和创造性并推动社会发展繁荣。又由于中国传统文化与农民密不可分，所以农民的地位和作用在未来中国也不应降低。只有站在这样的基础上认识农民和农民的问题，我们才能摆正农民的位置并正确对待农民。①

农民在“农业”社会里的社会地位稳固，因为它在帮助社会维持“温饱”。但“工业化”社会的标准不再是“温饱”而是“富裕”，因此农民就容易被小视。改革开放之初，“无农不稳，无工不富”之说道出了工农业之间的关联与区别。

国际社会认为，一个国家的农业人口越少，现代化程度越高。农业人口低于10%的国家才算彻底现代化。② 这个标准等于把农民当成了现代化的“包袱”。农业人口占60%的今日中国因此便要致力于推进产业结构调整、农村劳动力转移，加快“农转非”、城镇化或城市化的进程。

可是，被“转移”而失去土地的农民会问：我去哪儿当工人？在哪儿上班？到哪儿找钱？用什么买粮？一两万块钱赔偿费能吃多久？……农民的这些问题很实际，但有时没有引起当地政府和一些学者的高度重视，没有较好地形成一个切实的行之有效的策略，来建构参与建设的各方形成一种“和谐与健康”关系。

通过冷静的思考，我们会发现，南盘江天生桥水电站库区少数民族移民与兴义市区“金三角”失地农民的连续不断的“上访”和“闹事”，反映出“利益问题”不仅是经济赔偿指标问题，更是一个行业尊严、利益均衡、社会和谐发展的问题。

---

① 参见贾俊民：《现代目光审视下的中国农民》，北京：新华出版社，1998 年，第 208—236 页。

② 同上书，第 242 页。

中国西部多为少数民族地区，也是国家能源富集区。据统计，中国西南的水能理论蕴藏量占全国70%，技术上可开发的比重占全国67.8%。水能资源成本低、效益高、无污染、可持续，因而有资格作为当地经济发展的增长点。事实上，国家也有一个“西能东送”或“西电东送”的资源分配战略。

贵州地处中国西南部，总面积18万平方公里，2003年总人口3525万，是中国唯一没有平原支撑的贫困省份，同时又是中国能源富裕省份。它的煤炭储量490亿吨，位居全国第四，它的可开发水能资源位居全国第六、西南第三，水、煤资源兼有量在中国西部地区位列第一。此外，它地处中国地势阶梯结构的第二阶梯，近距华南电力负荷中心，是水电开发建坝的理想之地。诸多优越条件使它成为“西部开发”战略中“水电开发”的一个主战场。

水电开发在促进国家和地区社会经济发展的同时，也牵引出一些难以回答的问题。例如，谁是资源拥有主体？谁是开发主体？谁是利益分配主体？行之有效的合理机制是什么？等等。这些问题与社会发展直接相关，值得我们去研究，同时，这些问题个个复杂且其间关系微妙，所以不易得出答案。

“巴结村”是南盘江边一个具有数百年历史的布依族聚居村寨，位于黔西南布依族苗族自治州首府兴义市东南35公里处。在1994年水电开发建坝前，它辖有9个村民组、800多户、3200多村民。在沿江一带，该村土地利用率高，经济发展指数高，自然资源与人文资源丰富。南盘江“天生桥水电站”的大坝修筑，使这个村寨沉没水底，成为历史记忆。巴结水电移民因此而生计资源丧失、文化断裂、社会保障系统残缺、发展权益受损而导致了心理失衡，不断“上演”政府和开发公司始料不及的“故事”。水电移民的艰难处境令人同情，作为当地发展支柱的水电开发前景令人担忧。全社会需要在“以人为本”、“和谐社会”、“可持续发展”以及“建设社会主义新农村”的理念指导下，找到一个周全的方案以解决水电开发与社会协调发展（包括水电移民的发展在内）的现实迫切问题。

包括马克思、马克斯·韦伯和杜尔干在内的经典社会学家都把分工看成提高效率的不二法门。复杂的劳动因此变得简单，困难的工作因此变得容易。但马克思也提示人们，分工会加剧竞争，从而会使一些人的资源化为乌有。[①] 杜尔干也告诫人们，随着分工的深化、细化和专门化，竞争反而更加激烈。事实证明了先师们的远见卓识。工业化和竞争在促进社会经济繁荣的同时，也确实使农民步步失利，可供利用的资源加剧减少。

1957 年，路西（R.D.Luce）和赖发（H.Raiffa）的《对策与决策》（Games and Decisions），引导了“对策论”在社会科学领域的研究。数学家纳什（John Nash）提出“平衡点”理论，对研究社会领域里的诸多问题提供了重要参考。[②]

实际上，贫困民族地区的政府招商引资从事资源开发也是一场“对策”或“博弈”（Game）。政府、开发公司和当地居民（尤其是水电站库区“非自愿”迁出者——水电移民）在共同的地域围绕着共同的资源，追求不同利益而扮演着不同的博弈角色。协调三者的权益关系，实现资源开发的“共赢”目的，不仅关系到发展的可持续性问题，也关系到社会和谐与政治稳定问题。

经济固然能强国，但在结构复杂的社会系统里，政治、文化要素也绝非边缘附属或可有可无。经济学家阿尔贝·雅卡尔因此

① 马克思、恩格斯：《马克思恩格斯选集》，北京：人民出版社，1972 年，第 1 卷，第 377 页；第 2 卷，第 479 页。

② 参见朱志方：《社会决策论》，武汉：武汉大学出版社，1998 年，第 126—127 页。

发出“我控诉霸道的经济”的呐喊。[①]

现今的中国，无论承认与否，GDP成了引导许多地方政府工作的政绩理念。殊不知，GDP的增长常常以环保和资源透支换取；城镇的繁荣常常以耕地透支换取；工业的增长常常以农业透支换取……要使资源开发项目具有协调性、前瞻性、周全性和可持续性，许多理念和措施都需要调整和改革。

作为利益调整机制的改革是一件难事，会遇到许多阻力。先前的获益者往往是今天改革的阻碍者。但社会要和谐发展，就必须通过不断改革来调整利益关系。[②]

水电移民的既有资源丧失是瞬间之事，但新资源的获取则可能需要几年、几十年的奋斗，甚至生命终结之日都还无法实现。这是巨大的人文代价，人文代价就是社会成本。社会成本剧增就意味着社会效益锐减。在很多时候为社会经济效益增长作出贡献的水电移民，其利益的获得却未能与社会快速发展同步增长。

本研究课题以黔西南境内的“南盘江”为例对水电开发与水电移民利益关系作对策分析，旨在使决策者在相关项目的决策、制度、政策、实施、验收、评估各个环节上做得更加人性、合理、系统和科学，以推动社会健康发展。

黔西南布依族苗族自治州位于贵州省的西南部。境内和境界已建、在建、拟建的10多座水电站总装机容量达1236万kW，其电站密度与建设频率之高为全国之冠。这意味着水电移民今后20—30年里（第一轮水电开发）将有增无减。沿江的水电移民总人口中有90%以上是少数民族。作为“非自愿”移民的少数

① 阿尔贝·雅卡尔：《我控诉：霸道的经济》，黄旭颖译，桂林：广西师范大学出版社，2001年，第37—46页。

② 参见李昌平：《我向百姓说实话》，呼和浩特：远方出版社，2004年，第231页。

民族农民，已经、正在和将要为水电开发付出高昂资源代价。资源拥有者就应该是开发受益者，这个“主体性”原则不能被忽略。[①]

黔西南是石灰岩山区，耕地是稀缺的资源。水电移民的田地多沿江沿河，土质肥沃，适于耕作。田地受淹，将使他们生活无着。因此，政府在少数民族地区进行资源开发时所作出的决策需要特别谨慎，要把行政决策、专家论证和当地居民意愿结合起来，并使开发计划更加周详，效益分配更加合理。这是决策工作不可缺少的重要环节。[②] 只有在此前提下，关系到国计民生的前途命运的水电开发才能真正有利于促进少数民族和民族地区的发展繁荣，做到利国利民。

第二节　前人的研究经验与本研究的空间

20世纪80年代以来，国内外学者研究水电建设与移民问题的著述较多。据不完全统计，仅专著就有20多部，专题论文数十篇，平均每年都有一部专著和数篇论文问世。在这些著述中，世界银行移民专家迈克尔·M·塞尼1996年发表的《移民与发展》，提出了“移民与发展”的命题。在他指导下，世界银行出台的《世界银行关于非自愿移民安置的业务政策和程序》(OP4.12)是世界银行关于建设项目移民的指导性文件，它奠定了“移民能够促进发展”的基调。中国政府对此深表认同。《移

① 参见张海洋：《中国的西部开发与少数民族文化保护》，载滕星主编《西部开发与教育发展博士论坛》，北京：民族出版社，2001年，第236—239页；《文化和人性在发展研究中的作用》，中央民族大学《人文社会学苑·SESA学术通讯》（内部刊物），2004年第1期，第7页。

② 参见张尚仁：《认识论与决策科学》，昆明：云南人民出版社，1985年，第24—40页。

民与发展》也列举出导致移民陷入困境的一些要素，如丧失土地、无家可归、失业、被排斥在发展进程之外、食物无保障、疾病和死亡增加、失去享受共同财富的途径、社会组织结构解体。解决这些困难的有效方法是非政府组织参与制订相关的安排方案，并制定新的与基础设施规划相配合的移民规划。[①]

塞尼先生的分析虽还粗略，但都是真知灼见。令人遗憾的是，现实社会中"重工程、轻移民"的做法仍然普遍。

笔者认为，这种"重工程、轻移民"现象是在发展项目设计中的主体性仍有缺失的原因所致。著名的三峡电站移民就是一例。早在1996年，移民专家朱农认为，三峡水电工程能减少洪灾，为中下游的经济建设和社会发展提供安全保障；能增加供电并节省燃料和减少污染；能改善航道，提高航运能力；能为库区创造发展机遇（发展各类市场、调整产业结构、获取资金、享受政策优惠）；能促进库区工业化和城镇化；能形成新的旅游热线；能开拓库区人们的视野和促进观念更新。

朱先生也承认三峡工程带来的负面影响，例如库区土地资源减少，库区地质受影响，淹没库区生活设施和旅游资源，延缓库区发展，加大生态良性循环难度等等。

但他总结：三峡工程影响的特点是淹没数量大，但单位效益淹没指标低；受淹人口中非农业比例大，农业比重小；移民数量虽然大但比例仅占库区总人口6%且分散于19个县市的300多个乡镇；淹没耕地多，但好地比例小；受淹城镇的城区面积小且环境差；受淹工业企业个数多但级别低。此外，还有淹没强度小，搬迁时间长，居民心理准备足，配合程度高，各级政府重视，组

① 迈克尔·M·塞尼：《移民与发展》，河海大学移民研究中心译，南京：河海大学出版社，1996年，第16—17页，第44—45页。

织机构落实，等等。[①]

笔者认为，他的研究忽视了一个最根本的问题：电站修起了，库区发展了，库区迁出者从项目建设中得到的利益和实惠在哪里？移民的权益保障机制在哪里？移民之后发展所需的资源又在哪里？

雷亨顺先生也是三峡移民研究领域成绩斐然的学者。他认为移民安置的最终目标是可持续发展。解决移民问题必须从可持续发展的高度来处理库区的人口、资源、经济与环境的关系问题。移民安置、资源利用、经济开发和环境保护，要从生存、发展、保护等方面同时采取措施，处理好当代人之间、当代人与后代人之间以及人与人之间的关系。这样才能达到“搬得出、安得稳、逐步能致富”、移民安居乐业和社会长治久安的目的。他从经济、环境、社会、法律和风险等角度进行了可持续发展的分析。

雷先生认为三峡工程对移民的正面影响主要是居住环境改善、城镇化水平提高、经济结构优化、交通设施改善、三峡景观改变。三峡工程的负面影响主要是影响就地后靠农民生存环境；占地移民面对新环境需要适应（生活方式、经济收入形式、住房形式、生活环境等）；不同类型的移民对安置环境有不同要求；影响物种资源；影响自然景观；影响地质安全；影响库区水体；等等。

雷先生提出的“政策建议”是：以德移民，依法移民；后期扶持，加快发展；防范风险，消除隐患；环境建设，可持续发展，社会融合，长治久安。[②]

---

① 朱农主编：《三峡工程移民与库区发展研究》，武汉大学出版社，1996年，第3—31页。

② 参见雷亨顺主编：《中国三峡移民》，北京：中国三峡出版社，2002年，第590页。

笔者认为，他的研究虽然比朱先生的认识前进了一步，但同样没有讨论如何使开发成为“共赢”的机制问题。

张宝欣等先生对移民权益认识较深，认为研究移民问题要触及“水库移民的利益整合”。为了减少利益冲突，在设计阶段就要重视使用“受益人/利益相关者分析”法，其内容是通过实地调查，确定关键受益人/利益相关者，确定与项目实施有利益关系的各类部门和群体，分析项目区各部门和群体在项目实施中可能受到的有利或不利影响，并尽可能避免不利影响。“移民社会的利益整合”需要做到：国家利益与移民利益整合；移民利益与相关非移民利益整合；移民社会内部各个部门及个人利益之间整合。①

笔者认为，张先生等研究问题的角度更加实际，涉及了移民的权益机制问题。遗憾的是他的讨论还缺乏操作方面的考虑。

近年，周松柏、胡晓登等先生提出“等价赔偿、资源入股和特殊关注”的具体建议。其中的“入股”是将移民的土地、山林和果树等经过合理作价，折算成赔偿费，把1/3左右作为水电开发经费入股，其余的部分用于维持生活以及再生产。这样，水电站营运起来，即可向移民支付股息及红利，从而实现移民的富裕和可持续发展。“关注”就是关注移民的经济结构、社会结构、文化模式和人文条件、意愿与要求等特殊问题。② 这些建议的创见性自不待言。但要使“入股”和“关注”成为现实，显然还要一个把移民纳入“行动主体”的结构保障机制。

总之，无论政界、学界，在有关“移民”问题上虽作了大量

① 参见张宝欣主编：《开发性移民理论与实践》，北京：中国三峡出版社，1999年，第343—449页。

② 周松柏、胡晓登等：《西南水电资源开发中少数民族移民问题与对策》，载《贵州民族论丛》，贵阳：贵州民族出版社，2002年，第89页。

的探讨和处置，但最重要是没有从根本的、即以人为本的角度解析开发者的认识根源，故而难以提出标本兼治的措施。

因此，笔者认为，下列关键性问题没有得到前辈学者的应有关注：

1. 移民前要充分地评估移民后可能出现的问题，并制定相应的解决方案。

2. “三峡工程移民”之外的水电移民问题。三峡毕竟具有“唯一性”且不是少数民族密集地区，因此它不能回答少数民族地区的水电移民问题。

3. 政府、开发公司和移民之间“权益共享与风险分担”的公平机制问题。

4. 资源开发的自然和人文代价及可持续性问题，即节制急功近利、短期行为问题。

5. 确保资源开发可持续的法制体系建设。

第三节 研究思路、方法与条件

本研究课题把水电工程移民作为笔者从事民族学应用研究的切入点,旨在通过分析巴结村移民的处境和需求,关注少数民族移民的前途命运,探讨解决少数民族地区资源开发中的权益问题的可行途径。同时,为涉及开发项目的决策者和研究者提供参考和借鉴。

水电移民是水电站建设的伴生者，而移民问题一直是世界性的难题。因为缺乏主体意识，缺乏参与机制，缺乏组织领导和法律体系保障，缺乏帮助水电移民减负和增收的有效措施，这使得中国有史以来的水电移民失之者多而得之者少。先前中国要改造社会，大家都要做奉献，水电移民的牺牲并不引人注目。但现在我们要建设的和谐社会却有“一人向隅举座不欢”的性质，所以移民的牺牲就成了整个社会的代价或成本。本文开头的“镜头”

只是这种成本的冰山一角。

本研究课题从健全法律保障体制、建立资源开发的主体参与机制、成立合法移民权益诉求组织、创建切实可行的移民参股方式以确保效益共享和风险分担等途径来探讨解决水电移民困境。

笔者相信，只有开辟这样的思路，才可能为水电移民难题设计出釜底抽薪的解决办法。

本研究课题在对黔西南、兴义市及巴结村和巴结人实地调查的基础上进行。昔日的“巴结村”现在已在水底。笔者主要是通过访谈相关人员、查阅档案统计等资料，同时进入移民村做入户观察、询问和对比，来反映拆迁对移民的实际影响。实地调查与访谈是本文收集资料的基本方法。

笔者在调研中还注意查阅历史文献资料，包括相关《通志》、《府志》、《州志》、《县志》、《年鉴》及各种“报告”等。

本研究课题采用的分析方法是比较研究，即侧重于对移民处境及其相关社会经济文化资料作历时的对比，对移民政策与措施进行中外对比，通过对比与评点阐发个人观点。同时，笔者还通过区域性的开发对比，提出自己基于当前认识而形成的理念和建议措施。

本研究课题以“巴结村”为着眼点，辐射兴义市，涵盖黔西南及其整个“南盘江”流域。南盘江是笔者家乡。按照学科前辈利奇（E.R.Leach）的看法，家乡研究有其局限。但前辈费孝通已经证明，通过系统的学科教育和变熟为生，家乡研究也有其长处。[①] 80年代中期以来，《撰写文化》和《作为文化批评的人类学》两书作者所代表的前卫人类学家主张的多视野多声道的民族志，也需要有本土人的观察与思考。

笔者自忖，家乡研究具有下列优势：

---

① 参见费孝通：《民族社会学调查的尝试》，载《中央民族学院学报》1982第2期。

通过专业学习与技能训练，能够具备在相关领域发现、分析、研究问题的能力；

南盘江流域的水电移民主体是布依族，笔者也是布依族，这使笔者在实地调查中具有语言优势。因为，语言是了解主体行动者意识的最可靠窗口和桥梁；

因为笔者在当地生活和工作数十年，拥有较多社会网络资源，包括水电移民里就有自己的许多亲友。在具备“跨文化”意识的前提下，这些资源有利于实地调查的展开；

笔者关注水电移民及其他社会弱势群体问题的时间较长，社会经历较多，研究方向确立较早，因而在阅读相关文献时，能有较强的对话意识，有利于为本研究课题找到空间和立足点。

鉴于水电移民权益与中国社会前期流行的发展理念存在着紧张关系，所以从应用角度研究水电移民也有特殊难度。这包括：

1. 水电移民涉及的范围较大。例如，本研究就要涉及对“南盘江”的3个县（市）、20多个乡镇及若干村民组的实地调查。虽然笔者能通过人际关系克服包括交通和访谈对象方面的困难，但这样的调查规模决定它不能满足传统人类学所要求的深度和精度。

2. 包括巴结移民在内的“南盘江”的水电移民至今仍在为维护自身权益而积极活动着。也就是说，本文研究所关注的核心主体仍然处于动态之中。例如笔者在调研中就常常在移民与项目实施单位两个方面都遇到“谁派你来的”、“你能解决什么”之类的诘问。主体的动态性决定了本文的资料收集会存在盲点。虽然“精诚所至”可使“金石为开”，但利益关涉也决定移民和项目实施单位都不可能完全客观地陈述情况。因此，本文运用资料时，肯定也要有笔者的分析和解释角度来介入。

3. 开展本研究，不能不从往事的记忆中说起，从而把握其中社会历史发展的一些脉络和规律。这是笔者需要跨越的又一个难题。

第二章 记忆与现实

第一节 往事：从牂牁、夜郎说起

一、相安与夷化

"牂牁"、"夜郎"之名始见于春秋时期的《管子》。《管子·小匡篇》说："九和诸侯，一匡天下，南至吴、越、巴、牂牁、不庾、雕题、黑齿、荆夷之国，莫违寡人之命。"笔者认为，"牂牁"和"夜郎"应是濮语或越语发音，汉语作音译文字记录。"牁"与表示"旧、老"的"gaus[1]"，"夜"与表示"歇气"的"iadt[2]"，"牂"、"郎"与表示"与低洼平地相连的山岗"的"naangh"的布依语的发音和表义相近或相同①。这些地名比较真实地反映了辖区内"地无三里平"的地貌特征。"不庾"则与今日布依族和广西大部分壮族的自称"Buxqyaix"极其近似。

如今，"夜"、"郎"地名仍然可见于布依族地区，如望谟县的"那夜"、"桑郎"，六枝的"郎岱"等等。而"那"、"纳"等体现布依、壮等水稻"naz1"耕种历史文化底蕴的地名也数不胜数②。

---

① 参见吴启禄、王伟等：《布依汉词典》，北京：民族出版社，2002年，第82、251、386、396页。

② 参见罗用频：《中国稻文化及遗风》，《贵州民族报》1991年12月7日；《"纳、那"地名命名及其文化背景》，《贵州民族报》1993年6月12日。

“黔西南”在春秋属牂牁国，战国属夜郎国，秦属象郡，秦末又归夜郎国。西汉分属牂牁国和夜郎国。

春秋到秦汉，牂牁、夜郎之北是“皆椎结、耕田、有邑聚”的“濮人”，其西有随畜迁徙的“氐类”，其东有织绩木皮、染以草实、好五色之服、好入山壑、不乐平旷的“盘瓠种”，其南（南盘江一带）有男耕女织、聚族而居的“骆越”。“骆越”即“雒越”，以其民耕种“雒田”而得名。“雒田”之义为“山谷里的水边田”[①]。战国末年楚将庄蹻经夜郎入滇，许多官兵流散夜郎，变服易俗，为牂牁、夜郎所“夷化”。

《史记·西南夷列传》记载：“西南夷君长以什数，夜郎最大，……耕田，有邑聚，……夜郎者临牂牁江，江广百余步，足以行船”。

“牂牁江”即今属黔西南州境内南盘江水系的北盘江。综合考证，夜郎之地，东与且兰（在蒙江涟江之东）相接；南邻句町（在南盘江之南）；西连漏卧（在黄泥河之西）；北至鳖（在乌江南流的三岔河之北）。其范围大约包括今日黔西南州全部，六盘水市的盘县、六枝，安顺市的关岭、镇宁、紫云和普定大部分，黔南州的罗甸、长顺两县的一部分。与现今黔西南、安顺、黔南、花溪、开阳、六盘水等布依族分布区域大致吻合[②]。

笔者认为，其土地面积之间应该在6~7万平方公里。

这个时期民族关系可以概括为：四族相安自得、外来民族夷化。

二、忧患与分化

元光五年（前130年），汉将唐蒙率千人从巴蜀入夜郎。夜

---

① 《布依族简史》编写组：《布依族简史》，贵阳：贵州人民出版社，1984年，第8页。

② 参见侯绍庄等：《贵州古代民族关系史》，贵阳：贵州民族出版社，1991年，第51页。

郎及附近小邑有意归汉。武帝于是设犍为郡（今宜宾市），凿道通夜郎牂牁江（今北盘江）。元鼎六年（前 111 年）武帝征夜郎军，顺江而下大败南越（都府在今日广东番禺）。骆越、西瓯越受牵连而被迫渡红水河北上。次年，汉置牂牁郡，封夜郎侯为王，夜郎自此归属西汉版图。

新莽（王莽建朝为“新”）改牂牁郡为同亭郡，推行民族歧视政策，遭牂牁濮人反抗。东汉恢复牂牁郡隶属益州。少数民族与中原的联系不断加强。

秦汉以降，川、滇、湘和两广疆土为中央王朝开发，夜郎之地渐微，族际交会增多，时有兵伐。濮人渐衰。汉晋之后氐羌日强而东向。苗瑶（盘瓠种）受汉将马援所伐而西迁夜郎、牂牁腹地。

蜀汉牂牁郡辖今黔西南州的晴隆、贞丰、安龙、册亨、望谟等县。兴古郡辖今兴义等地。两晋夜郎郡辖贞丰、册亨、望谟等，西平郡辖晴隆、普安、兴仁、兴义、安龙等，两郡隶属宁州。梁属爨蛮。陈、隋属东爨。

唐初，分属黔中道、剑南道及牂牁国；唐中晚属“于矢部”和罗甸国。

晴隆、兴仁、普安、兴义、安龙五代时期属于矢部，贞丰、册亨、望谟属罗甸国。宋朝中、晚期，分属自杞国和罗甸国。

这个时期的社会特征表现为：内忧外患、族群纷争；利益分化，弱肉强食。

三、夷制兴衰与主客更替

元军自滇而入黔，“色目人”（多为回回人）、“寸白军”（白族）随之散入牂牁地。与此同时，汉人从中原扩展，以军屯、商贸等形式接踵而至。

元朝统治者鉴于少数民族“种类殊别”、“历代以来，自相君长”，为方便统治而设宣抚、安抚、蛮夷长官等司及以下的路、府、州、县等机构，由总称为“土司”的土官分级执掌。境内望谟、册亨及贞丰西北部属曲靖宣慰司的普定路。普安、晴隆、兴仁、兴义及安龙北部属普安路。望谟南一部分、册亨南部、贞丰东南部及安龙南部属广西泗城州。

明代，“黔西南”分属普安卫、安南卫和安隆长官司。南明永历王朝设都安龙，改安隆为安龙府。明代土司制度日臻完备，“土司”的双重属性凸现：土流有别，文武有序，官品略与流官比同，承袭参照流官之任免，兴教化以变风俗，定贡赋以传声教，供调遣为朝廷驱使，成为统治者对民族地区进行变通统治的工具。[①]

明、清朝廷势力不断深入，迁进兴义府和普安府的客民（汉民）越来越多，民族关系日趋复杂，土司捉襟见肘。雍正四年（1726年），云贵总督鄂尔泰奏请朝廷“改土归流”获准，土官遂多被流官所取代，土司制度由此渐衰。雍正五年八月，清廷又诏准鄂尔泰所奏：以红水河为界划定黔桂疆界，隶属册亨州同。[②] 境内改设南笼厅、南笼府、兴义府、永丰府、普安府、安南县、兴义县，实行军事控制。行政区划渐小，夷人权益趋微，在权势主体变更、利益和资源分配失衡状况下，土客关系日益紧张。

嘉庆二年（1797年），南笼府（今安龙县）爆发王囊仙（女）、韦朝元领导的布依族起义，知府曹廷奎触柱死。各地布依、苗、彝等揭竿响应，5万义军席卷贵州。起义坚持9个多月终归失败。王、韦等被押解京城，就义于菜市口。参加起义者均被斩杀。嘉庆皇帝为防仲苗再起反心串联，下令起义策源地的洞

① 参见侯绍庄等：《贵州古代民族关系史》，贵阳：贵州民族出版社，1991年，第240—242页。

② 参见编写组：《兴义县志》，贵阳：贵州人民出版社，1988年，第40页。

洒、当丈两寨仅存12户仲苗共用一把菜刀，不准私藏刀具，不准再讲仲苗话（布依话），只能讲明话（当地汉话）。[①]

起义平息之后，境内地广人稀，粮轻产贱，又有考学名额，导致川、湘、赣汉民涌入，兼并耕地和物产。兴义府三江一带的田地全归客民，苗民尽成佃户。道光二年（1822年），迁入兴义府客民25633户，普安府824户，两府占全省客民总户数的35%。又据统计，兴义府辖286寨，30屯，10575户，40562人。其中客民有232寨及30屯，苗民有54寨。平坝尽为置产客民商贾所占，其田产多者年粮可达数百担到千担。迁入普安县的川楚客民，受气候和耕地条件限制，大多数又举家迁入兴义黄草坝及新城（今兴仁县）。先来的客民占尽沃土，后来客民无田地可耕而致力于纺织和布匹买卖，亦获利颇丰。当地居民争相效法。为利所趋，各种游民汇聚，五方杂糅，夷少汉多。[②]

这个时期的社会特点可以概况为：夷兴主兴，夷衰主衰，夷制兴衰关涉主客身份与地位更替。

此后，统治者在书写关于少数民族名称的文献时常加“犭”旁，地方居民在大传统文人心目中的形象已经“异化”。

四、找回“自我”

1951—1952年政府进行人口登记，时属布依支系的民族成分就有：濮越、布越、布夷、布依、布蛮、布僚、仲家、仲苗、水仲、水户、夷人、夷家、土边、本地、俚人等等。经过一年多的民族识别，1953年11月在政府主持下，布依族代表召开协商会

---

① 参见编写组：《黔西南布依族苗族自治州概况》，贵阳：贵州民族出版社，1985年，第74—75页。

② 参见葛剑雄主编：《中国移民史》，福州：福建教育出版社，1997年，第1卷，第179页；第6卷，第117—159页，第387页。

议，同意统一使用“布依”作为本民族的名称，就此确定了布依族在国家政治生活中的地位。1953—1955年，辖区里还成立了51个民族乡，实现各少数民族自己管理内部事务的意愿，这在刚刚获得翻身解放的各族人民心中产生了巨大的积极影响。

鉴于境内布依族、苗族的特殊历史地位、独具特色的文化以及在未来社会发展中的作用，1981年9月21日，国务院撤销兴义地区改设黔西南布依族苗族自治州，主体民族为布依族和苗族，原行政区划不变，同时撤销贞丰、安龙、册亨、望谟四个自治县为县。1982年5月1日，州人民政府成立，州府驻兴义县(1997年改为兴义市)。

州内辖兴义、兴仁、普安、晴隆、贞丰、安龙、册亨、望谟8县（市）。

表2.1 黔西南行政区划情况

年份	名　称	辖　区
1935	省第三行督区	兴仁、兴义、盘县、安龙、贞丰、安南（今晴隆)、普安、册亨
1950	兴仁专署	兴仁、兴义、普安、盘县、晴隆、关岭、安龙、贞丰、册亨、望谟
1952	兴义专署	兴义、兴仁、普安、盘县、晴隆、关岭、安龙、贞丰、册亨、望谟
1956	撤兴义专署	安龙、册亨、望谟、贞丰归黔南州；兴义、兴仁、普安、盘县、关岭、晴隆归安顺专署
1965	兴义专署	兴义、兴仁、盘县、普安、晴隆、安龙、贞丰、册亨、望谟
1971	兴义专署	盘县并入盘县特区，隶属六盘水市
1982	黔西南布依族苗族自治州	兴义、兴仁、普安、晴隆、安龙、贞丰、册亨、望谟

[资料来源：《黔西南布依族苗族自治州概况》，贵阳：贵州民族出版社，1985年，第72页。]

第二节　现实：自然、社会与经济

今天的黔西南位于贵州省西南部，地处北纬 24°38′～26°11′和东经 104°35′～106°32′之间，国土面积 1.68 万平方公里，东西长 210 公里，南北宽 177 公里，居全省第 6 位，为滇黔桂三省（区）结合部，有“西南屏障”和“滇黔锁钥”之称，其东与黔南州的罗甸县相连，南与广西的隆林、田林、乐业县隔江相望，西与云南的富源、罗平及本省的盘县接壤，北与安顺的紫云、关岭、镇宁和六盘水的六枝、水城毗邻。居南昆铁路中段，历来为商业集散地和通道。

黔西南地处云贵高原东南边缘向广西丘陵山地过渡的斜坡地带。地势西高东低，北高南低。全州海拔在 1000～1200 米之间。南北盘江河谷海拔在 700 米以下。境内 92% 为山地和丘陵，地势复杂，地形起伏大，喀斯特发育。境内有黄泥河、马岭河、北盘江、南盘江，总属南盘江水系。全州属中亚热带季风湿润气候。年均气温 19.4℃，热量充足，年降雨量 1200～1500 毫米之间。冬无严寒，夏无酷暑。

2004 年底，黔西南州总人口 305 万人，其中布依、苗、回、彝、瑶、仡佬等 29 个少数民族人口 128.68 万人，占全州总人口 42.5%。布依族 84 万人，占全州总人口 27%。农业人口占全州总人口的 90.5%。耕地面积 253.77 万亩，农民人均耕地 0.92 亩。

表 2.2　黔西南州工农业产值　　单位：亿元

年份	GDP	工农业总产值	第一产业	第二产业	第三产业
1949	—	1.20	1.20	0.00	—
1984	—	5.02	4.22	0.80	—

续表

年份	GDP	工农业总产值	第一产业	第二产业	第三产业
2000	65.00	55.20	22.2	33.00	9.80
2001	67.20	45.73	22.89	22.84	21.47
2002	75.95	51.28	23.94	27.34	24.67
2003	85.65	57.44	26.93	30.51	28.21
2004	102.03	69.53	31.96	37.57	32.50

［资料来源］1.《黔西南州概况》，贵阳：贵州民族出版社，1985年，第134—158页。

2.《中国区域经济年鉴》，北京：中国统计出版社，2002年，第342—343页，第362—363页。

3.黔西南州社会经济统计年度报表（2000~2004）。

布依族遍及全州，以南北盘江河谷地带最为集中。苗族多在边远山区，以东部望谟县最多。彝族主要在普安、晴隆、兴仁县。回族多在兴仁、普安、安龙、兴义的城镇和郊区。仡佬族以贞丰为多。

境内发展农业条件良好。农作物一年两熟。南北盘江河谷地带可以一年三熟或两年五熟。粮食作物有水稻、玉米、小麦、土豆、油菜等。经济作物有甘蔗、烤烟、香蕉、板栗、黄果、橘子等。农产品能满足全州人生活需要。

轻工业有纺织、铁制品、土陶、缝纫、竹藤编织、印染、弹花、造纸、粮油加工、制糖、酿酒、饲料等；重工业起步较晚，主要有采矿、煤炭、电力、冶金、机械、化工、医药、建材、木材加工等。

昨天与现实的启示：

黔西南是一个历史久远、民族众多、文化多元、发展道路坎坷、传统农业基础牢固的自治州。在现代社会条件下，工业的发展仍然离不开农业的支撑；社会经济发展同样离不开农业、农村和农民；当涉及到需要把世世代代“以土为本”的当地农民（尤其是少数民族农民）迁移出去时，所设计的方案、拟定的措施都要更多地能够体现出这些居民的“主体性”的重要内涵。

第三章 南盘江水电开发的驱动力

第一节 国家背景：水能资源的比较优势

一、指标、特点、地位

《国际水电与坝工建设》（International Water Power&Dam Construction）的“世界水能资源1993手册”显示，全世界水能资源理论蕴藏量为35万亿kW，技术可开发量为15万亿kW，经济可开发量为9.35万亿kW。中国对应数据分别为5.92万亿kW，1.92万亿kW和1.26万亿kW，各占世界对应比例的17%、13%、13%。据中国政府1980年统计[①]，中国水能资源理论蕴藏量为6.76亿kW，可开发量约为3.78亿kW，年均总发电量可达1.92万亿kW·h。中外的数据统计结果虽然有差距，但结论相同——因地形有利，中国水能资源的各项指标居世界首位。

中国的水能资源丰富，但分布极不均匀，其总体格局是北少南多、东少西多。北方黄河、东北诸河、海河、滦河、淮河、内陆及新疆诸河等水能蕴藏量之和仅占全国15.86%。南方长江、珠江、西南国际诸河、东南诸河和雅鲁藏布江等水能蕴藏量占全国84.14%。东部水能蕴藏量占全国17.5%，西部占82.5%。仅

① 中国的三次水资源普查时间分别是：1943—1944，1955，1977—1980。

西南地区就占全国70%。

表3.1　中国河川水能资源地区分布概况

地区	理论蕴藏量 亿kW	比重 %	技术可开发资源		比重 %
			装机万kW	年发电亿kWh	
全　国	59222	100	37853	19233	100
华　北	1077	1.8	692	232	1.2
东　北	1062	1.8	1200	384	2.0
华　东	2632	4.4	1790	688	3.6
中　南	5614	9.5	6744	2974	15.5
西　南	41463	70.0	23233	13050	67.8
西　北	7374	12.5	4194	1905	9.9

［资料来源］赵毓昆主编：《中国水力发电工程·经济规划卷》，第6页。

煤炭是中国能源之首。石油、水能和天然气次之。太阳能、核能和风能再次之。

中国煤炭资源主要分布在秦岭—昆仑山以北地区。华北、西北和东北占全国总产量84%。石油资源也主要分布在长江以北地区，约占全国储量85%。

中国东部是能源消费中心区。东南省区和直辖市需要输入大量能源。煤炭和石油消费容易造成环境污染且增加交通运输压力。因此，污染小、成本低、蕴藏量大的水能资源受到青睐。

二、国家对水电资源的认识

世界各国都把电能占总能源的比例作为衡量一个国家实现现代化水平的标志。中国的电力工业必须有一个大发展，才能满足国家发展需要。

1983年，国务院副总理李鹏指出：

“电力工业是一个广泛性的服务行业，它本身的经济利益必须服从于全社会的经济效益。”

“为了加快水电建设，必须择优开发，即集中力量在一些水力资源丰富、开发条件好、可综合利用的河流河段，进行梯级连续开发。开发的重点：应该放在长江中上游干支流、黄河上游和红水河及上游的河段，这些河段是我国水电的‘富矿’，二十年内，要兴建一大批骨干水电站，包括长江上游的葛洲坝、三峡，黄河上游的龙羊峡，红水河及上游的鲁布革、天生桥等等。这些项目有的正在建设，有的将在今后陆续开工建设。”①

我们知道，核心决策者的意志常常决定集体意愿和行动取向，水电资源开发中的上下一致源于此。水电部老领导、高级顾问贺恭先生在中国水电工程学会建设管理专业委员会上说：

“在未来的30年发展过程中，应该加速发展水电，既对环保有利，也对能源资源的战略平衡有利。”

“30年后，水电装机可达3亿kW，水能资源的开发率可达75%左右，那时我国基本上达到了一些发达国家在电力发展过程中大力发展水电、使水电开发尽可能达到较高比重的水平。”②

上级领导定调，专家呼吁，基层响应，项目实施由此确定，开发就此展开。

第二节　水电开发的两个时期

一、奠基时期（1949—1985）

1950年的《全国水力发电工程会议决议》首次明确提出水

① 李鹏：《经济要振新电力需先行》，原载《红旗》1983（18），引自《中国水力发电年鉴》1949～1983，《水利水电杂志社》，1984年，第64—68页。

② 贺恭讲话见郦凤山主编：《中国水力发电年鉴》（2001—2002），北京：中国电力出版社，2003年，代前言。

电发展的方针和任务：根据战略和工业发展需要，在今后几年里分轻重缓急、有重点地进行勘测和设计，抓紧时间有计划、有步骤地发展水电工业，为其他工业提供廉价动力。50 年代初的中国水电发展充满生机。但好景不长。60—70 年代国家又号召发挥能源优势要优先发展水电、加快水电建设步伐，但因国库困难只能搞小水电①。

从建国初期到改革开放前后，水电装机在电力装机结构中的比重很小。

表 3.2 1949—1985 中国水电开发情况

单位：万 kW，亿 kW·h，%

年份	电力总装机	水电装机	水电比例	电力发电	水电发电	水电比例	开发程度
1949	184.86	16.3	8.8	43.1	7.1	16.5	
1952	196.40	18.80	9.6	72.61	12.6	17.4	
1957	463.50	101.90	22.0	193.35	48.20	24.9	
1959	953.67	162.04	17.0	422.89	43.60	10.3	
1961	1285.59	233.27	18.1	480.50	74.07	15.4	
1962	1303.72	237.87	18.2	457.95	90.42	19.7	
1969	2103.62	505.34	24.0	940.28	160.12	17.0	
1976	4714.74	1465.50	31.1	2031.30	456.40	22.5	
1979	6301.59	1911.04	30.3	2819.50	501.20	17.8	
1980	6586.91	2031.80	30.8	3006.27	582.11	19.8	
1985	8705.32	2641.50	30.34	4106.89	923.74	22.49	4.8

［资料来源：常流等：《中国水力发电年鉴》1989—1991，北京：中国水利水电出版社，1992 年，第 80—85 页。］

改革开放之初，国家的水电开发局面有所改变，但与国外差

① 赵毓昆主编：《中国水力发电工程·规划经济卷》，北京：中国电力出版社，2000 年，第 21—22 页。

距仍然遥远。1985年，全世界的水能资源开发利用程度在18%以上，其中发达国家大都在40%以上，发展中国家如巴西、印度、墨西哥在12~20%之间。中国的开发程度为4.8%，人均拥有发电量为392kW·h，仅居世界第112位，不仅低于发达国家，也落后于许多发展中国家。

二、飙升时期（1985至今）

（一）“梯级滚动开发”的提出

“滚动开发”的提法由来已久，但进入操作阶段是在1989年。时任能源部部长黄毅诚提议，贵州以在建的东风电站（51万kW）、青海以在建的李家峡电站（120万kW）为基础，分别组建“水电开发公司”，负责本公司所在流域的水电开发事项。1991年，国家计委批复同意成立“乌江水电开发公司”。90年代初，副总理邹家华多次指示，水电开发要贯彻“流域、梯级、滚动、综合”的方针：在一个流域里，国家投资建设第一个水电站后，电费收入暂不上缴国家，用这收入去开发第二个梯级电站，然后再拿两个电站的收入去开发第三个电站，形成滚动式的梯级发展态势。随后，中国就有了梯级流域滚动综合开发的详细规划。

1993年，国家计委根据邹家华的批示，提出水电流域梯级开发的规划设想和成立流域公司的基本思路，同时对水电综合滚动开发政策进行研究，并作如下建议：

长江上游流域开发公司：以在建的三峡为启动电站，向上游开发；

雅砻江流域开发公司：以二滩为启动电站，开发雅砻江；

大渡河流域开发公司：以在建的龚嘴、铜街子为启动电站，开发大渡河；

乌江水电开发公司：以在建的乌江渡、东风电站为启动电站，开发乌江流域；

南盘江—红水河开发公司：以天生桥、岩滩为启动电站，先期开发龙滩电站；

澜沧江流域开发公司：以漫湾、大朝山为启动电站，开发澜沧江；

清江流域开发公司：鉴于湖北已成立“清江开发公司”，因此按“还本付息”原则确定上网电价；

黄河上游流域开发公司：以龙羊峡、李家峡为启动电站，负责开发黄河上游。①

流域开发公司的成立,意味中国河流的历史从此将改变模样——奔流而下的江河被拦截成为一座座“水库”,水电时代即将到来。

表 3.3 乌江、南盘江—红水河梯级滚动综合开发规划

单位：万 kW，亿 kW·h

流域	级数	装机总量	年发电量	水电站与装机容量	母体电站	投资主体
乌江	10	974	338	洪家渡 54、普定 7.5、引子渡 36、东风 51、索风营 60、乌江渡 125、构皮滩 300、思林 100、沙陀 100、彭水 140	乌江渡、东风	乌江公司
南盘江—红水河	11	1122	535	鲁布革 60、天生桥一级 120、天生桥二级 132、平班 40、龙滩 420、岩滩 121、大化 40、百龙滩 19、恶滩(改)60、桥巩 50、大藤峡 120	岩滩、大化、百龙滩	龙滩桂冠

注：1. 参见邴凤山：《中国水力发电年鉴》（2001—2002），第 187—188 页。
2. 水电站后面的数据为装机容量。
3. 为了制表方便，有些装机、发电数据的小数点后作 4 舍 5 入处理。

① 参见陈叔康主编：《中国水力发电年鉴》（1998～2000），北京：中国电力出版社，2001 年，第 87—89 页。

（二）“基地”建设与“西电东送”

1995年，原电力工业部编制的《2020年全国电力发展规划研究报告》提出水电开发的方针：加大西部水电开发力度，促进“西电东送”；集中资金开发水能指标优越的大型电站与因地制宜分散开发中小型水电相结合；重点电站开发与流域开发相结合，形成点、线、面的开发格局，将水能资源开发与电力系统建设相结合；发展抽蓄能电站，缓解调峰困难。并提出“3路10基地”以促进西电东送，其中“3路”是：

北路：开发黄河上游水能资源，建设黄河上游水电基地和中游北干流水电基地；

中路：开发长江三峡水电站及金沙江中下游水电基地；

南路：建设南盘江—红水河、澜沧江及乌江水电基地。

根据实际建设情况与规划，2005年中国的水电装机容量为9530万kW，占电力总装机容量的26.1%，水电装机容量为世界第一。2010年三峡电站全部投产，中国水电装机容量可为12500万kW以上，占总装机容量的28%左右；2020年中国水电装机容量可达16500万kW，占电力总装机容量的28%左右，届时水能资源的开发率在40%以上。2020年以后将在此基础上，用30年的时间大规模开发长江、黄河、红水河、澜沧江等干支流资源，包括在复杂地区修建大型、特大型电站。届时，“西电东送”的三大通道将形成规模，水电基地全部建成。

表3.4 西电东送“3路10基地”情况

单位：万kW，%

名称	基地	可开发容量	1990装机	91—00新装机	01—10新装机	11—20新装机	新装机	累计容量	占可开发	供电方向
	总计	19035	928.6	1587.1	4562	4662	10811	11740	61.7	
北路	黄河上游	1576	335.3	218.2	334	528	1080.2	1415.5	89.8	北京
	黄河中中游北干	641	12.8	36	122	224	382	394.8	61.6	

续表

名称	基地	可开发容量	1990装机	91—00新装机	01—10新装机	11—20新装机	新装机	累计容量	占可开发	供电方向
	总计	19035	928.6	1587.1	4562	4662	10811	11740	61.7	
中路	长江上游	2890	271.5	145.2	1980		2125	2396.7	82.9	上海
	金沙江	5033				2100	2100	2100	41.7	
南路	南盘江红水河	1312	91	407.2	553	201	1161.2	1252.2	95.4	广州
	澜沧江	2225		170	535	700	1405	1405	63.1	
	乌江	868	63	58.5	388	222	668.5	731.5	84.3	
地电	湘西	774	84.8	162	162	47	371	456	58.9	流域所在地
	雅砻江	1944		330	114	530	974	974	50.1	
	大渡河	1772	70	60	374	110	544	614	34.7	

[资料来源] 1. 赵毓昆主编：《中国水力发电工程·经济规划卷》，北京：中国电力出版社，2000 年，第 34 页。

2. 周秀梅、闫桂红：《实用地图册》，西安：西安地图出版社，2004 年，第 37 页。

第三节 水电开发在南盘江

一、“黔电送粤”

西部地区水能资源占全国比重的 82.5%。西藏、云南、四川和贵州四省区就占全国比重的 70%。贵州的水能资源 1946.85 万 kW 为全国第 6 位。① 所以，能够在西南各省区的“水电开发”

① 西部省区水能资源情况：西藏 2 亿 kW 第一；四川 1.5 亿 kW 第二；云南 1 亿 kW 第三；新疆 3290 万 kW 第四；青海 2160 万 kW 第五。

竞赛中后来者居上。贵州在“西电东送”南线中起步也早，1991～2000年向省外输电累计150亿kW·h，在“十五”期间向广东送电总任务中占4成以上。

表3.5　贵州水系水能蕴藏量

单位：万 km^2，万 kW

项　目	长江流域				珠江流域			
	乌江	沅江	赤水綦江	金沙江	南盘江	北盘江	红水河	柳江
流域面积	6.75	3.04	1.38	0.48	0.80	2.04	1.67	1.53
蕴藏量	755	204	103.6	45.0	384.5	174.9	173.9	106.5
小计：属长江水系的流域面积11.65，水能蕴藏量1107.05；属珠江水系的流域面积6.04，水能蕴藏量839.8。 总计：流域面积17.67，水能蕴藏量1946.85。								

注：1. 资料来源：《中国水力发电年鉴》1949—1983，水利水电杂志社，1984年，第401页。

2. 可开发为1979年普查数。

2000年8月“黔电送粤”协议规定，2001年贵州向广东增加送电60万kW，2002年为150～200万kW，2003年为230万kW，2005年在300～400万kW（国家计委批复为400万kW）。为了加快电力步伐，“十五”期间，贵州电力发展计划投资500多亿元。

2000年国务院总理朱镕基在考察贵州时指出：

“‘西电东送’工程是西部地区大开发的重点骨干项目，必须全力以赴，按时完成，力争到‘十五’计划期末新增向广东送电能力1000万千瓦。这对于开发西部地区电力资源，满足广东经济发展用电需要，提高双方整体经济效益，都有重要作用。”

“贵州既能致富又能支持全国发展的主要是电力发展。”

同年国家计委主任曾培炎在贵州调研时也说，“西电东送”是西部大开发的标志性工程，实施“西电东送”战略的工程重点在云贵，云贵重点在贵州。

2001年3月贵州省委书记钱运录在听取“西电东送”专题汇报后如此说：

“实施好‘西电东送’工程，直接关系到党中央、国务院重大战略决策能否顺利实施，直接关系到贵州省能否抢抓机遇加快发展，直接关系到贵州能否在激烈的竞争中争得主动。一定要作为事关全局的大事来抓，举全省之力推进。”

如今的贵州已经是“西电东送”南线的主战场之一，全省上下正在全力实施“西电东送”战略。政府和水电开发公司都十分看重贵州这块“风水宝地”。省委、省政府还就“西电东送”实施过程中正确处理全局与局部、水电与火电、煤炭与电力、电力与环保、当前与长远等关系提出明确要求，要及时进行协调，大力予以推动。“西电东送”工程建设项目在贵州蔚然成风。[1]

二、水电开发在黔西南

黔西南州境内河流均属南盘江—红水河水系，西有黄泥河，中有马岭河，东有北盘江，南有南盘江。从南北盘江汇合处的望谟县蔗香东流至打乐村为红水河黔西南段。“两江三河”构成向西倾斜的“山”字形，与黔西南州的行政区划形状接近。

（一）丰富的资源

黄泥河：南盘江支流，全长220公里，流域面积8264平方公里，多年平均径流量170立方米/秒，自然落差1328米，水能

① 参见武瑜、张兴等的相关报道，《贵州日报》2001年3月27日。

理论蕴藏量 103 万 kW，可开发装机 89.8 万 kW。目前，河上已建装机 60 万 kW、年发电量 29 万 kW·h 的鲁布革电站，拟再建大桥、江底两座电站。

马岭河：又称马别河，南盘江支流，在黔西南的中部，源出普安老纸厂乡附近山丘，南流折向西流，经普安县西、兴仁县北，因穿过兴义市马岭镇而得名，至巴结镇梅家湾附近入南盘江。全长 143 公里，流域面积 2871 平方公里，多年平均流量 75.7 立方米/秒，自然落差 1374 米，水能资源理论蕴藏量 27.79 万 kW，可开发装机 22.26 万 kW。其中，马岭镇至赵家渡河谷深，落差集中，国家级风景区“马岭河大峡谷”深藏其间，在峡谷之上下游分别拟建马岭、赵家渡电站，总装机约 20 万 kW。

北盘江：南盘江支流，源出云南省曲靖市、宣威市之间乌蒙山的可渡河和富源县东南之革香河，流至水城县都格乡汇合始称北盘江。又在望谟县蔗香汇入南盘江后，统称为红水河。从源头至汇合处南盘江河口，全长 449 公里，其中贵州境内长 327 公里，流域面积 25830 平方公里，多年径流量 390 立方米/秒，自然落差 1982 米，水能理论蕴藏量 174.90 万 kW，可开发装机容量 119.65 万 kW。流域内已建 3 座电站，总装机 4.48 万千瓦。规划再建 3 座，总装机容量 114.65 万 kW。其上游支流有著名的黄果树瀑布。

南盘江：红水河干流，滇、黔、桂的界江。源出云南沾益东南马雄上西南麓的麦地河，至贵州望谟县的蔗香附近与北盘江汇合东行 8 公里后始称红水河。干流全长 914.5 公里，贵州 263.5 公里。流域面积 56177 平方公里。多年平均径流量 688 立方米/秒，年径流量 217 亿立方米，自然落差 1839 米，水能理论蕴藏量 384.5 万 kW，可开发装机容量 382.4 万 kW，已经开发天生桥 1 级 120 万 kW、天生桥 2 级 132kW，装机 252 万 kW。规划修建平班等电站，装机容量 74 万 kW。

红水河黔西南段：珠江干流，约42公里，流域面积6900多平方公里，水能理论蕴藏量约67万kW，可开发量约65万kW。

境内水资源为331.55万kW，可开发量约304万kW，约占全省可开发水能的1/5。

（二）当地政府的水电开发“理念”

黔西南是一个经济发展落后的自治州。但因为大通道、大资源、大区位、大市场的经济优势和格局正在形成，所以它具有发展潜力。西部开发是黔西南州经济社会加快发展的千载难逢的历史机遇。

与省内其他地区相比，黔西南的比较优势是能源资源。境内有大小河流100多条，长度10公里以上的河流78条，水能理论蕴藏量331.55万kW（界河以1/2计），是“南盘江—红水河水电开发基地”的重要组成部分。成为“西电东送”基地，是其发展战略目标之一。①。

2003年4月，州里的一位领导说：

“地处珠江流域的黔西南，水能资源得天独厚，水能蕴藏量居贵州之首位。可开发的水能资源占全省的1/5。自治州的历届党委和政府都十分重视水资源的开发和利用，在积极扶持地方小水电的同时，抓住国家兴建大型水电站的历史机遇，举全州之力支持和服务重点工程的建设。如今，鲁布革、天生桥1级、天生桥2级等3座国家大型水电站总装机达到312万kW，加上星罗棋布的中小型水电站的建设，奠定了黔西南成为中国西南电力基地的不可动摇的地位。通过连接滇黔桂粤四省区的多条500千伏和220千伏交流输电线路，强大的电流从这里源源不断送往广

① 黔西南州的另4个战略目标分别是：建成滇黔桂粤经济区域的重要枢纽和西南腹地出海的近捷通道；建成中国西线旅游的一颗明珠；建成珠江上游重要的生态屏障；建成中国西南重要的生物资源宝库。

西、广东，使黔西南成为名副其实的‘西电东送’的南路枢纽。水电将成为自治州的经济支柱之一。”

政府认为，要建成“西能东送”的重要能源基地，就需要加快实施黔西南的“西能东送”战略，需要发挥水火互济的能源优势，大力发展水电，积极发展火电。同时利用天生桥—广州（2条）、天生桥—贵阳50万伏高压输变电线路的通航优势，特别重视界河水能资源开发，争取2005年底全州电力总装机容量为365万kW，2015年为566万kW以上。

（三）黔西南的水电开发

水电站建设是水能资源开发的核心内容。在国家的能源大开发与加快“南盘江—红水河基地”建设的背景下，黔西南的水电开发格局正在1.68万平方公里的土地上形成。待开发完毕时，州内10多座上规模的水电站的总装机容量可达600万kW以上（含界河）。此外，还有许多修建在各个小流域里的小水电站。

在政府的招商引资项目中，水电开发项目也占据着重要的位置。

毫无疑问，黔西南不仅是中国31个自治州里的最富于水电开发热度的一个自治州，也是中国地级行政区划里的富于水电开发的一片热土。

在轰轰烈烈的水电开发进程中，一个非常严峻与棘手的问题也随之而来。

表3.6　黔西南水电站建设

单位：万kW，万kW·h，座

河流名称	电　站　建　设	装机容量	年发电量
黄泥河	鲁布革；拟建大桥、老江底等	>73	>35.99
马岭河	在建马岭，规划赵家渡+	>3.9	>3.9
北盘江	在建光照、马马岩，拟建董箐等	>177	>64.63

续表

河流名称	电 站 建 设	装机容量	年发电量
南盘江	天生桥 1 级、2 级，白水河 1 级；在建白水河 2 级、平班	＞292.4	＞154.5
合计	13	＞600	＞330

［注］资料来源：1. 贵州电力网，2004 年 10 月 5 日。
2. 中国水力发电年鉴（2001—2002）。
3. 合计数包含界河数据。
4. 表中＋为建设讨论项目。

第四章　水电移民与发展悖论

第一节　“水电移民”的含义

大河流域是人类诞生的摇篮，世界四大文明皆出于河流。人类生存离不开农业，农业发展离不开水库。水库本义是修建在流域里的具有较大容量的能够用来蓄水的一种水利工程。从公元前 2649 年世界上的第一座完全防洪水库在埃及诞生至 2005 年，水库的历史已经跨越了 4654 个春秋。前现代社会的这种蓄水工程的容量有限，主要用来供水、灌溉，主要着眼于民生，其社会效益的地位非常突出。可见水库建设也是人类最古老的社会行为。

随着人口的递增与生产生活的需要，水库的规模不断扩大，需要把一些人口迁出原住地，这就是水库工程移民。

《中外水库移民比较研究》列举中国在内涵上对“水库移民”所作的定义：水库移民是为了满足国家（地方）开发水力资源的要求而被迫从水库淹没区迁移出去的社会群体。在外延上，广义水库移民是由迁移人口（狭义水库移民）、安置人口和新址、迁改建占地人口三大部分组成。90年代之前，移民定义的外延以狭义为权威，其后广义占据上风。①

《开发性移民理论与实践》对水库移民作了这样的定义：水库移民是因水资源综合治理，进行农业灌溉、供水、防洪、发电、航运等而筑坝修渠所造成的非自愿移民。②

《比较研究》还考虑到了“新址的迁改建占地人口”，但它忽视了自愿迁入者也是水电移民这一事实；《实践》却又忽略了水库移民的成分构成而简单化为非自愿这一重要问题。

笔者认为，水库移民是因为实施水库建设项目而出现的迁移人口。而水电移民是因为实施水电站建设而出现的迁移人口，包括“自愿迁入者”（如，水电开发商、水电施工者）和“非自愿迁出者”（如，库区迁出者）。水库移民的外延大于水电移民，两者具有包含和被包含的关系。本研究所说的“水电移民”主要是指“非自愿迁出者”，关注的也主要是“非自愿迁出者”。

第二节　“水电移民”的膨胀

如前所说，水电移民包括迁入者和迁出者。迁入者主要指水电投资者、施工者、发电管理者；迁出者指因水电建设而被迫撤离建设区域的迁移者。在中国目前的水电项目开发机制中，前者多为外来者，后者多为当地居民。

迁入者主要为自愿前来投资和工作的人。水电开发不仅是洁

① 参见唐继锦、贾晔：《中外水库移民比较研究》，南宁：广西教育出版社，1999年，第15—18页。

② 张宝欣主编《开发性移民理论与实践》，北京：中国三峡出版社，1999年，第13页。

净的、无污染的能源开发项目，也是能够赚取丰厚利润的项目。

一般而言，建设装机容量 1kW 水电站需要投入资金大约在 2.2—2.4 万元之间（火电站约是水电的 1/2），其建设初期投入大，但由于“用水不花钱”，加上水电站寿命较长（80 ~ 150 年），所以年回报率可在 8 ~ 10.5%之间。前期投入的建设成本，可以在 10 ~ 15 年的时间里全部收回。按投资者通常可获取的 50 年经营期计算，水电建设所带来的经济效益极为可观，① 因此，投资者趋之若鹜。

只要有水电开发项目就会有水电移民。水电开发在带来经济社会快速发展的同时，也会造成一部分人的困难。例如，电站建设给水电移民带来生活资源的丧失。这种丧失源于政策性、时限性、迁移性、破坏性和非自愿性，水电移民因此成为世界性的难题。

表 4.1　大型电站建设、耕地淹没与水电移民概况

单位：座，亩，人

地　区	时　段	水库数	淹没耕地	移民人口
华　北	1951—1991	41	1543074	517808
东　北	1941—1997	54	1670758	413093
华　东	1951—2000	69	2330567	1626026
华　南	1957—2003	71	1254989	869754
中　南	1952—2009	117	4583212	3920430
西　南	1954—2001	24	445904	318108
西　北	1955—1999	30	547318	286212
合　计	1951—2009	406	993222	7951431

［资料来源］根据赵人骧等《水库移民工作手册》、安申义主编《中国水力发电工程·移民环保卷》等资料制作，数据统计不完全。

① 参见《专家警示：西部圈河运动将招致生态危机》，《人民日报》2004 年 9 月 13 日。

20世纪中后期以来，全球每年平均约有300座电站大坝开工，水电移民400万人。据不完全统计，从1951—2001年中国水电移民近1000万人。其中，50年代20多座大中型电站造成的水电移民约30万人；60—70年代近300座大型电站造成水电移民约260万人；1980—2000年修建70多座大中型电站，移民250多万人。仅三峡电站的移民就在120多万人。①

电站水库的蓄水直接造成库区农民的耕地、房产、设施以及其他可供利用资源的丧失。因此农民是水电移民的主要成分。

贵州1958—2003年修建装机容量在2.4—120万kW之间的水电站共有45座，淹没耕地274526亩。对于没有平原支撑和人均耕地较少的山地省份来说，耕地的损失对农业的基础地位的巩固无疑是一种削弱。电站建设造成的近30万水电移民人口，又是贵州社会经济发展的一笔昂贵成本。贵州跻身于中国十大水电开发基地之后，随着北部的“乌江水电基地”和南部的“南盘江—红水河基地”的迅速开发，遍布全省各地的水电移民成为突出的社会问题。

表4.2　贵州2.4万kW以上水电站概况

单位：km^2，万kW，亿kW·h，亩，人

水系	电站数	装机容量	年发电量	综合效益	淹没耕地	移民
乌江	19	666.3	298.8	兼8座	189610	145838
赤水河	9	37.7	17.8	兼9座	12477	13659
南盘江	11	268.7	117.5	兼9座	57419	82065
金沙江	2	16	7	电2座	2051	1327

① 参见庞道沐：《水库移民指南》，长沙：湖南人民出版社，2001年，第1—5页。

续表

水系	电站数	装机容量	年发电量	综合效益	淹没耕地	移民
清水江	5	136.3	42.5	兼 5 座	14628.8	18987.8
合计	45	1186.2	476.2	电 13 座	274526	275132

［资料来源］1. 贵州电力网，2004。
2.《中国水力发电工程·移民环保卷》。
3.《水库移民工作手册》，第 800 页。
4.《中国水力发电年鉴》2001—2002，第 815—816 页。
5. 表中“电”为发电，“兼”为综合性效益。
6. 统计时段为 1958—2003 年。

第三节　天生桥电站：巴结人的隐痛

一、天生桥电站简况

天生桥电站位于贵州黔西南州的安龙县与广西百色地区的隆林县交界处。电站大坝距安龙 37 公里，隆林 28 公里，兴义 33 公里。1991 年 6 月开工，1994 年 12 月截流，1997 年蓄水，1998 年底首台机组发电，2000 年底全部竣工投产。水库正常水位 780 米，总库容 102.57 亿立方米；装机容量 120 万 kW，保证出电 41.89 万 kW，多年均发电量 51.46 亿 kW·h。到 2004 年底累计发电在 200 亿 kW·h 以上，发电功效极高。

调节作用：没有它，下游总装机 298.6 万 kW 的天生桥 2 级、岩滩、大化 3 座电站的保证出电仅为 49.18 万 kW，不到装机容量的 1/5。

防洪、拦沙作用：可消减洪峰流量 20%，可拦蓄坝址以上大部分泥沙，使天生桥 2 和平班电站的泥沙问题得到根本解决，也使岩滩、大化的泥沙入库量减少 1/3，延长下游电站的使用寿命。还可以形成约 140 公里的库区深水航道，改善航运条件；形成约 174 平方公里 的万峰湖，为旅游业和水产养殖提供发展机会。

天生桥电站的建成投产和并网，使广东、广西、贵州和云南的互联电网如虎添翼，初步实现“西电东送”南线战略目标。

南北盘江干支流上的光照、董箐、马马岩等水电开发，也要依赖天生桥电力的强力供给。

二、当地人的命运转折

天生桥电站成为国家经济社会发展增长点的同时，也改变了当地人的命运。

工程竣工当年蓄水水位就达 779.96 米，淹没面积 177.75 平方公里，其中陆地面积 159 平方公里，涉及广西、贵州和云南 3 省（区）的 6 个县、16 个乡（镇）、8 个村公所、158 个村民居民点、340 个村民小组。受淹没影响的人口达 48459 人（农业人口 45885 人，占 94.69%）。其中“就地后靠”大约 49%，出县(市)“外迁”和“投亲靠友”12%，县（市）内跨乡（镇）“外迁”39%。水库淹没耕地 80351 亩，园地 1364 亩，林地 65497 亩，草山 39141 亩；还淹没三四级公路 173 公里，小水电站 69 座，需拆迁各类房屋面积 174.09 万平方米。

10 年内，库周在 780—820 米之间的库岸失稳区影响广西两县 69 个点，贵州两县（市）65 个点，云南两县 18 个点，失稳土地面积 5890 亩，耕地 2192.6 亩，林地 1384.1 亩，村庄用地 1023 亩，其他土地 1290.3 亩，失稳区人口 8563 人（包括原住民 5709 人，后靠 2854 人），其中广西 3837 人，贵州 3234 人，云南 1492 人；房屋面积 36 万平方米，四级公路 1.56 公里，机耕道 1.55 公里，10kV 输变电路 7 公里。

该电站工程总投资近100亿元，其中有20%用于水电移民和当地市场。应该说这比例不小，但近10年来，一个明显的事实是，无论是“就地后靠”还是“外迁者”，水电移民的生产生活现状比人们当初的想像要困难得多。

三、巴结人的心痛

“巴结村”是南盘江北岸江堤的一个布依村寨，距天生桥电站大坝26公里，与广西隆林县的革布、祥播两乡镇隔江相望。平均海拔650米，地处低热河谷地带，年均降雨量在950—1100毫米之间。

巴结在历史上的地位与作用非常重要。雍正5年（1727），中央王朝就置有巴结、者安二亭于此。

1981年以来，这个村出土过有肩石奔、石斧、铜钺、铜斧等，分属新石器时代及青铜器时代的遗物，这些出土器物都是巴结古寨发展的佐证。

1984年以前，“巴结村”共辖9个村民组、800多户、3200多人。

村前的江面宽约120米，常年风平浪静，碧水缓流，渡船渔筏时有往来。巴结古有船渡、码头，历为黔桂边商旅要津。70年代以后，机动轮渡使交通便捷。

“巴结村”依山傍水，村寨沿岸古榕奇拙苍劲，楠竹林挺拔茂密。绿阴掩映中的布依“吊脚楼”民居在曲巷高阶间错落分布。处处凉台上飘动着青、蓝、白色的散发着特有的蓝靛味的手工棉麻织品。屋里响着手摇织布机的吱吱声。寨中、寨旁有水井、水塘或河流小溪。村后多植有古樟和金丝榔，有“祭山”林木，环境优美，人与自然和谐。80年代以后，公路边的一部分巴结人偶有兴建砖木结构和钢筋水泥结构的住房，并安装有电灯和自来水。

河谷地带森林茂盛、木材方便，巴结人多积木而居，穿斗木结构，木壁木楼，单檐重檐兼有，楼上住人、楼下圈养牲畜，檐前有竹楼晾台，古称“干栏”。另一种干栏样式则只供人居住，不圈养牲畜，瓦木结构，两山有“抱厦”相连，悬瓜、窗棂施有木雕。多为三开间或五开间，有的前半部相通，中设香堂供奉祖先，余为接待客人、进餐和纺织之用，后半部各间均作卧室；有的正中一间为堂屋，两侧作卧室或厨房及保管粮食物品之用。建房讲究背风、向阳采光、排水好，形式古朴，且具实用价值。

巴结人虽无文字，但民族语言世代传承。巴结人的布依语属布依语第一土语区。历史文化除用汉字直接记录外，均靠口头传述而世代传承。他们有丰富的民间文化艺术，如布依戏、八音坐唱，[①] 兴于明末清初，盛于晚清。其曲目丰富，独具风格，为群众所喜爱。布依古歌、民歌相传不衰，尤其是“浪哨歌”，青年人唱来声柔音婉、娓娓动听。

巴结人历来自种棉花、纺纱织布，男女传统服装用自织靛染的青蓝色花布、斜纹布或十字布手工缝制，用石磙碾压或卵石磨擦，使布面有光泽。老年男装分长衫和大襟大裤脚。改革开放以后，中青年服装逐渐变化，时尚服装开始在布依族村寨里成为布依服饰的点缀。民族工艺品主要有编织、织锦、挑花、刺绣、抽纱、扎染、靛染等，图案纹样古朴，用色丰富明快，部分在集市出售。[②]

织锦是巴结布依妇女手工艺品的精华。以自纺的或机织纱为经线，青蓝白色皆可，经过整经牵梳穿扣后上机。织锦机为木制手摇织机。纬线有棉线、丝线，均为双纱，多用植物染料作全

① 八音：布依族的一种古老的音乐样式。参见编委会：《兴义县志》，贵阳：贵州人民出版社，1988 年，第 52 页。

② 《兴义县志》，第 599 页。

色，种类和深浅自行选择。织前先设计和选定图案，按图造型及颜色层次，用挑纱板在经线上边数边挑，挑起一次织入纬线一次，织面向下，上面可留线头。织幅多为45厘米左右，被面多为双幅或三幅拼合，背带心单幅即可。织锦系应用色泽鲜艳的纬线，用点、线、面等不同色点，组成连续而多型的花鸟虫鱼图形，是布依姑娘结婚必备的嫁妆之一。80年代以后，巴结人对传统的织锦工艺进行了改进，纱线多样化，品种多样化，图文新颖，色泽鲜艳明快，又具有民族风格。1985年9月在贵州省的资源博览会上备受好评和重视。此后，巴结人的织锦由自用逐渐商品化。

巴结妇女有自己传统的民族服饰，头包青色或格子布头帕，盘辫，插银或铜质发簪，18—30岁的妇女，还用小银链串联三或五、七枚银质别针插在发髻上；上衣右开襟，宽袖齐臂，长至上膝，襟沿领口镶上花边，襟饰银或铜扣，裤为大口镶边长裤，俗称“镶栏杆”或“大镶滚”；有的还穿青或黑色挑边百褶裙，胸前系织花围腰，肩搭白色青线十字绣花褡裢袋，脚穿绣花尖嘴布鞋，戴银耳环和银或铜质手镯、戒指。80年代后，部分女青年已采用机织浅色棉布或化纤品，缝制异色盘肩小袖上衣，有的已经改着时装，体现出传统与现代相结合的气息。

巴结古寨临江，不仅鱼鲜味美，而且早熟的番茄、辣椒、黄瓜等蔬菜，芭蕉、黄果和甘蔗等时鲜水果与传统红糖等驰名远近。粮食作物以水稻、玉米为主，小麦、黄豆、胡豆、豌豆等次之，少数地方水稻可以年产两季，或一季玉米一季水稻，梯田旱地多为一年一季。粮食生产自给自足。巴结人以大米、玉米为主食，喜食糯米制品，节日祭祀和待客馈赠亲友，有五色糯米饭、马脚杆棕粑、糍粑、褡裢粑、汤圆、米团子。肉食是巴结布依人常用的菜肴之一，有猪肉、牛肉、狗肉、鱼肉及飞禽野兽。猪肉除了鲜吃以外，每年冬至以后都要腌制腊肉，留备来春食用和待客。最喜欢吃狗肉，有清炖、红烧、炒等吃法，尤其以“血灌肠”风味独特。

巴结人喜欢饮酒，且多为自酿自用，白酒以玉米、高粱、大麦等为原料。在甘蔗产区，还用蔗糖水酿酒。糯米和玉米甜酒，更是家家必备，是春耕大忙季节的最好饮料，可以冲凉水饮用，也可以煮甜酒水泡饭。酒是巴结人婚、丧、节庆用以待客的必备之品。以酒待客、客醉主乐，是布依人热情好客的传统风俗。

巴结人同样喜食酸辣味，每年必备干辣椒数十斤、酸辣椒三四坛。酸辣椒炒肉是佳肴之一。

与大多数布依村寨一样，巴结村先前为一村一姓，实行一夫一妻制，同姓不婚，异姓不越辈开亲。明清至民国时期，当地兼有自由婚和媒妁婚，也兼有“指腹为婚”或“背带亲”者。传统婚姻文化中的择偶、订婚、结婚方式相沿不废。社会网络由此牢固。

婚礼前两天，男家先吃“挂红酒”。亲朋好友为新郎挂红并赠礼祝贺（南盘江北岸有的是在喜期的当天祝贺）。喜期前一天“过礼”，由男家备办“离娘粑”和鸡鸭酒肉、唢呐锣鼓及“接亲客”二三十人前往女家接亲。次日一早，在女家“送亲客”的陪同下将新娘接回，经过拜堂、拜见公婆及族亲长辈后入新房。当晚，新娘由送亲妇女伴宿。第三天，新婚夫妇携带酒肉、糯米粑去女家“回门”。新娘如此回门，即为“不落夫家”。如遇农忙季节缺少劳动力或遇婚丧大事，可由丈夫或其亲属将新娘接回帮忙，当天即返，如路远，则借宿在村内的亲友家。待二三年或五六年后才到夫家坐家。现在，这种习俗受大传统影响而逐渐改变。杂姓村寨亦变得司空见惯。

巴结人的丧葬文化严格。一般有如下程序和要求：报丧，入殓，停柩，守灵，择地，择期，家祭，奔丧，待客，出殡。生死同等重要。[①]

巴结人过年分“大年”（除夕团圆饭）、“小年”（正月十五）和“了年”（正月最末一天）。

祭山是一个重要的节日，在农历三月的第一个虎日（寅日）或猴日（申日）举行。由本村男性寨老主祭，全村齐集，不能讲汉话。不会讲布依话者可以比手势。祭后封山、封寨，3 天内不许任何人上山砍柴割草，是为“闲山”。农历三月，有的地方祭“仓山”和“老人房”，时间为三天，由寨老择吉日举行，祭祀时击铜鼓，各户凑钱宰牛羊会餐，有的还炒米花上山去撒，旨在驱虫除害。巴结人祭老人房时还要吹奏古老的“八音”（也称“八大行”），演出布依戏也要持续 3 天，热闹非凡。

六月节，在农历六月第一个虎日（寅日）或二十二、二十四日。有的各户自备丰盛酒菜、花糯米饭、米团子。有的全寨凑钱买猪或羊宰杀，分给每户煮熟后在门前祭祀，其隆重仅次于春节。

经济作物有甘蔗、油菜、花生、生姜和芭蕉芋等。1956 年省轻工业厅在巴结兴建年产 1500 吨的机制白糖厂。省糖科所又在巴结附近的歪染南龙坝建立甘蔗试验站（后改为糖料作物科学研究所），引进 30 多种优质甘蔗品种，极大地推动了巴结等村寨甘蔗生产的发展。在此后的 30 多年里，时逢甘蔗收售季节，一派繁忙景象。

巴结村的经济收入主要是甘蔗、油桐、红糖。甘蔗除了交售糖厂外，自榨红糖年产大约 120—160 吨。养殖业以养殖牛、猪为主。年均户养猪 2—3 头。砖瓦、运输和芭蕉芋粉条加工成为

① 参见周国茂：《摩教与摩文化》，贵阳：贵州人民出版社，1995，第 104—117 页；并见黄义仁：《布依族宗教信仰与文化》，北京：中央民族大学出版社，2002 年，第 134—140 页。

重要的经济补充。

巴结村的林木产品有木材、油桐、油茶、木耳、竹笋等，尤其以油桐为大宗。

数百年来，巴结人创造了一套完整的包括自然、经济、生计、建筑、风俗、故事传说、社会网络和精神信仰等的民族资源，并在这套资源体系的培育下生息繁衍，怡然自得。①

1994年，随着天生桥电站蓄水，巴结人除了少部分就地后靠或投亲靠友外，大多数人告别熟悉的故土，告别自己的“巴结”举家外迁，成为移民。水位迅猛飙升，来不及拆的房屋和牵走的牲畜一会儿就在湖面上漂浮，近5000亩耕地沉陷水底。延续了数百年的村落与村落资源土崩瓦解，成为历史的记忆。

据有关资料显示，兴义市2.3万天生桥电站移民中有一半是巴结镇人，巴结村移民又占巴结镇移民总人数50%以上。巴结人受损程度最深、受损量最大。巴结村的移民上访次数最多、持续时间最长。在全州人们的潜意识里，只要提及“移民”二字，立即想到的就是“巴结移民”。

2003年8月，黔西南州移民开发局的一位负责人对笔者说：

“当初，移民搬迁有很大的阻力，现在比较稳定。原先工作难做是因为补偿单价较低和经费不到位。按1994年的赔偿标准，平房每平方米190多元，木瓦房100多元。1998年报经中央批准，赔偿单价上调分别为：平房每平方米295元，木瓦房185元，砖木房235元，草木房140元，杂房（猪牛圈等）更低些。经果林、用材林、柴薪林等单价和补偿费也不等。”

“土地补偿的大致情况是：水田每亩8955元，旱地4025元，林地969元，河滩1140元，村庄占地2300元，牧草地288元。”

① 参见罗用频：《民族学视野中的村落资源分析》，《贵州民族研究》2005年第1期。

“1997年夏天，天生桥库区3000多名移民在大坝建设工地上静坐、示威、对峙，经过政府的耐心工作后，才慢慢安定下来。原因是：边规划边搬迁，水赶人，补助低，许多移民建不起房子，资金到位较晚。2000年5月，移民又上街静坐。许多移民生产生活困难重重，抵制情绪高涨。为了移民问题，政府与开发公司之间也曾一度关系不适。因此这是一个棘手的也是头疼的问题。”

第四节 “资源图”：巴结人的“命根”

2004年2月，笔者在兴义市的马岭、顶效、郑屯等乡镇访谈巴结移民时，常常感到：巴结人对自己的过去总是津津乐道，但面对现实却显得有些无奈。移民王某就是其中的一位。

30岁的移民王某这样说：

“原来在老家，我们生活得好好的，农民图什么？有田地、有山水，要吃甘蔗到地里砍，要吃鱼到江里撒网；农忙季节人手不够，亲戚朋友一大堆，互帮互助；遇到突发困难，大伙随时可以共同商量，拿出办法，彼此照应；大家在一起做事情，都比较方便；过节的时候，更是能够把全村老小都聚在一起，热热闹闹，才有过节的样子。”

“现在大家都成这个样子，真是有苦难言啊！”

“为了响应国家修电站号召，我们搬出来了。当初说有好多好多的好处和优惠，现在我们有什么？房子窄旮旯，想喂头猪牛都没有地方；原来说给我们移民供应平价粮，可是一眨眼市场放开，哪里还有平价粮？说给用电优惠，但我们的电价比城里的还贵；说娃娃可以进好的学校读书，最后人家说你的娃娃基础太差，跟不上，学校不收了；说学杂费可以减免，可是只减了第一个学期，以后就没有了；培训我们一些种养技术，可是我们在哪里种？在哪里养？外出打工，老板说：‘打工是年轻人的事情，一大把年纪了你来做什么？’每人8分田地，肥力差，能种出什么东西？过去，甘蔗可以卖钱，红糖可以卖钱；现在我们连卖力气人家都不要……”

“每年每人400元的扶持费，能顶什么用？而且，还要有项目申请、监督、检查验收什么的，我们也没有垫本资金，又能够申请什么样的项目？”

王某的话“一石激起千重浪”，在场移民打开话匣子，你一言我一语，纷纷发表各自看法，嗓门很高，情绪甚至有些激昂，场面热烈。

笔者从王某等移民的七嘴八舌的话语里听出他们心中的诉说：过去拥有的东西很多，现在能用的东西很少；过去能够发挥自己作用的地方很多，现在有力气都无处使。过去很多事情是自己说了算，现在是由别人来安排。过去自己是主人，现在寄人篱下，做事还要看人家的脸色。

王某是初中毕业生，在村里算是有知识的人，说起话来有条理。当笔者问及造成移民生产生活与发展困难的缘由何在时，他不假思索地说：

“许许多多原本属于我们自己看得见、摸得着的东西现在大多都没有了；许许多多原本属于我们自己的看不见、摸不着、但感觉得到的东西现在大多都没有了。”

“我们的楼房、耕地、山水、林木、船只、劳动工具等很多东西都被水淹了，搬迁到这个地方，我们能有什么？我们村里的好几代人留下来的亲戚朋友之间的大家互相帮忙的关系，现在大家分散了，自己的事情都照应不过来，也不知从何下手，哪能顾上别人，时间一长，亲戚都不亲了；原来逢年过节供祖敬神的时候，整个家子、或者整个寨子的人都一起参加，热热闹闹的，现在冷冷清清的。甚至连发发牢骚、拉拉家常都得留意，怕漏了出去，得罪上面的人，办不成事情，得罪周围原来村组的人，大家不好处。我们是外来人，说不定人家哪天找上门来，我们都还蒙在鼓里。”

在笔者的请求下，他画出了一张过去大致包含村民小组分布、辖区、房屋、耕地、草山、树林、河流、道路、公共设施、村民聚会、劳动季节、坟山祭祀和村民关系等内容以及作用的资源图样，在场的移民不时做些更改和补充，他们说，没有这些就没法活了。该图经过笔者几次修改，而形成“巴结村文化与资源模式图”。

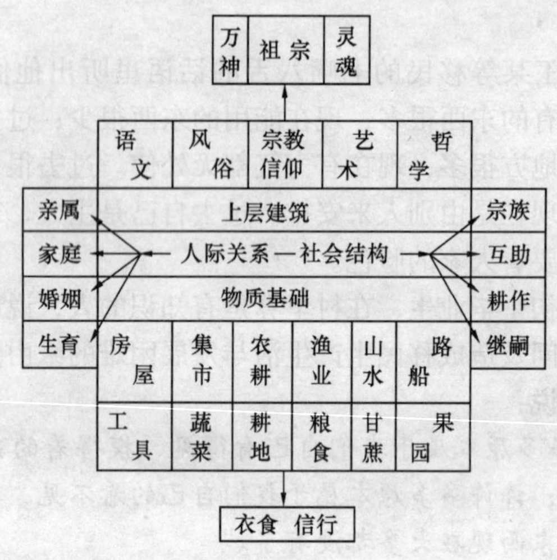

图4 巴结村文化与资源模式图

移民的“资源图”让笔者陷入了深思：越是历史久远的群体越是强调资源体系的完整性。民族资源是一个历史沉淀的过程，其内部各要素之间关系是密不可分的、循环的。尤其在“物质基础”、“人际关系—社会结构”和“上层建筑”之间三者关系更要强调各部分之间的协调与平衡。

简言之，在这个组织严密的资源系统里，离开“上层建筑”和“社会结构”的群体，不是“人的群体”；忽视“社会结构”和“上层建筑”的群体，不是完整“人的群体”。因为人与牲畜之间的区别就在于人创造、运用文化，是文化把人类提高于禽兽之上。①

但“非自愿迁出者”千百年来创造并能够驾轻就熟地为我所用的整套资源体系，被外来的强力冲击而支离破碎。这种对移民来说是极其宝贵的资源遭受破坏的后果是许许多多的人们所不能完全觉察的，有时候也是不愿意看到的。因此，在经济评估指标和利益最大化的驱动下，开发决策者与公司就会用“经济”的一贯手段来“弥补”这些“迁出者”。例如，打坏了你的一只碗，赔你一只新碗。淹没了你的房子，给你新建一座房子。过去没水没电，现在给你接通。过去没有马路，现在就给你修好。娃子可以住进更好的校舍。没有耕地了，重新划拨或给你钱，或享受“农转非”政策，拥有城镇户口，成为城镇居民，可以在城镇集市里做生意，如此等等。

但实际上，问题并没有因此而全部解决。各种不顺心的问题都有可能成为“非自愿迁出者”经常挂在嘴边的大问题。可见，经济赔偿是必要的，但不是唯一的，更不是终极的。

从资源图可以看出，巴结移民在迁移前后所拥有的资源对比反差度是明显的。政府和开发公司一直没有很好地解决移民问题的一个重要原因就是——只看到了“物态”的东西，而没有看到“非物态”的资源。

笔者认为，用经济赔补的办法来处理“非物态”资源的丢失是不能从根本上解决“非自愿移民”深层次问题的。这也就是移

① 参见马凌诺斯基：《文化论》，费孝通译，北京：华夏出版社，2002 年，第 12—17 页，第 99—100 页。

民不断上访、“闹事”的原因之一。目前，这深层次的问题还难以为人们所认知、所接受。因此，对水电移民问题的处理所出台的许多办法、手段、措施，应该说出发点都是很好的，只是还有些简单化，以至于“非自愿迁出者”在丧失自己的整套资源之后出现生计与发展的困难。

第五节 “假话”与“真话”

曹某，男，42岁，布依族，1994年搬迁的第1期巴结移民，一家老小6口人，有劳动力3人，现住兴义市某乡镇某移民点。

2003年8月15日，在乡村干部的陪同下，笔者对他进行了访谈。

曹某向笔者罗列了许多的移民好处，诸如：现在的生产生活条件都比原来好多了；移民与当地人亲如一家人；政府给予移民许许多多的关心帮助；现在的收入水平一年比一年多；非常感谢开发建设给穷山沟里的农民带来了脱贫的机会；等等。

两个多小时的访谈，他的话无不让笔者和在场的乡村干部感到振奋。

临走时，他执意索要笔者的电话号码，说是“交个朋友，希望经常来玩”，并认真地把号码记在一个皱巴巴的本子里。

8月20日上午，笔者正要出门到另一个移民点访谈。电话响了，传来了一个有些耳熟的声音——

“是罗老师吗？我是曹××。我有事情找你。在村里说话不方便。我们找个地方聊聊吧。”

中午11点半，笔者找了个地方，约见了曹某。在确认该地方说话比较“方便”之后，他开口就说：

“对不起，罗老师，前几天在村里对你说的那些话，都是我编造的。”

“为什么?”我问。

“因为有其他人在场，当时只能那样说。上面对我们移民讲的话都比较敏感，尤其是对外人说话更是如此。不小心，就会给自己带来麻烦。”

“今天就咱们两个人，那你就说‘真话’吧!”

在得到笔者向他作出的“保证”之后，他开始了他的“真话”的述说：

“电站蓄水之前，我们家和全村的其他家一样，大家都在村里过得好好的。农民图个啥?图的就是衣食住行、油盐酱醋的东西；图的就是安稳。我们和城里人不一样。我们家6口人，有一幢三开间加两个耳房的楼房，有6亩多的田，10多亩的旱地，还有几十亩的林地。水稻每年至少可以种两季，水稻亩产八九百斤。一年打下的稻谷可以吃好几年。1993年，除了上交给国家的公粮之外，我们家每年都有余粮。虽然那时候的粮价比较便宜，大概每斤是7毛，但对我们家来说，能卖一两千斤也有不小的收入啊!”

“我们家的存粮一般是两年，时间长了，打出来的米就不好吃了。”

“当然，我们家的土地，不是都用来种粮的。种植甘蔗是我们的传统。大家都有栽种甘蔗的技术，而且比种水稻还省时省力省钱。大家可以根据甘蔗与蔗糖的行情来安排下一年的种植计划。”

“拿1993年来说吧。我们家种植了12亩地的甘蔗，亩产五六千斤。当时的甘蔗主要是卖给糖厂，每斤6分5。一年下来，卖甘蔗的钱也是不少。自己榨制的红糖，只要熬制得好，在市场上可以卖到每斤5毛多的好价钱。那一年，我们家就卖了2300多斤的红糖。”

“你知道，我们布依族都有养猪养牛的传统。养猪实际上是不赚钱的，但我们可以赚得农家肥，养牛也是这样。化肥的价格比农家肥贵了很多，而且用化肥的时间长了，土地的肥力就会下降，农家肥不会这样。我的父母都还可以帮助喂喂猪牛的事情。我们村里的一般人家都可以喂养三四头猪，多的有五六头。这样地里需要的肥料基本上自己就可以解决了。”

“我们村是渡口，天天都有很多拉到广西的煤车经过。渡船的生意因此很好。煤车要排很长的队，有时候需要排一两天才轮到上船呢。那些司机有钱，也能在饭馆花钱。船是集体的，但我们家家户户都入有股，每年可以分到不少的红钱。”

“现在，我们有啥？我们家的老二‘农转非’没有土地，全家6口人4亩土地，其中水田1.8亩，旱地肥力比较瘦，包谷产量很低。田地里的活都不够我爱人一个人种。老大20岁，在东莞打工两年，一个月的工资还不够敷嘴，更谈不上攒钱了。父母现在基本上都是闲着，就是守屋。他们都觉得无聊，破旧的电视效果也不好，再说他们也听不懂电视里的话；开始还与闲着的邻居聊天，现在也不聊了，因为没有更多的话题可聊。要不就只好拿张凳子坐在家门口，看看来来往往的车子。”

“我自己只有下田、种甘蔗、熬糖的技术，但这些现在都没用了。只好在顶效街上找些零工来做，帮人家上下车，或者帮政府做一些拆房捡瓦的活。因为闲着的人多，只要有活，大伙儿蜂拥而上，报酬就低了。”

“过去我们吃水到水井挑。现在用自来水，水费、电费（农网电）都比城里的还贵。过期不交费，就要停电停水。有时候，连续几天没事做，心里就发慌。”

“补偿费很低，住的房子是1994年建的，现在还欠贷款4000多元，还有利息，人家经常催还。”

“其他的人家大抵上如此。现在过得比较好的人家，靠的都是原来还没有搬迁前做买卖赚得的家底。现在大伙儿吃饭都成问题，用什么来致富？”

“住在坪东镇的移民罗某，他家有钱，一家5口全部‘农转非’，1996年花了30多万元买了1幢房子，他家原来就是做木材生意的，已经20多年了。移民之后买了1辆中巴车，跑巴结，赚了8万多元。后来车多生意不好，他8000块钱卖掉中巴车，又做起木材生意。现在自己投资20多万元还开了一家‘移民木材加工公司’，实际上还是做木材倒卖生意的，广西、云南都有他的生意。我们家都是老实人，做不成生意，只会耕田种地。”

他摇摇头，长叹一口气，说：

“这就是我的真话！”

（后来，笔者访谈了“移民木材加工公司”的经理罗某，罗某不愿多说：只是透露了一点儿“秘密”——起早摸黑、“白道”“黑道”都要走！）

曹某的“真话”与罗某的“秘密”让笔者想起了几千年前的孟子在《梁惠王章句上》里的一句话：

“若民，则无恒产，因无恒心。苟无恒心，放辟邪侈，无不为己。及陷于罪，然后从而刑之，是罔民也。”

“焉有仁人在位罔民而可为也？是故明君制民之产，必使仰足以事父母，俯足以畜妻子，乐岁终身饱，凶年免于死亡；然后驱而之善，故民之从也轻。今也制民之产，仰不足以事父母，俯不足以畜妻子；乐岁终身苦，凶年不免于死亡。此惟救死而恐不赡，奚暇治礼仪哉？”①

---

① 参见孟子：《孟子》，杨伯峻、杨逢彬注译，长沙：岳麓书社，2000年，第17页。

第五章 从“非自愿”到“自愿”

第一节 “资源开发法”的必要性

法制社会的重要标志就是相关法律法规的建立健全，以及所有社会行为都置于法律的监督之下。

笔者认为，当下的资源开发，在很大程度上还处于“无法”和“无序”的状态。对于资源的开发，应该有“全国一盘棋”的思路。在“资源开发法”的指导下，使国家的资源开发走向“法制化”轨道。

概言之，就是要通过立法来明确规定国家的资源——“有什么”、“开发什么”、“谁来开发”、“怎样开发”、“谁来受益”、“效益与风险如何分配”、“问题处理措施”、“监督与评估”、“注意事项”等法规性内容，使资源开发做到有法可依，并力求做到资源开发的可持续性。

通过水电资源开发使国家、开发公司和水电移民都能够受益，应当是这部法规中的一个重要内容。

对待水电移民问题,首先需要解决的问题是:如何“认知”,其次是“决策”,再次是“实施”,最后才是“效益与分配”问题。

笔者认为，“认知”是前提。这个问题解决了，其他的问题就可以迎刃而解了。水电移民问题的核心是资源开发中的开发规范性的法律认知、移民的地位作用认知、开发各方的利益与分配认知的问题。非自愿性移民问题之所以是世界性的难题，就是因为当下的社会对这个问题的认识还不够清楚或者是存在意见分歧。或者说，其全过程更多时候还是按照某一方的意志为转移。

例如，传统的资源主体一元化观念认为，流域内的所有资源是国有的或集体的，因此作为各级政府就有权力来决定和实施资源开发事项，获取财税等效益。当政府在资源开发中出现资金短缺时，开发公司就会在招商引资优惠政策吸引下由幕后走上前台，走进资源开发地，通过资金投入获取丰厚的开发利润。世世代代生活在资源开发土地上的当地人理应“舍小家顾大家”、“我为建设做贡献”。于是，就出现了：“搬迁—补偿（补助）—后期扶持（简称后扶）”的“开发性移民”模式。这就是时至今日的“开发理念”与“政策实施”的核心内涵。

笔者认为，在这种主体性还不完善的体制下引导的实施开发的全过程所出现的问题就在于缺乏合理认知与互动，自然就出现了一些难以做到“平衡”的现象：

政府同时拥有流域资源开发的决策权、执行权、监督权和受益权。由于开发需要资金，资金需要政策吸引，所以开发公司成为享受政策优惠的利益最大者。

但流域开发地上的原住居民——如巴结人却成为开发的微利者或受损者，不仅不能从开发中获得源源不断的收益，反而会因为迁移而失去许多原本属于自己的资源。水电移民在“投资者”的结构之中被排斥在外。这种移民无疑是“非自愿”的移民。非自愿移民的出现，迟早会出现政府与开发公司与水电移民三者之间的紧张关系。由此所产生的结果必然与“和谐社会”的发展理念相背离。

笔者认为，在开发的过程中，三者都应该是开发的参与者，应该共处于一个唇亡齿寒或“皮之不存、毛将焉附”的关系模式之中。如图 5.1 所示。

资源开发主体多元化，就是建立政府、开发公司和开发地居民都是流域资源开发主体的观念和机制，并明确三者都是资源开发的利益共享者与风险分担者。自 1980 年实行土地承包制以来，与当地政府签订有土地承包责任书的、拥有土地承包权和使用权

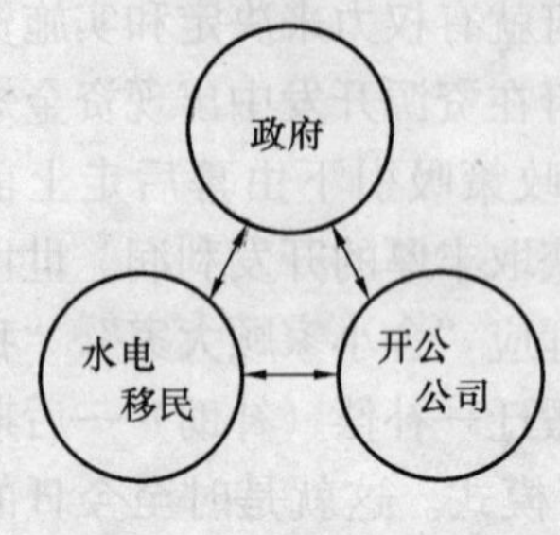

图 5.1 主体互动模式

的劳动者在流域资源开发过程中理应是资源开发的主体之一。也就是说，流域资源开发的主体应当包括：政府、开发公司和开发地内拥有土地承包责任权的劳动者。它们三者之间的关系应当是平等、合作、相互依存的契约关系。这种开发主体多元化机制的建立，是搞好流域资源开发工作的前提和基础。

实践证明，在流域资源开发过程中，千方百计地谋求自我利益的最大化，而采取种种手段致使他人利益最小化的做法是不可取的。当开发所涉及的各个主体如果存在不可调和的利益关系时，开发过程所需要的合作关系就不可能成立。因此，流域资源开发需要明确开发的主体，首先需要明确各个开发主体之间的责、权、利的关系，并且尽可能在各个主体之间找寻一个平衡利益——使各个开发主体都能接受，从而使资源开发得以顺利进行。

实现开发主体多样化，体现开发主体的互动性，并实现开发利益平衡化，就需要建立“共同开发、协调发展”的统一思想意识和良好的“开发主体参与”机制，建构出“风险共担、效益共享”的分配关系。

笔者认为，在民族地区实施流域资源开发，不仅有赖于贯彻执行《中华人民共和国民族区域自治法》，有赖于树立“发展和谐社会”的理念，更有赖于出台并实施“资源开发法”，以确保国家资源得到合理开发，确保开发主体结构中的各个主体构建起良好的互动关系，确保各个开发主体的责、权、利的合理分配，确保少数民族地区的社会与经济协调发展，促进全社会共同繁荣、长治久安。

特别需要主张的是，开发地上的农民作为最初的土地使用者

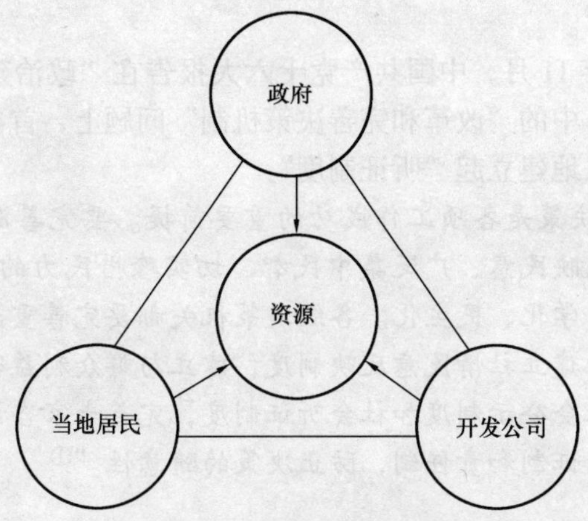

图 5.2 资源开发模式

应当被纳入到资源开发的“主体参与”机制之中，在“资源开发法”的监督保护下，其他问题才能够得到很好的解决。

第二节 项目的社会听证

一、听证的目的与效果

中国古代就有“兼听则明，偏信则暗”的传统思想。但作为一项制度的“听证”（public hearing）行政程序则是源于 1946 年的美国。20 世纪 80 年代末，深圳尝试在公共价格决策领域里引入了类似于听证的咨询委员会制。后来，为了改变政府一元化的决策模式，扩大公众的参与，使政府组织的决策更加透明、公正、民主、科学、规范和高效，使公共管理体制民主化，从 1996 年起，中国在全国层面上陆续对行政处罚、价格调整、立法决策等领域的公共决策体制进行了重大改革，相继正式引入

“听证制度”。

2002年11月，中国共产党十六大报告在“政治建设和政治体制改革”中的“改革和完善决策机制”问题上，首次明确提出要广泛深入地建立起“听证制度”：

“正确决策是各项工作成功的重要前提。要完善深入了解民情、充分反映民意、广泛集中民智、切实珍惜民力的决策机制，推进决策科学化、民主化。各级决策机关都要完善重大决策的规则和程序，建立社情民意反映制度，建立与群众利益密切相关的重大事项社会公示制度和社会听证制度，完善专家咨询制度，实行决策的论证制和责任制，防止决策的随意性。”①

二、听证的操作与评价

水电开发是国家能源开发的重要组成部分，在水电基地建设与流域梯级开发已经成为潮流的背景下，为了使正在、即将实施的水电站建设项目顺利进行，并能够达到事先所设计的“促进经济社会全面发展”的目标，项目组织者对项目及其关联事项进行“听证”是非常有必要的。

笔者认为，实施水电开发项目的“听证会”可以分成如下几步：

第一步：准备。由政府组织，通过各种渠道发布“听证事项”信息（包括时间、地点、缘由、事项、目的、参与人员条件、代表构成比例、需要准备的资料）等，为召开听证会作准备。

第二步：听证。在准备条件成熟情况下，由政府、专家、社会三方代表构成“听证主体”举行听证会，就已经发布的“项目

① 江泽民：《全面建设小康社会，开创中国特色社会主义事业新局面——在中国共产党第十六次全国代表大会上的报告》。

及其相关事项”发表各自的意见和建议，展开充分的讨论或辩论。

第三步：公开。政府如实公开听证会的有关情况，特别是不同的意见和建议，建立“信息回收”措施，倾听全社会的评价，尤其要分析和发现问题分歧的根本原因，拟定出能够反映各方意见和建议的实施草案；发布下一轮“听证”信息。

第四步：再听证、再公布。针对首次听证出现的问题，进行再讨论、再辩论，通过深入的探讨，把最终形成的共识制定成“纪要”下发与会各方，并进行社会公布，从而为项目实施打下坚实的社会基础。

第五步：招商引资与项目实施。由于有了项目的听证和共识，政府所进行的招商引资和项目实施就有了针对性和目的性。就能够减少在项目实施过程中出现的问题，减轻社会张力，促进项目展开并实现预期的目标。

目前，中国政治结构中的民主体制还处在发展建设之中，因此在公共决策方面进行的一些改革和创新，其意义是重大的。因为，一些具体的公共决策通过改革决策的规则能够使决策者和社会各方改变传统中的落后行为方式和观念模式，从而在决策中实实在在地贯彻公开、公正、民主和科学等精神，让社会各方都有维护和增进自身利益的机会，从而在整体上有利于社会协调发展。①

就巴结水电移民多次的“上访”、“静坐”来说，政府说他们是“闹事”，而移民说自己是“反映情况”、“讨回公道”。

笔者认为，双方意见分歧的主要原因就在于事先没有很好地形成“公开、公正、民主和科学”的决策与措施。因此，在涉及

① 参见彭宗超等：《听证制度——透明决策与公共治理》，北京：清华大学出版社，2004年，第27页。

国计民生利益的水电开发项目决策中引进“听证”制度是很有必要的。

第三节 权益诉求平台——移民组织化

目前，中国的国家员工的合法权益有《工会法》来保障，教师的合法权益有《教师法》来保障，农民的合法权益应该由哪部法律来保障？

《中华人民共和国农业法》（1993）第十七—十九条规定：国家保护农民和农业生产经营组织的合法财产不受侵犯；对没有法律法规、国务院授权的部门的决定或者省级人民政府规章规定的依据，任何机关因办理公务而收费的，农民和农业生产经营组织有权拒绝。农民和农业生产经营组织有权拒绝“乱罚款”、“乱摊派”、“强制集资”。[①] 可以看出，如果去掉“乱”、“强制”的内容外，《农业法》赋予农民的权利很少。

《农业法》第三条：农村和城市郊区的土地，除由法律规定属于国家所有即全民所有的以外，属于集体所有。森林、山岭、草原、荒山、滩涂、水流等自然资源都属于国家所有。由法律规定属于集体所有的森林和山岭、草原、荒山、滩涂除外。可以看出，农民所拥有的资源为“零”。

《农民承担费用和劳务管理条例》（1991）第二条之前款：农民承担的费用和劳务是指除缴纳税金、完成国家农产品定购任务外，依照法律法规所承担的村（包括村民小组）提留、乡（包括镇）统筹费、劳务（农村义务工和劳动积累工）以及其他费用。

《条例》第二条下款：向国家缴纳税金，完成国家农产品定

---

① 参见《农业法》及其配套规定，北京：中国法制出版社，2002年。

购任务，承担前款规定的各项费用和劳务，是农民应尽的义务。除此以外的要求农民无偿提供的任何财力、物力和劳务的，均为非法行为，农民有权拒绝。

《条例》第六条：农民缴纳的村提留和乡统筹费，不得超过上一年农民人均纯收入的50%。这些村提留、乡统筹费用来做什么？

《条例》第七条：村提留包括公积金、公益金和管理费：公积金用于农田水利建设、植树造林、购置生产性固定资产和兴办集体企业；公益金用于五保户供养、特困户补助、合作医疗保健以及其他集体福利事业；管理费用于村干部报酬和管理开支。乡统筹费用于安排乡村两级办学、计划生育、优抚、民兵训练、修建乡村道路等民办公助事业。

也就是说，如果没有了村提留、乡统筹费的缴纳，前面所提到的村（包括村民小组）、乡（包括镇）的许多集体活动项目与民办公助事业就不能开展。可见，在中国的农村基层社会里，农民的贡献是何等重要。

《国务院批转农业部关于稳定和完善土地承担关系意见的通知》（1995年3月28日年）文件中关于“不得借调整土地之机增加农民负担”的意见明确指出：延长土地承包期和进行必要的土地调整时，不得随意提高承包费，变相增加农民负担。除工副业、果园、鱼塘、“四荒”等实行专业承包和招标承包的项目之外，其他土地，无论是叫“口粮田”、“责任田”，还是叫“经济田”，其承包费都属于农民向集体经济组织上交的村提留、乡统筹的范畴，要严格控制在上一年农民人均纯收入5%以内。

笔者认为，尽管有上述法规保护，但是在中国，人口最多、费用最多、付出最多、负担最多、资源最少、权益最少、文化知识最贫乏、社会地位最低微的社会群体（或阶层）还是以土地为伴的农民。

水电移民中的农民更是一个特殊的失去资源的农民群体，他们更需要有国家的资源开发的法律保护、资源开发的开发政策保护和自我群体的权益觉醒与争取，以实现他们的可持续发展。但中国的《农业法》没有相关的保护条款。

2004年3月，笔者在兴义市的某乡镇对巴结水电移民村访谈，读了一年高中之后辍学回家务农的36岁移民苏某说：

“在整个建设与移民过程中，吃亏的就是我们农民。当初，看到每人几千甚至上万块钱的土地、房产赔偿费，一家人就是几万块钱，以后还有10年期的每年每人400块的扶持费，就高兴得不得了。好多农民从来都没有看到过这么多的钱。后来搬迁以后才发现，很多家光建房子就要贴进很多的钱；400块钱的扶持费也很难拿到手。除非你有发展的项目，搞项目是要花钱的，没有本钱，光靠400块又能够做什么项目呢？搞不了项目，不能按期还款，所以，就连小额贷款银行也是不给贷的。”

“移民之后问题确实很多。不把问题报告上去是我们自己的错，我们就是哑巴是憨包。但反映多了，问题总是得不到解决，人家就说你是‘闹事’、是‘刁民’。几个人坐在一起，讨论如何向上面争取到更多的好处，人家就会说你在密谋，鬼鬼祟祟的。要是能有一个帮我们说话的人或者组织就好了。现在做大事，都得请律师，大家想凑钱请一个法律顾问来指导，但又需要什么的名义才能够把人家请来呢。由村委会来请法律顾问，好像从来没有过，而且村委会主要还是执行上面政策的。”

苏某的话让笔者想起了巴西的一个移民案例：

“巴西联邦共和国是南美经济最发达的国家。巴西的水能资源可开发容量为2.13亿千瓦。其水资源开发程度大约为25%，处在世界中游之列，水电装机与发电的增长速度远远高于中国。移民问题在巴西也是普遍受到相关部门和全社会关注的问题之一。他们的一些做法也很有特点。”

“1987年，巴西ELETROSUL公司在巴西南部的乌拉圭河修建伊塔大坝，设计总装机容量1620MW，水库面积10300公顷，淹没3200家小乡镇企业，移民4000户。公司公布了报告以后，受工程影响的居民开始了相关的组织活动。天主教堂、地方牧师协会成员、乡村工会领导以及小农业主代表共同对大坝进行了讨论并成立了‘大坝受害者地区委员会’，目标是集中、组织直接或间接受害于大坝的居民并向其进行解释以保护他们在与任何涉及工程的公司、权威机构或其他任何团体打交道时的权力。”

“随后，公司总裁、工程建设主任与大坝受害者之间通过谈判达成相关协议。公司同意对每一个登记家庭提供两者选择：移民或现金赔偿。移民是将居民安置在同一地区或三个南部州的任何一个，其农业特性和基础设施比受大坝影响地区的现状要好；赔偿是受影响的居民参与确定其土地和全部设施的价格而对其进行赔偿。双方代表组成‘双方委员会’分析并确定哪些当事人应当成为移民计划受益人。居民在移民与赔偿中作2选1（不得双重选择）。4个月后，进行了最后的选择谈判，并对其关联的重点事例进行分析。”

“移民后，土地肥力没有乌拉圭河流域那么肥沃怎么办？移民又选择了一些补偿方案，这在公司看来不是大问题，但都作了极大的限制。同时，按协议，移民在其土地完全改造之后再予以接受，费用由公司承当，土地再交付给移民时必须有土壤保护系统，包括梯田和排水实施。移民的房屋建设先由公司按人口标准（5、7、8人）实施三个规格修建，但移民认为面积太小，双方出现意见冲突。通过移民代表与公司的谈判，公司同意承担扩展部分（如仓库）的费用，由移民自己修建。房屋交付使用后，移民发现：用于房建的木材质量低劣、排水处理系统不完善等问题。通过两年多的努力，最后双方协商一致由 ELETROSUL 公司付给每户 250—300 美元，让他们自己修补房屋。这一决策致使一家建筑公司破产。值得庆贺的是移民的权益在一定程度上得到保护，并且移民在第一个生产期就取得了丰收。”

“移民‘自我管理式’的成功决定因素是 ELETROSUL 公司与受大坝工程影响的居民之间建立了相互信任关系，这对双方开展谈判并取得实质性成果是很重要的，它营造了彼此尊重的氛围，为开展相关工作创造了坚实的积极条件。5 年过去了，（除场地平整外）水电工程还未正式开工，在已经投资的 2.5—3.0 亿美元中，用于移民的经费为 4000—5000 万美元。1994 年 5 月，ELETROSUL 公司在多国金融组织的建议下，实施总投资 9.865 亿美元的标的。”

“目前主要的困难仍然是由移民继续成功地对自己进行自我管理。”①

此案例说明，公司与移民之间能够建立起相互信任的关系是移民工程顺利完成的基础，而“大坝受害者地区委员会”充分地履行了自己的职责，代表了大坝受害者的利益。正是因为有了“大坝受害者地区委员会”和“双方委员会”之类的组织保证，以及移民代表的尽心尽责，才能卓有成效地开展了实质性的管理和维权工作。

中国的移民开发局是政府开展移民管理的职能工作部门。它不是移民自己的组织，也不能够说它就是水电移民利益的忠实代表。如前所述，政府、开发公司和移民在流域资源开发中所追求的目标是有冲突的。在利益分配问题上，各方都在争取

① 参见［巴西］C. 伯曼著：《巴西南部伊塔大坝课题研究——自我管理式移民》，薛晓东译，载《21 世纪水电开发国际会议论文集》，北京：中国水利水电出版社，1997 年，第 54—61 页。

自己的利益最大化。因此，移民的根本利益的获得只能靠移民自己来争取；移民的根本利益维护只能由移民自己的组织来保证；同样，移民社会经济发展计划需要由移民自己的组织来落实。

笔者姑且将这种能够取得合法地位的、能够把“散沙”状的移民有机结合在一起的组织称之为“水电移民发展协调会”，并希望它拥有能够否决任何项目给自己的发展带来伤害的权力。①

“家族议事制”和“议榔制”在布依村寨曾经盛行一时，它适应了当时人们的生产需要与共同生活，并保证布依人的社会公平性与合理性。

“议榔制”由一个或者几个相邻的自然村寨组成。“议榔”领袖被称为“榔峤”（naangh jauc，布依语，整个田坝湾子里的头领），全系男性。“榔峤”由所有成员选举产生，并负责领导“议榔”会议，制定“榔规”，监督“榔规”的执行情况。“榔规”的大致内容是维护本组织的正常生产生活秩序，制定寨、“榔”的一些发展计划，保护全寨、全“榔”的公共利益，保护本组织全体成员的人身安全等等。如果寨榔集体或寨榔成员的利益受到外来的侵犯，“议榔”有集体反抗和报仇雪耻的权利和义务。②

当然，“水电移民发展协调会”是以讨论、制定和落实水电移民的经济与社会发展问题，并维护水电移民权益为职责的民间法组织。“议榔制”不能与之相提并论。

但其理念可以借鉴。

---

① 参见李文潮：《资源开发与民族文化》，北京：中央民族大学出版社，1994年，第83—89页。

② 《布依族简史》编写组：《布依族简史》，贵阳：贵州人民出版社，1985年，第26—27页。

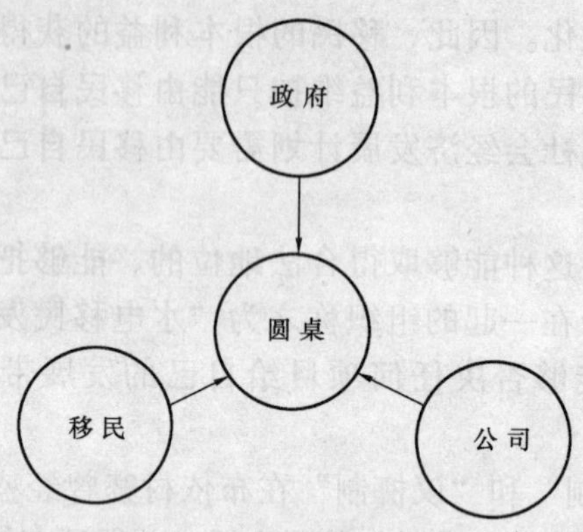

5.3　问题商议模式

笔者认为，从制度角度看，有这样的组织来履行职责，切实领导水电移民并以解决水电移民生存与发展问题为己任，水电移民的权益才能得到保障。

第四节　水电移民的参股设计

文化与资源模式图给我们提供了水电移民在移民之前的资源和文化的拥有状况与程度。异地移民之后（包括就地后靠），移民可用资源由政府关于“有土安置”移民的政策提供：5口及其以上的人家，划拨140平方米的宅基地，人均耕地0.8亩；4口之家及以下的，划拨120平方米的宅基地。还有每年每人可以申请400元后期扶持费，后期扶持的期限为10年。这10年，移民走的路就是“开发性移民”道路。“开发性移民”的特点在于：从补偿费全额中留下一定的比例，再从库区基金中抽取一定的比例资金，汇合在一起作为“有土安置”的水电移民的后期扶持费，移民根据生产生活发展项目所需，可以申请为项目发展资金。

但笔者在访谈中得知移民对“后期扶持费”的申请和使用有自己的感受，移民苏某说：

“每年400元资金实在太少，做不了什么事情。申请大项目，自己需要补充很多的资金，移民普遍比较贫困，自然没有其他更多的资金来投入其中。”

2001年，迁入桔山镇的5户巴结移民，每户除了申请400元的资金外，又共同筹资30万元，租用当地农民近百亩的山地来种草，合股买6头奶牛，办起了奶牛场。经过两年的精心劳动，不仅收回了本金，每户还赚了近10万元。这显示出一个潜在的发展方向，遗憾的是这种成功的案例实在太少。

奶牛场的总经理——38岁移民王某对笔者说：

“我们的垫本资金都是原来在巴结时做木材生意赚来的。建了一幢宅基地为150平方米房子，建房子时，除了国家补助的那一部分外，自己还投入近6万块钱。光靠赔偿费和补助费是不够的。”

“申请的那一点扶持费，怎么够用？外出打工人家又不要，自己也没有什么技术，靠蛮力赚不了钱。但没有办法，都要吃饭，全家人不能老是闲着。几个老表凑在一起，商量做点啥事。”

“大家都说，现在的兴义时兴喝牛奶，政府也非常鼓励。何不就凑点钱，办一个奶牛场。说实在的，每年每人400块钱的扶持费实在没用。办奶牛场需要的垫本资金很大，幸好几年前大家攒钱，没有其他的活路可做。8分地的活，还不够一个人忙。投资做奶牛场，风险很大，一家人是做不下来的。大家就这么议了议，贷了款，取出钱，租了地，买来了奶牛，心里总是没底，但没有退路，几十万块钱，不是小数目，都是血汗钱，大家整天提心吊胆的过日子。还好，两年过去，本回来了，还赚了一点点。”

“说实话，我们都在冒风险。如果兴义的牛奶市场一垮，我们随时跟着完蛋。做事情，只有项目，没有本金是不行的。在兴义，移民自己投资办奶牛场的，就我们这一个场。其他的人，他们即使想做也不敢做！你知道，没有垫本的资金做基础，什么事情都是做不成的，还谈什么项目！”

“奶牛场这两年是赚了钱。但明年的事情，谁也不敢打包票！”

王某透露出对未来命运的担忧。因为市场是无情的。他承认，现在只能走一步看一步，说不准明年的某一天就是他们的奶牛场倒闭的日子。所以，他每天都像其他水电移民一样，出门之前，都要给老祖宗烧烧香、磕磕头，希望得到保佑，平平安安，顺顺利利，空手出门，抱财归家。

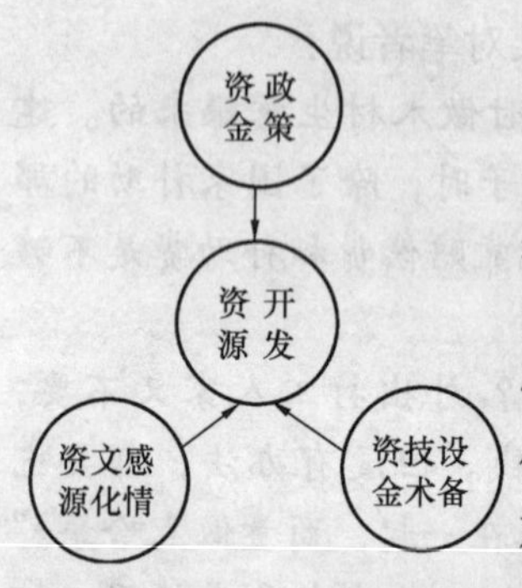

图 5.4　开发“投资”模式

如今移民生存和发展所遇到的问题在于：资源与文化在移民之后丢失或者损失了，却没有能够在短时间里得到及时的补充和恢复。政策性的有限后期扶持费还难以支持水电移民尽快脱贫致富。这就是移民总是有话说，但又说不完，也不可能说得完的原因。就是他们“非自愿”的重要原因。

笔者认为，对于诸如王某等众多的水电移民来说，打消他们对未来命运担忧，并能够为他们提供强有力的发展支持的最好处方是——国家制定政策——准许水电移民以特殊的参股投资方式参与电站建设，成为水电开发的投资主体之一。

移民用于参股投入的“资本”可以包括：资金、土地、森林、房产等各种有形资源，也应该包括精神风尚、文化和社会关系等诸多无形资源，[①] 并由如“水电移民发展协调会”牵头作为移民股东参与投入开发。这样，建设起来的水电站就不仅仅是国家和开发公司的产业，也是水电移民自己的家业和进一步发展的基础。电站才会受到各方精心培育而健康发展。

表面上，这种“投入”给电站营运增加了经济负担，实际上它却给国家减轻了许多潜在的社会张力，减少了社会发展的成本，营造了流域资源开发地区的社会和谐的氛围。[②] 因此，需要对目前狭隘的资金投资模式进行改革与创新，尤其是对于以经济效益为主的水电开发建设项目的投资参与更是需要如此。

2003年10月14日，中国共产党第十六届中央委员会第三次全体会议通过的《中共中央关于完善社会主义市场经济体制若干问题的决议》之六部分，明确指出：

“深化投资体制改革。进一步确立企业的投资主体地位，实行谁投资、谁决策、谁受益、谁承担风险。”

可见，中央的决定已经为投资体制改革提供了拓展的思路和空间。笔者认为，只有让水电移民拥有投资权，才会有决策权，才会有受益权和风险承担的责任与义务。

当然，对于移民参与投入的“资本”评估，时至今日，还不曾有过。因此，这是一场前所未有的改革，它需要有政治学、经济学、民族学、社会学、管理学等学科领域的专家学者，与政府、商家、移民一道来共同研究，拟定出各方认可的“资本”评估方案，最后由政府制定出科学、合理的项目投资比例与认可决定。从而使水电移民真正参与并融入到改革的大潮，并享受到改革、开发所带来的成果。

---

① 参见俸代瑜：《广西水电站库区移民问题的症结及解决途径》，《广西民族研究》2004年第1期。

② 参见陆学艺：《社会学》，北京：知识出版社，1996年，第256—527页。

第五节　平衡设计：权益共享与风险分担

社会学家陆学艺说，目前，社会分工已经成为一种社会关系，并能够以此为基础产生社会经济利益的不平等分配。它表现为人们所担负的社会职能有差别，因而就有了收入差别和社会地位差别。例如人们的收入、权力、教育和职业不同，人们占有的社会资源的份额也就不同。[①]

因此，笔者认为，也可以把政府、开发公司和水电移民都看成是不同利益集团的代表。他们的社会职能不同，因而社会地位（包括权势、声望、能力与作用等）也不同。

在资源开发中，政府的社会地位最高。开发公司也被奉为上宾。而当地人（尤其是农民）的地位最低。如此不同的角色共同出现在一块开发土地上，其结局是不言而喻的。

社会需要和谐发展。[②] 水电移民不能分享资源开发的成果，就是社会发展中的一种不和谐，因而需要从根本上进行调整。

笔者认为，需要在水电开发过程中，对参与开发的各方权益分享与风险承担问题进行“平衡”设计，以实现社会和谐发展与共同繁荣。

1944 年，冯·诺意曼（J.Von Neumann）与摩根斯坦（O.Morgenstern）出版《对策论与经济行为》（Theory of Games and Economic），1957 年露西（R.D.Luce）与赖发（H.Raiffa）共同发表《对策与决策》（Games and Decisions），对策论（Game Theory 或 Theory of game）由此进入了社会科学研究领域并成为一种普遍

① 陆学艺：《社会学》，第 159—182 页。

② 参见中共中央十六届四中全会：《关于加强党的执政能力建设的决定》之七部分。

的社会科学方法论。

“平衡点”（Equilibrium）是对策论的一个基本概念。它有一个重要的特性是对局双方的策略选择一经确定，任何单方面的改变策略的做法都不能增加自己的回报。也就是说，任何一方都没有理由后悔自己所作出的选择。但在多人合作对局中，为了使对局顺利进行，对局各方在策略上可以协商，只要彼此能够接受。找到各方能接受的对策平衡点就等于找到了对局答案。①

对策各方在利益获得上虽然不可能完全一样，但根据自己投入的大小，在利益分配上进行适当的调整才能使得对策继续进行。因此，在流域资源开发之前，必须首先明确利益主体：

政府是资源和开发主体之一，它投入了国家资源、投入了政策、有时也投入一定比例的资金。因而，它无疑是利益获得主体，同时是风险承担主体。

开发公司是开发主体之一，在国家政策的许可下，它投入了开发所需要的部分或全部资金、技术与设备。因而，它无疑也是利益获得主体，也应当是风险承担主体。

水电移民投入了土地、自然和文化资源，承担了实际风险，也应该成为利益获得的主体之一。

如图 5.5 三方对局模式所示，a 为政府，b 为移民，c 为开发公司。

如果 ab 采取手段结成利益联盟，那么，ab > c，意味着 a 和 b 是利益最大者，c 是利益最小者或无利者。就会出现：c 对 ab 项目实施反对，以至于 c 无法进行项目投资，从而使 a 所倡导的“引资”计划落空。

如果 ac 结成利益联盟，那么，ac > b，意味着 a 和 c 是利益

① 参见朱志方：《社会决策论》，武汉：武汉大学出版社，1998 年，第 15—16 页，第 58 页，第 126—127 页。

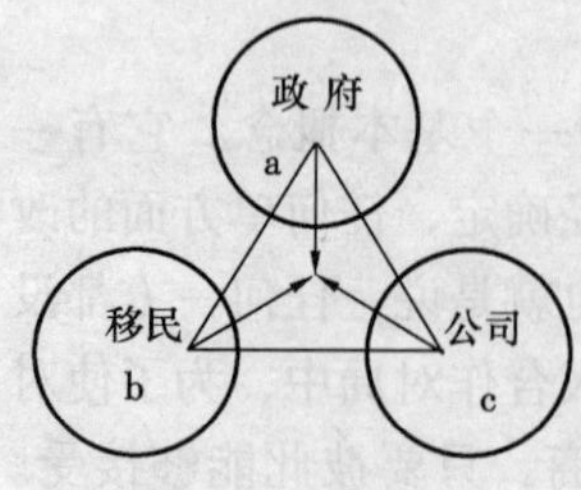

图 5.5 利益需求与对局模式

最大者，b 是利益最小者或无利者。就会出现：b 成为开发的“旁观者”、“边缘者”，b 反对 ac 联盟，就会出现 b 的上访、游行、示威、“闹事”和“破坏”等现象，以至于 b 问题成为世界性难题，开发就难以促进社会和谐发展。

如果 bc 采取手段结成利益联盟，那么，bc > a，意味着 bc 是利益最大者，a 是利益最小者或无利者。就会出现：a 根据自己手中拥有的政策权，把 bc 的做法视为对政策的践踏和对自己利益的损坏，因而 bc 联盟是违法，从而取消 bc 项目设计，bc 的计划就不能实现。

可见，只要项目开发涉及到多方利益，就必须建立起完善的“利益主体参与”机制，兼顾各方利益，从而保证项目得以顺利实施。

对流域资源开发来说，“平衡点”在哪里，又如何确定，是一个值得探求的问题。

笔者认为，水电移民的损失实际上就是他们对水电开发的投入，这应当得到国家和开发公司所承认。① 关键的问题是如何对水电移民投入的“成本”进行核算，这是一个开创性的工作，不应该像过去那样仅仅把他们的土地、果园（菜园）、房产和其他的财源经济列入核算计价之中。这种新的核算方法无疑会给资源开发工程的评价带来前所未有的难度，但水电移民的损失与“投

① 例如，按照《农村土地承包法》（2002）第二十条之规定，耕地的承包期为30年，草地为30—50年，林地为30—70年。因此，承包合同一旦签订以后，如果单方面终止合同，违约方应当承担因违约而造成的相应责任。因此，违约的政府也应当承担违约责任。

入”也是实际发生的，不应该回避和忽略。

天生桥一级水电站是“南盘江—红水河”梯级开发的龙头电站，工程以发电效益为主，总投资近100亿元。投资开发商是实行股份制的“天生桥一级水电站开发有限公司”（简称为‘天一公司’），它由国家电力、广西桂冠、广东粤电、贵州等合股组建而成。“天一”电站建成后主要向贵州、广西和广东送电，是“西电东送”南线的核心电站之一。

根据电站建设与发电营运协议，“天一公司”每年上缴给中央的财税额占每年应缴财税总额的75%，其余25%的份额为贵州、广西平分（各为12.5%）。在贵州，省财税额占12.5%中的10%，其余的2.5%由地处“天一”库区的兴义、安龙两县市平分（各为1.25%）。

据统计，2002—2004年，“天一”年均发电量52.26亿kW.h，“天一公司”上缴的财税总额分别是1.70、1.50、1.30亿元。也就是说，以2004年为例，中央、省、市（县）三级政府应该从“天一”获得的年度发电财税收入分别为0.975、0.13、0.0325亿元。兴义、安龙平均为0.01625亿元。

按1kW.h发电电价为0.20元（多年的均价）计算，“天一”电站的年发电收入为10.452亿元。在发电效益分配上，开发公司大约占发电收入的70%（7.32亿元），政府大约占29.8%（3.12亿元），库区维护基金（包括“后期扶持费”）约占0.2%（0.12亿元）。

可见，近5万人的“天一”水电移民除了得到补偿、补助和后期扶持费外，在整个利益分成上所占的份额为“零”。笔者认为，这最容易造成社会的两极分化，如果这条“分化线”与“民族线”重合，就会潜伏着更大社会危机。

要处理好西部开发中的利益分配，首先是要让少数民族参与利益的创造，没有这个前提，要解决其他问题无疑是困难的。

《中华人民共和国民族区域自治法》（1984）第62条有这样的规定：

“国家在自治地区开发资源、进行建设的时候，应当照顾民族自治地方的利益，作出有利于民族自治地方经济建设的安排，照顾当地少数民族的生产生活……在民族自治地方的企业、事业单位在招收人员时，应当优先招收当地少数民族人员。”

笔者认为，确切地说，应该把“照顾”改为“保证”，资源开发才能使各方利益得到统筹兼顾。否则，任何利益分配中的不公平都可能引起心理的不平衡，进而产生新的矛盾和摩擦。

在资源开发所创造的巨额财富分配中，成为“边缘化”的“非自愿”迁出者，其生产生活状况依然如故，甚至每况愈下，这种状况应该引起全社会的高度重视，并力求采取有效措施来避免。

因此，当地居民应该首先成为利益主体，才能确保他们在资源开发中受益。[①]

笔者认为，对巴结水电移民而言，可以进行这样的探索与思考，并为今后的水电开发中的水电移民发展设计提供借鉴：

第一，在赔偿、“三通一平”和“有房有地有业”的基础上，可以将“原生移民”[②]的10年“后期扶持”期缩减为5年，这样，天生桥水电站的农村移民45620人的“后扶费”就可以减少9324万元（45620人×400元×5年=9324万元，可作2年多的移民“红钱”之用）。对缩减扶持期限和扶持费的做法，政府和开发公司是可以接受的。

---

① 参见吴仕民：《西部开发与民族问题》，北京：民族出版社，2001年，第171—173页。

② 原生移民，特指获得补偿补助、并实施“有土安置”之后享有后期扶持政策的水电移民。

第二，通过政策规定或协议，如果“原生移民”每人每年能够分享到800元“红钱”，那么，每年需要从开发收益中支付给45620名移民的固定“红钱”就是3649万元。如果移民通过生产技能培训而就业的在其他方面的每人年纯收入是900元，水电移民的年人均纯收入就是1700元，这就可以明显高于移民之前的收入。对于这样的政策待遇，水电移民应该是乐于接受的。

第三，按照当前既定的各项政策，随着时间的推移，“天一”的“原生移民”的总人数不会增加。如果以人均寿命80岁计算，从“分红”当年起，其能够参与“分红”的人数就开始减少。这是政府、开发公司和移民都不能否认的事实。那么，按每年人均800元来计算，该“红钱”之比大约占年发电总收入的3%，其份额不大，政府和开发公司应该是能够接受的。

表5.1 “天一”移民人口与“红钱”分配设计 单位：年，人，万元

年 份	2000	2020	2040	2050	2060	2070	2080	2090
移民人口	45620	45000	20000	10000	5000	1000	200	0
移民红钱	3649.6	3600	1600	800	400	80	16	0

[注] 本表是笔者为了说明问题而作的设计。

“天一”电站年发电量是52.26亿kW·h，电站售电给“南方电力”的电价是1kW·h 0.20元，电站1年售电获得的收益为10.452亿元，100年就是1045.20亿元。“原生移民”90年所需要的“红钱”不会超过30亿元，所占开发公司售电总收入的比例较小。用不到总收入3%的成本换来一方社会的平安，并实践了构建和谐社会的理念，不仅没有影响建设的初衷，而且还实现了多赢。

第四，对国家统筹的社会保障体制的改革进行思路拓展，让有实际困难的水电移民在移民之后有机会享受到“最低生活保障”、“医疗保险”、“失业保险”等国民政策待遇。

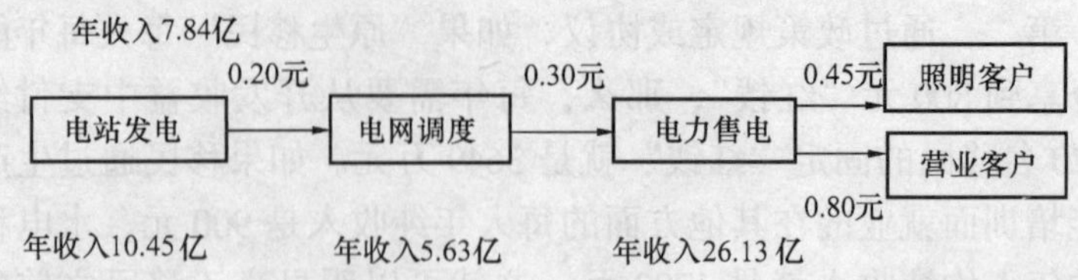

图 5.6 天生桥水电效益流程图

第五，建构水电移民利益诉求平台，让水电移民发展协调会等组织认真履行自己的职责，切实地解决移民需要解决的问题。

第六，从库区基金中提取专门资金，加上水电移民自己投入的资金，兴办具有抵御市场风险能力的水电移民自己的企业，解决移民的就业与创收问题。如果能够把每年每人 400 元的后期扶持费汇集在一起，3200 人的巴结水电移民一年一次就可以筹集到 128 万元。这就是一笔不小的启动资金。

第七，对年富力强的移民进行专门的就业技能培训，投放到当地或外地的劳动力市场，实现移民再就业，减轻剩余劳动力对政府、社会造成的张力。黔西南的历史已经证明，农民失去土地，就会“闹事”；失去土地，“英雄无用武之地”，如果再没有其他的可替代资源来支撑，等于失去生存根基，他们不是“坐而待毙”，就是要“闹事”。这种警示与“先例”，在黔西南的历史上有过记载。

第八，兴办“阳光学校”，切实解决水电移民孩子“上学难”的问题。

第九，在移民社区或移民与非移民社区之间，大力开展“比、学、赶、帮、超”的劳动与文化竞赛，塑造先进典型形象，营造积极向上的“共同致富与文化保护”的良好氛围。

对于风险问题，笔者认为，开发建设水电站的风险大抵上表现在：库区与大坝维护风险、机电设备维护更新风险、输变线路维护风险、电力输送竞争风险，以及其他意外事故风险等等。在正常情况下，对于目前的具有垄断性质的水电行业来说，与效益相比，风险还显得微乎其微。

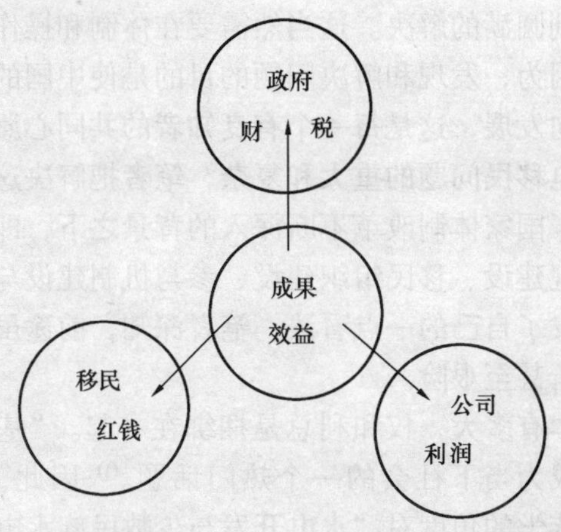

图 5.7 成果分配模式

第六章 本研究的结语与对水电开发的展望

第一节 本研究的结语

综上所述，水电移民是水电开发工程的重要组成部分，水电移民主体性不能被小视。水电移民问题只是社会发展过程中出现的所有问题之一，但它是一个综合性的问题，是世界性的难题。之所以是综合性的问题，是因为它是一个涉及经济、文化和政治的问题；之所以是难题，是因为问题源于相关措施、政策和理念的偏差，源于相关的法律法规，所有这些都终源于国家的体制。

其实，水电移民问题也是一个简单问题，只要能够确定其资源主体、开发主体、分配主体的地位，并设计出相关的措施，问题就可以得到圆满的解决。这当然需要在体制和操作上都有一个质的飞跃。因为，发现和解决问题的目的是使中国的社会能够朝着健康的方向发展，这是每一个有良知者的共同心愿。

鉴于水电移民问题的重大和复杂，笔者把解决这些问题的希望最终寄托于国家体制改革不断深入的背景之下，即使本文从如上的法律法规建设、移民组织建设、参与机制建设与效益如何分享等方面阐发了自己的一点看法，笔者深知，前途虽然光明，但道路非常曲折甚至艰险。

无论成本有多大，权和利总是捆绑在一起。“基于权利的发展观”已经成为当下社会的一个热门话题。① 因此，笔者认为，本研究从民族学的角度对“水电开发与少数民族水电移民的诸多关系”等问题的讨论，是一项有意义、有价值的工作。

第一，中国政府已经认识到——水电开发工程成功与否，关键在于移民工程成功与否；同时也认识到“重工程、轻移民”的水电开发现象需要纠正。这在理念上为处理好水电移民问题提供了重要的思路，也让社会各界更多地从不同的角度来关注水电开发与水电移民问题，从而为解决这一世界性的难题奠定了重要的社会基础，为使该问题得以解决透露出了曙光。

第二，近20年来，在解决世界性难题的水电移民工程问题上，中国的“开发性移民”方针和策略，对水电移民问题的处理所取得的成就是有目共睹的，为世界所公认的。但同时，我们也应该以理性态度承认——在社会主义市场经济建设不断推向深入的条件下，水电移民的生存与发展问题依然严峻，诸多的现实问

① 参见周勇：《基于权利的发展观》，中央民族大学《人文社会学苑·SESA学术通讯》（内部刊物），2004（1）。

题还非常棘手和令人疼痛。水电移民“闹事”事件还时有发生，而且从国外到国内，所反映出来的问题都大抵相同——不是生存问题，就是发展问题。

现在的问题是，既然中外水电移民在国家的水电开发中都面临着同样的问题——生存与发展问题，那么，为什么大家都在强调要重视水电开发中的移民问题，而时至今日，都还没有一套行之有效的解决方案呢？这其中尚有许多问题值得探究。

1981年，电力工业部、财政部联合下发了《关于从水电站发电成本中提取库区维护基金的通知》，1991年国务院颁法了《大中型水利水电工程建设征地补偿和移民安置条例》，1996年电力工业部制定了《水电工程水库淹没处理规划设计规范》等等，就是国家处理水电移民问题的法规性、纲领性文件。这些法规文件在过去、现在以及未来的一段时间里，同样发挥着重要的作用，移民开发局、水利水电勘测设计部门就是按照这些法规设计出一套又一套的解决水电移民赔偿、安置与发展规划的。可是，随着时间的推移，水电移民为什么总是对这样那样的方案都不满意呢？是设计方案不周全，还是水电移民是“刁民”？

答案一：如果设计方案不周全，那就需要重新修正。

答案二：如果水电移民是“刁民”，那就需要教育。

答案三：如果问题是复杂和多重的，那就需要查找问题的根源。

笔者认为，水电开发引出的水电移民问题是复杂和多重的，解决问题需要溯本求源。

第三，本研究所涉及的是一个特殊的社会群体——“非自愿”水电移民——而且是少数民族的“非自愿”的水电移民群体，这使得问题就更加复杂化了。笔者认为，虽然少数民族特有的“小传统”逐渐在融会到国家的“大传统”之中，但融合的

“度”要达到“完全”还需要很长的时间，尤其是经过千百年历史沉淀所形成的“多元文化”要实现“异文化”之间的“文化认同”更是如此，这不是下发几个文件就能够解决的大问题。因为，每一个人都属于一个特定的群体，而每一个群体都拥有属于自己特定的“文化”，并按照这个“文化的规范性”来活动。而且，这种文化的差异性不仅表现在多元性上，也表现在不同层次性上。

在进入了21世纪的2005年，中国领导人依然告诫人们：“随着我国经济、政治、文化和社会的发展，各民族相互学习、相互影响、相互帮助，共同因素会不断增多，但民族特点和民族差异、各民族在经济文化发展上的差距将长期存在。对此，我们要有充分的认识。对各民族在历史发展中形成的传统、语言、文化、风俗习惯、心理认同等方面的差异，我们要充分尊重和理解，不能忽视它们的存在，也不能用强制性的方式加以改变。”①

所以，笔者认为，只要把1871年E.P泰勒关于“文化”的定义，和1924年斯大林关于“民族”的定义进行有机的思考，再结合中国目前的民族实际，就会轻易地发现现实中不同民族的“民族文化”之间的差异还是很大的，也还很复杂。这就不能不要求今天的决策部门在水电资源开发过程中，需要采取更加有效的措施来处理少数民族的“非自愿”的水电移民问题。

第四，基于以上原因，本研究认为：

(一)“资源开发法”有利于使国家的资源开发能够做到有法有序和可持续发展。尤其是，有了“资源主体”、“开发主体”、“利益主体”在法律层面上的强力规定，从而能够使资源开发的

① 参见胡锦涛：《在中央民族工作会议暨国务院第四次全国民族团结进步表彰大会上的讲话》，2005年5月27日。

全过程不会因为“主体性”的缺损而影响项目的顺利进行。这是资源开发所必需的特别重要的法律保障，也是资源开发所必须遵循的根源性的原则。

（二）“项目的社会听证”是使水电开发项目的决策工作能够做到“公正、公开”、“民主与科学”的重要方法。古代帝王常常自称为“寡人”，不仅仅是因为自己的地位至高无上，而且也暗示自己因为深居皇宫，难以与社会接触，获得的信息的途径是“闭塞”的，一旦由“他者”提供的信息有“差之毫厘”，下达的“旨令”就难免“失之千里”。所以“寡人”也有诸多的无奈。今天看来，古人的“兼听则明，偏信则暗”主张，仍然有许多可借鉴之处。

“社会听证”就是广开“言路”，掌握更多关于水电开发相关问题的信息，尤其是掌握来自不同各方的意见和建议的信息，它是进行科学决策的依据，是解决“偏暗”的有效途径之一。因为随着改革的不断深入，社会问题日趋复杂，对决策的要求就越来越高，单凭个人的直接经验、主观认识经验的决策，已经开始让位于依靠科学程序和技术方法的科学决策了。尤其是那种站在自己部门的利益角度来对具有全局性的问题作出决策的做法，已经越来越失去了它对社会控制的有效性。①

笔者认为，水电开发项目不仅是政府和开发公司的事情，同样是移民的事情。如果能够引进项目的社会听证机制，并致力于把包括政府、公司、移民、社会代表和专家在内的社会听证工作搞好，就会减少因为事前简单化所带来的事后复杂化的问题的出现。

（三）“参与建设”与“分享成果”一直为国家所倡导。因为“参与”才有可能变“看客”为“主人”，改“边缘化”为“中心

① 参见岳剑波：《信息管理基础》，北京：清华大学出版社，1999年，第9页。

化”。但要改变“普天之下，莫非王土；率土之滨，莫非王臣”的观念实在需要时间。所幸的是，传统的仅限于“资金参与”的做法日益受到挑战、质疑或否定。人们参与社会主义市场经济建设的途径日益拓展：既可以是资金参与、也可以是智力参与，还可以是文化与资源的参与。目前，通过合股与融资等方式参与水电资源开发已经成为趋势和潮流，因此不能因为库区移民没有投入资金或者投入的资金太少，就把他们排斥在“主体性”结构的机制之外，殊不知移民在整个水电资源开发过程中是最大的“投资者”——投入了他们赖以生存的土地、世世代代的家园，也投入了难以用金钱计量的人文和社会资源。当然，如果经济条件允许，他们也投入一定比例的资金的话，他们更有理由、更有资格成为水电资源开发的一个“股东”。

同时，只有“参与建设”才有“资格”从丰厚的效益中分享到属于“股东”才能分享的“成果”——“红钱”。

笔者认为，这样的开发才是“多赢”的开发，才是成功的开发。

第二节　水电开发与水电移民问题的前景

一、水电开发走向“可持续发展”

中国的水资源开发，从严格意义上讲是一种追赶式的开发。中国的水能资源居世界首位，但开发程度还很低，而电力又被普遍认为是经济与社会发展的“先行官”，因此要加快实现现代化步伐就必须大力发展电力事业。

据资料报道，“南方电力网”2005 年的电力缺口为 780 万 kW.h，全国缺口 2500 万 kW.h。在中国电力需求量还比较短缺的情况下，政府对投资于水电资源开发的政策是优惠的，水力资源开发能够给投资者带来利润、给政府带来财税，给水电移民带来发展实惠，因此，它是一项“多赢”的光彩事业。

专家估计，再经过70年，即到2050年，新中国的第一轮水能开发将再告一段落。那时，中国将成为世界水电第一大国。水电专家们实现伟大理想时，电网也将布满天空，原本奔流不息的江河变成了“梯状式”的湖泊。如果人口的膨胀、城市化进程所导致的电力超负荷及其短缺现象得不到解决，21世纪中叶新一轮水电开发高峰（废除旧电站、建造新电站）又将随之而来。

当然，关于资源、开发和利益主体的问题或许不再成为人们继续讨论的话题。但笔者坚信，新的自然、社会、政治、经济与文化等诸多问题又将出现。即便实现了现代化，政府肩上的担子依然沉重。

所以，对“南盘江”来说，在电力发展过程中需要保持清醒的头脑，尤其要把盘江各族人民的才智汇集起来以制定出一个周全的水电发展方案（其他行业的发展项目也是需要有周全的方案），切莫盲目“圈河”，南盘江流域的发展之路才会宽广，既开发了资源，又还给自然与社会一个和谐、健康、美丽与安全的环境，这是政府的期待，也是广大民众的期待。

二、“电力强州”战略基础不断得到夯实

黔西南的水电开发至今也走过了半个多世纪，也将在2020年左右暂时划上一个句号。电力所带来的财税使得黔西南也将实现自己确定的“电力兴州”、建设“电力强州”的战略目标。它的社会经济综合发展水平在全国30个自治州的排位将由目前的第14位迅速提升。

2004年，黔西南州的统计资料显示出电力在各行业中的引领作用：

“目前的化工、电石、铁合金、建材等高能耗工业企业比重

大，由于受供电影响，有三分之一的企业不能正常生产，影响了财政收入的增长。这说明我们的电力供给还不足。而我州水能资源丰富，开发潜力大，到目前为止全州的装机容量占可发电量不到50%，说明我们的资源优势还没有发挥出来。2008年经济发展目标是GDP达到150亿元，力争160亿元；财政总收入达到20亿元，力争超过20亿大关；财政收入占GDP的比重从2003年的12.1%提高到13.8%。因此在电力方面，要充分利用我州的资源优势，加快电力建设步伐。加快平班电站、光照电站和鲁贡电站的建设速度，加紧马岭电站、懂菁、马马岩电站和黔西南州火电厂项目的前期工作，尽快形成‘水火并济’，“开发与输送配套”的电力优势，推进‘西电东送’和‘电力兴州’战略的顺利实施和载能工业的发展。届时，全州新增电力装机达到200万千瓦，年发电量120亿度，创税5亿元。”①

而2004年5月州政府的战略性的情况汇报，让人眼前更加光明：

“改革开放以来，特别是近年来，全州经济社会得到了持续健康发展。以电力、矿产、农产、建材、制药、旅游为主的六大支柱产业和重化工有新的发展和突破。”

“2003年，全州完成国内生产总值85.65亿元，比上年增长11.0%。财政总收入完成10.35亿元，比上年增长17.1%。经济结构调整取得新的进展，综合经济实力明显增强。全州城镇居民人均可支配收入6445元，较上年增长2.0%；人均消费性支出5294元，增长5.6%。农民人均纯收入达1541元，增长4.1%。”

“我州加速电力发展，主要是以两广的电力市场需求做后盾。

① 参见段正学：《做大做强优势产业、加快财源建设步伐》，《兴义之窗》（2004年4月15日）。黔西南州的创收支柱项目分别是：电力5亿元，煤炭5亿元，轻工3亿元，黄金1亿元，化工1亿元，医药1亿元，旅游4千万元，建材3千万元。

据初步调查，到2015年，广东省电力装机容量达到5300万kW，需补充1600万kW的电量；广西壮族自治区电力装机达到1500万kW，需补充400万kW的电量。而我省是国家实施‘西电东送’、‘黔电送粤’战略的主战场，我州又是这个主战场的重要组成部分，且有丰富的电力资源，电价和成本都很低，在‘西电东送’中有很强的竞争力。”

“我州的水能资源开发是在上世纪80年代初才开始进入规模开发建设的。现已建成天生桥一、二级电站、鲁布革电站等三座大型电站，加上州内一批小水电，总装机达到325.4万kW；龙滩、平班、大田河等水电站正在建设，光照电站已进入施工准备阶段，总装机574.5万kW。全州已成为贵州乃至西南地区‘西电东送’的电源基地、重要通道和枢纽。”

“上世纪90年代，国家实施‘西电东送’，实现了贵州、云南、广东、广西四省区电网互联，‘西电东送’的通道运载能力已达到1800万kW，是目前国内送电能力最大的互联网之一。为我州的经济发展作出了很大贡献，2003年电力税收就占了财政总收入的五分之一。”

“我州将继续加快以‘西电东送’为主要内容的能源基地建设，充分利用已经形成的输电通道，以境内富集的水、煤资源为基础，加大开发力度，逐步形成集资源、电力、通道为一体的组合优势，加快以电、煤为重点的能源工业开发，带动相关产业发展。‘十五’期末、‘十一五’期间将开工建设马马崖、董箐和赵家渡、麻沙河流域梯级电站以及兴义电厂等，总装机可达400万kW以上。这些电站（厂）建成后，将使我州的电力总装机超过1000万kW，形成水火互济的、稳定的电源基地。”①

① 参见黔西南州人民政府：《黔西南州经济社会及电力发展情况介绍》2004年6月9日。

三、水电移民不再是“闹事”的“刁民”

“我州正处于进一步加快‘西电东送’工程建设的关键时期。能不能实现‘电力兴州’的战略目标，移民工作是关键。”

“移民工作是政府行为，实行‘党委统一领导，政府全面负责，移民部门业务归口，党政相关部门密切配合，全社会共同支持’的体制。当前，我州移民工作形势比较好，但也存在一些认识和工作上的差距，需要提请大家高度重视，切实加以改进。因为，我们的每一项工作，对移民来讲，都涉及切身利益。各级政府尤其是县一级政府，要把移民工作放到重要位置，将移民工作想在心上、抓在手上、落实到行动上，确保移民工作顺利开展。”

“移民工作直接面对群众，关系群众切身利益，必须以保护移民的合法权益作为一项重要任务。法律法规和政策已经明确的事项，各级政府和移民工作部门必须严格按规定执行，不能打折扣，更不得自行其是；对于那些按现行移民政策解决不了的特殊困难，要通过扶贫、民政救助等。但是，群众的利益要求有共性，也有个性，由于全州各地经济社会发展基础不同，生活习俗有别，不仅不同项目移民的情况不同，即使同一个库区内也存在比较多的差异。解决移民利益问题的依据，只能是法律法规和政策规定。”

“要把政策原原本本地交给移民，要把相关的移民政策和实物指标、补偿标准等印制成册，下发到每一户移民手中。实物指标的分解，移民补偿经费的计算原则和补偿单价都要张榜公布。要宣传电站建设是地方发展经济的机遇，使广大移民群众充分理解、支持和配合搬迁安置工作。要随时掌握移民的思想动态，分析了解他们的担心和疑虑，设身处地，用真心真情去想移民之所想，急移民之所急，解移民之所难。”

“落实移民政策，必须遵循公开、公正、公平的原则。公开，就是要维护移民对政务工作的知情权、参与权、监督权，提高工作透明度，自觉把移民工作置于群众的监督之下。公平，就是要对移民一视同仁。公正，就是要出于公心，不以权谋私，处理问题多听取群众意见，充分发扬民主，稳妥、公正地把政策落实到群众中去。”

“移民工作要以人为本，以民为本，最大限度地满足群众的要求，这是实践‘三个代表’重要思想，坚持执政为民的基本要求。要克服“重工程、轻移民”的倾向，把维护移民群众的合法权益作为移民工作的出发点、落脚点和最终归宿。安置移民要充分征求移民的意愿，听取移民的意见，维护移民的合法权益。在政策范围和力所能及的前提下，帮助他们解决好生产和生活中的实际问题。”

“土地是农民的基本生产资料，也是农民最根本的社会保障。对农村移民采取‘以农为主、以土为本’安置，是确保移民稳得住的基本前提。要精心选择安置点，在土地资源较多的地方，按照‘质量好、数量足、易灌溉、少分散、界线清、搭配合理’六条标准，调整土地用于安置移民。”

“怎样在移民区全面建设小康社会，怎样把移民搬迁安置工作与全面繁荣农村经济和加快城镇化进程结合起来，解决这些问题，根本的办法，就是加强并搞好后期扶持工作，帮助移民稳步发展生产，增加收入。移民工作，搬迁安置只是第一步。移民群众舍小家、为大家，为全州经济的发展作出了牺牲和贡献。各级政府和各级干部，都要换位思考，给予更多的关照。不仅要通过前期补偿，给移民‘一块地’解决吃饭问题；同时更要充分重视后期扶持工作，在文化技能培训、科技扶贫、安排组织农民工等方面向移民倾斜，努力帮助移民上‘一个项目’解决花钱问题，安排‘一个劳动力’解决就业问题。多方努力，持之以恒，才有可能实现‘搬得出、稳得住、逐步能致富’的移民工作要求。后期扶持的各项政策、各项工作，各级政府、各级移民部门必须高度重视、认真对待、妥善安排、抓好落实。”

“移民为国家重点建设作出了贡献，我们有义务和责任帮助他们克服困难，发展生产，提高生活水平，在某些方面还要力所能及地给予倾斜照顾。”

“随着‘西电东送’工程的全面推进，我州移民工作的主客观条件和实际情况正在发生新的变化，移民工作出现了很多新的情况和新的特点。要认真进行调查研究，适应新的工作任务要求，摸索新的工作方法，按照工作任务的新特点、新要求，调整和完善工作机制，以适应移民工作不断发展的新形势的需要。”

“做好移民工作，政策是保证。要根据国家政策法规和形势的变化，研究新情况、新问题，适时调整完善，增强政策的科学性、适应性和生命力。要善于在工作中分析、总结带有普遍性的问题和经验，形成完善政策的依据。”①

笔者认为，其字里行间无不透露出：政府对水电移民问题的高度重视，以及对彻底解决水电移民问题的渴求，也有了“做好移民工作，政策是保证”的正确认识。这是水电移民问题得到解决的重要基础，因为，开发毕竟首先是政府的行为，移民工作也就应该首先是政府义不容辞的工作，政府统一指挥，各个部门的同心协力，解决水电移民问题就有了希望。

但中外经验表明，水电移民问题毕竟是一个长期、复杂、艰苦的世界性难题，“高度重视”、“满腔热情”、“努力工作”必不可少，但还不够。

2003年，副省长包克辛在黔西南调研时说的话，无疑更加冷静、理性，他说：

“在全国，像贵州这样所有地州市都有大面积的移民，除了

① 参见班程农：《在全州移民工作会议上的讲话》，2004年10月8日。

重庆而外，还没有任何一个省。现在，我省9个地州市无一例外都有移民了。”

“咱们省一百多个移民乡镇，现在生产生活条件虽然很差，但一般这种地方不闹事，因为他们世世代代住在那里。但是水库移民不一样，他们是被迫搬迁的，所以有点什么问题就容易闹事。”

“解决水库移民问题，应该说建国以来到现在为止，都没有太好的解决办法。因此需要大家出主意、想办法。”①

因此，无论如何，要发展就会有问题，再棘手的问题只要通过群策群力就能够得到解决。概而言之，处理水电移民问题的策略应该是：政府“重视”是基础，“以心换心”是桥梁，“尊重理解”是纽带，社会“关注”是催化，商家“解囊”是拉力，移民“拥护”是动力，法规要赋予的“参与”是核心，政策要允许的“分享”是保障。这才能够从根源上找到矛盾与问题的症结，并设计出一套周全、缜密的方案，使水电移民从此告别“非自愿”而转化为“自愿”，少数民族水电移民也就会通过这样的“开发”告别“边缘化”而走向“中心化”。

参考文献

（一）中文文献

著作

[1] [法]阿尔贝·雅卡尔：《我控诉霸道的经济》，黄旭颖译，桂林：广西师范大学出版社，2001年。

[2] [美]埃恺：《世界范围内的反现代化思潮》，贵阳：贵州人民出版社，

---

① 黔西南州委中心学习组学习材料：《副省长包克辛在黔西南州调研时的讲话》，2003年10月15日。

1991 年。

[3] 安申义主编:《中国水力发电工程·移民环保卷》，北京：中国电力出版社，2000 年。

[4] 编委会:《黔西南布依族苗族自治州概况》，贵阳：贵州民族出版社，1985 年。

[5] 编委会:《黔西南布依族苗族自治州志·国民经济发展计划志》，贵阳：贵州人民出版社，2002 年。

[6] 《布依族简史》编写组：《布依族简史》，贵阳：贵州人民出版社，1984 年。

[7] 电力工业部、财政部:《关于从水电站发电成本中提取库区维护基金的通知》(1981 年)。

[8] 电力工业部:《水电工程水库淹没处理规划设计规范》(1996)。

[9] [美]杜赞奇:《文化、权力与国家》,王福明译,南京:江苏人民出版社，2003 年。

[10] 费孝通:《江村经济》，北京：中华书局，1987 年。

[11] 傅秀堂:《论水库移民》，武汉大学出版社，2001 年。

[12] 高丙中主编：《现代化与民族生活方式的变迁》，天津人民出版社，1997 年。

[13] 葛剑雄主编:《中国移民史》(第 1、6 卷)，福州：福建人民出版社，1997 年。

[14] 贵州民院民族研究所：《中国南方少数民族社会形态研究》，贵阳：贵州人民出版社，1987 年。

[15] 贵州省兴义县史志编纂委员会编：《兴义县志》，贵阳：贵州人民出版社，1988 年。

[16] 国务院《大中型水利水电工程建设征地补偿和移民安置条例》(1991 年)。

[17] 侯绍庄等：《贵州古代民族关系史》，贵阳：贵州民族出版社，1991 年。

[18] 黄义仁：《布依族宗教信仰与文化》，北京：中央民族大学出版社，2002 年。

[19] 贾俊民：《现代目光审视下的中国古代农民》，北京：新华出版社，

1998年。
[20] 雷亨顺主编:《中国三峡移民》北京：新华出版社，2002年。
[21] 李昌平:《我向百姓说实话》，呼和浩特：远方出版社，2004年。
[22] 李润田主编:《中国资源地理》，北京：科学出版社，2003年。
[23] 梁漱溟:《中国文化要义》上海：学林出版社，1987年。
[24] 林耀华主编:《民族学通论》，北京：中央民族学院出版社，1990年。
[25] 刘伯龙、竺乾威主编：《当代中国公共政策》，上海：复旦大学出版社，2000年。
[26] [法]卢梭:《社会契约论》，何兆武译，北京：商务印书馆，2003年。
[27] 陆学艺主编:《社会学》，北京：知识出版社，1996年。
[28] [英]马凌诺斯基：《文化论》，费孝通译，北京：华夏出版社，2002年。
[29] 迈克尔·M·塞尼:《移民与发展》，河海大学移民研究中心译，南京：河海大学出版社，1996年。
[30] [美]莫里斯·福里德曼：《中国东南的宗族组织》，刘晓春译，上海：上海人民出版社，2000年。
[31] 《农村土地承包法及其配套规定》，北京：中国法制出版社，2002年。
[32] 《农业法及其配套规定》，北京：中国法制出版社，2002年。
[33] 庞道沐主编:《水库移民指南》，长沙：湖南人民出版社，2001年。
[34] 彭宗超等：《听证制度：透明决策与公共治理》，北京：清华大学出版社，2004年。
[35] [美]塞缪尔·亨廷顿：《文明的冲突与世界秩序的重建》，周琪等译，北京：新华出版社，1999年。
[36] 桑玉成:《利益分化的政治时代》，上海：学林出版社，2002年。
[37] 宋蜀华、白振生主编：《民族学理论与方法》，北京：中央民族大学出版社，1998年。
[38] 唐继锦、贾晔:《中外水库移民比较研究》，南宁：广西教育出版社，1999年。
[39] [美]托马斯·雅诺斯基:《公民与文明社会》，柯雄译，沈阳：辽宁教育出版社，2000年。

[40] 王光伟:《利益论》,北京:人民出版社,2001 年。
[41] 王文长:《开发经济学》,北京:海潮出版社,1999 年。
[42] 韦启光、石朝江等:《布依族文化研究》贵阳:贵州人民出版社,1999 年。
[43] 吴仕民:《西部大开发与民族问题》,北京:民族出版社,2001 年。
[44] 兴义市移民开发局《兴义市天生桥 1 级水电站移民搬迁安置工作报告》(2003)。
[45] 兴义市移民开发局《走进新家园——天生桥一级水电站(兴义市)库区移民搬迁安置掠影》2004。
[46] 延军平等:《中国西部大开发的战略与对策》,北京:科学出版社,2001 年。
[47] 应星:《大河移民上访的故事》,北京:三联书店,2001 年。
[48] 岳剑波:《信息管理基础》,北京:清华大学出版社,1999 年。
[49] [美]詹姆斯·C. 斯科特:《国家的视角》,王晓毅译,北京:社会科学出版社,2004 年。
[50] 张宝欣主编《开发性移民理论与实践》,北京:三峡出版社,1999 年。
[51] 张海洋:《中国的多元文化与中国人的认同》,民族出版社,2006 年。
[52] 张玉堂:《利益论——关于利益冲突与协调问题的研究》,武汉大学出版社,2001 年。
[53] 赵人骧、张时中主编:《水库移民工作手册》,北京:新华出版社,1992 年。
[54] 赵毓昆主编:《中国水力发电工程·规划经济卷》,北京:中国电力出版社,2000 年。
[55] 《中华人民共和国民族区域自治法》(1984)。
[56] 钟水映、李明泉:《工程性移民安置理论与实践》,北京:科学出版社,2003 年。
[57] 周国茂:《摩教与摩文化》,贵阳:贵州人民出版社,1995 年。
[58] 朱农主编:《三峡工程移民与库区发展研究》,武汉大学出版社,1996 年。
[59] 朱志方:《认识论与决策科学》,昆明:云南人民出版社,1985 年。

[60] 朱志方:《社会决策论》，武汉大学出版社，1998年。

论文

[61] [巴西] C. 伯曼:《巴西南部伊塔大坝课题研究——自我管理式移民》，薛小东译，载《21世纪水电开发国际会议论文集》，北京：中国水利水电出版社，1997年。

[62] 段超:《对西部大开发中影响民族发展的几个问题的思考》，《贵州民族研究》，2002（2）。

[63] 方长荣：《世界银行非自愿移民政策与我国水库移民政策的比较分析》，《河海大学学报》（哲社版），2002（4）。

[64] 俸代瑜:《广西水电站库区移民问题的症结及解决途径》，《广西民族研究》，2004（1）。

[65] 罗用频:《民族学视野中的村落资源分析》，《贵州民族研究》，2005（1）。

[66] 袁松龄、常献立：《小浪底水库移民权益保护》，《河海大学学报》（哲社版），2002（2）。

[67] 张海洋:《中国的西部开发与少数民族文化保护》，载滕星主编《西部开发与教育发展博士论坛》，北京：民族出版社，2001年。

[68] 张海洋:《中国西部开发与改革深化》，载赵士林主编《亚洲报告》，长春出版社，2001年。

[69] 朱文龙：《水库移民社会良性运行与发展条件探讨》，《河海大学学报》（哲社版）2002（2）。

（二）英文文献

著作

[70] H. Russell Bernard, 2002, Research Methods in Anthropology. New York: Altamira Press.

[71] J. Von Neumann, O. Morgenstern, 1944, Theory of Game and Economic Behavior . Princeton University Press.

[72] JIN JUN, 1996 , The Temple of Memories : History , Power , and Morality in A Chinese Village. Stanford, California: Stanford University Press.

[73] Kreps D, 1990, Game Theory and Economic Modelling. Oxford: Clarendon Press.

[74] George E. Marcus and Dick Cushman, 1982, Ethnographies as Texts. Ann. Anthropol. 11:25 - 69.

[75] Michael M. Cernea, Scott E. Guggenheim, 1993, Anthropological Approaches to Resettlement: Policy, Practice, and Theory . Westview Press : boulder. San Francisco. Oxford.

[76] R. D. Luce, H. Raiffa, 1957, Games and Decisions: Introduction and Critical Survey. New York: Wiley.

论文

[77] Mark Jaccard, Hydroelectric Resources and Economic Development in Canada: Lessons for China. 载李文潮主编《资源开发与民族文化》, 北京: 中央民族大学出版社, 1994 年。

[78] Marvin Harris, 1976, History and Significance of The Emic /Etic Distinction. Ann. Anth - ropol. 5:329 - 350.

[79] Roger M. Keesing, 1974, Theories of Culture. Ann. Rev. Anthropol. 3:73 - 94.

[80] The Bank of World, Social Assessment And Minority Nationalities. [DB/OL].

黄姚故事

——从古镇旅游开发看文化资源产权问题

尤小菊

目　录

导 论

一、研究缘起与主题

2003 年 7 月底至 8 月中旬，笔者有幸作为教育部“中国少数民族历史文化资源与旅游开发”课题组成员之一，赴广西贺州市昭平县黄姚古镇进行实地调查。黄姚古镇是明清时期形成的一个商业小镇，保留有大量的明清建筑。其迤逦的水光山色，古色古香的民居，淳厚的民风民俗，很是让人赏心悦目，确实是一个难得的旅游胜地。

调查伊始，课题组主要通过对黄姚镇政府相关人员与旅游公司主管部门的座谈、访谈了解古镇的基本情况和旅游开发现状。期间，中央民族大学陈理副校长和贺州市陈利丹市长作为本课题的负责人，亲临指导，令课题组成员深受鼓舞。

调查中后期，课题组将工作重点转移到对当地口述史、口头文学、族谱、楹联、碑刻等的收集为主。在此过程中，我们结识了许多热心的当地人，其中很多人成为笔者第二次田野调查时重要的访谈对象。

随着调查逐步深入，我们觉察到当地政府、旅游公司和当地居民之间存在微妙而复杂的紧张关系。调查过程中，当地居民时不时流露出对旅游开发的不满情绪。我们也注意到，旅游公司新修的水泥路面被人为地砸个小坑，景区标示牌上的景点说明文字被莫名其妙地毁损。当地传统节庆活动中，一些居民不允许游客拍照。

这种现象引起我的研究兴趣。旅游开发，特别是民族地区的旅游开发，是一种旨在富民的开发。黄姚古镇的旅游开发对当地居民而言，应该是一种脱贫致富的发展机遇，但当地居民为何对旅游开发持有这么大的意见？

半个月后，调查组返回北京。笔者承担了《黄姚古镇》一书部分章节的写作任务。写作过程中，笔者进一步加深了对古镇的了解。时值确定毕业论文选题，鉴于笔者有过一次黄姚古镇的田野经历，导师便建议不妨把田野地点锁定在黄姚，写写旅游开发的故事。由于一时很难找到更好的选题，笔者便接受导师的建议，并把主题定在文化资源产权研究。

文化资源产权研究，国内尚不多见，至今未有专著问世。文化资源产权问题的出现有其特定的时代和社会背景，它是近年来中国向市场经济转型过程中才逐渐显现出来的。随着文化产业的兴起，旅游业的发展，众多丰富的文化资源，如文物古迹、民风民俗、节庆活动等成为一种能带来经济效益的稀缺资源。当把文化作为一种资源进行旅游开发时，不可避免地出现了“文化资本化”或说“文化商品化”现象。文化被当作一种商品拿到市场来交换，正如刘宗碧所提出的疑问：“谁是这些用于服务的文化资源的所有者？谁应作为这些文化资源的所有者享有产权和在经营中受益？”[①]

带着这样的疑问和思考，2004年8月初至9月上旬，笔者二进黄姚古镇。有了上次的调查经历，此次进入田野顺利许多。与旅游公司相关部门打过招呼后，[②]笔者便住进了黄姚老街一位当地居民家中。房东是上次调查期间结识的一位老伯，听我们说明来意后，便爽快地应承下来。这位房东老伯在调查过程中给予笔者莫大的帮助。

---

① 刘宗碧：《民族村寨旅游开发和文化产权问题研究——以黔东南地区侗族村寨为例》，载金星华主编《首届全国民族文化论坛论文集》（下），北京：民族出版社，2005年，第1169页。

② 古镇作为景区，由新成立的文化旅游公司进行经营管理，当地居民以外的其他人员（非游客）进出古镇要征得公司部门同意。

二、研究方法及叙述框架

孙立平提出的“过程——事件分析”研究策略，超越了以往乡镇/村庄研究单位划分的二元对立格局，将农村中乡镇、村庄、农民三者之间的关系置于特定的动态过程（事件）中，通过过程叙述揭示其中的复杂关系。[①] 应星的《大河移民上访的故事》便是体现这种研究策略的一个范本。

本文尝试借鉴这一研究方法。黄姚古镇既是当地居民的生活区域，也是旅游公司主要开发对象和黄姚镇政府的管辖之地。旅游开发作为一个“大事件”介入古镇社区，当地政府、旅游公司和古镇居民正是围绕这一事件展开互动。在这不足1平方公里的土地上，三个权益主体在此登台，共同上演一幕“旅游开发的故事”。三者的关系在旅游开发过程中得以动态呈现。

但“过程——事件”研究策略也有不足之处，正如张静所批评的那样：“‘事件’分析的关注重点在策略和过程，而不是影响策略背后选择的东西——它的目的不在制度而已。”[②] 换言之，过分强调行动者的策略选择，某种程度上实际承认了人是“经济人”的假设，行动者的所有行为只是为了使自己利益最大化。

笔者始终相信，人是一种文化的存在，是一种追求意义的动物。经济利益的寻求只是其众多意义寻求中的组成部分，而非全部。仅仅依靠“过程——事件”的叙述，不足以揭示行为者行为选择背后的文化意义。

格尔兹把阐释当成一种方法论，通过阐释来“理解社会制度

---

① 孙立平：《“过程——事件分析”与当代中国国家——农民关系的实践形态》，载胡续冬、马骅主编《思想的碎片》，武汉：长江文艺出版社，2001年，第33页。

② 张静：《基层政权——乡村制度诸问题》，杭州：浙江人民出版社，2000年，第13页。

以及围绕这些社会制度并赋予这些制度以意义的文化程式。”①为此，他创造性地提出了“地方性知识”这一概念：

法律就是地方性知识；地方在此处不只是空间、时间、阶级和各种问题，而且也指特色，即把对所生的事件的本地认识与对可能发生的事件的本地想像联系在一起。这种认识和想像的复合体，以及隐含于对原则的形象化描述中的事件叙述，便是所谓的法律知识。②

这种对“地方性知识”的阐释和理解，很大程度上可以弥补“过程——事件分析”研究带来的缺憾。

张佩国借用格尔兹“地方性知识”的概念，针对中国本土社会的研究提出“地方性制度”研究方法：

我所提倡的地方性制度研究，就是要全方位地揭示在地方社会历史时空坐落中生存的人们的日常生活实践。地方性制度也正是地方民众日复一日的，在外人看来略显单调的日常生活的循环往复的实践活动所遵循的规则。③

张佩国提倡的“地方性制度”研究方法，同样是把焦点放在对“地方性知识”的阐释上，但他拓展了“地方性知识”的时空内涵。这种研究方法不仅仅是一种时下的研究，而且关注历史，关注文化生成的过程和意义。

本文试图将“过程——事件分析”策略和对“地方性知识(制度)”的阐释结合起来，在“过程——事件”的叙述中展现各方主体的互动，在对“地方性知识”的文化阐释中揭示当地人背

---

① ［美］格尔兹：《地方性知识：事实与法律的比较透视》，载梁治平编《法律的文化解释》，北京：三联书店，1994年，第97页。

② ［美］格尔兹：《地方性知识：事实与法律的比较透视》，载梁治平编《法律的文化解释》，北京：三联书店，1994年，第126页。

③ 张佩国：《解读地方性制度——一项关于中国社会的本土研究策略》，《东方论坛》，2003（2）。

后的意义世界，将时下研究与历史研究相结合，纵横交错，以一种旅游民族志的方式呈现所要探讨的问题。

文化资源产权问题在我国现有的产权制度框架内无法解决。通过黄姚古镇的旅游开发，我们看到的不仅是旅游开发对当地社会、经济和文化带来的诸种影响，而且可以看到当地人依据本土产权意识所采取的种种反应形式，从中可以看出现代西方产权理念在中国本土化所遭遇的困境以及旅游公司和当地政府为摆脱这种困境所做的种种努力。

三、理论回顾与文献研究

（一）理论回顾

1. 西方产权概念及其理解

H. 登姆塞茨在《关于产权的理论》一文中对产权的效用做出如下定义：产权是界定人们如何受益及如何受损，因而谁必须向谁提供补偿以使他修正人们所采取的行动。①

平乔维奇在《产权经济学——一种关于比较体制的理论》一书中对产权的定义是："产权是人与人之间由于稀缺物品的存在而引起的，与其使用相关的关系。"② 他进一步指出产权有两方面的重要含义：一是产权与人权不可割裂开来，二是产权是个体之间的关系。平乔维奇注意到产权与所有权之间的联系，并试图做出区分。遗憾的是，他的论述围绕完整产权展开，未提及产权的可分割性。

E.G. 菲吕博腾和 S. 配杰威齐在《产权与经济理论：近期文

---

① H. 登姆塞茨：《关于产权的理论》，载［美］R. 科斯、A. 阿尔钦、D. 诺斯等编：《财产权利与制度变迁——产权学派与新制度学派译文集》，刘守英、陈剑波等译，上海：三联书店，1991 年，第 97 页。

② ［南］斯韦托扎尔·平乔维奇：《产权经济学——一种关于比较体制的理论》，蒋琳琦译，北京：经济科学出版社，1999 年，第 29 页。

献的一个综述》中认为："产权不是指人与物之间的关系，而是指由物的存在及关于它们的使用所引起的人们之间相互认可的行为关系。"① 可贵的是，他们论及产权的可分割性，并从产权的排他性和可转让性上进一步将产权区分为完整产权和残缺产权两种情形。

这三种有代表性的产权定义有一个共同特点，即都是针对西方的个人产权或私有产权提出，而对集体产权却鲜有论及。

我国经济学者曹钢试图从产权与所有权相区别的意义上重新定义产权："现代产权经济学研究的产权不等于所有权，而是所有权的结构形式，是反映所有权组合效用（主要是效率）的价值范畴。"② 他认为所有权包括五种基本权利形式：归属权、使用权、支配权、受益权和处置权。这五种权利可以分割，"现实经济生活中，这五种权利既可以同时由一个主体拥有，又可以通过一定的规范分离，为两个或两个以上的层次主体所拥有，而每个主体只行使其中部分权利。"③

曹钢对产权的定义和分析反映出中国特点，但仍然没有跳出经济学的学科角度。

从产权的归属对象来看，产权主要有个体产权、共有产权（实际上是一种集体产权）和国有产权三种类型：④

---

① E.G.菲吕博腾、S.配杰威齐：《产权与经济理论：近期文献的一个综述》，载［美］R.科斯、A.阿尔钦、D.诺斯等编《财产权利与制度变迁——产权学派与新制度学派译文集》，刘守英、陈剑波等译，上海：三联书店，1991年，第204页。

② 曹钢：《产权经济学新论——产权效用、形式、配置》，北京：经济科学出版社，2001年，第33页。

③ 曹钢：《产权经济学新论——产权效用、形式、配置》，北京：经济科学出版社，2001年，第45页。

④ ［美］R.科斯、A.阿尔钦、D.诺斯等编：《财产权利与制度变迁——产权学派与新制度学派译文集》，刘守英、陈剑波等译，上海：三联书店，1991年，前言第6—7页。

个体产权就是将资源的使用、转让以及收入的享用权界定给特定的个体。个体对资源有完整、自由的处置权。共有产权则意味着在共同体内的每一成员都有权分享这些权利，它排除了国家和共同体外的成员对共同体内的任何成员行使这些权利的干扰。国有产权在理论上是指这些权利由国家拥有，它再按可接受的政治程序来决定谁可以使用或不能使用这些权利。

产权所表现的是人对物的支配关系，其实质则是人与人之间的社会关系。它既是一种经济关系，又是一种政治法权关系。产权作为一种权利，需要在制度层面得到保障，以期得到社会上其他人的共同认可和尊重。这种认可可以是国家的法律制度，也可以是社会上习惯、习俗。从这一意义上说，产权制度包括两种：国家层面的正式制度和社会层面的非正式制度，张佩国将后者称为“地方性制度”。①

任何权利的使用，都是一种社会活动，是人通过物（或资源）与他人发生交易的过程。制度的目的就是保障各个权利主体之间顺利完成交易。通过产权制度降低社会交易成本，使资源得到更有效的配置，从而促进经济增长和生产力提高。产权对于市场经济至关重要，是市场得以确立和运行的基础条件。平乔维奇在论及市场制度如何建立起时，鲜明提出：“……明确产权非常重要，市场制度是建立在交换的基础上。所谓交换，实质是所有权的交换，如果所有权不明确，当然无法交换……”②

2. 内外有别：中国本土产权意识

前述产权概念主要是现代市场经济的产物。前现代社会的经

① 张佩国：《解读地方性制度——一项关于中国社会的本土化研究策略》，《东方论坛》，2003（2）。

② ［南］斯韦托扎尔·平乔维奇《产权经济学——一种关于比较体制的理论》，蒋琳琦译，北京：经济科学出版社，1999年，第4页。

济生活与此有很大差别。费孝通在《江村经济》中对开弦弓村人的财产观念作了细致描述：村里人按所有者性质将村内财产划为四大类：

（1）无专属的财产，每个人均可自由享用，但要以不侵犯别人享用为前提，此类财产包括空气、道路、航道等。

（2）村产，村内成员均有同等权利享用此类财产，包括周围湖泊、河流的水产品，公共道路和坟地上的草。

（3）扩大的亲属群体的财产，比如兄弟分家之后仍然共用的堂屋（笔者以为，实际可视之为族产）。

（4）家产。

费孝通特别提及，江村人的财产分类中没有专属于个人的财产。因为“个人所有权是包括在家的所有权的名义下”，“个人拥有的任何东西都被承认是他家的财产的一部分。家的成员对属于这个群体内任一个成员的任何东西都有保护义务。”① 家庭也可视为一种超越于个人之上的小群体。村产、族产、家产都是超越于个人财产之上的，因此都可称为集体产权。

张佩国在关于近代山东村落社区的研究中，认为村庄边界与其产权边界趋于统一：

村庄边界有两种意义，一为地理方位，一为产权观念。乡间所存在的村界意识则兼有这两种意义，即村民基于土地占有权的归属而对本村落四至地理空间界限的认同，和村落成员对上述地理空间内耕地、山林、水域的监护权。②

但村庄的地理边界是有形的，而产权边界则是无形的。在此

① 费孝通：《江村经济——中国农民的生活》，北京：商务印书馆，2002年，第63—65页。

② 张佩国：《地权分配·农家经济·村落社区——1900—1945年的山东农村》，济南：齐鲁书社，2000年，第181—182页。

基础上，张佩国提出了“村界”和“村籍”两个乡土性的概念来说明这一产权观念：

村界的逻辑是基于个人对物的占有而形成的村庄共同体意识，而村籍的逻辑则是封闭的族群关系网络背后隐含着村民对本村土地权的资源独占观念。①

村籍实际上是村庄成员的资格问题，其背后隐含的就是村庄成员的相互认同和对村内资源的共享问题。如果不是村庄内部成员，则无权享用村内资源。张佩国虽然在研究近代山东村落社区的基础上提出这一观点，但仍适用当代中国一些传统的村落社会。

费孝通和张佩国都挖掘了中国农村的一些乡土性概念，如村界、村籍、族产、村庄公产、族田、水面权、水底权、田骨与田面等等，这些都是村民产权意识的反映，从中可以看出产权概念的中外之别。西方产权主体多以个体为单位，而中国传统社会不重个人，没有专属于个人的财产。家作为乡土社会的基本单位，内部成员之间共同占有财产，彼此间的财产边界模糊。不仅家庭（族）内部的产权边界不明显，就是整个社区内部的产权边界也不十分明晰。

费孝通与张佩国关注的都是近代中国的传统村落，而且对村民产权意识分析也主要从地权关系入手展开论述，很少涉及其他种类的产权关系。这是其局限。费孝通在论及江村人的财产观念时虽然也提到房屋、妇女的嫁妆等其他财产，它们有个人专用权的意义，但仍作为家庭财产的一部分存在。

梁漱溟认为：

从伦理本位所影响于职业分立者言之：以其为伦理本位的经

---

① 张佩国：《近代江南乡村地权的历史人类学研究》，上海人民出版社，2002年，第2页。

济，财产不属于个人所有，而视其财产大小，隐然若为其伦理关系亲者、疏者、远者、近者所得而共享之。[①]

在此基础上，他提出著名的“伦理本位、职业分立”的论断。换言之，传统社会的财产观念和伦理关系纠缠在一起，张佩国称之为“伦理化的产权”。[②]

村庄共同体内部的产权边界不明晰，但是对外的产权边界却相当清晰。在中国传统村落里，家族势力强大，由血缘共同体结合成地缘共同体，村庄的共同体意识强烈。共同体内部成员有一套共享的文化规则，“拥有同一种知识，受制于同一种生活逻辑”，[③] 对彼此间的权利义务有很清楚的界定。与自己人交易靠“人情”来达到权利义务间的大致平衡。这相当于概化互惠。阎云翔的《礼物的流动》一书，就很好地体现了这一点。陌生人则不被信托，与其交易要“当场清算”，所以“商业是在血缘关系之外发展的”。[④] 这属于平衡互惠，也是市场经济的本性。

20 世纪 90 年代以后这种“内外之分”也仍然存在于中国一些传统村落。李银河在山西沁县南山头村和浙江余姚南阳村进行调查时发现：

本村的事和村外的事在村民眼里是不一样的，前者有一等的意义，后者只有二等的意义。故而仿佛有一道壁垒，立在本村落与外面世界边界处；也立在村里人与村外人的心理边际处。壁垒

① 梁漱溟：《乡村建设理论》，载中国文化书院学术委员会编《梁漱溟全集》第 2 卷，济南：山东人民出版社，1990 年，第 173 页。

② 张佩国：《近代江南乡村地权的历史人类学研究》，上海人民出版社，2002 年，第 65 页。

③ 梁治平：《从“礼治”到“法治”》，载梁治平编《在边缘处思考》，北京：法律出版社，2003 年，第 55 页。

④ 梁治平：《从“礼治”到“法治”》，载梁治平编《在边缘处思考》，北京：法律出版社，2003 年，第 74 页。

内是个很近的世界，外面的世界很遥远。[①]

我们在下文中也会看到，这种“内”与“外”，“自己人”和“外人”的两分并未随着时代和社会的变迁而消退，反而因市场机制的引入而得到强化。

(二) 文献研究

1. 旅游人类学研究

丹尼逊·纳什曾系统总结出西方旅游人类学的三种研究范式，[②] 但这三种范式在理论方法上仍“借用人类学的学理依据、人类学的知识谱系、人类学视野、人类学方法和手段对旅游活动进行调查和研究”。[③] 瓦伦·L·史密斯主编的论文集《东道主与游客——旅游人类学研究》，通过12个具体的旅游案例考察旅游对目的地社会的影响。[④] 西方旅游人类学将研究的视野放在全球性的旅游现象（活动），关注的不仅是旅游过程，而且扩展到整个旅游领域。分析框架始终未脱离主——客/客源地——目的地这样一种二元对立模式。

中国旅游人类学研究始于20世纪末，基本上承袭西方旅游人类学的研究路径。成果主要体现在对西方旅游人类学相关研究成果的翻译和介绍，包括西方旅游人类学产生背景、学科性质、

---

① 李银河：《生育与村落文化一爷之孙》，北京：文化艺术出版社，2003年，第66页。

② [美] 丹尼逊·纳什：《旅游人类学》，宗晓莲译，昆明：云南大学出版社，2004年，第18页—86页。

③ 彭兆荣：《旅游人类学》，北京：民族出版社，2004年，第37页。

④ [美] 瓦伦·L·史密斯编：《东道主与游客——旅游人类学研究》，张晓萍、何昌邑等译，昆明：云南大学出版社，2002年。

理论方法、代表人物及其研究成果等。① 还有一些学者运用西方旅游人类学的研究范式、方法对中国旅游现状及旅游引发的各种社会问题进行探讨，涉及文化变迁、旅游开发规划、旅游审美等。但他们仍是借用人类学原有的理论对旅游活动、旅游现象进行分析，总体上注重描述、解释。这些在杨慧、陈志明、张展鸿主编的《旅游、人类学与中国社会》一书中体现较为充分。②

彭兆荣的《旅游人类学》是中国第一部系统概述旅游人类学的专著。书中很大篇幅是对西方旅游人类学已有研究成果的译介，但他也结合中国的旅游现状和自己的田野经历援引一些中国旅游开发案例来论证、修正、补充西方旅游人类学的研究范式。

---

① 相关文章：光映炯：《旅游人类学再认识——兼论旅游人类学理论研究现状》，《思想战线》，2002（6）；张晓萍、黄继元：《纳尔逊·格雷本的"旅游人类学"》，《云南大学学报》，2000（1）；张晓萍：《西方旅游人类学中的"舞台真实"理论》，《思想战线》，2003（4）；张晓萍：《旅游人类学在美国》，《思想战线》，2001（2）；徐新建：《人类学眼光：旅游与中国社会——以一次旅游与人类学国际研讨会为个案的评述与分析》，《旅游学刊》，2000（2）；宗晓莲：《西方旅游人类学研究述评》，《民族研究》，2001（3）；宗晓莲：《西方旅游人类学两大研究流派浅析》，《思想战线》，2001（6）；覃德清、戚剑玲：《西方旅游人类学与中国旅游文化研究》，《西南民族研究》，2001（3）。

② 杨慧、陈志明、张展鸿编：《旅游、人类学与中国社会》，昆明：云南大学出版社，2001年。其他相关文章：龙京红：《旅游本质及二重性》，《中国物价》，2004（12）；张晓萍：《文化旅游资源开发的人类学透视》，《思想战线》，2002（1）；杨慧：《民族旅游与族群认同、传统文化复兴及重建——云南民族旅游开发中的"族群"及其应用泛化的探讨》，《思想战线》，2003（1）；张晓萍：《从旅游人类学的视角透视云南旅游工艺品的开发》，《云南民族学院学报》，2001（5）；陶犁：《民族文化旅游产品开发探析》，《思想战线》，2002（4）；章海荣：《从哲学人类学管窥旅游审美》，《思想战线》，2002（1）；宗晓莲：《丽江古城民居客栈业的人类学考察》，《云南民族学院学报》，2002（4）；彭文斌：《中国民俗旅游的发展及中国学术界参与趋势——兼论西方人类学界对民俗发展的"后效应"思考》，载王筑生编：《人类学与西南民族》，昆明：云南大学出版社，1998年；郑晴云、郑树荣：《论旅游的精神文化本质》，《思想战线》，2003（2）。

他通过对文化中介者（又称文化掮客、文化经纪人）的分析，提出东道主、东道主社会并非同质，而是由多个相关的利益主体，包括旅游公司的经营者、导游、翻译、地方政府、当地居民等构成。他们有各自不同的利益诉求，[①] 从而打破西方主——客/客源地——目的地的二元对立分析模式。

研究局限：正如 Julio Aramberri 批评的那样：旅游人类学“一味钟情于从人类学角度探讨各种问题，常常忘记了其他视野”。[②] 比如人类学家注意到旅游开发对目的地社会造成种种消极影响，对当地居民的权益造成种种损害，但却往往停留在或满足于对旅游开发“后效应”的评判、诟病或责难。这虽然对世人具有警醒作用，但对当地居民并无多大助益，尤其是不利于从根本上纠正产生不公平的机制。本文认为对当地居民只给予道义关怀远远不能体现旅游人类学的应用属性。

2. 旅游资源产权研究及其局限

一些学者从管理学、经济学或法学的角度对中国自然文化遗产地、风景名胜区的旅游资源产权现状进行分析，鲜见从人类学角度进行研究。他们都承认旅游资源属于国家所有，但同时也指出了在同一风景区内，文物、林业、水利、旅游等多个部门交叉管理，地方政府部门对旅游资源的管理权与经营权不分及由此带来种种弊端，认为转换现有管理模式和经营机制可以摆脱这种困

---

① 彭兆荣：《旅游人类学》，北京：民族出版社，2004 年，第 280—285 页。

② Julio Aramberri：《旅游学研究：尚不可靠的理论基础》，谢彦君译，《旅游学刊》，2003（2）。

境，并据此提出一些政策建议。[①]

也有学者从产权理论方面指出中国旅游资源的存在是一种公有产权，出让景区的开发经营权会使开发商拥有对资源的使用权和收益权，事实上改变了资源所有权的性质，对中国旅游发展产生不利影响。[②] 有的学者则认为旅游资源产权由旅游资源的所有权、旅游资源的使用权、旅游资源开发工程产权和旅游产品经营权组成。[③] 这些学者大多是在中国现有的制度框架内讨论旅游资源产权，而且针对的主要是自然资源产权，很少论及文化资源的产权问题。这在某种程度上其实是把文化资源等同于自然资源来看待。也有学者把文化资源问题放在传统文化开发与保护的框架下展开讨论。[④] 此外，他们在运用产权理论进行分析时，主要是

---

① 相关文章：王兴斌：《中国自然文化遗产管理模式的改革》，《旅游学刊》，2002（5）；杨振之、马治鸾、陈谨：《我国风景资源产权及其管理的法律问题——兼论西部民族地区风景资源管理》，《旅游学刊》，2002（4）；钟勉：《试论旅游资源所有权与经营权相分离》，《旅游学刊》，2002（4）；杨晓霞：《我国旅游资源产权问题探析》，《经济地理》，2004（3）；刘旺、张文忠：《对构建旅游资源产权制度的探讨》，《旅游学刊》，2002（4）；肖国兴：《论中国自然资源产权制度的经济理性》（上、下），《环境保护》，1997（9）、（10）；苏甦：《对我国旅游景区建立法人治理结构的探讨》，《江汉大学学报》，2004（4）；贺小荣、罗文斌：《试论旅游风景名胜区经营权的转让》，《北京第二外国语学院学报》，2003（4）；谢元鲁：《世界遗产：公共产权的转移与约束》，《桂林旅游高等专科学校学报》，2004（1）；龙京红：《旅游资源开发及景区经营中产权关系调整问题的建议与思考》，《中国物价》，2004（7）；李明耀、胡志毅：《论旅游区（点）所有权与经营权分离》，《现代经济探讨》，2002（11）；林灵：《旅游资源产权与我国旅游业发展》，《探求》，2002（2）。

② 张晓：《遗产资源的所有与占有——从出让风景区开发经营权谈起》，《中国园林》，2002（2）。

③ 马林：《旅游资源产权理论的探讨》，《蒙自师范高等专科学校学报》，2002（6）。

④ 马晓京：《旅游开发与传统文化保护的主体》，《青海民族研究》，2003（1），第1—3页；单纬东：《少数民族文化旅游保护与产权合理安排》，《人文地理》，2004（4）。

依据西方产权理念来比照中国产权制度现状，或否认中国一些风景名胜区旅游开发的可行性、合法性，或笼统将中国旅游开发中出现的一些问题归因于国家目前尚未建立完善的产权制度。

关于文化资源产权问题的探讨，笔者目前所见仅有三篇，分别为阿尔瓦罗·塞尔达—萨米恩托、克莱门特·弗雷罗—皮内达的《民族共同体的知识产权问题》、杨勇胜的《少数民族的传统文化产权》和刘宗碧的《民族村寨旅游开发和文化产权问题研究——以黔东南地区侗族村寨为例》。

两位外国学者认为：应该从知识产权的角度确立和承认土著社区创造的地方性知识为一种“集体文化权利”，以维护土著民族和地方社区的种种权益。①

杨勇胜认为：少数民族作为传统文化的集体创造者，有权以集体的名义对其智力成果享有文化产权。他进一步从法学角度将少数民族应享有的文化产权归纳为：1. 包括版权在内的知识产权；2. 保真权利，又可细分为要求真实标记权和维护正确使用的权利；3. 回归权；4. 继承权与发展权；5. 许可使用权；6. 法律救济权。②

刘宗碧则认为某些文化要素成为市场经济中的资源要素，经过商品化进入市场，因此作为文化资源所有者应享有产权并从中受益。他以黔东南地区侗族村寨旅游开发为例，展示了由于文化产权未得到明晰和合理安排所引发的种种矛盾冲突，从而提出明晰文化产权的必要性。他呼吁将文化产权作为知识产权的内容进

① 阿尔瓦罗·塞尔达—萨米恩托、克莱门特·弗雷罗—皮内达：《民族共同体的知识产权问题》，《国际社会科学杂志》（中文版），2003（1）。

② 杨勇胜：《少数民族的传统文化产权》，《民族论坛》，2003（11）。

行立法，从制度层面对文化产权予以承认和确立。[①] 但他并未对文化产权概念进行详细解释和说明。

笔者浅见，文化产权和文化资源[②] 产权在外延上有区别，后者的范畴要略大于前者。文化产权更多地强调一种集体文化权利，其客体是集体形态的文化，可以是物质形态的也可以是非物质形态的（比如地方性知识）。文化资源产权则表现出一定的层次性，包括家庭、小群体（如家族、宗族等）和集体的文化权利，而不仅限于集体层面。笔者正是在此意义上使用文化资源产权这一概念。

此外，最重要的一点，前辈学者虽提出了文化（资源）产权问题，但是却忽视了中国本土产权意识，没有从“文化持有者的内部眼界”来观照产权问题，也没有注意到传统社会与现代市场经济体制之间的对照分析。本文尝试在此方面做一点探索性的研究。笔者相信，产权这一概念虽然表达的是人与物（或资源）之间的关系，其实质仍是人与人之间的经济和社会关系，中国传统社会在此问题上有自己的表达方式和理解方式。

四、研究意义

人类学、民族学是一门开放的学科，一直有对其他学科理论

---

① 刘宗碧：《民族村寨旅游开发和文化产权问题研究——以黔东南地区侗族村寨为例》，载金星华编《首届全国民族文化论坛论文集》（下），北京：民族出版社，2005 年，第 1166—1183 页。

② 文化资源指包括文化遗产在内的人类创造的各种物质文明和精神文明的总和。它分为有形的或物质的文化资源与无形的文化资源两类。前者指以物质形式表现的各种文化现象与事实。如各种考古学的遗迹与文物、人类现行所创造的各种物品等。后者指没有物质载体的各种文化现象和事实，以及由物质载体所体现与反映的各种文化精神，如社会组织、语言特征、思想观念、心理特征、建筑风格等。引自陈国强、石奕龙编《文化人类学辞典》，台北：恩楷股份有限公司，2002 年，第 333 页。

成果兼容并包的传统和襟怀。旅游人类学家不应只在固有的研究范式、理论模型中打转，而应根据中国本土经验拓宽其理论研究视野。本文尝试将产权概念、理论引入旅游人类学研究，从文化资源产权角度分析旅游开发中的种种冲突和矛盾。这一理论视角既可以丰富旅游人类学的理论体系和研究范式，同时也有很大的应用价值。承认文化资源产权存在的合法性、正当性、必要性，不仅有利于解决目前中国各级地方旅游开发中遇到的一些问题和困惑，而且可以更好地保障旅游目的地居民及其文化的合法权益，使其切实参与到当地社区的旅游开发中去，从而促进旅游开发的可持续发展，最终促进和谐社会的建设。

第一章　背景篇：古镇概况

第一节　古镇地理

一、自然环境

黄姚古镇坐落于一个山环水抱的小盆地，位于广西、广东、湖南三省（区）交界处，西距昭平县城 73 公里，东北距离贺州市 75 公里，北距桂林 200 公里，西南距梧州 210 公里。四周为巩桥乡地。镇内有昭平县最大的水库周家水库。

黄姚古镇景区境内多为岩溶洼地，岩质大部分是石灰岩。岩溶区海拔 100 至 200 米。成土母质以石灰岩、白云岩、砂页岩及其风化土为主，其次是第四纪红土和河流冲积物。自然土壤主要有中原层砂页岩、红壤和棕色石灰土。

古镇景区属亚热带季风气候类型，四季分明，冬干春湿，冬有霜雪。年平均气温 19.8℃，极端最高气温 39.4℃，极端最低气温—2.6℃。年降雨量在 1600 至 2000 毫米，雨量以春夏雨季最

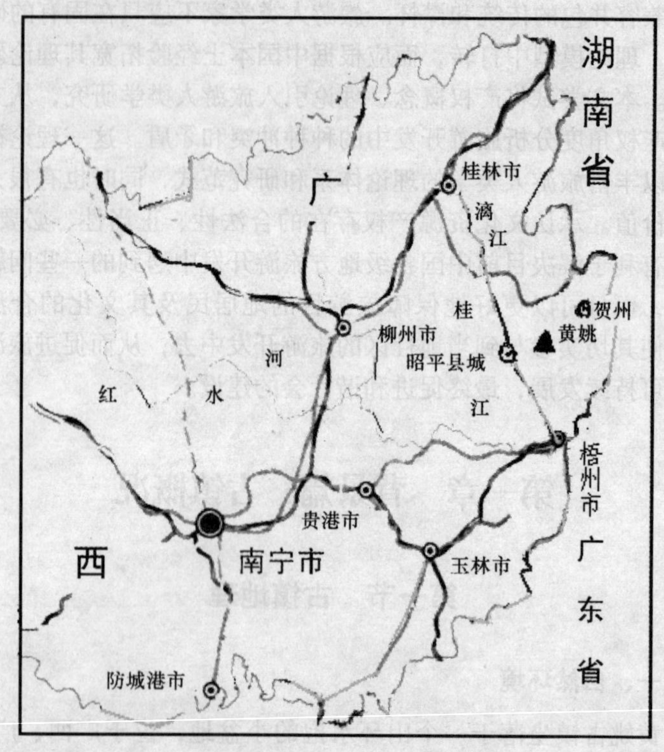

图 1－1　黄姚古镇位置示意图

多，秋季次之，冬季最少。盛行东北风和东南风，西风较少，风速小，风速季节变化不大，平均风速为 1.5—1.7 米/秒。

二、人口及经济状况

黄姚镇地处石山地带，山多地少。全镇面积 3.6 平方公里，辖 6 个村街，有 117 个村民小组，2681 户。总人口为 11071 人（2004 年数据），其中农业人口占 95.3%。总人口中，男性占 53%，女性占 47%，少数民族占 17%。

全镇耕地面积6423亩，其中水田5108亩，旱地1320亩。农业是黄姚镇的支柱产业，也是财政收入的主要来源，但科技含量低，没有形成规模化农业生产基地。农民收入主要依靠农业和桑蚕业。主要农产品是水稻、红薯。主要经济作物有花生、油菜籽、烟叶等。土特产有黄姚豆豉、黄精、青梅、甘蔗、板栗等。基本上没有工业生产，镇内原有的农机厂、水泥厂已处于停产状态。豆豉生产多为个体手工作坊。

黄姚街是镇政府所在地，辖32个村民小组，740户，总人口2821人。全街总面积68.8公顷，其中水田1217亩，旱地622亩。全街农作物以水稻、玉米、桑为主。2003年村民人均收入为1441元（有关部门统计数字）。

三、几种表述的澄清

黄姚、黄姚镇、黄姚街、（黄姚）老街、（黄姚）古镇

黄姚古为壮、瑶杂居之地。最早的居民据说是黄姓和姚姓两户人家。北宋皇祐四年（公元1052年），狄青率部南征侬智高，其部将路经黄姚，派士兵打探路线，得知当地只有黄、姚两户人家，于是把此地称为黄姚。现在镇上已无姚姓，而黄姓则是清代后迁入。另一说认为黄姚是黄姓瑶族人的简称，后因瑶字带有歧视之义，改为现在的“姚”字。还有一说认为黄姚之名取自姚江，因为每逢雨季，姚江之水似黄龙翻滚不已，由此得名。大部分当地人认可第一种说法。

黄姚因商业繁荣成镇，从现有文献看，清乾隆年间的《昭平县志》已有记载，民国时沿用，解放后，改设黄姚区，办公场所迁巩桥。人民公社时期，古镇与附近的巩桥合为黄姚公社，办公场所仍驻巩桥圩，及至1984年，才从黄姚公社分出，单独设立黄姚镇。今天的黄姚镇从行政区划上，属乡一级行政单位，所辖范围包括6个村（街），即黄姚街、春甫、阳朔、崩江、白山、

新寨。但是这种行政区划不为当地人所认同，在他们的头脑中，“黄姚镇是不包括外面那些村子的”而仅指黄姚街。

（黄姚）老街包括龙畔街、安乐街、金德街、天然街、连理街、中兴街、十字（山磅）街、迎秀街8条老街。还有人认为包括九家街和流利街。老街保存较完整的各类明清建筑，以清代民居群为主。

黄姚街则是指在原有老街的基础上加上新街。新街是90年代以后在老街以北修起来的一条水泥路。这是黄姚镇主要的对外交通线路，西达昭平县城，东至钟山县城，同时也是古镇新兴的商业街。沿街有从老街搬出来的一部分居民和一些当地人所开设的各类家庭旅馆、饭店、小商店等。

旅游公司在介入开发后，为宣传需要，将其定位为“华南第一古镇”、“千年古镇、梦境家园”。人们所说的黄姚古镇仍指黄姚老街。新街虽属黄姚街的地理范围内，但因其建筑风格不同，实际不包含在古镇范围之内。随着旅游开发的进行，古镇这一称号渐渐为当地人所接受。

黄姚镇所辖的其余村落在地域上并不与黄姚街直接相连。通常人们所说的黄姚镇其实仅指黄姚街，并不包括周围其所辖村落。本文沿用此说法。

第二节 古镇文化资源

从外地进入黄姚有三条路线，即昭平县—西坪—黄姚，钟山县—黄姚，贺州市—黄姚。从桂林至昭平县城约有3个半小时的路程。路是新修的，人少车也少，年轻的汽车司机把车开得飞快。从昭平县城换乘至黄姚的直达汽车。新修的柏油路，车开得又快又稳。大概一小时后，柏油路变成砂土路，车速明显慢下来。汽车开始沿环线爬山，在层层山岭中穿行。窗外偶尔闪过几栋低矮的土坯房，齐整整的稻田，戴着斗笠的农人在田里劳作。人坐在车内，感觉汽车已经走了很久，对窗外的景物似乎有了倦意。蓦然间，汽车驶入一个山明水秀的境地，一大片鳞次栉比灰瓦白墙的建筑硬生生地闯入眼帘，很有一种“惊艳”的感觉。这便是黄姚古镇了。

在方圆百里较为平淡的地貌中，古镇风格独具。古人曾留有“别有洞天藏世界，更无胜地赛仙山”的诗句。古镇四周有酒壶山、鸡公山、真武山、螺山、隔江山、天堂山、天马山、关刀山、牛岩山等九座山峰环绕。当地人有“九龙聚穴”之说。姚江、小珠江、兴宁河从东、西、北三方向蜿蜒穿过古镇，沿岸古木参天，翠竹繁茂，怪石嶙峋。古镇因自然风光秀丽迷人，曾享有“小桂林”之誉。

古镇拥有丰富的文化资源。最重要的人文景观是300多间明清宅院。当地人称这些建筑按“九宫八卦”式布局。主街由天然、金德、安乐三街相连而成，曾是清初最主要的商业街，由主街又延伸出八条弯弯曲曲的街巷。街巷之间均以青黑石板铺砌而成。走进古镇，一样的街巷，一样的宅院，不熟悉地形的人很容易迷路。如今主街两旁仍保持早年商铺的建筑形式，石制的柜台、售货的小窗口、货款交易的小圆洞。

古镇有大小十一座祠堂，包括古、劳、莫、梁、郭、吴、林、黄等九大宗祠和天佑古公祠、莫氏仙山祠两座家祠。祠堂一般都建筑得较为高大华丽，在一排排素雅的民居中很是醒目。建筑属典型的广府镬耳屋风格，一般采用前后各三间，中为天井的院落式结构。各姓祠堂的祭祖活动传承至今，分春秋两祭，设有祠堂管理委员会主管祭祖事宜。

门楼与城墙也是古镇重要景观。门楼依其地理位置的险要程度不同分为两种，一种是阁楼式建筑，分上下两层。上层阁楼供守护之人瞭望并兼做休息场所。下层设门，供行人过往。门楼两侧墙壁上有内宽外窄的射击孔。这些门楼多为进出古镇的要道，且建得较为高大，防御性、观赏性兼而有之。古镇各街巷的入口处或街与街的连接处还修有小门楼，规模、气势远逊于前一种门楼，且门楼两侧大多与民居墙体相接，防御功用大大不如前一种大门楼。古镇这种有名有姓小门楼达十五六个之多，存留至今的约有七八个。各街巷内相隔不远便设有一道道闸门，这样的闸门数量最多，大多没有名字。

各式亭台楼阁也是古镇一景。这些公益性建筑是当地居民茶前饭后休憩娱乐的公共场所。黄姚古戏台是古镇为数不多的明代建筑之一。

宗教性建筑以宝珠观、兴宁庙和安乐寺为主。逢初一、十五，当地居民便会虔诚地来此上香，祈求全家平安。

调查过程中，我们收集到两首歌谣，全面概括了黄姚地方的风物名胜。

其一：

黄姚风光名胜多，写成八句顺口歌，概括五十六个字，赞颂古镇天人和：

三水十山七岩洞　七楼一台五凉亭　八街二阁九祠堂　一观九寺十六门　十二古樟十一桥　三庙七榕十龙树　六社九曲十三弯　三石跳二十陀佛

其二：

广西区　昭平县　黄姚镇　名胜多　概括性　三字经　告诉你

三水处　珠江水　锡江水　横江水

十山位　隔江山　天塘山　天马山　鸡公山　黄牛山　酒壶山　牛岩山　关刀山　银壶山

七岩洞　五排岩　虎燕岩　仙游岩　葫芦岩　真武岩　虎头岩

七楼处　东门楼　带龙楼　守望楼　亦孔楼　三星楼　西望楼　接龙楼

一台处　古戏台

五凉亭　兴宁亭　佑龙亭　见龙亭　宝珠亭　天然亭

八街名　中兴街　龙畔街　十字街　安乐街　金德街　迎秀街　天然街　连理街

二阁名　文明阁　准提阁

九祠堂　古莫林　劳梁郭　黄叶吴

一观处　宝珠观

九寺（祠）安乐寺　水口祠　回龙祠　福德祠　大圣祠　护龙祠　见龙祠　佑龙祠　福庆祠

十六门　东二门　东三门　中兴门　余庆门　水闸门　带龙门　永安门　寺观门　近安门　金德门　新安门　龙凝门　南塘门　大新门　太平门　天然门

十二古樟　大岗坪三　天然街三　莫家祠二　古树林三　大圣祠一

十一桥　引龙桥　带龙桥　水口桥　兴宁桥　佑龙桥　三星桥　双龙桥　锡巩桥　福佑桥　天然桥　小巩桥

三庙堂　白马庙　兴宁庙　回龙庙

七榕树　榕树崆一　宝珠观三　鲤鱼街二　福生祠一

十龙树　仙山祠一　宝珠山一　水井坑一　亭子坑一　四八坡一　文明阁一　真武山四

六社　东社　西社　接龙社　印堂社　吕公社　会龙社

九曲十三弯

三石跳　四八坡　水井坑　石跳坑

二十陀佛处　大龙圩　小龙塘　天然街　尤一函　水碓　四八坡　塘基坑　水井坑　锡巩坑　三星桥　石跳桥　横坑口　碾米厂　中兴桥头　东步头　龟头墩　大水步头　兴宁庙　龙塘洲

文明阁

此外，还有随处可见的楹联、碑刻和匾额。匾额除悬挂于公共建筑外，还有一些为私家收藏，大多是祖辈流传下来的，比较有名的如梁家珍藏的圣旨牌匾。

抗战期间，广西省工委、广西艺术馆、广西日报社等机关先后迁至黄姚镇开展工作。疏散至此的还有何香凝、欧阳予倩、千家驹、高士其、张锡昌等大批文化界名人。80年代以后，昭平县文物部门逐步恢复这些机关单位旧址及名人故居，并将其列为县级重点文物保护单位，并成立博物馆、展览馆等供人参观。这些遗址和故居也是古镇文化资源的组成部分。

古镇的风物传说不可胜数。这里的一山一水、一木一石、一匾一联、一街一巷、一楼一阁都有故事。

每年阴历七月初七取水节、七月十四晚的柚子灯节是当地特有的传统节日。届时镇上男女老少几乎全体出动，共同欢庆。

古镇土特产以黄姚豆豉、黄精、青梅为主。风味小吃以各种酿菜最为有名。中央电视台《天天饮食》栏目组曾将其作为古镇特色菜肴进行专门介绍。

第三节　古镇形成与历史记忆

一、古镇形成

古镇是依托于梧州发展起来的。梧州地处广西东大门，位于西江、桂江、浔江三江交汇处，自古以来就是香港和珠江三角洲沿海地区通往粤、桂、黔、滇、湘等地的咽喉之地。明清时期，梧州发展成为广西东南部的政治、经济、文化中心，既是两广商品集散地，又是广西水路交通的总出口。从梧州沿西江达香港、广州；沿浔江通平南、桂平、贺县、南宁；沿桂江可通昭平、平乐、贺县、阳朔、桂林。就黄姚地理位置而言，从砂子下到马江，转桂江可达梧州，再从梧州转运各地。古镇的兴起和发展正是在此背景中完成。

古镇作为明清时期形成的一个商业小镇，其居民多为经商卜居于此的广东移民后裔。这从当地人所讲的土白话即广东老话中可以得到证实，而且大量客家人的存在也可推断出这里曾是少数民族的分布区。据传早在明时已有蒙、邹、伍、孟、邓等姓汉民移入。清初古、劳、莫、吴、郭、林、梁等姓从广东南海、高明、鹤山、翁源等县陆续来此经商，并定居下来。文化的移入伴随着移民地理空间的扩展而进行。壮、瑶是当地世居的少数民族。至今，黄姚老街周边村落仍是昭平县少数民族的聚居区。最终广东移民凭借经济、文化上的优势在古镇落下脚来。

广东移民善于经营贩运，又依托梧州便利的水路运输，很快积累起一定的财富。当地曾流传着这样四句话："梁家田，苏家谷，麦家银，郭家屋。"意为梁家的田地最多，苏家的谷子最多，麦家的银钱最多，郭家的房屋最多。最早的商业街从山根寨发展而来，后北移至天然街—金德街—安乐街。广东移民将本地农产品或土特产进行加工，然后辗转销往外地，同时又将一些日常生活用品运回本地销售。镇上曾出现过一些以生产豆豉闻名的老字号，如古怡盛、古信记、梁隆安、郭华记等。至今，不少人家仍保存着祖上经营豆豉、黄精所用的专用印章。此外，他们还从事一些染布、榨油等小手工业活动。当地老人回忆，老街上的人一般不种地，都是做生意，地都是租给周围村子里的农民种的。土改时，老街 80%的人都被定为地主或富农。

古镇老人曾依凭记忆绘出了民国时的古镇地图，虽不十分完整，却也反映出当时古镇的聚落形态（见图 1–2)。

从地图可以看出，古镇有 6 条主街，即龙畔街、安乐街、金德街、天然街、连理街、中兴街。值得注意的是，当时的街并非仅指某一条具体的街道，而是一个街区，古镇依这 6 条主街相应

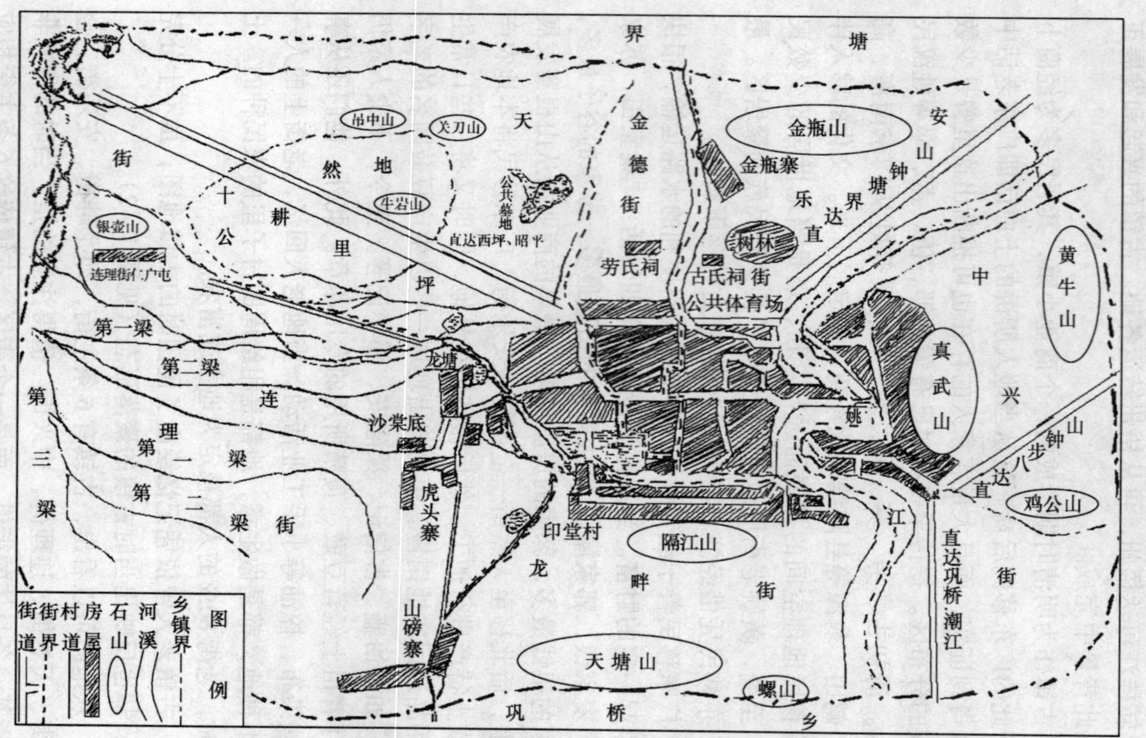

图1－2 民国时期黄姚古镇地图（尤小菊修改）

地划分为6大街区。每一街区不仅包括主街道，也包括外围的土地，甚至一些村落和寨子。以连理街为例，其辖区范围包括主街、连理街仁户屯、沙棠底、虎头寨、龙塘及周围的土地。当地人曾这样解释连理街的来历：连理，和黄姚（老街）连到一起，也算黄姚人。这种说法其实有攀附老街的含义。从图中可以看出连理街房屋建筑颇不成规模，住户少且住得相当分散，不像老街那么整齐、集中，由此可以推断出其形成时间比老街要晚近。除此外，古镇还有公有耕地、公共体育场（即古戏台广场，当地人习惯称为大操场）、公共墓地等。

民国以来，历次战事和政治运动使古镇逐渐丧失中心地位。抗战期间，因地理位置偏僻，古镇曾作为广西各机关单位和文化界人士的避难场所，成为暂时的政治中心。抗战胜利后，随着各机关单位和文化界人士的相继撤离，古镇复归于沉寂。

解放后，古镇居民被改造为农民，经商传统由此中断。

今天的古镇有9条街道，在原有的6条街道的基础上新添了山磅街（即十字街）、迎秀街和新街。迎秀街是原天然街的一部分。镇北的新街取代原有的农场、公共墓地。树林在大炼钢铁时被砍伐殆尽。与新街相对，当地人把原先其他街道称为老街。新街两旁，林立着大大小小的商店、饭店、家庭旅馆、理发店、医院等，而且多为两层以上的水泥楼房。目前，新街是古镇最繁华的商业街道，而老街则主要是作为生活区。近两年来，越来越多的居民特别是年轻人为生活方便倾向于搬出老街，在新街另起楼房居住，古镇人口目前仅剩下2000人左右。

二、历史与记忆

安乐寺碑刻对黄姚历史的记载为：

黄姚地座（坐）落昭地之东面，这地区有高山峻岭，林木青葱。据县志记载，这地是瑶族散居之地。宋代樊相国曾到这地居住，后因瑶人要排斥来人，形成土客相斗现象。

这地区的瑶族有石巩瑶、山塘瑶、山马瑶、陆冲瑶、金鸡瑶、仙殿瑶、砂子瑶（注，瑶族是以所居地命名）等部落，时常出来扰乱，已屠杀樊族，弑巡检，百多里的地方为瑶族所占领之地（公元1270年），至现有733年。

宋度宗六年时至元世祖后（公元1280年），壮族、汉族的人到地方居住，是黄姚蒙、巢、邹、伍、孟、邓等姓的人来居住，最早是黄、姚二姓，因此取名“黄姚”，至现在有723年历史。

到了明代万历26年间（公元573年）又一次瑶民叛乱，知府派兵平乱，立巡检司于宁司镇守黄姚地方，至今有430年。

明末崇祯时（公元1628年）瑶族仇视到这里谋生的人，经常出来抢掠钱粮，有时提百姓要钱赎身，使到这地（方）居住的人心慌马乱，不能安心生产。壮、汉族的百姓写檄文（急文）呈上府台，请知事和知府官员来治理。当时知府官派千总李道清率领官兵讨伐瑶民之乱，百姓才得安居乐业，至今有375年历史。为感谢戡乱有功之官兵，本地方民众，倡议集资建立一寺，取名“安乐寺”，立寺公神李道清社像，永远纪念。这寺是顺治初年建的（公元1644年），至今359年历史……

从这段反映黄姚人主位意识的碑文可以看出，古镇形成的过程其实就是一个外来移民袭夺土著并逐渐“土著化”的过程。当地也有“客家占地主”之说。

此外，镇上居民的祖居地多为广东南海、鹤山、高明三县，位于西江下游沿岸，是珠江三角洲的腹地。祖地相邻，文化相似，使古镇人们文化观念和生活方式具有较高的同质性。古镇各大姓均有关于祖上经商、定居黄姚的历史记忆。各姓西迁始祖的迁居时间、地点在各姓族谱中或详或略都有记载：

《古氏族谱》载：“（古氏）新安堂为黄姚巨族，其先代皆由粤东鹤山县迁来。（含真公）自顺治年间偕冯孺人来昭（平），卜居黄姚埠，创业开基。”

《劳氏族谱》：“二十世孙恒文公……迁广西黄姚，作业年数390年，又有22世孙有孙公迁广西黄姚，作业年数360年。”

《莫氏族谱》：“七世祖应连公于明朝正德年间从广东高明县古劳村迁入广西昭平县西坪村罗伦寨居住。十四世祖绍举公于明末年间携妻劳氏从广东古劳迁来广西昭平黄姚镇鲤鱼街。十五世祖鼎元公于清初从广东古劳迁入广西昭平黄姚镇黄姚街山根居住。二十世祖珍广约在1820年左右从方式郁南迁到广西昭平黄姚猪头岩居住。”

《林氏族谱》：“太公号天佐，于本朝（清朝）由粤东南海西迁广西省昭平邑黄姚而居焉，居住黄姚龙畔街处。”

《郭氏族谱》：“西迁始祖佐廷公……生平胄怀智略，文墨精通，每有四方志，于顺治初年作客西游至昭平，择里在本境黄姚，卜筑东门内而寄居焉。”

与此相伴随的还有各种传说，如关于莫氏仙山公来黄姚定居的传说：莫家祖先仙山公先是乾隆年间从广东鹤山过来做生意，最先到昭平庇江山，给别人打工。当时老板娘的女儿同仙山公感情很好。仙山公要走时，莫姓始祖托梦给他：“你不管走到哪儿，天黑了就住哪儿，不要走了。”仙山公走到黄姚，天就黑了，没法走，就住了下来。

这种传说和历史记忆无论真实与否，都是作为一个群体的记忆，代代流传下来。更重要的是，这种记忆为整个宗族的人认同，表达出他们对祖居地有强烈的认同感、归属感。

在当地人的历史记忆中，黄姚最有名的两座庙，一为兴宁庙，一为宝珠观。宝珠观原为小庙，在明万历年间扩建。因为是当地土著壮族人集资兴建，不许汉人参加祭祀。做生意的汉人不服气，于是在龙畔街盖起兴宁庙，供奉真武大帝。到清乾隆年间，汉壮两族修好，合建宝珠观，定每年三月三为庙会，同时联合祭祀兴宁庙。

以前老街的人经商比较有钱，周围村子的人大多比较穷苦，经常会进老街抢劫。他们一般都是从水路进入。镇上老人的记忆中，老街曾前后三次经历这样抢劫。“直道可风”匾的来历与此有关：

清乾隆年间，黄姚古镇是远近闻名的繁华商镇，但周边地区却很贫穷落后，一些土匪经常侵袭黄姚。镇上的一位古姓人家，主人正直厚道，在古镇也很有威望。一次土匪入侵黄姚，他号召全镇群众奋起反击，在与土匪的搏斗中英勇献身。知府得知，亲自题写“直道可风”匾赐与其家人。

当地人的这些口传历史与记忆，反映出当时当地族群关系、农商关系的紧张程度、激烈程度。也许正是这种紧张的族群关系、农商关系更加促成古镇社区内部的认同。古镇人们常常用“到上面来”指到黄姚街上，“到下面去”指到周围村子去。他们还常常讲“到外面那些村子去”，“外面那些人不会讲黄姚街的话”。这种“上”与“下”，“内”与“外”的概念在某种程度上表达人们中心和边缘的观念。这种观念上的区分实际成为人们头脑中对社会身份及其归属的认知，也是当地人自我优越感的一种表露。

第二章　开发篇：旅游开发的实施与机制

第一节　近水楼台先得月：政府的倡导与开发

一、政府的扶贫考虑

解放以后的黄姚镇是一个以农业为主的山区镇，财政收入主要来自农业。前任镇长L在一次座谈会上曾些许流露出了政府方面的考虑：古镇有六大特征：老，千年历史，老革命根据地；少，少数民族，壮、瑶为主；边，远离县城；山，山区；穷，广西区定的贫困乡镇，6个村子3个区定贫困村；小，弹丸之地，3.6平方公里，被巩桥乡团团包围。全镇1万多人，2002年全镇的财政收入只有42.5万元，人均实际不足600元。当地居民生活水平远远低于贺州市。

表2-1 2000年昭平县各乡镇经济情况

乡镇	财政收入			农民人均纯收入	
	收入（万元）	人均（元）	排名	数值（元）	排名
昭平镇	659.96	123.61	1	2828.70	1
富裕乡	117.94	62.88	11	2466.78	10
文竹镇	77.52	75.46	5	2523.88	4
仙回乡	62.76	43.30	14	2522.12	5
走马乡	137.77	109.61	2	2554.28	2
庇江乡	98.77	69.10	7	2509.05	6
黄姚镇	63.20	58.06	12	2306.70	15
巩桥乡	160.24	37.44	15	2343.80	13
樟木林乡	73.28	20.03	17	2318.90	14
凤凰乡	60.61	23.83	16	2292.73	16
富罗镇	179.13	66.77	6	2542.53	3
北陀镇	119.34	49.67	13	2445.27	12
九龙乡	100.37	93.04	4	2469.37	9
马江镇	148.46	95.45	3	2490.17	8
古袍镇	129.52	65.12	9	2491.93	7
木格乡	126.97	64.53	10	2458.09	11

续表

乡　镇	财政收入			农民人均纯收入	
	收入（万元）	人均（元）	排　名	数值（元）	排名
五将镇	196.15	61.29	8	2194.33	17
合计	2536.33				

来源：《昭平县志》（2000 年）

表 2－2　2001 年昭平县各乡镇经济情况

乡镇	财政收入			农业总产值	
	收入（万元）	人均（元）	排名	1990 年不变价（万元）	现价（万元）
昭平镇	687.82	127.12	1	7941	14579
富裕乡	114.68	61.25	9	7091	11379
文竹镇	72.14	70.25	6	4074	4627
仙回乡	55.75	38.63	14	3146	5273
走马乡	136.24	108.61	2	4879	7763
庇江乡	102.35	71.50	5	5505	8204
黄姚镇	55.70	51.00	11	2642	4406
巩桥乡	156.69	36.29	15	8792	15926
樟木林乡	73.02	19.83	17	6277	12905
凤凰乡	57.31	22.16	16	4179	9421
富罗镇	119.20	44.43	13	5231	8041
北陀镇	117.01	47.72	12	5285	9114
九龙乡	83.00	76.52	4	2804	4098
马江镇	139.34	87.77	3	5709	9325
古袍镇	123.36	61.70	7	5913	8673
木格乡	112.06	56.65	10	5112	8840
五将镇	196.15	61.29	8	9146	12726
合计	2401.82			95906	159129

来源：《昭平县志》（2001 年）

从上表中可看出，黄姚镇及其邻近的樟木林乡、巩桥、凤凰乡、富罗乡等的经济情况均属于昭平县各乡镇中等偏下水平。依靠发展当地旅游经济来使当地人民脱贫致富，各级政府不约而同地看中了这一发展路子。贺州市政府希望以黄姚古镇为龙头，带动周边地区的发展，因此提出把黄姚作为贺州市三个4A级旅游景点之一进行重点建设。昭平县县长也称黄姚是昭平县的一大财富，是聚宝盆。黄姚镇L镇长直言不讳地说，要发展，唯一的品牌就是黄姚古镇。为此，黄姚镇政府在2003年的工作计划中明确提出将“旅游开发作为重点”工作来抓，经济发展为最终目的。

二、当地政府的开发

宪法及相关法律规定，风景自然资源属国家和全体人民所有，但是国家并没有设置专门机构代表国家行使所有权职能。旅游资源所在地的管理由地方政府实行。[①] 地方政府作为国家代理人对旅游资源具有行政管理权，事实上拥有了对其处置权、收益权，有时甚至直接参与到经营中。经营权与管理权不分，正是为许多经济学家诟病之处。黄姚古镇的开发最早也是采用这种程式。

广西壮族自治区党委、区政府提出建设经济强省和旅游先进省区，把旅游业作为全区支柱产业来培育。在广西旅游产业发展规划中，昭平县黄姚古镇景区隶属桂东旅游经济区，北靠大桂林旅游圈，东南临广东肇庆、佛山旅游圈，恰好位于广西重点建设

① 根据我国1985年颁布的《风景名胜区管理（暂行）条例》第四条规定：城乡建设环境保护部（今国家建设部）主管全国风景名胜区工作，地方各级人民政府主管地区的风景名胜区工作。第五条规定：风景名胜区依法设立人民政府，全面负责风景名胜区的保护、利用、规划和建设。风景名胜区没有设立管理机构，在所属人民政府的领导下，主持风景名胜区的管理工作。

和培育的“桂东历史文化宗教名胜旅游线”主线上。黄姚古镇被列为广西旅游开发的两大国债项目之一，地方政府不仅从政策、资金上给予大力支持，而且将其作为自治区“2001年十大旅游精品之一”隆重推出。2001年，黄姚镇又被列入“全国以旅游带动小城镇建设”示范项目，由国家、自治区人民政府、县政府提供三级配套资金690万元，投入黄姚基础设施建设。至今桂林到梧州（经钟山）的二级公路已全面开通。桂梧高速公路（经黄姚镇）也即将开通。

为加大对古镇的保护力度，1995年广西壮族自治区将其列为区级风景名胜区。1998年昭平县人民政府根据自治区文件精神，将黄姚古戏台、宝珠观、文明阁等区级重点文物保护单位划定保护范围，2000年又进一步将兴宁庙、护龙桥、真武亭等列入保护范围。2003年昭平县政府又公布《广西昭平县黄姚风景名胜旅游区管理办法》，将黄姚古民居群列为绝对保护区，依法进行保护。通过划定保护范围、保护区，当地政府事实上取得了对古镇的支配、管理权。

与此同时，当地政府开始着手实施对古镇的开发。昭平县委、县政府于1999年成立广西昭平县黄姚景区旅游开发有限公司，正式启动对黄姚古镇的开发建设。公司注册资金121万美元，时任昭平县旅游局局长M任公司经理。

为了使开发在“科学”基础上进行，2000年—2002年间，当地政府分别委托广西壮族自治区环境保护科学研究所、广西城乡规划设计院、广西建筑综合设计研究院、广西旅游规划设计院编制《黄姚古镇风景名胜区开发环境影响报告书》、《广西昭平县黄姚古镇景区旅游资源开发与历史人文景观保护规划》、《广西昭平黄姚古镇景区旅游资源开发与历史人文景观保护项目可行性研究报告》。

在此基础上，当地政府又申请获得“国家西部国债”专项补助资金1800万元，修建钟山大爽至黄姚的三级旅游公路23公里，并投资400多万元修建青石板步行道、门楼，铺设沿河绿地，拓宽镇内水泥路面，拆除影响古镇总体风貌的违章建筑10多座，并开始启动古镇“八大景点”的维修和建设。

值得一提的是，具有悠久经商传统的黄姚老街人从旅游开发伊始就表达了积极参与的意向。当地居民早在开发之初，便向县旅游局提出了“分成”要求，却被旅游局以“开发（的钱）还不够，哪有钱分成”为由拒绝。可以看出，当地政府主导的旅游开发，实际上主要是一种官方层面的操作（这或许也是当地政府经济职能的体现），旅游开发地居民的主体地位从一开始就处于一种缺失状态。当地居民作为古镇的主人，其主体地位是无可置疑的。当地居民不仅是古镇文化的承载者，而且也是古镇旅游资源的拥有者。下文中我们会对此进行详细分析。

第二节　筑巢引凤绘宏图：桂能电力公司介入

一、西方产权理念的运作

旅游开发是一种先期投入非常大的产业，大量的资金是地方政府所无法承担的，于是便有了私营资本介入旅游开发的运作模式。地方政府通过将风景区经营权出让给开发商而将旅游资源纳入到市场经济的轨道：

出让景区的开发经营权就是将开发经营权从资产中剥离出来，通过协议的形式出让给一定的法人主体，在相应的约定期内进行开发经营，以促进旅游市场由低层次的一般旅游产品的经营向高层次的景区租赁经营发展。其具体方式包括合资、独资、股份制合作、租赁承包和出让开发权等。①

也就是说，经营权和管理权相分离②，当地政府作为国家代理人的身份行使风景名胜区的管理权，再将一定时期内的开发经营权出让给开发商，开发商由此获得一定时期内对风景区的使用权和收益权。这样事实上，风景名胜区的产权主体也一分而二，名义上所有权仍属国家，地方政府代表国家行使监督管理职能，开发商拥有开发经营权。市场经济条件下，经营权的出让不可能是无偿的，地方政府也因此可以享受到开发带来的好处。

旅游资源开发，应以一个市场化的企业作为主体，我们称之为开发商。开发商可以是国有企业，也可以是股份有限公司或民营企业，但应该是有限责任制的。

开发主体至少应拥有资源的开发经营权（一般为50年），亦可拥有土地使用权，以及土地上除文物保护单位外的相关建筑物的所有权。

开发商以自有资金投入企业，并拥有以上资产，由此形成开发主体的资本构成……③

上文只强调了开发商的主体地位，与市场经济的要求丝丝入扣，唯独没有当地居民的影子，这在某种程度上，是把人视为客体，即资源的附属品。

囿于资金的缺乏，古镇开发进展缓慢。文物部门的资金不足以对镇内文物古迹及时修缮。一些老建筑面临崩塌的危险。笔者第一次调查期间，宝珠观、安乐寺部分墙体倾斜且向外凸出，已禁止游人入内。东门楼左侧墙体也开裂了2尺长的裂缝。

---

① 《谁愿经营九寨沟——四川省旅游局将出让十大著名旅游景区经营权》，载《文摘报》2001年3月4日。

② 风景名胜区、文化遗产地的两权分离的合法与否，可行与否，学界和相关政府部门尚存争议，但在全国范围内，这已成为一种既成事实，且有愈演愈烈之势。

③ 《旅游项目融资途径简析》，《中国旅游报》2004年10月25日。

2003年昭平县计划局专门立项，项目名称为“昭平县黄姚古镇景区旅游资源开发”。中方承办单位是广西昭平县黄姚景区旅游开发有限公司（原昭平县旅游局成立）。当地政府正式对外招商引资，并制定种种优惠政策，鼓励外商投资。2003年7月旅游开发公司与广西桂能电力有限责任公司签订了开发古镇旅游资源的协议，并以股份制的形式注册成立“广西昭平黄姚古镇文化旅游公司”，原旅游开发公司经理，即原昭平县旅游局局长M任文化旅游公司副总经理一职。由于桂能电力公司在股份上居于绝对优势，占85%，昭平县旅游公司只占股份的15%，因此古镇的开发经营权实际转移至桂能电力公司。2003年9月，昭平县政府与桂能电力公司签订协议，正式将古镇的开发经营权移交给桂能电力公司，为期50年。新成立的文化旅游公司位于新街最东面，与黄姚二中有一路之隔，离古镇的中心景区较远，办公场所为一座四层高的水泥楼房。

但是，旅游开发商的转换并没有使当地居民主体地位缺失的状况有所改善。从文本协议看，旅游收益按双方出资额进行分配，所以只是在县旅游局和桂能电力公司之间进行利益分配，当地居民在收益分配上则被排斥在外。

二、桂能电力公司的开发

文化旅游公司成立后，专门委托上海海达旅游发展研究院进行“广西昭平县黄姚古镇风景名胜区旅游开发规划”，据此制定了开发古镇旅游资源更加宏伟的蓝图。桂能电力公司拟投资3.92亿，按国家4A级旅游景区的要求将黄姚古镇建设成为桂东地区观光旅游和休闲度假的中心之一。

文化旅游公司对古镇的开发主要分三期实施：

第一期为2003—2005年，重点开发以观光为主的一日游市场，建设重点之一是加强自然景点、人文景点和旅游环境的开发建设，使旅游资源尽快变成旅游产品。二是抓紧宾馆、饭店的建设，满足不同消费水平游客的住宿要求。三是重视街区配套公用设施、服务设施的建设。第一期工程总投资为12432万元。

第二期为2006年—2010年，重点开发二日游和多日游，以“六大要素”的协调发展为目标，加强娱乐购物项目的建设。建设重点是在开发二日游和多日游的同时，为发展休闲度假做准备。一是继续抓好景点建设；二是进一步扩大接待规模，兴建文明阁的住宿接待设施；三是开发景区内交通；四是大力发展购物；五是大力开发娱乐活动。第二期工程计划总投资约5830万元。

第三期为2011年—2015年，在继续发展观光游的基础上，重点开发休闲度假旅游产品，确保开发周家水库休闲娱乐区成功，进一步提升接待人数和经济效益，在“六大要素”协调发展的基础上，将黄姚古镇风景名胜区建设成为功能齐全的旅游目的地。建设重点一是继续挖掘古镇的文化内涵，提升古镇的美学品位，对周边环境进行整治和改造；二是按照休闲度假的需要，营建高接待水准的周家水库休闲度假区；三是加强信息化建设，全面提高服务质量和管理水平。第三期工程总投资约1.04亿元。①

从上述规划中，可以看出旅游公司在古镇开发上的雄心大志。

公司打出“文化旅游”的招牌，把古镇作为一种文化产品来经营。文化是产品的核心和灵魂，旅游公司在经营中也一再强调挖掘古镇的文化内涵，不仅把古镇定位为中原文化与岭南文化的交汇处，而且将古镇文化具体细分为宗祠文化、牌匾文化、楹联文化、建筑文化和抗战文化五大块进行宣传。从开发商角度看，古镇民居、各类公益性建筑包括寺观庙社、亭台楼阁、街巷门楼

① 见《广西昭平县黄姚古镇风景名胜区旅游开发规划》评审会材料。

等等，甚至居民的日常生活、节庆活动、民间传说等，都具有旅游价值，因而都可纳为公司的开发对象。

公司在其开发规划中对古镇人文旅游资源一一作了分类：

表 2-3 黄姚古镇人文旅游资源

<table>
<tr><td rowspan="18">人文旅游资源景系</td><td rowspan="10">历史遗产景类</td><td>宗教建筑与礼制建筑群</td></tr>
<tr><td>石窟/摩崖石刻</td></tr>
<tr><td>传统聚落/田园</td></tr>
<tr><td>历史纪念地</td></tr>
<tr><td>革命纪念地</td></tr>
<tr><td>楼阁</td></tr>
<tr><td>牌坊/门楼</td></tr>
<tr><td>名桥</td></tr>
<tr><td>古井</td></tr>
<tr><td>传统建筑小品</td></tr>
<tr><td rowspan="5">现代人文吸引物景类</td><td>博物馆/展览馆</td></tr>
<tr><td>节庆活动</td></tr>
<tr><td>雕塑</td></tr>
<tr><td>土特产/工艺美术品</td></tr>
<tr><td>民间传说</td></tr>
<tr><td rowspan="2">抽象人文吸引物景类</td><td>山水文学作品</td></tr>
<tr><td>特色民俗</td></tr>
<tr><td>其他人文景观景类</td><td>其他人文景观</td></tr>
</table>

来源：广西黄姚古镇风景名胜区旅游开发规划

以上是依据旅游资源的经济属性、可否再生等标准来划分，但当地的文化资源并非无主之物。

当地居民的话语表述：

群众的房子也是旅游资源，古香古色的，对不对?

资源是黄姚老前辈的。现在的庙堂、石板街都是前辈的资源。

石板街呀，这些老建筑都是祖上留下来的，是建造人所有，产权是我们的。

旅游公司前段时间修东门楼，修是修，产权还是我们的。

我们是本地人……黄姚街是我们的，这是我们祖宗留下来的。

尽管当地居民叙说的对象只是涉及古镇文化资源中的物质形态部分，主要指一些建筑，但是我们仍可从中看出其鲜明的产权意识。当地居民的叙述逻辑：古镇的文化资源从来历上说，是祖上留下来的，是黄姚老前辈建造的，应是前辈的资源。叙述中的产权主体是祖先（前辈）而非个人。陈庆德认为：

（民族）共同体边界最基本的意义和职能，就是确立了以人的个体的发展代表整体的发展方式，开始对外执行资源产权的划分功能，对共同体外的其他类成员实施资源共享的排斥。①

当地居民就是建立在社区共同体“内外有别”的产权意识基础进行叙述的：祖先（前辈）是黄姚人，是自家人。从财产继承来看，祖上留下的东西有我一份。“我们”在此处指的就是自己人，不仅指现在所有活着的黄姚人，而且包括死去的至亲好友和列祖列宗。古镇的资源产权对内可以不做细的划分，因为大家都是自己人，对外则愈加强调这种划分。对内的认同与对外的排斥是同时发生的。

---

① 陈庆德：《资源配置与制度变迁——人类学视野中的多民族经济共生形态》，昆明：云南大学出版社，2001年，第89页。

旅游公司虽然意识到古镇文化资源有物质形态和非物质形态之分，但只是看到文化资源潜在的经济价值，并没有从产权主体方面对其划分，只见“物”而不见“人”。当地居民虽认识到古镇文化资源是“自己”的财产，也只是着眼于文化资源中可视的物质形态部分而提出。如果我们从产权主体方面对古镇内的文化资源大致进行划分的话，则是另外一种情况：

表 2-4　从产权主体上对古镇文化资源分类

	物质形态	非物质形态
家庭	部分祖传匾额、藏品、字画	技能、记忆、创作等
宗（家）族	祠堂建筑及祠堂内的公共物品	族谱
社区	公益建筑、生产、生活设施、石窟、碑刻、楹联、匾额	民间传说、节庆活动、特色民俗
文物部门（代理）	革命纪念地、历史纪念地、博物馆	

通过这种划分，可以看出古镇文化资源在产权主体上呈现一定的层次性：从家庭、（家族）宗族扩大至社区，甚至文化部门。

我们之所以在此强调从产权主体方面对文化资源进行划分，因为在文化资源商品化过程中，从市场经济的逻辑而言，谁是文化资源的所有者、拥有者，也就决定了谁有权或无权获得收益。古镇文化资源产权主体的多样化，决定了其受益者也应当是多样化的。

第三章 效果篇：受益者谁

第一节 谁在受益

随着对外宣传力度的增大，加上一些旅行社的大力推介，特别是1999年香港电视剧《酒是故乡醇》、《茶是故乡浓》曾将黄姚古镇作为外景拍摄地，两剧在港、澳、粤地区播出后，古镇的知名度大大提高，带来旅游业的迅猛发展。这从古镇的年接待人数和门票收入的增长可以看出：

表3-1 黄姚古镇接待游客数（人）

年 份	接待游客人数	年增长率
1999年	5018	
2000年	53900	974.1%
2001年	69400	28.8%
2002年	71200	2.6%

来源：广西黄姚古镇风景名胜区旅游开发规划

表3-2 黄姚古镇门票收入（元）

年 份	门票、导游收入	年增长率（%）
1999年	—	
2000年	26405a	
2001年	37500b	29.6%
2002年	215344c	474.3%

a 2000年4—12月的门票、导游收入，票价为5元/人。

b 2001年1—12月的门票、导游收入，1—4月票价为10元/人，5月后为30元/人。

c 2002年1—12月的门票、导游收入，票价为30元/人。

来源：广西黄姚古镇风景名胜区旅游开发规划

旅游业的蓬勃发展也吸引一些当地人加入到与旅游相关的产业，特别是服务行业。当地人参与形式多种多样。一些经济较为富裕的人自发建起家庭旅馆、饭店等。如今古镇家庭旅馆已发展到7家，各式饭店、餐馆也有八九家。另有一些经济条件不太宽裕，但头脑灵活的当地人则开始做一些小本生意，卖当地的土特产如豆豉、黄精、野菊花茶等，还有卖凉茶、豆浆等。这些多少增加了当地居民收入。在此撷取一个比较成功的个案：

H二姐，原是乡下壮族，后来嫁到黄姚老街。虽然外表看来瘦瘦小小，做事却是极干练，走路也一副风风火火的样子，健谈且爱笑。如今与老伴和公公在家，种一亩多田。三个儿子都在外地打工。前两年在新街盖了一栋4层高的水泥楼房，老街的房子已不住人。H二姐是黄姚街上卖豆浆的第一人，至今有3年多了。原本是帮旅游公司卖的，后来开始自己单干。现在老街上卖豆浆的人逐渐多起来，但数H二姐的生意最为兴隆。说起自己的“生意经”，H二姐一脸的自豪：

他们（指游客）是一路游的，从桂林呀，贺州呀，下到梧州。这样一路游过来，黄姚只是中间站。有时候，旅游团来不了，也不一定。我就去旅游公司去问导游啦、主管啦，问他们今天会来多少人，几个团呀。如果游客多，我做豆浆就做多一点，如果游客少，我做少一点。掌握了今天可能来多少人，我做多少豆浆。如果有百十来号人，我就做两斤。如果有几十个人，我做一斤。我的豆浆都是当天做的，又浓，不掺水，游客很喜欢喝的。其他做豆浆的人，不熟悉旅游公司的人，也抹不开面子去问，生意没我好做了。有时候，游客会在镇政府的怡兴饭店订餐。我也会去问他们的服务员啦、主管啦，问有多少人订餐，他们就会告诉我有多少多少。如果有五六桌，就有五六十人，我就做一斤。一斤豆子大概有二三十杯豆浆。

我也会和客人聊几句。如果他是广东人，我就跟他说广东话。说国语，我就跟他说国语。如果是桂林人，我也可以跟他讲桂林话。客家话也会讲，土白话我也能听得懂。你要懂人家的语言，人家才愿意来呀。

以后旅游兴旺起来，我还可以叫上我儿子、儿媳过来帮忙，除了豆浆、凉茶，还可以卖各种小吃，粉蒸饺呀、米团呀、豆腐酿呀。游客来了可以喝豆浆，还可吃点黄姚的小吃。到那个时候，老房子这里，也要装修。把这堵墙打通，拆开。前面可以摆桌子卖东西。后面空地很大，搞些床铺，游客就可以睡在这里了。

镇上其他妇女很少像H二姐这么成功。大部分妇女只会讲当地土白话，听不懂也不会讲普通话，这就限制她们参加与旅游相关的行业。只有那些头脑灵活、能言会道，有一定关系网络或一定经济基础的人才可以真正参与到旅游开发中来，但这部分人毕竟是少数。大多数人家只能选择外出打工的方式来贴补家用。

第二节　谁在受损

旅游是一个对外依赖性极强的产业。它是由吃、住、游、行、购、娱等要素构成的，旅游收入主要视游客在当地的消费情况而定。旅游部门的统计数据显示，每年的1月、5月、10月三个黄金周是古镇的旅游旺季，占到全年的43.9%，周末多为附近市县的短途旅游，其余时间镇内很少见到人影。虽有少量散客、摄影爱好者或写生人员会选择在古镇小住一段时间，但人数不多。

加上古镇的旅游市场发育不完善，相关配套设施如接待设施、服务设施、娱乐设施的落后，远远不能满足消费需求。以古镇家庭旅馆为例，不仅数目小，而且床位少。2003年，笔者第一次调查期间，只有黄姚迎宾馆安装空调。相关服务设施的简陋使得一部分游客不愿意在古镇留宿。

表3-3 古镇家庭旅馆数目统计

旅社	迎宾馆	顺龙	天然亭	市场	迎秀	古城	舒适	合计
床位数	15	20	16	14	16	17	10	108

来源：黄姚古镇景区管理委员会

据旅游公司统计，以团队形式旅游的人占游客总数的70%，而团队旅游基本上不在当地留宿。因为大多数旅行社把黄姚古镇作为旅游线路中点站，一般不安排在黄姚过夜。港、澳和广东游客多是赶到贺州或桂林住宿。桂林市游客第一天留宿昭平县城，第二天游黄姚后直接回桂林。游客停留时间一般在3小时左右。游客在当地的消费主要在门票、导游、餐饮上面，一般不会超过100元。由于旅游公司实行一揽子买卖，游客到达古镇后，公司导游一般全程陪同，这部分收入基本上是落入旅游公司手中，当地居民获利很少。一位在老街摆小摊卖当地土特产的老人颇为无奈地告诉我们：

好多游客从桂林下钟山（县），到黄姚一转就走了。这儿只是中点站。镇政府里的怡兴饭店是公司建的，游客全都去那里吃饭。做生意要讲公平竞争嘛，现在公司搞垄断，街上人没得赚了。当地人地也被征了，又没钱可赚了，所以黄姚街上的人意见很大。街上还有一些人摆摊卖一些黄姚豆豉、黄精、野菊花，但是生意不好做，东西长时间放在那里，卖不出去。

最重要的是，古镇作为旅游目的地，旅游公司具体的开发活动，游客的旅游活动都是在这不足1平方公里的土地上展开，居民的日常生产、生活不可避免地受到影响。

一、物质和经济受损

黄姚镇是一个以农业为主的乡镇，农业是其财政收入的主要来源。土地对当地居民的重要性不言而喻。加上黄姚镇地处岩溶地区，当地有“九山半水半分田”的俗谚。在这种情况下，土地更显珍贵。黄姚街居民人均土地只有四五分，街上大部分家庭选择外出打工以谋生计（主要在广东）。虽然我们无法统计老街有多少人在外打工，但就我们接触过的老街上的人家而言，几乎家家户户都有在外打工的人，尤其青壮年劳力。有时，甚至是夫妻、父子、母女双双在外，因此镇上以老人、妇孺居多。

1999年县旅游局进行开发之时，便已开始征收老街的土地修路。2002年刚刚竣工的新街，以前曾是当地居民种桑养蚕的田地。

2003年起，旅游公司为开发需要，同时解决老街内住房紧张的问题，决定实施“安居工程”，把一部分居民迁出老街，比例大约为5户中迁出3户，地点在新街西北去往白山方向的路上，所占用地仍为当地居民生产、生活用地。当地老人曾扳着手指为我们算了这样一笔账：

> 国家征地时是8千块钱1亩，后来又加了3千，1.1万元1亩。公司搞“安居工程”，又卖给我们，说40块钱1个平方，也就是2.4万元1亩，同一块地，中间差了1.3万元。

“国家”（通常指出面的地方政府）先是以亩为单位以一种较低价格征收当地居民土地，地方政府将土地使用权转让给旅游开发商，开发商又以一种较高的价格以平方米为单位让当地居民买自己的地来建房。仅此一项，我们不难看出当地居民在这一开发过程中失去什么，得到什么，也就不难理解当地居民对旅游开发所持的态度了。

第一次调查期间，当地人还告诉我们，政府搞旅游开发征地价格是3500元/亩。G某则告诉我们，政府刚开始征收他家菜园搞菜市场时，价格是890元/亩。2004年我们第二次调查时得知，征地价格已有大幅度提高，水田先是涨到1.6万元/亩后，又增至2.1万元/亩，旱地先涨到9千多元/亩，又提至1.6万元。即使这样，当地人告诉我们，距黄姚3公里的另一乡镇巩桥的征地价格是2.3万元、2.6万元，价钱仍比黄姚高出不少。

由于问题的敏感性，我们无法从政府或旅游公司方面获得更多的信息，但征地价格戏剧性的变化却是事实。

中国土地禁止交易，政府可以运用行政权力在审批、规划和征用方面决定土地的使用权。《中华人民共和国宪法》第十条规定：

城市的土地属于国家所有，农村和城市郊区的土地，除由法律规定属于国家所有的以外，属于集体所有，宅基地和自留地、自留山也属于集体所有，国家为了公共利益的需要，可以依照法律的规定对土地实行征用，任何组织或者个人不得侵占、买卖或者以其他形式非法出让土地，土地的使用权可以依照法律的规定出让。

包产到户后，土地使用权有限期地承包给了农民。除使用权外的其他产权如所有权仍属集体名下。国家在征用土地时，在征地价格上无需同农民商量。政府向集体支付征地补偿金，再由集体出面向农民征地，并向农民分配征地补偿。也就是说，国家对土地的征用和对补偿金的分配，是一个自上而下的行政过程。在国家利益、集体利益面前，农民个人利益做出让步，做出牺牲。大多数情况下，农民只有被动接受的份儿，他们鲜有发言的机会。

费孝通在《江村经济》里描述土地对于农民的重要性时，曾这样引用一位老农民的话：“传给儿子最好的东西就是地。地是活的家产，钱是会用光的，可是地是用不完的”。[①] 土地是农民生计的安全保障，土地对农民的意义除经济价值以外，还有重要

① 费孝通：《江村经济》，北京：商务印书馆，2002年，第160页。

的社会意义。没有了土地的农民就意味着在当地就没有了完整的身份。

对于向土里讨生活的农民来说，土地是维系其生计的根本，没了土地，也就断了生活的基本来源。国家为了公共利益的需要一次买断农民对其土地的使用权时，尽管价格从几千上升到一万、两万，我们仍无法想像，这对于无地或少地的农民来说，意味着什么？生活的基本保障都成了问题。难怪当地居民会发出这样的质问："你光讲旅游，不管我们街区生活，不安排生活用地、生产用地。这怎么解释？"

表 3-4 1999 年—2002 年黄姚镇农业总体发展状况

年 份	财政收入（万元）	农业生产总值（万元）	粮食产量（吨）	农民人均收入（元）
1999 年	62.05		5293	2208.70
2000 年	55.88	4229	5144	1703.53
2001 年	55.70	2750	5300	1751.1
2002 年	40.00	4139	4016	1228.50

来源：黄姚镇政府工作报告（1999 年、2000 年、2001 年、2002 年）

统计数据表明，自 1999 年古镇旅游开发以来，不论财政收入还是农民人均收入不升反降。我们虽然不能将这种现象的出现统归于旅游开发"惹"的祸，但它至少表明了一个不争的事实：自旅游开发以来，农民生活水平下降了。

有学者曾撰文，列举自然、文化遗产市场化运作的种种好处。他认为，国家利益可以从国有资源的有偿使用中得到补偿，主要通过开发商支付土地使用权的租赁费。地方政府的利益可以通过税收的方式实现。旅游地居民利益可以通过收取房屋拆迁补偿和土地征用费来实现。[①] 从黄姚古镇旅游开发的情况来观照，认为当地居民通过收取房屋拆迁补偿和土地征用费来获益，未免过于天真。旅游公司在其旅游开发规划中曾承诺，在老街内修建两条仿古商业街，届时将会为当地人提供499个就业岗位。但是公司并没有提及这两条商业街具体的修建日期，当地居民的日子却仍要一天一天地过下去。地方政府鼓励居民从事与旅游有关的行业，这对于既无资金又无技术的当地人来讲，仍是不现实的。加上当地旅游市场不完善，旅游产品单一，当地居民的获利途径其实少之又少。

二、文化产权受损

1. 文化对于当地人的意义

黄姚镇作为一个文化意味浓厚的地理空间，亦可视为一个文化单元。它在语言、文化渊源上更接近广东，从而与周围村落的文化区别开来。这种文化的印痕已深深地植根于当地人的头脑中，并在人们日常生活中透过言语、行动表现出来。

街上的老人常常不无自豪地向我们提起“黄姚街上的话，外面的人不会说的”，“七月十四的柚子灯节，别的村子没有的，只有黄姚街有的”。老人还告诉我们，以前黄姚街在外面做生意的人很多。出去找同乡，你说你是黄姚人，我就要考考你，黄姚石跳桥有多少石跳？古戏台匾额上写了什么字？你答得上来，说明你就是黄姚人，我就好好招待你。答不上来，你就不是黄姚人……

从这些叙述当中，我们可以看出，当地文化作为一种地方性知识不仅成为一种沟通感情，加强彼此认同的纽带，而且成为一种识别身份的标志之一。

① 王兴斌：《中国自然文化遗产管理模式的改革》，《旅游学刊》，2002（5）。

2. 文化中介者对地方文化的误读

人类学自产生以来，对他者、他者文化的关注，使人类学学者某种程度上担当一种文化中介者的角色。

格尔兹提倡人类学学者以一种“文化持有者的内部眼界”来理解、转述、表达他者文化。他认为：

文化存在于文化持有者的头脑里，每个社会每个成员的头脑里都有一张“文化地图”，该成员只有熟知这张地图才能在所处的社会中自由往来。人类学要研究的就是这张“文化地图”。①

因此，“只能通过其文化持有者自己的文化话语去撰述自身的文化本文”。② 这不仅仅是为了更好地理解地方性知识，理解他者文化，而且也是对于地方，对于他者基于文化上的一种尊重。

旅游开发商也是一种文化中介者。这是因为旅游公司的经营者、导游及其他工作人员基本上都是由外地人担任，但旅游公司对于当地文化的解读，又会出于别种考虑，比如为了迎合游客喜好，或为了满足旅游市场需求，更好更快地把当地文化资源转换成一种旅游产品，对当地文化加以篡改、编造甚至误读，从而忽略当地人对自己文化本文的叙述。

大部分游客，尤其是以团队形式出游的游客，对于古镇文化的了解、认知，不是通过东道主——当地居民来完成的，而是通过旅游公司的宣传、介绍特别是导游的讲解来完成。但公司导游站在游客面前，又是以本地人的身份和口吻来进行解说。真正的本地人很少有机会直接接触游客，以本文化代言人的身份为游客

① ［美］克利福德·吉尔兹：《地方性知识——阐释人类学论文集》，王海龙、张家瑄译，北京：中央编译出版社，2000年，第33页。

② ［美］克利福德·吉尔兹：《地方性知识——阐释人类学论文集》，王海龙、张家瑄译，北京：中央编译出版社，2000年，第43页。

提供旅游服务（黑导除外）。这在文化阐释上有喧宾夺主的意味。这一点从旅游公司导游小姐的讲解词中可以看出：

现在，我们进入的这条小街也是很有灵气的一条街，叫“鲤鱼街”。为什么说它是有灵气的一条街，请大家往前看，在街中凸出的这块石头像什么？鲤鱼。古时候，工匠们在铺砌石板时，遇到了一块突出的天然岩石。工匠们索性顺其自然，匠心独运地将这块岩石凿成了鲤鱼，称之为“盘道石鱼”。说也奇怪，这石鱼很有灵性。因为它的存在，这条街的居民年年过上富足的生活，而且无论白天黑夜，无论老人小孩，从这里走过，从未有人摔过跤，扭过脚。所以逢年过节，这条街的居民都会给石鱼上香供奉，祈求平安进福。我们推选出一位代表给“鲤鱼”上支香，祈求鲤鱼给我们带来好运，出入平安，年年有余。

我看大家走了这么久，肚子一定有点饿了吧？别愁，前面有一盘美味佳肴等着我们哩。看！这不是一盘又大又圆又鲜嫩的蘑菇吗？把它和刚才看到的大鲤鱼一起烹调，味道一定好极了。

出身于黄姚街今已在县城工作的G老师以一种不满的口气对我们说：

他们那个导游词是旅游公司的人写的。你看那个“盘道石鱼”下面那个石蘑菇，导游词上说蘑菇炒鲤鱼，那不就大煞风景了，是不是？当地人是把这个“盘道石鱼”当作神灵来敬的，敬畏神灵，你来个蘑菇炒鲤鱼，一看就是不懂的人写的。即使你不是指这个鲤鱼，都不能这样说，有个忌讳问题嘛，是不是？

“盘道石鱼”作为古镇一景，表面看来不过一块形似鲤鱼的石头，但在当地人头脑中，石鱼是一种符号和象征，与当地宗教信仰紧紧联系在一起，具有神圣性。旅游公司为吸引游客，牵强附会，不仅前后叙述有矛盾，而且触犯当地人禁忌，引起一些人不满，“编故事浪漫化可以，不能瞎说”。

老街另一位老人G老伯补充道：

那个"南蛇出洞"("黄姚八景"之一),原来不叫"南蛇出洞",叫"南蛇扑蛙"。说的是有个青蛙在树下乘凉,有条蛇游出来,要扑这个青蛙。青蛙一跳,就跳到天然亭那边去了。现在天然亭那边有个青蛙头刚刚露出来。以后搞旅游开发,如果把那个青蛙挖出来,"南蛇扑蛙",很生动嘛。你叫个"南蛇出洞",那里没有个洞嘛,怎么叫出洞。它原本就是"南蛇扑蛙",以前我们搞那个"黄姚八景",没有"南蛇出洞"的,就是"南蛇扑蛙"。还有司马第门前,两块石头,中间有石洞,导游小姐讲,是古代上马用的,要踩着上去。这个不对嘛,因为司马是个当官的,门前的石头是用来竖旗杆的。

旅游公司编写导游词是在没有获得当地居民知情同意的前提下就对古镇文化进行主观臆造和想像,这既是对"地方性知识",也是对地方群体的一种不尊重。从上面这些叙述话语中,可以看出当地居民对自己文化拥有权、解释权的再三申明和主张。居民通过对同一景点的解释,以不同于旅游公司的叙说方式,来否认公司对当地文化的解释权、经营权、使用权的合法性。

第四章 反应篇:权益之争

第一节 积极争取

古镇作为一个社区,有着尊师重教的传统。凡是镇上读过些书,有些文化的人,不管是否作过教师,当地人见面必尊称为"老师"。这些人大多是上了年纪的老人,可称之为"地方精英"。他们在社区的地位是自然形成的。由于他们为人正直、公正而且热心于古镇的公益事业,在当地社区很有威望。政府和公司也常常请这些老人去开会,协调、解决旅游开发过程中出现的一些问题。这些老人与公司和政府打交道过程中，自然会从本社区居民立场出发，为本社区的利益据理力争。从旅游开发过程中的几则小事件可以看出：

事件一：

古镇内保有十几棵古木（以古樟树、古榕树为主），都有上百年历史。2001 年，昭平县旅游局所成立的“旅游办”工作人员将一块介绍景点的广告牌钉在东门楼外的两棵古榕树上。当地居民得知后，提出异议。L 老师当时是黄姚镇镇党委代表成员之一。他一面将情况反映给镇政府，一面亲自和旅游办工作人员进行交涉，要求将古镇内古樟树、古榕树上钉有的广告牌全部拆除。旅游办最终做出让步，将已经钉上的广告牌全部拆下来。

事件二：

2001 年 5 月，桂林一家卷烟厂为其产品到古镇作宣传活动，并在黄姚大操场（即黄姚古戏台前广场）免费放电影。县旅游办工作人员认为当地居民会影响环境卫生，提出要收场租费。当地居民认为大操场自古以来就是黄姚人文化娱乐的公共场所，旅游办的人要收费是不把当地群众放在眼里。厂家见双方争执不下，最终没放电影。当地居民派出代表与旅游办人员理论，旅游办在公愤面前，打消收场租费的念头。第二天，当地群众自发进行募捐，并于当晚从巩桥请来放映队在大操场放映《刘三姐》、《百变金刚》等影片。

事件三：

2003 年下半年，桂能电力公司所成立的文化旅游公司在修复东门楼时，将东门楼外一副对联中的一个字改错了。修复前，原联为：

明月照山间，月移山影行且住

清风飘云际，风送云踪去复来

修复后对联变为：

明月照山间，月移山影行且往
清风飘云际，风送云踪去复来

街上的几位老人找到旅游公司相关负责人，要求改回原字。L老师是这样解释的：

这个不好的，对联本是前人留下来的，不能随便改。虽然就错一个字，汉语里，错一个字，意思就不一样了。对联要讲究对偶的，这样子就不对了，是不是？我们跟桂能（电力公司的人）说，你不能随便改这个字。我们去看过了，原来那个字的字样还在呢，你为什么要改？后来这个字才改过来。

事件四：

2000年古镇成立黄姚风景名胜区管理处专门对景区进行管理。2002年，昭平县政府经研究决定将黄姚镇与巩桥乡合并，并将黄姚镇的牌子挂到巩桥，镇政府也迁往巩桥办公。当地居民听说后，坚决反对，认为历史上巩桥是巩桥，黄姚是黄姚，这是不能改变的。县里有些干部偏心，打着黄姚的牌子发展巩桥。县政府决定新的镇政府于2003年元旦正式迁往巩桥办公。当地居民得知后，集体募捐，共同推举几位代表，前往自治区信访部门反映情况，镇上数百名居民签字反对合并。2002年2月自治区派人下来调查情况，当地居民与陪同前来的县有关部门负责人展开辩论，据理力争。L老师当时也是上访代表之一。他这样告诉我们：

我们是正当的，是按照政策的。我们不是告你，也不要你怎样怎样，就是反映群众意见。你不尊重地方，群众意见很大的。后来自治区按照我们这边的风土人情，决定不合了。现在的黄姚是我们保护来的。

对于古镇居民来说，“黄姚”这一名称有其特定的指称范围，也就是说它有清晰的地理边界。对于生于斯长于斯的居民来说，黄姚之名与其生活的不足1平方公里的土地紧紧联系在一起。

"黄姚"一名某种程度上具有象征意义，文化的象征、生活的象征、身份的象征等等。黄姚古镇旅游开发后，作为一种旅游产品，"黄姚"这一地名本身已成为一种文化品牌，具有了品牌效应，无形中包含一种潜在的价值。当地居民对"黄姚"这一名称的坚持与维护，从知识产权的角度看，是非常合情合理的。

对镇内古木自觉的保护意识，对本社区文化娱乐权利的争取，维护社区文化的原真性，对黄姚地名的坚持。从这些小事件中，我们可以看出当地人对自己各种权益的坚持和伸张。

第二节　消极抵制

在旅游开发的过程中，一些当地人积极争取权益，但也有另外一些人则对旅游公司采取消极抵制态度。比如郭家大院，院落为三进院落，属典型的平地庭院式建筑，在古镇颇具代表性，而且其建筑所用的砖瓦都是经过人工打磨的，至今仍有一位人家居住于此。郭家大院原为旅游公司旅游线路中的一个景点，公司导游一般从仙人古井经吴氏宗祠，然后穿郭家大院进入老街、新街。从吴氏宗祠通往郭家大院原来是一段砂土路，旅游公司为方便游客，便改铺成石板路。路铺好后，郭家有人提出，要想从大院经过，就要给钱，不给钱，就不让从这里经过。公司没办法，怕出事，只好绕路而行。郭家大院斜对面的G阿姨这样解释：

因为郭家大院里有个把人不给走。公司没办法，没得走了，只好绕路。他们（郭姓人）讲，从我这里走要给钱，不给钱，就不给走。在郭家大院的那个郭二哥，他就不给走。大部分郭姓人还是给走的，他一个人不给走，导游就不敢走了，怕出事。郭家大院前的那个石板路还是旅游公司搞的。去年还没有，是土路，下雨很难走的。公司把石板路搞好以后，郭家大院就不给走了。

老街一户姓梁的人家保存有圣旨牌匾。梁氏祖先梁都在光绪年间任广西迁江训导时，廉洁奉公，业绩突出。因其父母作风朴实，模范持家，教育有方。光绪五年（1879 年）朝廷特赐封梁都父为修职佐郎，其母为八品孺人，使之风范广传。梁家把圣旨刻成牌匾，悬挂于厅堂之上。其匾采用上等铁黎木板制成，全匾 228 个字，满汉文对照，并以龙纹装饰。

这块传说中的圣旨牌匾曾引得不少游客慕名而来。因为该家主人对旅游公司有意见，便收藏起来不给游客看，本人则到广东打工去了。在黄姚镇二中工作过十几年的 O 老师说：

现在他们主要是对旅游有意见，因为你带游客来我这里，我一点经济利益没得，现在他们就把圣旨收起来，不让游人看了。原来县旅游局在这搞旅游开发的时候，他家圣旨就不给看的。要是野导带过去，他就给看。如果是旅游公司正宗导游带过去的游客，他就不给看的。因为他对旅游公司有意见，你带人来，我就不给看，不配合你。原来公司的旅游线路是从石跳桥下去，先他们（梁家祠）那里的，后来他们不给看了。他们觉得，你们在那里收门票，钱全部装进腰包了。我这个景点给你提供了方便，我什么也没得，所以就不给看了。

O 老师讲的似乎是经济利益，但实际上还是当地人对其文化产权的一种伸张。梁氏、郭氏人家也正是意识到了自家宅院、匾额的旅游价值，便以其所有者的名义要求在经济上得到实现。

第三节 争夺客源

2003 年，古镇还没有出现“黑导”。[①] 2004 年我们再去的时候，“黑导”已经是一种普遍存在的现象了。我们拎着行李刚跳

① 指一些当地人未征得旅游公司和政府许可的情况下，充当导游，也称“野导”。

下公交车，一位骑摩托车的小伙子很快追上来问我们是不是来旅游的，并表示可以带我们进古镇，不用买门票。我们谢绝了他的好意，继续前行。走出好远了，还听得小伙子在后面喊："从那边进去要买票，公司门票很贵的。"

由于公司只在古戏台前广场设立了卖票点，但是进出古镇的通道有十来个之多。一些本地居民开始充当"黑导"，与旅游公司争夺客源。"黑导"以年轻人居多，从十三四岁到二十出头不等。"黑导"作为当地人，熟悉本地地形掌故，而且价钱也比旅游公司便宜。每个游客一般只要花上 10 元、20 元，便可以在古镇逛上半天，时间长，玩的地方也多，想去哪里就去哪里。有很大的自由性。旅游公司的导游则一般只走固定的旅游线路，机械地背诵千篇一律的导游词，往往只花一个或一个半小时便走完了，游客玩得不尽兴。这样，一些知情的游客也乐于找"黑导"。一些当地人的解释是：

公司的导游小姐不是本地人，不知道黄姚什么地方有什么故事，外地的导游对本地的历史也不知道，讲不出什么东西，讲来讲去都是那几句话。当地人就不同了，懂得历史也知道来历。"

我们曾结识一个 14 岁的初中生，是当地一个小有名气的"黑导"。他颇为认真地告诉我们："一个泥瓦工，一天下来也就 20 块钱。做'黑导'，轻轻松松两个小时就可以赚到 20 块钱"。当问及他以后想做什么时，他一脸自豪地说："继续做'黑导'。"

"黑导"不断增多，直接影响到旅游公司的门票收入。公司的解决办法，便是求助政府的城建、公安等部门，每逢周末、"五一"、"十一"黄金周的时候，派人下来在古镇内四处转悠，专门抓"黑导"。"黑导"也学聪明了，领游客专走小街小巷，避开主干旅游线路。

笔者在调查期间曾亲眼目睹了一起当地"黑导"与旅游公司的冲突事件。

那天是周六，我们在吴家祠堂和G阿姨闲聊。G阿姨在这儿看守祠堂，顺便卖点当地土特产。近一点钟时，从郭家大院方向走过来一群人，两对中年夫妇，两个年轻女孩和四个小孩子，一看便知是游客。四个年轻人走在最前面，一个穿白色T恤，一个是红色衬衣，另一个年龄较大的穿橘黄色衬衣。年龄最小的一个大概十四五岁，穿黑色T恤，头发烫成时兴的淡黄色。G阿姨偷偷告诉我们，这四个人就是“黑导”，都是当地人。一行人一进祠堂，G阿姨便悄悄地躲进去。游客进入吴家祠堂后四处观看。四个“黑导”围在门口，两个人坐在祠堂门口打手机，其余两人警觉地四处观望。G阿姨偷偷告诉我们，那个穿红衣的人有传染病，肺结核，没人敢动他，旅游公司的人也拿他没办法。一行十余人从吴家祠堂出来后，走向祠堂右首的一个小闸门，那是通往老街的入口。刚走上去，一阵吵闹声传过来。四个身穿蓝色制服的人出现了，一看便知是城管局的人。另一个穿黄色衬衣的胖胖的中年男子，我认出是旅游公司的一位副总。这五个人把游客和“黑导”堵在闸门口，吵嚷声再次高涨起来。一群人边吵边退至吴家祠堂附近幼儿园前面的空地。由于说的是当地的土白话，我们听不懂。只见年龄最小的那个“黑导”用手指点着旅游公司副总的鼻子，大声地嚷着什么。穿白衣的瘦小个子与城管局的人吵得很凶。旅游公司的中年男子几次把他从人群里拉出来，阻止他和城管局的人吵。这样持续了约二十分钟。G阿姨悄悄告诉我们：“因为游客没买票，旅游公司的人要他们补票。不补的话，就不让他们过去（进古镇）。游客把钱给‘黑导’了，他们哪里知道是‘黑导’。刚刚那个游客也讲了：‘我又不知道你们哪个是真的（导游），哪个是假的。’那个‘黑导’（即穿黑衣的小孩子）就嚷：‘我们是真的，他们是假的。我们是本地人，他们是外地人’。他跟城管局的人嚷的是：‘你让我去哪里？去哪里？是你黄姚家呀（即黄姚是你家呀？）是我黄姚家？黄姚街是我们的，不是你们的。这是我们祖宗留下来的。'那个小孩子很厉害的，他年龄小，是未成年人，公司拿他没办法，不敢抓的。他们（其余'黑导'）就是用这个小孩子出头哇，公司的人不敢动他的。"一群人吵闹不休，慢慢从来路退回去，退到郭家大院门口，吵嚷声又一次高涨起来。忽然一阵躁动，只听有人大喊："打了嘛，打了嘛（即打起来了）！公司的人动手了。"过往的几个镇上的人都停下来，远远地观望。只有几个镇上的小孩子兴奋地跑来跑去。大概十分钟后，才平息下来。一群人慢慢从郭家大院走出去。这一过程持续了约一小时。

整个事件发生过程，"黑导"始终掌握主动权，甚至对旅游公司的人采取一种挑衅的姿态。旅游公司与城管的人则居于守势，公司人员甚至想极力调和，阻止正面冲突的发生。

小结：当地居民种种反应形式，无论积极还是消极，无论合作还是抗拒，都是为改变自己在旅游开发中被排拒、被忽视的状态所做的种种努力。这种参与的愿望和要求往往以个人方式呈现和表达。居民通过个体化的行动和话语表达自己产权主体地位的存在，表达自己的利益诉求，以赢得当地政府和旅游公司的关注和认可。

第五章　协调篇：从二到三

2004年5月6日，正值"五一"黄金周，来黄姚旅游的人特别多。就在这一天，当地居民与旅游公司再次发生激烈冲突。几十名当地人堵在景区入口处，禁止从公司售票点买了门票的游客进入古镇，没买门票的游客却可以进入古镇参观。许多买了票的游客被挡在古镇外面，抱怨不止，纷纷要求旅游公司退票并赔偿损失。旅游秩序大乱，旅游公司被迫停业两天。

这次正面冲突的发生，旅游公司和当地政府都意识到了问题的严重性，开始着手改善与当地居民之间的关系。

第一节“成为黄姚街的人”：旅游公司的努力

旅游公司与当地政府签订协议，取得开发经营权进入古镇，但当地居民并未承认其主体地位，反而视其为一个外来的侵入者。公司只有取得当地居民的认可后，才有可能作为社区的一分子享有相应的权利义务。

其实早在投资开发之初，公司投入资金对景区内一些当地人无力修复的公益建筑等旅游景点进行修缮，主观上是为旅游开发的需要，客观上也改善了当地人的卫生条件、居住环境：如将古戏台前广场和郭家大院晒坪前通往龙畔街的砂土路铺设石板；特地从江苏请来专家对墙体已经坍塌的东门楼、安乐寺等古建筑进行仿古式恢复和修缮；为解决镇内危房居民住房问题实施“安居工程”；古镇内各街各路段派专人负责打扫，河流、水井也定期派人清洁；2004 年又启动“四大工程”，即将裸露于外的电视、电话线、照明和供排水管道进行地埋改造，已维持古镇整体景观。

公司采取的这些措施，不仅大大改善了居民的居住环境，为其日常生活提供了便利，而且也为一部分当地人提供了就业机会，特别是对古镇公益性建筑的恢复和修缮，得到了居民的认可和欢迎。由于以前这些公益性建筑主要依靠县、镇文物部门拨款和当地居民集资，后因当地文物部门后继资金无力，当地居民生活日渐贫困，无力修复。看守郭家祠堂的 G2 老伯对此感触颇深：

现在到老街、新街去看，每个街都有三四个人搞清洁工作，卫生条件比以前好一些。不搞旅游的话，没人做（这些卫生工作）。这条街是旅游公司铺的石板，以前下雨，搞得街上很脏，很难走的。还有古戏台广场，也是旅游公司搞的，以前我们自己没搞得现在这么好。我的想法，搞（旅游），好过不搞。你看现在安乐祠，修一下，要两万多块钱，整个黄姚街，平均下来一个人要10来块钱，一家6口人就要60块钱。现在旅游公司一分钱不要你的，基本都搞好了。如果不修的话，它慢慢倒下来，废弃了，哪个（人）会去修，去管？东门楼一边的城墙裂了这么宽的缝（用手比划），也修好了。

在此基础上，公司也开始热心于社区的一些公益活动，并尽量给予资金上的支持，如每年阴历七月十四的柚子灯节，春节的打醮、群众的娱乐活动等，从中可以看出，旅游公司试图以一个社区成员的身份对社区尽义务。

调查期间，发生了这样一件小事：

2004年8月21日，中兴街一位姓古的老太太去世，主家姓梁。按当地风俗，谁家老人去世，亲戚、邻居都会前往吊唁。下午2点多，我们在房东老伯的带领下，在街上买了些香烛、纸钱，并用白纸包了20元钱一并送过去。按照规矩，上香行礼后，主家端茶谢礼。主家的一位亲戚招呼我们坐在一旁歇息。这时屋外淅淅沥沥地下起小雨。忽然大门口又传来一阵八音、唢呐的声音（当地有人去世所使用的演奏乐器）。又有客人来吊唁了。我们也随众人站起身迎接。门外走进两个浑身湿淋淋的人，手里拎着一包东西。我一看这两个人，不禁大感意外。一个是戴眼镜的胖胖的中年男子，是旅游公司的黎副总。另一个则是身着保安制服的理着平头的年轻人。两个人按照当地习俗，规规矩矩地脱鞋并在灵前草席上对死者三叩首，然后上香、烧纸钱，主人家谢礼并端上茶水，两人在屋内一角的长凳上落座。我们坐在里屋，正犹豫着是否出去打个招呼，理平头的年轻人的手机响了。他接听后，又叫过黎副总。两人耳语几句，随后向主人家告辞出去。主人家一行人等送出门外。两人前后呆了不到二十分钟。

值得一提的是，男主人的身份有些特殊。他是黄姚街委会调解副主任，在当地大小也称得上是一个有官方身份的人。男主人家的一位把兄弟，是当地一位有名的黑导，曾被城管局以“破坏旅游秩序”为名抓进县城关了十几天，前不久刚放回来。男主人家的一个未满18周岁的侄子，也是一个黑导。旅游公司的两个人前来吊唁时，这两位黑导都在场，并以主家身份出来谢礼。

后来我们得知，这个年轻人是老街人，前段时间刚进旅游公司做保安。这个年轻人既是以一位当地人的身份，又是以旅游公司员工的身份（身着旅游公司的保安制服，随同前来还有一位旅游公司主管人员）前来吊唁。尽管气氛有些尴尬，除主家外，屋内其他人员均未上前打招呼。旅游公司人员此行表达的是对当地社区生活规则的认同和尊重，同时也表明了与当地居民试图进行沟通，达成和解的一种姿态和努力。主家对两人的到来按当地方式回礼致谢，也是对旅游公司行为的默认和接受。这样一个特殊的礼仪场合，标志着双方由以前互不承认的对立状态转向一种相互承认并许可对方存在的状态。

第二节 协调者：政府的角色

目前中国许多地方的旅游开发是以政府为主导的开发。地方政府在旅游规划、基础设施建设、宣传促销、招商引资方面扮演重要角色。当开发商与当地居民矛盾冲突使得旅游开发无法正常进行时，政府作为协调者的作用开始凸显。

2004年，“五一”过后，一些从黄姚镇出去今已在县城各部门工作的当地人，被召回黄姚镇，成立旅游开发项目领导小组办公室（以下简称开发办）。开发办成员大多数是在昭平县城工作的黄姚人。G是昭平县水电局的党支书，目前就任开发办主任。

开发办其他成员还包括县卫生局的副局长，县林业科学研究所的副所长等。开发办成员的主要职责是协调旅游开发和旅游秩序的治理工作。开发办作为县政府的一个派出机关，其官方立场很是鲜明。同时他们作为黄姚街上出去的人，是有文化，见过世面的人，其社区居民的身份仍能被当地居民或当地宗族认可和接纳。他们的双重身份和立场成为沟通公司、政府和社区居民的桥梁。

开发办成立后，着手开展一系列工作，主要有：

一、编制《昭平县黄姚古镇景区文明居民条件》、《昭平县黄姚古镇景区家庭道德歌》、《昭平县黄姚古镇景区文明居民守则》、《昭平县黄姚古镇景区文明公约》，并下发老街每家每户。

这是运用一种舆论、宣传、说教的方式来规范当地居民的行为，将居民在旅游开发中的行为、态度归到“道德”、“文明”的基点来审视，从而将一种“现代法律问题转化为一种伦理道德问题”[①] 予以化解。这种民间调解机制是我国乡土社会中解决纠纷的最为常见的方式，也是中国传统社会解决内部冲突的一种本土经验。这种方式只能在“面对面”的熟人社会才能行之有效，也较容易为当地人接受。在此意义上，开发办成员作为本社区、本宗族中的地方精英，担当起“中人”角色。

二、促成民间社团——昭平县黄姚古镇风景名胜区旅游开发协会的成立。协会由社区内一些有文化、办事较为公正、威信比较高的人组成，以老年人居多。成员由社区各街各巷民主推举产生，古镇各大姓基本包括在内。

尽管协会刚刚成立，尚未正式开展工作，但标志着社区作为一个整体，终于有了自己独立的法人代表，代表本社区利益，在旅游开发中有了一席之地，从而有了与旅游公司、政府进行平等

① 梁治平：《寻求自然秩序中的和谐：中国传统法律文化研究》，北京：中国政法大学出版社，1997 年，第 9—11 章。

对话的可能。至此，古镇居民作为旅游开发中的一个独立主体终于“浮出水面”，有了社区自己的利益表达渠道。

三、《关于做好黄姚古镇名胜景区文化旅游开发经营管理的协议书》的初步拟定。协议当事人分别为广西昭平黄姚古镇文化旅游有限公司、昭平县黄姚镇黄姚街委会、昭平县黄姚古镇旅游开发协会。

协议书的拟定则是运用现代法律手段对各方权益主体的权利义务做出明确规定，并以一种书面协议的形式确立下来，具有法律效力。在协议书的相关条款中，对当地居民的利益，当地居民主体地位予以特别关注：

1. 当地居民作为古镇文化旅游资源产权主体地位得到确认，其风土人情、风俗习惯得到尊重。当地居民对景区各类资源的使用，旅游公司应予以方便。

2. 旅游公司有义务出资培训社区内居民，提高其就业技能，配合当地政府引导居民从事旅游业。对景区内施工、维修、承包等相关工作，当地居民有优先就业权。

3. 旅游公司开发建设期间，按照资源有偿使用原则对当地居民进行适当的经济补偿。自2003年起，每四年补偿款额翻一番，直至旅游公司的承包期满为止。其中75%作为老街居民的补偿，15%作为集体公益金，余10%为黄姚街委公积金。

4. 对老街主要旅游线路、主要景点的古宅、民居予以鉴定，并由旅游公司分批分期投资维修、维护，并对房主进行一定的旅游收益补助，补助款额由旅游公司与房主另行签订合同。

5. 街委和旅游协会的相应义务，则是积极配合旅游公司的各项开发建设工作，包括土地的征收、征用、房屋拆迁、违章建筑拆除、社会治安、旅游秩序的治理、旅游资源的保护等。

哈贝马斯认为：

撇开文化背景不论，所有的人凭直觉都能清楚地认识到，只要交往参与者相互之间没有建立起对称的关系，也就是说，只要交往参与者没有建立起相互承认的关系，并接受对方的视角，一同用他者的眼光来审视自己的传统，相互学习，取长补短，那么就不可能出现建立在信念基础上的共识。①

旅游开发协会作为一个独立的法人主体，开始与旅游公司进行对话和协商。此协议的拟定主要是针对旅游公司和当地居民之间的权利义务做出界定，标志着双方就古镇旅游开发一事达成和解，在“促进旅游资源开发和可持续利用，促进当地经济发展和社会进步”的目标上取得共识，并在容忍对方存在的基础上开始了求同的过程。这种求同不仅是双方在经济上分享利益，在机制上分享权利，还要在文化上分享阐释的机会，也就是建立一种参与机制，实现各方主体利益的共赢。

文化资源产权的界定并不是一定要明确标出某一文化资源的产权边界到底应该划在何处，而是首先要界定出与该文化资源相关的产权主体包括哪些，笔者以为认清产权主体范畴在现阶段是一种积极、务实的态度和精神。文化资源产权问题的最终解决需要国家从产权制度层面予以承认和确立，但是制度的建立是一个漫长的过程，从这一点来说，制度总是落后于问题。认识到产权主体范畴并承认其相关的权利与义务便显得尤为重要。

黄姚古镇的旅游开发，尽管仍没有对其文化资源产权做出清晰界定，但是，与古镇文化资源有关的三方产权主体在开发过程中慢慢协调出一种“参与——共享”机制，相互承认各方主体的存在及其权利，在共享、共赢的基础上慢慢达成共识，从而使古镇的旅游开发向健康、和谐的方向迈进。这对中国许多地方的旅游开发具有很大的借鉴意义。

---

① ［德］哈贝马斯：《后民族结构》，曹卫东译，上海人民出版社，2002年，第136页。

结 论

一、在中国社会主义公有制下，一切属于人民所有。对位于某一特定地理区域内的各种资源尤其是文化资源来说，将其平等地归为人民所有是不可能的。属于所有人也就意味着不属于任何人所有。事实上它首先属于该区域的人民，或者某种程度上说，该区域人民享有优先权，然后才谈得上属于全国人民所有。笔者认为，前者属于产权的范畴，后者可归为主权的范围。当我们强调属于人民所有的时候，说的往往是一种主权。每一国家都有自己的主权，这种主权包括领土主权、经济主权、文化主权等。具体到某一区域的自然、文化资源时，不能以"一切属人民所有"就剥夺当地人民的主体地位。

市场经济条件下，文化资源作为一种生产要素参与到价值创造的过程中。旅游公司经过包装将文化资源转化为一种旅游产品，然后投入市场交换。作为文化资源的继承者和拥有者完全可以以一种所有者的身份参与到旅游收益分配中去。承认了当地居民是其文化资源的所有者，拥有所有权及与所有权相关的其他权利如转让权、委托代理权、收益权等，也就承认了当地居民对其文化的产权主体地位，从而以一个平等的法人主体参与到旅游开发中去。

二、梁治平通过对中国传统社会习惯法的探讨，认为传统中国"礼治秩序"中含有"法治"要素，从而指出传统与现代并非截然两分，"传统与现代之间，可能存在着一些我们从来没有注意到的结合点。”[①] 笔者认为这一点同样适用于对中西产权理念的分析。

市场经济对于中国农民来说并不陌生。明清以来至解放前，中国许多地区特别是南方一些乡镇，普遍存在着活跃的市场经济。从经济交换的角度而言，对自己人是一种互利互惠的交换，是一种“不等价交换”；[②] 对外人的交换，则是要“当场清算”的。可见农民对于商品交换对于市场并不是一无所知的，有自己的理解。具体到黄姚古镇，在当地居民眼里，旅游公司作为一个外来者，无权对社区内的各种资源使用甚至收益，因为它不是社区成员。当公司对古镇内的文化资源进行市场化运作的时候，既未经居民认可（没有取得成员资格），也未经其授权代理（没有当场清算），不符合当地居民的生活逻辑。旅游公司与政府的逻辑（注，之所以将两者并为一方，是因为两者共享、贯彻的是同一种逻辑或说持有同一产权理念）：一切资源属于国家所有，地方政府代表国家行使行政管理权，将开发经营权转让开发商，“经营权与管理权相分离”。这是一种现代化的市场运作方式，是被经济学界鼓吹并在各地如火如荼展开，而且为国家所认可的一种经营方式。这两种逻辑代表的是两种不同的知识体系，因而在开发中基于产权理念的不同产生种种矛盾与冲突，所以笔者倾向于把这种矛盾与冲突归结为因主体间性的存在所产生的一种“知识上的冲突”[③] 而非简单地归为经济利益的冲突。

消除这种基于知识体系的不同而产生的种种冲突，一方面有

---

① 梁治平：《从“礼治”到“法治”》，载梁治平编《在边缘处思考》，北京：法律出版社，2003 年，第 35 页。

② 罗红光：《不等价交换——围绕财富的劳动消费》，杭州：浙江人民出版社，2002 年。

③ 借用梁治平语。详见梁治平：《乡土社会中的法律与秩序》，载梁治平编《在边缘处思考》，北京：法律出版社，2003 年，第 57 页。

赖于旅游开发各方主体建立有效的沟通和协调机制，在同一交流平台上达成认识上的一致，促进合作的开展。另一方面需要国家对地方群体、地方性知识给予充分的尊重，对中国本土产权意识给予足够的重视，从中吸取养分，并转化为国家层面的正式制度，从法律的高度保障各方权益尤其是开发地居民的权益。

通过古镇的旅游开发可以看出，依文化资源产权的所有权来参与旅游收益分配，对当地居民而言，是一种长期的、稳定的获利途径，既可以保障当地居民的合法权益，又可以对当地文化资源进行有效保护，有利于旅游和当地社会的可持续发展。

参考文献

专著

[1] 曹钢：《产权经济学新论——产权效用、形式、配置》，北京：经济科学出版社，2001年。

[2] 陈国强、石奕龙主编：《文化人类学辞典》，台北：恩楷股份有限公司，2002年。

[3] 陈庆德：《发展人类学引论》，昆明：云南大学出版社，2001年。

[4] 陈庆德：《资源配置与制度变迁——人类学视野中的多民族经济共生形态》，昆明：云南大学出版社，2001年。

[5] ［美］丹尼逊·纳什：《旅游人类学》，宗晓莲译，昆明：云南大学出版社，2004年。

[6] 费孝通：《江村经济——中国农民的生活》，北京：商务印书馆，2002年。

[7] 费孝通：《乡土中国·生育制度》，北京大学出版社，2005年。

[8] ［德］哈贝马斯：《后民族结构》，曹卫东译，上海：上海人民出版社，2002年。

[9] 黄宗智主编：《中国乡村研究》（第一辑），北京：商务印书馆，2003年。

[10] 克利福德·格尔兹：《文化的解释》，纳日碧力戈等译，上海人民出版社，1999年。

[11] [美] 克利福德·吉尔兹：《地方性知识——阐释人类学论文集》，王海龙、张家瑄译，北京：中央编译出版社，2000年。

[12] 李亦园：《人类的视野》，上海：上海文艺出版社，1996年。

[13] 李银河：《生育与村落文化一爷之孙》，北京：文化艺术出版社，2003年。

[14] 梁治平：《寻求自然秩序中的和谐：中国传统法律文化研究》，北京：中国政法大学出版社，1997年。

[15] 梁治平：《在边缘处思考》，北京：法律出版社，2003年。

[16] 马翀炜、陈庆德：《民族文化资本化》，北京：人民出版社，2004年。

[17] 彭兆荣：《旅游人类学》，北京：民族出版社，2004年。

[18] [南] 斯韦托扎尔·平乔维奇：《产权经济学——一种关于比较体制的理论》，蒋琳琦译，张军校，北京：经济科学出版社，1999年。

[19] [美] 瓦伦·L·史密斯主编：《东道主与游客——旅游人类学研究》，张晓萍、何昌邑等译，昆明：云南大学出版社，2002年。

[20] 王铭铭、王斯福主编：《乡土社会的秩序、公正与权威》，北京：中国政法大学出版社，1997年。

[21] 杨慧、陈志明、张展鸿主编：《旅游、人类学与中国社会》，昆明：云南大学出版社，2001年。

[22] [美] 詹姆斯·C. 斯科特：《农民的道义经济学：东南亚的反叛与生存》，程立显、刘建等译，南京：译林出版社，2001年。

[23] 张静：《基层政权——乡村制度诸问题》，杭州：浙江人民出版社，2000年。

[24] 张佩国：《地权分配·农家经济·村落社区——1900—1945年的山东农村》，济南：齐鲁书社，2000年。

[25] 张佩国：《近代江南乡村地权的历史人类学研究》，上海人民出版社，2002年。

[26] 周勇：《少数人权利的法理——民族、宗教和语言上的少数人群体及其成员权利的国际司法保护》，北京：社会科学文献出版社，2002年。

连续出版物

[27] 阿尔瓦罗·塞尔达—萨米恩托、克莱门特·弗雷罗—皮内达：《民族共同体的知识产权问题》，《国际社会科学杂志》（中文版），2003（1）。

[28] 单纬东：《少数民族文化旅游保护与产权合理安排》，《人文地理》，2004（4）。

[29] 光映炯：《旅游人类学再认识——兼论旅游人类学理论研究现状》，《思想战线》，2002（6）。

[30] 郭于华：《“弱者的武器”与“隐藏的文本”：研究农民反抗的底层视角》，《读书》，2002（7）。

[31] 贺小荣、罗文斌：《试论旅游风景名胜区经营权的转让》，《北京第二外国语学院学报》，2003（4）。

[32] JulioAramberri：《旅游学研究：尚不可靠的理论基础》，谢彦君译，《旅游学刊》，2003（2）。

[33] 李东红、杨利美：《文化资源的价值评估、成本核算与经济补偿》，《思想战线》，2004（3）。

[34] 梁治平：《从“礼治”到“法治”》，载梁治平：《在边缘处思考》，北京：法律出版社，2003 年。

[35] 梁治平：《法律进程中的知识转变》，《读书》，1998（1）。

[36] 梁治平：《市场·国家·公共领域》，《读书》，1996（5）。

[37] 梁治平：《习惯法、社会与国家》，《读书》，1996（9）。

[38] 梁治平：《中国法律史上的民间法——兼论中国古代法律的多元格局》，《中国文化》，1997（21）。

[39] 林灵：《旅游资源产权与我国旅游业发展》，《探求》，2002（2）。

[40] 刘旺、张文忠：《对构建旅游资源产权制度的探讨》，《旅游学刊》，2002（4）。

[41] 龙京红：《旅游资源开发及景区经营中产权关系调整问题的建议与思考》，《中国物价》，2004（7）。

[42] 李明耀、胡志毅：《论旅游区（点）所有权与经营权分离》，《现代经济探讨》，2002（11）。

[43] 马林：《旅游资源产权理论的探讨》，《蒙自师范高等专科学校学

报》，2002（6）。

[44] 马晓京：《旅游开发与传统文化保护的主体》，《青海民族研究》，2003（1）。

[45] 彭兆荣：《旅游人类学视野中的“旅游文化”》，《旅游学刊》，2004（6）。

[46] 苏甦：《对我国旅游景区建立法人治理结构的探讨》，《江汉大学学报》，2004（4）。

[47] 覃德清、戚剑玲：《西方旅游人类学与中国旅游文化研究》，《西南民族研究》，2001（3）。

[48] 陶犁：《民族文化旅游产品开发探析》，《思想战线》，2002（4）。

[49] 王兴斌：《中国自然文化遗产管理模式的改革》，《旅游学刊》，2002（5）。

[50] 肖国兴：《论中国自然资源产权制度的经济理性》（上、下），《环境保护》，1997（9）。

[51] 谢元鲁：《世界遗产：公共产权的转移与约束》，《桂林旅游高等专科学校学报》，2004（1）。

[52] 徐新建：《人类学眼光：旅游与中国社会——以一次旅游与人类学国际研讨会为个案的评述与分析》，《旅游学刊》，2000（2）。

[53] 杨慧：《民族旅游与族群认同、传统文化复兴及重建——云南民族旅游开发中的“族群”及其应用泛化的探讨》，《思想战线》，2003（1）。

[54] 杨晓霞：《我国旅游资源产权问题探析》，《经济地理》，2004（3）。

[55] 杨勇胜：《少数民族的传统文化产权》，《民族论坛》，2003（11）。

[56] 杨振之、马治鸾、陈谨：《我国风景资源产权及其管理的法律问题——兼论西部民族地区风景资源管理》，《旅游学刊》，2002（4）。

[57] 张佩国：《解读地方性制度——一项关于中国社会的本土研究策略》，《东方论坛》，2003（2）。

[58] 张佩国：《近代江南的村籍与地权》，《文史哲》，2002（3）。

[59] 张佩国：《私产的发育和共有的习惯——改革以来长江三角洲农民家庭财产关系的实践形态》，《东方论坛》，2004（1）。

[60] 张佩国：《制度与话语：近代江南乡村的分家析产》，《福建论坛》，

2002（2）。
[61] 张晓：《遗产资源的所有与占有——从出让风景区开发经营权谈起》，《中国园林》，2002（2）。
[62] 张晓萍、黄继元：《纳尔逊·格雷本的“旅游人类学”》，《云南大学学报》，2000（1）。
[63] 张晓萍：《从旅游人类学的视角透视云南旅游工艺品的开发》，《云南民族学院学报》，2001（5）。
[64] 张晓萍：《旅游人类学在美国》，《思想战线》，2001（2）。
[65] 张晓萍：《文化旅游资源开发的人类学透视》，《思想战线》，2002（1）。
[66] 张晓萍：《西方旅游人类学中的“舞台真实”理论》，《思想战线》，2003（4）。
[67] 章海荣：《从哲学人类学管窥旅游审美》，《思想战线》，2002（1）。
[68] 折晓叶：《村庄边界的多元化——经济边界开放与社会边界封闭的冲突与共生》，《中国社会科学》，1996（3）。
[69] 郑晴云、郑树荣：《论旅游的精神文化本质》，《思想战线》，2003（2）。
[70] 钟勉：《试论旅游资源所有权与经营权相分离》，《旅游学刊》，2002（4）。
[71] 宗晓莲：《丽江古城民居客栈业的人类学考察》，《云南民族学院学报》，2002（4）。
[72] 宗晓莲：《试论布迪厄的“文化再生产”理论对文化变迁研究的意义——以旅游开发背景下的民族文化变迁研究为例》，《广西民族学院学报》，2002（2）。
[73] 宗晓莲：《西方旅游人类学两大研究流派浅析》，《思想战线》，2001（6）。
[74] 宗晓莲：《西方旅游人类学研究综述》，《民族研究》，2001（3）。
[75] 《旅游项目融资途径简析》，载《中国旅游报》（2004年10月25日）。
[76] 《谁愿经营九寨沟——四川省旅游局将出让十大著名旅游景区经营权》，载《文摘报》，2001年3月4日。

文章

[77] E.G. 菲吕博腾、S. 配杰威齐：《产权与经济理论：近期文献的一个综述》，载［美］R. 科斯、A. 阿尔钦、D. 诺斯等编《财产权利与制度变迁——产权学派与新制度学派译文集》，刘守英、陈剑波等译，上海：三联书店，1991 年。

[78] ［美］格尔兹：《地方性知识：事实与法律的比较透视》，载梁治平主编《法律的文化解释》，北京：三联书店，1994 年。

[79] H. 登姆塞茨：《关于产权的理论》，载［美］R. 科斯、A. 阿尔钦、D. 诺斯等编《财产权利与制度变迁——产权学派与新制度学派译文集》，刘守英、陈剑波等译，上海：三联书店，1991 年。

[80] 梁漱溟：《乡村建设理论》，载《梁漱溟全集》（第 2 卷），济南：山东人民出版社，1990 年。

[81] 刘志伟：《边缘的中心——“沙田—民田”格局下的沙湾社区》，载黄宗智主编《中国乡村研究》(第一辑)，北京：商务印书馆，2003 年。

[82] 刘宗碧：《民族村寨旅游开发和文化产权问题研究——以黔东南地区侗族村寨为例》，载金星华主编《首届全国民族文化论坛论文集》（下），北京：民族出版社，2005 年。

[83] 彭文斌：《中国民俗旅游的发展及中国学术界参与趋势——兼论西方人类学界对民俗发展的“后效应”思考》，载王筑生编《人类学与西南民族》，昆明：云南大学出版社，1998 年。

其他文献

[84] （清）陆焞纂修：《昭平县志》，清乾隆二十五年，光绪十七年重修本。

[85] 《汾阳堂郭氏宗祠族谱》。

[86] 《古氏新安堂志》。

[87] 《广西昭平县劳氏族谱》。

[88] 《莫氏仙山祠家谱》。

[89] 《粤东南海迁西始祖林氏族谱》。

[90] 《中国吴氏通书》。

[91] 文化旅游公司：《广西昭平县黄姚古镇风景名胜区旅游开发规划》。

黑彝故事

——凉山布拖黑彝的地位变迁与身份重建

罗　艳

目 录

导 论

一、研究缘起和主题

人类社会存在等级制度已至少有几千年。“所谓社会等级制度，属于社会和政治的范畴，往往与社会成员的血统、身份、职业、财产以及婚姻和继承等相关联，决定着不同社会等级社会地位的高低，规定了他们的权利与义务的多寡，壁垒森严，界限分明，使整个社会呈现阶梯式的等级结构。”① 古代国家普遍存在等级制度，拥有悠久历史的中国也不例外。在《古代国家的等级制度》一书的序言中，施治生和徐建新认为，古代国家的等级制度有这样几个基本特征：等级的封闭性、高等级享受特权和等级身份的世袭继承。他们认为，在古代国家划分等级和形成等级制的过程中，国家和法律（包括宗教法）起到了关键作用。他们将古代国家的等级制度分为两种：国家制定并以法律维护的等级制度和按习惯自发形成的等级制度。“这些按习惯自发形成的等级制固然也具备古代社会等级制的一般性结构特征，但不如制度化和法律化的等级制那样完备稳固，等级结构较为松弛，等级间的矛盾和斗争较为明显剧烈，其维持生存的时间也相对短暂。”② 相比较而言，解放前四川凉山彝族社会的等级制度有其独特性。当时的凉山没有统一政权，各土司及黑彝家支各自为政，各据地盘，互不统属。虽然他们的社会等级划分没有制度化和法律化，但等级结构并不松弛。等级规范被严格恪守和实践。没有统一政

① 施治生、徐建新主编：《古代国家的等级制度》，北京：中国社会科学出版社，2003 年，序言。

② 同上。

权、没有成文法律的凉山社会却存在与古代国家十分类似的等级制，少数人在没有集中政权的情况下实现了对多数人的统治。凉山彝族的这种等级制度因其独特性而备受学界关注。对作为凉山彝族等级制度的核心和上层的黑彝的研究，有助于深化我们对等级制度的认识和理解。

林耀华先生认为："从广义上说，等级制度是人们为反映和确认他们之间的社会地位和权利角色差别而建立起来的一种社会文化制度。""等级存在的基础是差别。只要人们的社会地位和权利角色有差别，就会有等级，等级的区分和认定在人类社会中是具有一定普遍性的。""在一些简单社会中存在着年龄等级制度，在复杂社会中存在着阶级划分，甚至在我们现代社会的一个部门或一个公司中也存在着较为复杂的科层制度（bureaucracy）。"①在林先生看来，现代"民主社会"的科层制度也可以算是一种等级制度。林先生的"广义"的等级制度与古代国家的经典等级制不同。它已经与血缘、继承等等级身份要素无关，也不如古代等级制那么壁垒森严，因为它可以流动。我们姑且称之为"现代等级制度"。与"现代等级制度"相比，凉山等级结构也有其不同之处：等级成员的血统、婚姻、继承等仍然被强调，且等级间依然壁垒森严、界限分明，"具有鲜明血统认辨性"②。任何在凉山生活过的人都知道，尽管民主改革后等级制度已被"消灭"，但等级区别和等级观念仍在凉山彝族中存在，而且影响深远。"在过去，由于受客观条件的限制，我们所能看到的只是处于静态之中的凉山彝族旧有社会制度，从而对它的认识难免会有一定的局

① 林耀华：《论凉山彝区等级观念形态》，韦安多主编：《凉山彝族文化艺术研究》，成都：四川民族出版社，2004 年，第 161 页。

② 林耀华：《论凉山彝区等级观念形态》，韦安多主编：《凉山彝族文化艺术研究》，成都：四川民族出版社，2004 年，第 161 页。

限性。在今天，我们已经具备了一定的条件去观察处于动态中的凉山彝区的旧有社会制度，我们应该珍惜这个机会，敢于通过剖析其旧有社会制度在当代变迁过程中表现出来的各种性状来验证和深化我们的认识。”①

林耀华先生在《凉山夷家》中对黑彝神貌的描写给我留下深刻印象。“黑彝往往目光耿耿，嘴角下垂，状极骄傲，遇事蠢进，大有不屈不挠的精神。白彝态度则反是，谦恭受命，事主惟谨，与外人往来表示粗暴强悍，但一见黑彝无论属于何支何族，莫不低头驯服。”② 联想到我所接触过的黑彝，神态多与林先生描述的相似。结合其他一些文献，我头脑中逐渐形成了这样一种黑彝形象：黑彝拥有凉山大部分土地，占有成群的娃子（奴隶，下同）。娃子为他们劳动，干家务活。他们是娃子人身的完全占有者，可以对娃子呼来唤去，买入卖出。不高兴时便对娃子拳脚相加，施以刑罚，甚至杀死。隶属民白彝是他们的忠实拥护者，同时受他们保护。白彝每年要给他们上贡，械斗时为主子冲锋陷阵，不惜肝脑涂地。黑彝歧视体力劳动，主要靠剥削娃子和收取白彝的保护费为生。他们每年收获上万斤粮食，有专门的粮库，衣食无忧。他们平时花很多时间备战，其他时间则打猎或玩耍以消磨时间。他们热衷于背家谱，以家谱世系来证明他们各自家支的历史悠久，血缘纯正。他们有强烈到几乎褊狭的自尊心。这导致冤家械斗的频繁发生。在械斗中，他们冲锋在前，表现英勇。即使被俘，他们也常以自杀来保存最后的尊严。他们自视骨头高贵，只在黑彝内部开亲通婚，以维持血统纯正。违反者，高等级降低，低等级处死，以此保证白彝和娃子永远不能上升为黑彝。

---

① 林耀华：《论凉山彝区等级观念形态》，韦安多主编：《凉山彝族文化艺术研究》，成都：四川民族出版社，2004 年，第 160 页

② 林耀华：《凉山夷家》，昆明：云南人民出版社，2003 年，第 67 页。

然而时过境迁，上述景象已逝去半个世纪。今日的黑彝又处于怎样一种场景？旧有的等级制度是否已经完全退出历史舞台了呢？读了《百褶裙》，我不禁对现实中的黑彝生活产生了莫大兴趣。《百褶裙》是一位叫林茨的艺术家写的。他因一个偶然的机会来到凉山腹心区的布拖县，访问了他所谓的“边缘部落”。书中展示了他在布拖拍的一系列照片，并辅以文字描述他的所见、所闻、所感。为了寻找传说中的贵族，他来到了黑彝的聚居地——火烈乡。然而，他首先遇到的是两个在地里挖土豆的农夫。当他提出要给他们拍照时，“两人都将手里的农具远远扔到一边”。的确，“他们的黑彝特性只是在做自我展示时才显露出来”。[①] 书中有一张黑彝妇女的照片。照片中衣衫褴褛的妇女坐在地上专注地缝着一件已经很破旧的衣服。昔日的贵族如今落魄至此。林茨写道：“黑彝拒绝接受外人以救济方式捐送的衣物，成年的山地黑彝妇女，更不愿意将作为她们身份标志的百褶裙换成在她们看来轻佻怪异、五颜六色、不成体统的长裤，不欣赏在白彝中风靡的白色或绿色胶鞋及塑料凉鞋。”他们“因不合时宜的骄傲和自尊，导致最终陷入绝境”。[②]

黑彝阶层解放前一直是凉山彝族社会结构的核心。1956年，新中国开展大规模民主改革，将被划为奴隶主阶级主体的黑彝作为重点改革对象，废除了他们的统治特权，从而消灭了奴隶制剥削制度。

民主改革至今近50年，中国社会也经历了重大变迁。在此过程中，黑彝的地位发生了怎样的变化？社会变革对他们产生了怎样的影响？昔日的贵族现在还剩下什么？他们生活在一种什么样的精神状态里？又怎样以他们的社会记忆、文化资本和原有的社会资源来应对今天的生活？笔者认为，在全面构建和谐社会的

① 林茨：《百褶裙》，石家庄：河北教育出版社，2003年，第92页。
② 同上，第96页。

今日中国，这些问题无论对学术还是社会实践来说都还具有重要意义。为了反映黑彝地位的变化，以及黑彝为适应这些变化做出的文化调适，笔者把凉山的黑彝作为本文的研究对象。

二、文献回顾

古代中国有关黑彝的文献以描述性记录为主。早期汉文官史对凉山彝族一直有零星记载，但多为中央政府对凉山的统治和征伐，或者是征伐之后的简单民族志记录。《史记·西南夷列传》中提到："西南夷君长以什数，夜郎最大；其西靡莫之属以什数，滇最大；自滇以北君长以什数，邛都最大；此皆椎结，耕田，有邑聚。"①《华阳国志》中记载："夷人大种曰昆，小种曰叟，皆曲头、木耳、环铁、裹结，无大侯王如汶山、汉嘉夷也。"②《新唐书》中写道："邛部，一姓白蛮，五姓乌蛮，…… 乌蛮妇人以黑缯为衣，其长曳地；白蛮妇人以白缯为衣，下不过膝。"③

最早到凉山的外国人应是马可·波罗。他在《东方见闻》一文中记录了他访问建都州（今凉山彝族自治州）的见闻。④研究凉山彝族并留下系统记载的是近代西方的一些传教士、探险家和学者。他们带着传教、猎奇、为殖民政府服务等目的，深入凉山腹心"独立倮倮"地区进行调查。他们将黑彝称为黑倮倮，认为黑倮倮与白倮倮（白彝）人种不同。黑倮倮是征服者，拥有高贵而纯正的血统。他们的论述具有明显的种族主义色彩。其中较具代表性的是法国探险家吕真达。他于1907—1910年两次考察凉

① 转引自蒙默编：《凉山地区古代民族资料汇编》，成都：四川民族出版社，1978年，第1页。

② 同上，第24页。

③ 同上，第88页。

④ 阿哲倮濮：《近代以来国外对彝族的研究》，左玉棠、陶学良编：《毕摩文化论》，昆明：云南人民出版社，1993年，第810页。

山，并著有《建昌罗罗》一书，书中较详细记叙了凉山彝族的奴隶制以及奴隶制下三个等级的情况。[①]

受西方学术影响，中国在民国时期也有不少学者对“独立倮倮”地区进行研究，如曲木藏尧的《西南夷族考察记》（1933）、曾昭伦的《大凉山夷区考察记》(1945)、毛筠如的《大小凉山之夷族》(1947)、江应樑的《凉山彝族的奴隶制度》（1948）等。这些文献中都有对黑彝的介绍，主要涉及黑彝来源、凉山社会等级划分、等级内婚等内容。吸引他们的是“独立倮倮”地区独特的文化和奴隶制。随着民族学引进中国，国内一些学者开始从学术角度系统和深入地研究凉山彝族。林耀华先生写于1945年的《凉山夷家》（1947年出版）是较具代表性的民族志作品。在该作品中，黑彝是贯穿始终的重要线索。该书不仅描述了黑彝的家支、生活习俗、婚姻禁忌、冤家械斗等，还记叙了黑彝作为统治阶级所拥有的各种特权以及他们与隶属民和娃子的关系。不过，在这些研究中，黑彝只是作为凉山彝族的代表而受到关注，并没有人将他们作为独立的调查对象。

50年代中国民族学界开展的社会历史调查产生了一系列有关凉山彝族奴隶制度的调查报告。受当时政治话语影响，黑彝被贴上了奴隶主的标签。他们是残忍、血腥的剥削者。随着解放和民主改革的推进，他们将必定消失。因此，民主改革结束后，学界很少有人触及等级制和黑彝这类敏感话题。“文化大革命”结束后，国内政治环境相对宽松。黑彝作为“奴隶主阶级”的主体，再度成为学界关注的对象，与此相关的著述也陆续出现。《凉山彝族奴隶社会》编写组的《凉山彝族社会性质讨论集》(1977)、刊物《凉山彝族奴隶制研究》（1977－1981）和《凉山

① 阿哲倮濮：《近代以来国外对彝族的研究》，左玉棠、陶学良编：《毕摩文化论》，昆明：云南人民出版社，1993年，第812页。

彝族奴隶社会》(1982)，胡庆钧的《凉山彝族奴隶制社会形态》(1985)，周自强的《凉山彝族奴隶制研究》(1985) 等，都有较多篇幅描述和分析黑彝。中国的民族学界仍把凉山彝区视为保留奴隶制的典型地区。

改革开放中后期，地方传统力量在经历了长久压抑之后又找到重新展示自我的机会。凉山彝族各家支复兴，传统文化抬头。以前被强烈批判的彝族家支、习惯法和传统道德等又因获得了生长的土壤和条件而逐渐兴盛。在这样的背景下，学界也开始关注传统力量复兴，并分析其成因和发展态势，讨论传统文化在现代化发展中的利弊及传统文化的现代化问题。由于家支力量迅速崛起，90 年代的学界还掀起一股家支研究热潮。在这些研究中，很多学者对与传统文化密切相关的等级问题进行了讨论，并认为等级观念仍普遍存在，等级内婚仍在凉山大部分地区被严格实践。学界对黑彝的讨论多在家支、婚姻、等级划分、习惯法等方面，或停留于对民改前凉山社会等级制的讨论。赵树恂的《对彝族等级几个问题的商榷》主要分析了黑彝等级在民改前对凉山历史的积极作用。[①] 罗家修的《略论凉山彝族的等级及其演变》主要介绍了等级在民改前各历史阶段的不同内容以及各等级的由来。[②] 马尔子的《凉山彝族家支生活的变迁》对黑彝家支在民主改革前、民主改革中和改革开放后的情况作了概述。我们从中可以看到，黑彝等级与家支的发展共沉浮，二者联系紧密。[③] 马林英《对凉山彝族婚姻文化变迁及行为调适的考察》一文提到等级内婚在现代社会的实践与跨等级婚的情况。她的结论是：跨黑白

---

① 凉山彝族自治州民族研究所编：《凉山民族研究》(内部发行)，1996 年刊。

② 韦安多主编：《凉山彝族文化艺术研究》，成都：四川民族出版社，2004 年，第 189 页。

③ 凉山彝族自治州民族研究所编：《凉山民族研究》(内部发行)，1999 年刊。

等级通婚者仍为数甚少，尤其“目前，在农村，绝大多数青年男女婚姻自主的实现仍然是很难的和有限的，只有当血统和门第令家支和父母满意时，子女的自主选择才有可能成为现实，否则很难缔结婚姻。”[①]《凉山黑彝巴且氏族世家》一书系彝族学者刘尧汉先生指导中学教师巴且克迪对巴且氏族事迹的追忆记录。书中记录了巴且氏族的渊源、世系、冤家械斗、道德准则及其所属曲诺、安家、呷西的来源和劳役。但此书的内容止于解放前。

林耀华先生继《凉山夷家》（1947）后，又于1975年和1984年两次赴凉山考察。他在考察中发现，尽管“凉山彝区旧有社会等级制度已被彻底埋葬，但相应的等级观念，迄今却从未在广大彝人头脑中消失。”[②] 林先生写有《论凉山彝区等级观念形态》一文，对等级观念残存的表现和原因进行了分析。文章指出：民改和社会动荡时，阶级斗争的主流话语迎合了黑彝家支对跨等级通婚的抵抗，等级内婚被延续。改革开放后，黑彝的社会地位再度提高，等级内婚也再度兴起。追究等级观念残存的根源，林先生认为有以下几个原因：首先，“民主改革以后，我们党和政府在凉山彝区所做的阶级划分基本上与该社会旧有的等级划分是相吻合的。”[③] 作为奴隶主主体的黑彝是阶级斗争对象，群众（白彝是主体）要与他们保持距离，划清界限。跨“阶级”通婚是违反阶级斗争原则的。“以阶级斗争为纲”的话语客观上强化了黑白等级的界线，维系了黑彝等级的内婚传统。其次，黑彝的“血

① 马林英：《对凉山彝族婚姻文化变迁及行为调适的考察》，《西南民族学院学报》（哲学社会科学版），2001年，第1期。

② 韦安多主编：《凉山彝族文化艺术研究》，成都：四川民族出版社，2004年，第157页。

③ 同上，第161页。

统优劣论是整个等级观念的核心组成部分或逻辑演绎起点”①。经历民改后的黑彝尽管丧失统治地位，但他们仍从现实生活中寻找一些事件来支持他们的“血统高贵论”，认为他们在经济、政治各方面仍较白彝有优势。再次，“等级观念在凉山彝区的继续存留还有一个现实社会基础，那就是：家支组织仍在彝族社区生活中起着十分重要的作用。”② 潘蛟的文章《The Maintenance of the Lolo Caste Idea in Socialist China》对这些观点做了进一步阐释和发展。

张海洋和胡英姿的《凉山彝族婚改内容解析——兼论传统文化与现代国家的互动》一文呼应了潘蛟的观点，主要分析国家在凉山开展的三次婚改的过程和失利原因。他们认为，国家对当地传统和当地人主体性的忽视是导致婚改失利的主要原因。③ 结果，以等级内婚为主要表现形式的凉山彝族旧婚俗在腹心农村地区仍常见。

但迄今为止，学界还没有一部研究黑彝的专著，特别是仍然没有从黑彝的主位角度考察他们。他们似乎还是认为黑彝只是当时社会制度的附属物，没有主体性可言，因此也没有针对黑彝展开专门的实地调查。当前中国学界缺乏对黑彝的现实生活的一般了解，更难对黑彝进行主观意识方面的描述和分析。

三、理论框架

恩格斯在《家庭、私有制和国家的起源》（1884）一书序言

---

① 韦安多主编：《凉山彝族文化艺术研究》，成都：四川民族出版社，2004年，第163页。

② 韦安多主编：《凉山彝族文化艺术研究》，成都：四川民族出版社，2004年，第164页。

③ 张海洋、胡英姿：《凉山彝族婚改内容解析——兼论传统文化与现代国家的互动》，《中央民族大学学报》（人文社会科学版）2001年第4期。

中曾归纳出“两种生产”理论，认为“历史中的决定性因素是两种生产，即生活资料和生产工具的生产和人类自身的生产（即种的蕃衍）”。[①] 一直以来，民族学界将“两种生产”理论简单化，以为它就是人类生活的全部内容。笔者认为，法国学者布迪厄的文化再生产理论对马恩的“两种生产”理论做了充分发挥，并将物质资料、人和文化三种生产之间的互动演绎得淋漓尽致。总之，正是布迪厄的理论揭示了人类社会文化再生产的真相。

“在布迪厄社会理论研究中所贯彻的基本原则，就是把社会和人类行动当成具有历史性和创造性的‘生存心态’[②]（habitus）的施动者（agent）的实践表现。因此，在任何时候，不管研究什么样的社会问题，布迪厄都把焦点集中在施动者‘生存心态’在实践中的表现，探讨其历史轨迹和现实影响，分析其不断转化和不断更新的再生产过程，揭示其再生产过程之内在动力和外在表现网络。”[③] 为了使读者能将布迪厄的基本理论和后文的讨论结合起来，本文冒着将布迪厄理论片面化和简约化的风险，先将其理论中的几个基本概念及它们之间的互动关系和运作逻辑做一概述。

布迪厄理论中的核心概念之一是场域。场域产生于社会结构，特别是其中的不均衡和不平等。[④] 不平等引发处于不同地位的人之间的紧张关系：地位高的人力图维持现状，甚至进一步提

① 转引自林耀华主编：《民族学通论》，北京：中央民族大学出版社，1997年12月，导言第5页。

② 高宣扬先生将habitus译为“生存心态”，而学界普遍采用“惯习”的译法，本文也采纳“惯习”译法。至于哪种译法更贴切，还有待商榷。

③ ［法］高宣扬：《当代法国思想五十年》，台北：五南图书出版公司，2003年，第566页。

④ ［法］高宣扬：《当代法国思想五十年》，台北：五南图书出版公司，2003年，第603页。

高地位；地位低的人则希望改变现状。场域正是在处于不同地位的人之间的权力互动中被构建出来的。布迪厄认为："一个场域由附着于某种权力（或资本）形式的各种位置间的一系列客观历史关系所构成。"① 场域不是一个实在的客体，而是由一系列关系构成。它产生于动态的各种力量间的消长过程中。社会空间可以划分为不同的场域，"每个场域都规定了各自特有的价值观，拥有各自特有的调控原则。"② 我们可以把它理解成同一个文化体系中的不同亚文化。对于同一社会中的不同场域的存在及其边界，"不容许任何先验的回答"，"场域的界限位于场域效果停止作用的地方"③。如果不亲身投入到场域的关系网中，进行经验研究，就不能确定场域的边界。

布迪厄理论的另一重要概念是"惯习"。简单地说，惯习就是场域力量内化于个人的结果。这种结果又成为个人行动的原因。惯习"由'积淀'于个人身体内的一系列历史的关系所构成，其形式是知觉、评判和行动的各种身心图式"④。高宣扬在《当代法国思想五十年》一书中对此概念有较完整总结：惯习"不只是用来表示同人的行动时刻相伴随、并指导着行动始终的那种精神状态，而且还用来强调与社会结构共时并存、同时运作的行动者禀性系统；它不只是指那些指导着社会区分的区分原则，而且也是实际地起区分化作用的区分活动本身；不只是单纯已形成的内在化的行动者主观心理状态，而且是同时积累着行动者历史经验和凝缩社会历史发展轨迹、并不断地在客观世界中外在化的'生成原则'。所以，生存心态又在某种意义上说，既是

① ［法］皮埃尔·布迪厄、［美］华康德著：《实践与反思：反思社会学导引》，李猛、李康译，邓正来校，北京：中央编译出版社，2004年，第17页。

② 同上。

③ 同上，第138页。

④ 同上，第17页。

社会结构的内心反映，又是社会结构之所以形成的精神基础。”①

惯习兼具主观性和客观性：它是人的主观心理状态，表现为人的性情倾向；同时它又是客观结构在人体内长期内化的产物，在实际运作中受客观条件限制。惯习具有时间性（历史性）：它产生于历史中，是长期累积的结果，是“社会发展轨迹的内在凝缩”；惯习具有生成性：它通过实践不断生成和改造现实结构，并对结构的未来发展趋势产生影响。惯习的形成过程就是一个它与社会结构互动的过程：在社会结构塑造惯习的同时，惯习也在生成和改造社会结构。惯习这一概念的引入，使原本被视为根本对立的主观性和客观性难分难解，形成一种“你中有我，我中有你”的状态。惯习是“人的社会行为、生存心态、生活风尚、行为规则、策略等实际表现及其精神方面的总根源。”② 惯习还是分类和区分化的原则。惯习“既是客观地可分类的判断的发生性原则，又是进行分类判断的实际活动的分类系统。”③ 行动者通过惯习的外化表现形式——气质、风格、个性、生活方式等，将自我与他人区分开来，并将他人分为不同的类别和等级。总之，惯习是人们行动，甚至是行为的内在依据。

惯习与场域密切关联并严整对应：特定的场域产生特定的惯习；特定的惯习创造特定的场域。场域是个充斥着冲突和竞争的空间。行动者在场域的竞争中能否获胜，取决于其在场域中的地位、掌握的资本、采取的策略等因素。这些因素的长期运用形成惯习。

在场域的竞争中，地位或资本有着重要作用。布迪厄认为：

① ［法］高宣扬：《当代法国思想五十年》，台北：五南图书出版公司，2003年，第590页。

② 同上，第592页。

③ 同上，第595页。

资本包括三种根本类型：经济资本、文化资本和社会资本。这三种资本常常表现为符号资本（或象征资本）形式。[①]“经济资本是由生产的不同因素（诸如土地、工厂、劳动、货币等）、经济财产、各种收入及各种经济利益所组成的。”“文化资本可以采取三种形式：被归并化的形式、客观化的形式和制度化的形式。被归并化的形式，指的是在人体内长期地和稳定地内在化，成为一种禀性和才能，构成为‘生存心态’的一个重要组成部分。客观化的形式，指的是物化或对象化为文化财产……制度化的形式，指的是合法化和正当化的制度所确认的各种学术、学位及名校毕业文凭等。”[②] 社会资本“指某个个人或是群体，凭借拥有一个比较稳定、又在一定程度上制度化的相互交往、彼此熟识的关系网，从而积累起来的资源的总和，不管这种资源是实际存在的还是虚有其表的。”[③] 政治资本是社会资本的主要构成因素。在权力争斗过程中，行动者利用相互区分化的策略，尽力将自己的地位和权力合法化，并将被区分对象的地位非法化，从而产生了正统和异端的区分。

正统（orthodoxy），意指一套具有合法地位的权威性话语。它需要被辩护或阐释，需要人的维护。正统由习统转化而来。习统（doxy）是有关惯习的无意识假设，是对某一种行为的常规说法，被人们在没考虑其合理与否的情况下不自觉地接受。异端（heterodoxy）是挑战正统的话语。[④] “在特定的力量关系的状况中，那些或多或少垄断着作为特殊场域的政权或特定权威的基础

① ［法］高宣扬：《当代法国思想五十年》，台北：五南图书出版公司，2003年，第161页。

② 同上，第608—609页。

③ ［法］皮埃尔·布迪厄、［美］华康德著：《实践与反思：反思社会学导引》，李猛、李康译，邓正来校，北京：中央编译出版社，2004年，第162页。

④ 潘蛟：《当代文化人类学理论》讲义，第24—25页。

的特殊资本的人们，总是倾向于采取维护文化财富的再生产中的正统性的策略；而那些较少掌握资本的人们，那些在多数情况下属于新兴起的人们（其大多数往往是年轻一代）则倾向于采取异端的颠覆策略。”①

习统、正统和异端间的相互转化构成了社会结构再生产的过程：居于正统地位的行动者尽力维持原有社会结构，属于异端的行动者则尽力颠覆原有社会结构，双方力量的消长决定了社会的结构。“场域中位置的占据者用这些策略来保证或改善他们在场域中的位置，并强加一种对他们自身的产物最为有利的等级化原则。”② 当等级化策略得以实现后，居于高等级的人就尽力在社会再生产中维系原有等级划分，以维系他们的地位和权力的合法性，从而在权力竞争中居于不败地位。

总结上述内容，文化再生产理论可以简单概述如下：在一定的社会结构中，由于不同个人或集团间力量分布的不均衡，形成了一个权力互动场域。在这个场域中，经过历史积累，人们形成了与该社会结构相适应的惯习，即客观结构的内化。同时，为了在竞争中居于有利位置，人们会利用各自条件，采取能动策略，在惯习的支配下生产于己有利的社会关系或为此而努力改变原有社会关系，以提升自己的地位。等级化是正统为自己贴上的地位合法标签，是场域竞争的策略，更是场域竞争的结果。

在凉山布拖彝族社会中，黑白彝间的不平等事实上引发了黑白彝间力量的紧张关系，形成了一个“等级关系场域”。在这里，参与者彼此竞争，以确立对在场域内能发挥有效作用的种种资本

---

① ［法］高宣扬：《当代法国思想五十年》，台北：五南图书出版公司，2003年，第607页。

② ［法］皮埃尔·布迪厄、［美］华康德著：《实践与反思：反思社会学导引》，李猛、李康译，邓正来校，北京：中央编译出版社，2004年，第139页。

的垄断和对规定权力场域中各种权威形式间的等级序列及“换算比率”的权力的垄断。[①] 在布拖的“等级关系场域”中，黑白彝间形成一种竞争关系，并通过对各种资本和权力的掌握，维护各自地位和利益。等级的维持靠文化再生产实现。[②]

四、研究方法与叙述结构

笔者出生于布拖县。由于亲属关系，有多次造访布拖的经历。布拖地处凉山腹心地带，彝族人口占绝大多数。当地交通不便，与外界交流较少，文化受外界影响较小，尤其在农村保留了较完整的传统文化。因此，当地黑彝的文化特征较突出，具备典型性。由于便利的客观条件，加之布拖黑彝具备典型性，笔者选择了布拖作为调查点，并将布拖的黑彝作为调查对象。

文献分析是本文的重要方法。黑彝地位的变化完全是当时中国社会大环境变化的结果。近代中国的现代化进程，特别是新中国成立以来的政策纲领导致了中国社会的深刻变迁，并对黑彝产生了最直接和深刻的影响。因此，有必要对解放以来的官方档案进行分析。同时，黑彝现在的生活又与过去有千丝万缕的联系。没有对他们的过去的深入了解，我们就无法真正理解他们的现在，更无法了解他们精神世界的内容。因此，我们既有必要将微观的个案研究放到宏观社会背景下考察，又必须将个人生活史访谈与 1949 年以后官方档案资料相结合。这两者相互印证，可以让我们对解放后和民主改革后黑彝的经历和他们的现实生活有更深刻认识。

田野调查（field work）是民族学的学科要求，也是本研究收

① ［法］皮埃尔·布迪厄、［美］华康德著：《实践与反思：反思社会学导引》，李猛、李康译，邓正来校，北京：中央编译出版社，2004 年，第 18 页。

② 潘蛟：“当代文化人类学理论”讲义。

集资料的主要方法。田野调查要求深入被调查者生活，从研究对象的主位角度，用他们的眼光来观察和思考问题，并在此基础上做比较研究。这是以往对黑彝的研究所缺乏的。作为凉山彝族中的白彝，笔者熟悉当地文化传统。加上懂得本民族语言，给调查提供了很大方便。由于笔者在成长过程中较少跟黑彝接触，所以对黑彝仍有一定的陌生感，因此对他们的研究仍可说是一个“变生为熟”的过程。这使笔者在调查中具备了较为中立的眼光。同时，笔者作为一个跟黑彝有密切社会关系的白彝，也试图从黑彝的“他者”的角度看黑彝。这其中也许难免参有想像成分，但“他者”的视角为笔者提供了深入认识黑彝的途径。在实地调查中，笔者将深入访谈与参与观察结合，通过个人生活史调查了解他们的人生经历和现实生活，并通过参与观察了解他们的日常活动和行为方式。

比较研究是民族学分析资料的主要方法，也是贯穿本文的研究方法。首先，本文通过材料搜集和实地调查，将黑彝的过去和现在比较，表现黑彝地位的变迁。其次，将黑彝口中描述的理想规范和他们的实践相比较，发现其中的差别。再次，将黑彝与白彝（包括曲诺、安家和呷西）进行比较，发现黑彝的不同之处，以及白彝对他们的态度。最后，把凉山彝族社会与中国整个社会的现代化进程比较，寻找凉山彝族社会的结构性特点，并为认识这个地方民族社会提供整体视角。

总之，笔者试图用参与观察的方法，以个人生活史访谈为主要途径，由点及面，从主、客位角度去观察黑彝和了解黑彝，通过对国家和地方互动的叙述，分析他们地位变化的过程，展示他们现在的生活，分析历史记忆对他们生活的影响，特别关注黑彝在现代社会中的身份维系和行为调适。笔者认为：一方面，黑彝尽力维系着传统，维系着他们生活的“意义之网”。另一方面，他们在社会环境急遽变化的时代，也不得不调整其文化规范来适应变化。通过本研究，笔者试图展示客观结构与人的主观能动性之间的互动，以及中国主流文化与凉山民间文化的互动。希望本研究能引起学界对黑彝的关注，并为以后的研究者提供借鉴。

第一章 解放前布拖彝族社会的等级制度

凉山彝族自治州位于四川省西南部，西跨横断山脉，东抵四川盆地，北靠大渡河，南临金沙江，面积近63000平方公里，是我国最大的彝族聚居区。①

布拖县位于四川省凉山彝族自治州东部，地处大凉山腹心地带，属于“老凉山”地区，至今仍保留较为传统的生活方式。②布拖县总面积1685平方公里，北靠昭觉，南接宁南，西连普格，东以西溪河、金沙江为界与金阳、云南巧家隔江相望。布拖全境地处横断山脉与云贵高原结合部，地形地貌可概括为：“三个坝子四片坡，两条江河绕县过，九分高山一分沟，立体气候灾害多。”县境内以山地为主，相对高差达3356米，地形复杂。中低山以农业为主要生计方式，高山为半农半牧地区。布拖属亚热带滇北高原气候区，气候呈立体型，“一山有四季，十里不同天”。其气候特点是长冬无夏，气候寒冷，雨量充沛，干湿季明显，日照充足，灾害频繁。县城附近历年平均气温10.1℃，年平均日照1996小时，极端最高气温30.3℃，极端最低气温零下25.4℃。年平均降雨量1114.7毫米，集中在6月至9月间。在2000年的

① 凉山彝族自治州概况编写组：《凉山彝族自治州概况》，成都：四川民族出版社，1985年，第1页。

② 凉山地区将东部彝族聚居的9个县称为老凉山，包括布拖、昭觉、美姑等。老凉山地区交通较为不便，彝族人口占绝大多数，发展较其他地区落后。

人口普查中，全县总人口13.8万，其中彝族人口占95%以上。[①] 布拖县辖五个区：布拖区、拖觉区、交际河区、西溪河区和衣某区，下有42个乡（1983年）。[②]

该县彝族属于凉山彝族中的所地支。[③] 由于此地曾是凉山四大土司之一——阿都副长官司属地，故又称为阿都地区。“阿都”既是地名，也可指代当地文化特征，包括方言、服饰、风俗习惯等。凉山彝族社会的等级划分从根本上是以等级血缘为基础的。但由于多方面的原因，各等级内部也有贫富分化。因此又发生等级与以人身自由程度和财产状况等为划分依据的阶级之间的错动，出现等级与阶级交叉的现象。学界对凉山彝族有两种等级划分方式：社会等级划分：兹、诺、曲诺、安家（阿加）、呷西；血缘等级划分：兹、诺、曲伙、马约、龙节。[④] 笔者认为，社会等级划分在本质上是阶级划分，忽视了血统，有将等级和阶级混为一谈之嫌。而血缘等级划分才更接近当地人观念中的等级层次。参照布拖当地话语，布拖彝族分为以下等级：兹、聂、土聂（简称土）、歇。

现将彝语布拖方言中的等级名称与凉山官方普通话中的等级名称做一对照：

官方语言	诺苏	兹	诺	曲诺	麻邈	龙节	诺伯	诺低	朔
布拖方言	聂苏	兹	聂	土聂	麻邈	勒节	聂夫	聂史	歇

注：诺苏：凉山彝族自称；兹：土司；诺：黑彝；曲诺：彝根白彝；麻邈、龙节：汉根白彝；诺伯：上等黑彝；诺低：下等黑彝；朔：汉根白彝。

① 国务院人口普查办公室、国家统计局人口和社会科技统计司编：《2000人口普查分县资料》，北京：中国统计出版社，2003年，第76页。

② 四川省布拖县志编撰委员会：《布拖县志》，北京：中国建材工业出版社，1993年，第19页。

③ “所地”是彝语次方言名称。凉山彝语属于彝语北部方言。北部方言又分三个次方言：圣乍、所地和依诺。

④ 周自强：《凉山彝族奴隶制研究》，北京：人民出版社，1983年，第18页。

兹与土司

彝族内部的统治者原称“兹”。由于他们地位较高，所以在元代被封为土司。土司制度源于“羁縻政策”，是“由‘羁縻政策’发展、演进而来的”。[①]我国封建王朝自秦汉至唐宋对西南少数民族地区推行较为宽松的“羁縻政策”，对当地人“略微管束，加以笼络，使之不生异心”。[②]后来随着中央集权加强，“羁縻政策”遂发展为较为严格的“土司制度”。土司制度于元代粗具雏形，在明代日臻完善，到清代则走向衰落，终至瓦解。“清初，为了减少阻力，尽快平定西、南少数民族地区，清统治者大肆招降。”[③]因此增设了很多小土司。“清雍正六年，女土职赊口别[④]剿抚凉山夷众投诚有功”，[⑤]因授其阿都副长官司职位，治地今布拖特木里。

阿都土司直接统治八大黑彝家支：比补、吉迪、比祖、莫什、结纽、扒差、阿俄、热尔。八大家支在土司举办婚丧礼仪或逢年过节时，都要前往执行勤杂事务。他们每年要向土司交纳银两、马匹、租税，过年要送酒和猪头等礼物。到清末时，随着清朝的衰败，土司亦日渐衰落。凉山各黑彝家支势力与日俱增，将土司驱逐到了凉山边境。民国时期，尽管阿都土司保住了在布拖的统治权，但在国民党势力的渗透和聂的排挤下，其在布拖属地只剩下布拖区一个地方，其他地方均被聂占为属地。阿都土司所属官百姓（注：土司直接统治的白彝）纷纷投保于聂名下，土司

---

① 龚荫：《中国土司制度》，昆明：云南民族出版社，1992年，第1页。

② 同上。

③ 同上，第110页。

④ 阿都第三代正长官聚姑之妻。

⑤ 龚荫：《中国土司制度》，昆明：云南民族出版社，1992年，第347页。

的统治名存实亡。①

黑彝

在彝语布拖方言中，黑彝被称为“聂”，凉山北部方言称“诺”。在阿都土司所辖属的八大黑彝中，比补、吉迪、比祖、莫什家支主要分布于布拖。除这几个较大家支外，布拖还有结博、结纽、博什等黑彝家支，人数较少。由于土司的衰落，黑彝在布拖是事实上的统治者。以位于布拖坝子中心的特木里乡（今特木里镇）为例：

在1950年的社会历史调查中，该乡有黑彝24户（4户被划为劳动者），85人，占全乡总人口的0.29%。黑彝占有土地510架（每架约合三亩地，下同），占全乡土地总数4670架的11%。占有锅庄43.5户，安家60户，曲诺239户。② 从统计资料看，全乡绝大部分曲诺，一半以上安家和锅庄由黑彝占有。除少数几户黑彝参加主要劳动外，大部分黑彝以剥削为生。剥削方式主要有：①锅庄的无偿劳动，占年收入的18.9%；②安家和曲诺的劳役，占8.8%；③摊派银粮财物，占21%；④地租和高利贷剥削，占44%。③

解放后，布拖县工作队在开展工作初期对一些家支头人的情况进行了调查、登记。其中记录了特木里乡比租家莫魁支音迪塞尔的情况：他家有3口人（本人和两个老婆），有200架土地，其中水田20块，旱地80块。家有女仆2人，锅庄娃子3人，占有娃子80户。每年收入洋芋100筐（合1万斤），荞子4石（1石合400斤，下同），燕麦3石，黄豆1石，谷子五石，包谷2

① 全国人民代表大会民族事务委员会办公室编：《四川省凉山彝族自治州彝族社会调查》，1957年，第247页。

② 同上，第218页。

③ 同上，第166页。

石。家有银子 100 砣（1 砣合 10 两），羊 40 只，牛 3 头，马 1 匹。每年收猪头约 130 个。他的势力范围主要在普格西洛和布拖特木里，有枪 3 支，子弹 50 发。娃子有枪 30 支，子弹 200 发。能联络几个大头人和本家支头人，并能号召 130 户娃子中的大部分。[①] 笔者在访谈中也了解到一些聂解放前的生活情况：

莫什阿妈（66 岁）："解放前，聂是坐着吃的，聂女子连水都不抬。很多人都种鸦片，大部分聂男子都吸鸦片。男子出门都带着十几个土，扛着枪。到过年时，聂主子总要杀好几只猪，把猪肉都分给土吃。"

比补阿普（67 岁）："解放前我家有上千只羊，100 多头牛，400 多户土聂，十几个娃子。我们家是跟着国民党打共产党的。"

比祖阿沃（60 岁）："比祖家以前经济实力很强，葬礼上杀很多牛，有的杀 300 至 400 头牛。解放前汉族到布拖来做生意要向我们投保。我们比祖家拥有 9 个集市，负责维护这 9 个集市的秩序。"

比补嫫阿呷（32 岁）："以前的聂到哪里都骑马，不劳动。土在过年时要上交半个猪头，平时要帮聂打冤家。土和聂不一起吃饭，聂吃的是米饭和上等荞麦。厉害的聂还自己种鸦片吸。"

以经济状况、势力、智慧、相貌等为标准，聂被分为三种：聂夫、聂究、聂史。聂夫是上等聂，被比喻为鹿；聂究是中等聂，被比喻为蛇；聂史是较差的聂，被比喻为鼠。少数聂因打冤家、过失赔偿等原因不得不出卖娃子和土地，沦为"干黑彝"。尽管他们没有经济支柱，他们仍对土聂有统治权。加上聂内部的家支和亲戚（本文特指姻亲，下同）关系，所以他们仍享有特权，与一般劳动者不同。

土聂

① 布拖县档案馆：1－01－1955－017。

土聂，简称为土，指彝根白彝，凉山彝语称“曲”。

土是黑彝的隶属民，有自己的土地、家支，享有较大人身自由。土平时负担黑彝在婚丧礼仪中的财物分担，战时替黑彝打仗，过年时向黑彝贡献半个猪头和酒。

土中有一种人叫蒙柱。“在所地方言中，‘蒙’是泛指女人，‘柱’是随带之意，‘蒙柱’意即随主妇陪嫁来的女呷西。她们经主子配婚安家后，便成‘蒙柱’。‘蒙柱’主要是指从土聂下降来，有彝族血缘的这部分彝根阿加。”[①] 蒙柱是穷困的土，因无力维持生活而投靠了聂，并因此地位下降。农忙时，蒙柱给聂劳动，过年时给主子砍柴，主子给他们肉吃。蒙柱生活困难时，聂主子要提供帮助。蒙柱绝嗣，主子要吃绝业（占有绝嗣者的家业）。聂举行婚礼时，其所属蒙柱要出羊，其女儿要被抽去做陪嫁丫头。土聂穷困时可能沦为蒙柱，蒙柱有钱时可以赎身，恢复土聂身份。土与聂关系密切。聂是土的保护者，保障土的人身、财产安全和名誉不受损害。同时，在聂需要时，土也会挺身而出，为聂赴汤蹈火。

歇

“歇”是布拖彝语中对汉人的一种蔑称，指代汉根白彝，主要是从外地被抓来的汉人。歇分三种：赤黑（chyhe）、莫邀（muopyuop）、勒节（litnjit）。赤黑是已被卖多代的奴隶，有一点土地维持生活。有经济实力者可以拥有奴隶。如果其子女人品、相貌出众，可能跟土通婚，经数代后上升为土。赤黑向主子承担的义务与蒙柱差不多，二者的区别在于来源不同。“关于‘赤黑’的由来说法不一，一说‘赤黑’二字是彝语‘狗肉’，系诺合奴隶主对这种阿加的贱称。赤黑成员的绝大部分是被掠来或买来的

① 凉山彝族奴隶社会编写组：《凉山彝族奴隶社会》，北京：人民出版社，1982年，第70页。

汉人呷西，经主子配婚而成为汉根阿加。其中也有极少数来自别的被统治等级的成员。”① 莫邀通常被卖二到三代，成家，住在主子家附近，主要为主子劳动。勒节是刚从汉区被抓来或被转卖不久的奴隶，单身，吃住在主子家，主要为主子干家务活。勒节经主子配婚后，可以成为莫邀。

解放前，黑彝在经济上占有优势，拥有大部分土地，牲畜成群，粮食满仓；在政治上居统治地位。各黑彝头人各自辖有一片土地，土地上的白彝皆依附于他们，形同封建国家。在解放前的布拖，黑彝是事实上的统治者。他们以血统来与白彝区分开，并运用经济和政治特权证明和维护“高贵的血统”。黑彝掌握着经济、政治、文化等各种资本，而且在布拖社会中占据统治地位，因而在彝族文化再生产中处于主导地位，掌控等级制度的再生产。在此情况下，黑彝与其所辖全体白彝形成一种社会家支，即对外的利益共同体。

彝族谚语说：“黑彝的骨头是一根，但皮是十张；白彝的皮是一张，但骨头是十根。”这句话生动说明：黑彝的来源只有一个，而白彝的来源则较复杂；也说明黑彝与白彝之间的社会边界是不可跨越的硬边界，而白彝内部不同等级之间的边界则是可以跨越的软边界。跨越边界的桥梁就是通婚。

为了维持血统纯正，保障聂的“贵族”地位，解放前的聂实行严格的等级内婚。“黑女（黑彝女子）私通白男（白彝男子）者，男女两方皆处死刑。处死之法，男子被迫跳河或跳崖自尽，女子则命之服毒或悬梁自尽。凉山中执行此刑甚严。”“惟黑男与白女奸通者罪可宽恕，所生子女通常被称为‘黄骨头’，即‘黑骨头’之男与‘白骨头’之女所生的杂种。‘黄骨头’为黑白二

① 凉山彝族奴隶社会编写组：《凉山彝族奴隶社会》，北京：人民出版社，1982年，第70页。

阶级所不承认，所居地位甚难。”[①] 聂女子一旦与其他等级的男子有染，必被处死或被逼自尽；聂男子若与白彝女子发生关系，将受舆论指责和非议而不得不终止这种不正当关系。跨等级通婚的事绝对不允许发生。若有了后代，均被降等级，即开除出聂等级。《凉山彝族习惯法案例集成》中记录了这样几个案例：

个案 1：1920 年前后，在今布拖县衣某区前进乡柳米以罗村，一个吉迪家支女子嫁给黑彝吉额乌莫日尔为妻。乌莫日尔在冤家械斗中战死，吉迪嫫成了寡妇。正当年轻的吉迪嫫在守寡期间与家里一个奴隶恋爱了。他俩通奸三年后，吉额家支的人发现了奸情。于是吉额家联合吉迪家将吉迪嫫和奴隶吊死了。

个案 2：1943 年左右，在今凉山普格县西洛区色洛拉达村，一个黑彝女子吉迪嫫阿洛与白彝节努吉喜坠入爱河。他们俩在西洛河边修了座碉楼，在里面秘密同居达三年之久。到 1946 年冬天，吉迪家的人请了一个神枪手潜伏于碉楼外，将吉喜击毙。吉迪嫫阿洛被逼跳河自尽。[②]

等级内婚不仅可以维持血统纯正，而且可以通过同等级家支间的联合，增强各家支的势力和影响力，因此是一种“政治婚姻”。姻亲对于彝族至关重要，可以在关键时刻发挥作用。解放前的家支力量对个人的约束力很强大，个体只能无条件服从家支，否则无法生存。布拖聂内部各家支的联姻使聂形成了一个辐射面广泛的网络，聂的每个个体就像是笼中之鸟，无法摆脱其控制。

白彝在理论上也实行等级内婚，但可流动性决定了其构成成分的多样性。对于白彝来说，只要与高等级通婚成功，地位上升

① 林耀华：《凉山夷家》，昆明：云南人民出版社，2003 年，第 44 页。

② 海乃拉莫、曲木约质、刘尧汉著：《凉山彝族习惯法案例集成》，昆明：云南人民出版社，1998 年，第 161—162 页

似乎只是个时间问题。然而，这种可流动性仅止于白彝内部，黑彝与白彝间的鸿沟是不可跨越的。

第二章　社会变革

1950年11月，中国人民解放军“东进支队”进入布拖清剿国民党残部及土匪，布拖解放。1951年，西昌军分区一个营随工作队进入布拖坝。1952年，昭觉县派工作队来布拖开辟工作，原工作队进驻拖觉。① 工作队进入布拖后，主要通过团结上层和安抚群众开展工作。工作内容包括：1. 团结上层：①连续召开家支头人会议，宣布不拉牛羊，不放娃子，各家支互相保证对方财产安全；②从头人中选拔干部，委以官职，发放津贴；③选送头人到外地参观学习。工作队组建了一个以上层人士为主的“布拖治安委员会”，协助开展工作。与此同时，要求头人协助禁烟、清匪，不准抓新娃子，不准收留逃跑娃子。工作队还对各家支进行了调查，掌握了各支基本情况。2. 安抚群众：向群众发放寒衣、农具、粮食。② 从工作队开展工作的情况来看，由于新政权在布拖尚未站稳脚跟，加上匪特残余未除，团结彝族上层成为第一步工作顺利开展的保障。这些上层人士中，绝大部分是聂。他们当时的主要工作是：调节民间纠纷，减少冤家械斗；剿灭国民党残部；禁烟。当工作队逐渐在布拖站稳脚跟后，便开始推进社会改革。

新政权在初期尽力与黑彝搞好关系。这种实践与中国政治传统

---

① 四川省布拖县志编撰委员会：《布拖县志》，北京：中国建材工业出版社，1993年，第7页。

② 布拖县档案馆：1-01-1953。

相吻合，也是当时解放和剿匪顺利进行的需要。但团结黑彝与党的长远目标和宗旨是相悖的。中国共产党的目标是推翻不平等制度，解放广大群众。因此，团结黑彝只能是权宜之计。后来中国主流社会的社会主义改造接近完成，更给凉山的改革带来了动力。同时，社会主义与资本主义两大阵营矛盾尖锐，中国正在朝鲜战场与美帝国主义艰苦对抗。在内忧外患的双重压力下，国内阶级斗争升级。党和政府对凉山的政策亦难免趋于激进。总之，新政权既团结上层又发动群众的做法成为后来改革中矛盾激化的导火索。

第一节 民主改革与复查补课

一、民主改革

1955年布拖建县，工作队开始进行民主改革准备工作。这年，凉山州地委颁布了关于解放奴隶、保护劳动者的规定：

（1）废除奴隶主特权，依法保护奴隶、半奴隶和劳动人民人身自由和各自基本权利；

（2）严禁抓抢、买卖、虐待、残杀娃子，违者依法惩处；

（3）废除抽调安家和曲诺子女当锅庄娃子及陪嫁等制度；

（4）废除奴隶主加于奴隶、半奴隶和其他劳动人民的各种无偿劳役制度；

（5）严禁冤家械斗，废除人力、物力负担；

（6）废除分担义务和“吃绝业”制度；

（7）废除高利贷和“杂布达”（彝语“粮食滚利”的意思，是一种强制性的高利贷[①]）；

（8）一律免交欠租；

① 《凉山彝族奴隶社会》编写组：《凉山彝族奴隶社会》，北京：人民出版社，1982年，第117页。

(9) 帮助安家立业，发展生产；

(10) 在未完成民主改革之前，奴隶主无力耕种之多余土地应调剂给奴隶，其占有荒地由奴隶开垦，谁种谁收；

(11) 不得夺佃、转租、出典、出卖土地，不得分散土地，不得破坏和浪费生产、生活资料；

(12) 蓄奴者应本着团结精神自动释放奴隶。[①]

以上规定表明，随着形式稳定，党和国家的政策开始强硬，并将矛头转向"奴隶制度"和奴隶主，开始废除奴隶主特权和解放奴隶。为了顺利推行民改，当地政府做了大量宣传和准备工作。首先，召开头人会议，向上层重申以团结为本的原则，交代党的政策，分化奴隶主阶级。县政府密切关注上层的思想动态，对主要奴隶主的基本情况进行了调查登记，包括性别、年龄、家支、拥有隶属民和奴隶数目、态度表现、职务等。文献表明，经过一年多的工作，政府对几个大头人的情况已经了如指掌，包括他们的个人身份、身型、外貌特征、性格特点、家庭、财产、威望势力、政治思想动态。其次，广泛、深入地开展群众动员大会，激起群众对奴隶制度的仇恨，大力培养民改积极分子，发动群众积极、主动参与改革。在群众大会上，政府鼓励群众摆苦诉苦、访苦问苦，揭发奴隶制度血腥而残忍的剥削本质，大大提高了群众的阶级觉悟，为民改打好了群众基础。

开展民改政策宣传后，上层的反应是：极少数人赞同民改，但动机并不单纯。多数人中立，认为政府政策变了，但因大势已去而无可奈何。少数人武装谋反，认为实行社会改革要让黑白彝平等，有骨气的黑彝都应该吊死。有人不当干部，不拿津贴，还变相分散财产。比补日呷把自己的娃子划为中、贫农，并说："改就改吧，我们这里没有地主、富农。"大部分人因对新政权仍

① 布拖县档案馆：1－01－1955－23。

持怀疑态度，采取中立、观望的立场。以下通过几个具体案例体现当时黑彝上层的思想动态：

现布拖县政协委员比补牛日出生于1934年。由于他生性聪慧，记忆力好，13岁便跟着比补家头人到各处参加家支活动。1951年工作队进布拖后，他参加了治安委员会，得到月工资17元5毛。他18岁当上衣某区基只乡乡长。在改革进行之前，政府“设法以开会为名，把主要活动的上层头人（奴隶主）集中到县上学习控制”。①

比补牛日：“1955年底，政府把获得工资的家支头人组织到县公安局保护起来，同时开始学习民改试行办法。政府人员把几十箱子弹摆在公安局门口的马路两边让我们看，还用鸡蛋碰石头给我们看。他们问我们中最有势力的人有多少子弹，那人说有三百多发。然后他们说，路边放的每个箱子里都有上千发子弹。我觉得连国民党的30万大军都打不过共产党，我们只能拥护共产党，接受教育改造。”

县政府档案中有这样一个黑彝头人的资料：“比祖热烈日有（中头人），解放前没有参加什么政治团体，专门坐在家中，不劳动，依靠剥削娃子为生。解放后对党没有正确认识，怀疑大，对人民政府态度不好。觉得自己是个黑彝，应该当干部。工作队发放农具时，他不让自己的娃子接受，阻碍工作。他与莫什呷呷有矛盾。1954年2月，政府号召不打冤家，他有意破坏治安，带娃子抢莫什家的牛、羊。当工作队去制止时，他准备与公安对抗。但没来得及打我们，被我们抓起来。因此对我更不满。他对民改顾虑很大，因为他财产多。在头人会议讨论社会过渡时，他不敢当面发言，背地说坏话。他参加黑彝头人秘密反我会议，开

① 中国人民政治协商会议布拖县委员会、学习文史委员会编：《布拖县文史资料选辑》第五辑，2001年，第104页。

展暗地活动。目前采取动摇观望态度，对民改顾虑很大。”[①]

从 1956 年 1 月 27 日开始，布拖县民主改革拉开序幕。县政府组织进步头人组成民改观察团，到各区配合民改工作。全县 36 个乡分两批进行民改。民改的具体内容是：

(1) 任务：消灭奴隶主阶级，解放奴隶群众和全体劳动人民，接着开展互助合作运动，发展农业生产，进行社会主义运动和社会主义建设。

(2) 路线：依靠奴隶、半奴隶，团结全体劳动者，有步骤有区别地消灭奴隶主阶级。

(3) 方针：以和缓的方式，采取“自上而下地颁布法令支持群众斗争，自下而上地发动群众贯彻法令”的方针。只要奴隶主安分守己，低头认罪，就教育群众给予宽大处理，不直接斗争。运动结束后通过合法手续保留选举权，运动中不算剥削帐，不清算历史罪恶，不挖底财，不退押金，争取少捕不杀。首先，对奴隶主采取分别对待政策：对口是心非者采取谈判和通过群众会议进行教育；对顽抗者采取法庭审判的群众大会打垮其气焰，使其就范；对叛乱者进行彻底及时打击，依法制裁。其次，改革期间，对代表性大的奴隶主采取调虎离山的办法，调离原籍。[②]

(4) 步骤：①宣传政策，发动、武装群众，帮助安家，收缴武器；②划分成分，进行没收、征收；③分配土地、生活、生产资料，宣传酝酿互助合作运动，进行社会主义前途教育；④建政、建党、建团，组织合作，发展生产，进行补课。[③]

阶级成分划分的初步意见是：①奴隶主：占有奴隶、土地，

---

① 布拖县档案馆，1－01－1955－17。

② 布拖县档案馆，1－01－1956－36。

③ 中国人民政治协商会议布拖县委员会、学习文史委员会编：《布拖县文史资料选辑》第二辑，2001 年，第 109 页。

不劳动，以剥削为生；②半奴隶主（系指白彝）[①]：本人参加主要劳动，但剥削收入为主要经济来源；③中农：一般不剥削人的曲诺，也包括参加主要劳动五年以上的黑彝；④半奴隶：占有少量或无土地，农具不全，主要靠租种别人土地为生。奴隶主不得任意杀害、买卖、捆绑；⑤奴隶：安家与呷西（锅庄）娃子。[②]按照这个阶级划分原则，绝大部分黑彝被划为了奴隶主。从布拖县特木里乡社会调查的情况看：全乡黑彝共24户，其中18户被划为奴隶主，占总户数的75%。[③] 参加劳动与否成为黑彝奴隶主与白彝半奴隶主相区分的标准。

改革开始后，政府又对奴隶主采取了三种不同的处理办法：

未参加叛乱，支持我工作的（约85户左右），本人可参加县上政协并获工资，家属分得一分土地，逼其从事劳动；多数人就地改造，留一份土地和必要生产资料，在群众监督下做劳动改造；搬家：搬离原地，受当地群众管制，强制参加生产（少部分顽固分子）。

比补牛日："民政刚开始时是和平改革，没收五大财产：娃子、耕牛、房屋、田地、枪支。然后将多余的房屋分给娃子，枪支没收。金银和羊仍归私人所有，政府还发给工资。在划分阶级时，18岁以上，并且与父母分家3年以上的聂如果拥有至少3个女仆（女勒节）、5户蒙柱、10头牛和40只羊，就被划为奴隶主。我当时已成家三年，但家里不算太富裕，因而被划为富裕劳动者。"

从1955年开始，在民主改革蓄势待发的巨大压力下，部分

① 此括号为原文所有，非笔者所加，反映了当时政府对白彝奴隶主的暧昧态度。

② 布拖县档案馆，1－01－1956－36。

③ 全国人民代表大会民族委员会编：《四川省凉山彝族自治州彝族社会调查》（内部资料），1957年，第218页。

奴隶主先后发动叛乱。“在凉山北部叛乱的影响下，1956年1月12日，拖觉区反动奴隶主以赶场、汇报工作为名包围区公所，杀害我区干部。与此同时，交际河亦发生叛乱，叛匪包围区工作队和柏子垭口驻军，烧毁粮库，截断水源，企图将我困死。次日西溪河、衣某、布拖坝子均发生叛乱。至此，全县范围的叛乱开始了。据不完全统计，参加叛乱的人数约8000余人，气焰嚣张，将县、区政府、部队团团围住，步步紧逼，抢劫国家财产，破坏交通通讯。”① 陆续的叛乱一直伴随着民主改革和复查补课，直到1960年方告一段落。参加叛乱的人数如此之多，反映了当时民改所掀起的轩然大波。大部分聂和部分白彝无法接受共产党企图消灭“奴隶制度”的做法，因为这意味着他们的地位将被颠覆。参加叛乱的还有很多是普通群众。但由于叛乱者与政府力量悬殊，加上政府大力动员群众，叛乱很快被镇压。

民主改革从1956年1月开始，到5月底宣告完成。至此“结束了布拖两千多年的奴隶社会制度，实现了彝族人民翻身解放，当家作主的愿望。在民主改革工作中，建立了乡级政权36个，解放奴隶3527人，没收奴隶主土地10.19万亩，征收、征购奴隶主粮食207.23万斤，耕畜3329头，农具3681件，房屋715间。经过民主改革，群众的积极性有了显著提高，全县自发组成的互助组1307个，合作社32个，劳协会员3.04万人，武装自卫队员7113人。在党的民族政策的感召下，奴隶主阶级内部也发生了很大的分化。民改中，拥护改革的为1103户，不同程度抵触情绪的为134户，公开与我为敌上山叛乱者为57户。经我政治争取与军事打击后，投诚784人，打死打伤552人，俘虏800余人，溃散7000余人，缴获各种枪支2233支，子弹5530

① 中国人民政治协商会议布拖县委员会、学习文史委员会编：《布拖县文史资料选辑》第二辑，2001年，第107页。

发，基本上平息了布拖境内的反民主改革的武装叛乱，取得了民主改革的伟大胜利。”[①] 民主改革的开展是以打击不法奴隶主为前提的，改革的过程也伴随着武装斗争。在唯物主义意识形态的指导下，民改在政治、经济、军事各方面取得了较为彻底的胜利。而彝族传统文化价值已被人们忽略甚至弃于脑后。但由于国家建立平等社会的长远目标并没有达到，新的社会运动不可避免。接踵而来的复查补课就是这场胜利的逻辑延伸。如果说民改还算“和平改革”的话，那复查补课则可以说是一场激烈而彻底的阶级斗争。

二、复查补课

复查补课的主要原因：一是由于党的权宜政策与长远目标背离，所以部分区乡的部分乡村走“过场”，有严重“夹生”现象；二是漏划奴隶主现象严重，对奴隶主在政治上的打击不力，经济上削弱不够，不法奴隶主反动气焰较嚣张。当时有各种破坏活动的不法奴隶主分子占全县奴隶主总数的30%。[②] 他们的破坏活动主要是：①政治上反动，开秘密会，策划再次叛乱；②咒骂人民政府和乡村干部，抗拒政府监督改造，歧视乡政权，制造反动谣言，利用迷信煽动群众闹事；③打骂娃子，杀害群众和干部；④经济上强迫娃子无偿劳动，夺回土地，送猪头，送鬼，摊派粮款，收租逼债，放高利贷，卖土地、娃子、大烟和白银。

复查补课基本内容和具体要求：①“高度分化奴隶主阶级阵营”，充分发动群众揭发不法奴隶主，与之划清阶级界线；②坚决打击不法奴隶主分子的破坏活动：进一步削弱经济实力，使其

---

① 中国人民政治协商会议布拖县委员会、学习文史委员会编：《布拖县文史资料选辑》第二辑，2001年，第104页。

② 布拖县档案馆：1-01-1957-060。

被孤立，不准乱说乱动，在群众监督下老实守法，劳动改造；③召开大规模群众大会，对叛乱首恶分子进行面对面说服斗争，按其悔改程度依法扣捕法办或送学习队，需要的要赔退财物[①]。

复查补课步骤：

发动群众；打击削弱不法奴隶主，重划阶级；分配成果；进行社会主义教育，彻底处理遗留问题，动员群众开展冬季生产运动。组织领导群众对不法奴隶主进行说理斗争，处理赔退问题。经过群众大会斗争的不法奴隶主分子，应予以撤职或降级处置。顽抗者从严处理，自动认罪悔改者从宽处理。[②]

在复查补课中，政府发动群众揭发检举，清算奴隶主历史旧账，根据情节轻重赔偿财物或逮捕判刑。

比补牛日："1958年进行了民主改革复查补课，政策变得十分严厉。结果奴隶主的羊、金银等全被没收。"

比祖阿沃："1957年开始'复查补课'。家里房子被没收，家具、衣服、首饰全被收走。我们只能用山上竹子盖小房子住，大的不准修也不让住。我的好几个舅舅都被抓去劳改，没有回来。"

比补嫫阿妈："我家被没收家产三次，家里的酸菜、猪油、大米和身上的首饰都被拿走了。我当时才十二三岁，还被捆去交代家产。我父亲被打得很惨，耳朵都被扯烂了。我母亲也因为经受不住折磨上吊死了。"

复查补课的成果（以布拖区为例）：

①政治打击：全区共打击处理不法奴隶主137人，占奴隶主总户数181户的75.76%，其中大会斗争28人，斗垮27人；开斗争会21次，成功18次；小会斗争32次，成功23次，9次一

① 清算历史旧账后，奴隶主用财物赔偿受害者。

② 布拖县档案馆：1－01－1957－060。

般。协商处理73人，逮捕7人，送学习队5人，打击2人，撤职19人，降职3人。不法奴隶主的体面威风已完全扫地，“奴隶主”这个新名词已经在凉山彝族社会确立，并成为很臭的东西。以黑彝为主体的奴隶主作为一个阶级完全被孤立。

②经济削弱：赔退工作。赔退财产原则上归公社作为生产资金或补助困难户。据全区统计，137户违法奴隶主中135户已赔退，应赔退48038.80元，实赔退39376.30元。“挖取底财”，以接受人民币为主，不主动公开要银子、牛羊、浮财和生活用具（但实际也收了——笔者注）。对叛乱者从严进行赔退，以免使其认为“叛乱可以保护家里财产”而更加顽抗。“奴隶主的赔偿标准应达到摸底数的90%以上”。“对于装饰品（如珊瑚珠），一般不收为好。”①

经过政治、经济上的进一步打击削弱，作为奴隶主阶级主体的聂的地位被彻底颠覆。除叛乱上山的聂外，大部分聂被政府牢牢控制。笔者从访谈中了解到，从民主改革开始，政府给每户聂安排了一个民兵，以监督其言行。有人出门要请假，有客来要报告。聂每天吃了什么、做了什么他们都要管。这样的监督一直到1980年聂被摘了“奴隶主”帽子才取消。

在民主改革和复查补课过程中，很多不服从改革、比较顽固的聂和参加叛乱被俘的聂被抓去劳改。

莫什阿普：“刚工作不到三个月，我就被劳改，在布拖监狱劳改了5年。1963年监狱放回不到500人到乌坡铜矿继续劳改。我在铜矿医院当卫生员，还给彝族人当翻译。其他那些劳动的人连用汉语报数都报不来。在乌坡铜矿呆到1972年，我才回家。回家后还被批斗，戴帽子。”

比补阿普：“解放前，我家有上千只羊，100多头牛，400多

① 布拖县档案馆：1-01-1957-060。

户土聂，十几个娃子。民改时，我们家被没收了700多只羊。之前我已经杀了300多只羊。我是在狗年（1958年）复查补课时被抓去劳改的。我哥哥和父亲都被抓到县上关了一段时间。我在西宁农场劳改了18年。有很多厉害的兹、聂和土都被关在那里。我刚去监狱时，被打得很惨，牙都掉了几颗。多亏里面的人照顾我，我才活下来。在里面一个月有15斤粮食，还发工资。我们主要干挖煤、背煤、背大米、种菜等劳动。很多人都被关几年就被放出来了，只有我被关得最久。农场怕我回来会遭迫害，所以让我呆到'文革'结束后才回来的。"

除对抗改革的人外，一开始就靠拢新政权的聂也被清算历史旧账。1958年，布拖政协干部到昭觉参加"向党交心运动"。在那里，他们开展了"知无不言，言无不尽"的批评与自我批评活动。他们主要通过接受人民监督、参加劳动、学习文件等方式来接受改造。当时政协有500多人，多数为聂。后来他们大多数被群众揭发以前的"所作所为"，很多被开除，有的甚至进了牢房。政协最后只剩80多人。"第二年初，布拖县也搞镇反运动和向党交心运动，通过镇反清理了一批委员，又通过向党交心运动抓了不少人。那时说错一句对党不忠的话或被人随便诬陷都有可能被抓。委员们晚上不敢脱衣入睡，怕来不及穿衣就被抓走。被抓的有的被送到西宁农场，因西宁气候过热，条件又差，许多人不能适应环境而死亡。有的被送往荞窝农场，也有企图逃窜而被击毙的。也有上山叛乱的，如欧吾日合尔色等。"①

投诚者可以说选择了放弃黑彝的传统价值观和声誉。对于黑彝阶层来说，他们是背叛者。然而，他们屡受打击，所遭受的精神创伤和打击是双重的。

① 中国人民政治协商会议布拖县委员会、学习文史委员会编：《布拖县文史资料选辑》第五辑，2001年，第113页。

第二节　民主改革后的黑彝境遇

1956年以来的民主改革和复查补课结束后，受中国政治大环境的影响，布拖县又陆续开展了“反右”、“四清”、“整风”、“文化大革命”等运动。贯穿历次运动的核心主题都是“以阶级斗争为纲”。黑彝始终是打击斗争的对象。

在县上，首先被斗争的是政协里的聂。

比补牛日：“‘文革’开始后，各级掌权干部都被整了。群众要求领导穿着围裙、戴着帽子给人民当‘勤务员’。县里开了一周的‘期望大会’。群众说政协是奴隶主窝，企图拉拢群众，被视为‘牛鬼蛇神’。我常常被弄来戴高帽，挂牌子。冤家来找我算账，家里很多东西都被拿走。连半大的孩子见了我们都叫我们‘奴隶主’。我们参加劳动改造，在单位种树，上山砍柴。晚上还被派去看守‘大字报’。我晚上睡觉连衣服都不敢脱。我被要求回老家呆了两年，到处参加批斗大会，接受群众批判。我们政协的人自愿在乌科山上办了个畜牧场，一方面进行劳动改造，一方面可以补充肉食。我们养了几百头羊，十几头牛，还有很多鸡。直到党中央取消劳动改造后，我们的日子才过得比较安稳了，群众也不来找我们算账了。”

农村里的聂也受到不同程度的斗争和批判。

比补嫫阿妈：“‘文革’时聂被打惨了。大家都不敢说自己是聂。我挨过打，还被罚站。群众踩聂的帽子，扯聂的衣服，不让聂穿自己的服装。聂女子衣服的长摆都卷起来，不敢露出来。那时的人一看见谁是聂，都会上去打。那时大家都不敢承认自己的身份。”

比祖阿沃：“‘文革’时上头颁布的政策跟实际执行的不一致，只要是聂（无论是否奴隶主）都是‘走资派’、‘当权派’，都受到歧视、斗争。那些‘积极分子’想从革命中吃回扣，常诬陷别人是反革命。被诬陷的人为了自保，只好贿赂他们，堵住他们的嘴。那时我们有好衣服都不敢穿，只敢藏在旧衣服里面穿。”

由于遭受重重打击，加之受政策变化不定的影响，当传闻越西、喜德地方发生屠杀聂的事件时，布拖的聂开始紧张起来，“新叛”随即发生。

比补日曲：“‘文革’时，传闻越西、喜德地方有土杀聂，我们很害怕。县上聂来请我和比补阿达去商量逃跑事宜，后来我俩没逃。那些人很不满，就向政府揭发了我们。我们被批斗得很惨。当时我们还安排好每家聂凑30元钱帮助一个比较厉害的聂逃到外地去，后来平反政策下来后才没逃走。当时逃到深山老林里去的聂大概有20多人，都是各家支头人和说话有分量的人，他们自称‘邓小平游击队’。当政府开始实施‘一家一户’（包产到户）的政策后（1979年左右），我们以为政策又变得像民改时一样了，打算逃上山，后来了解清楚政策才没逃。”

“新叛”发生后，政府充分发动干部群众揭发和搜捕叛匪。“四川省布拖县革命委员会《布拖县拖觉区胜利乡围歼莫什子初股匪的调查总结》中写道：“（1967年）7月18日上午，经过四十分钟激烈战斗，叛匪六人全被歼灭，缴获步枪三支，子弹一百多发，手榴弹四枚，手表四支和其他物资（群众揭发叛匪踪迹）。叛匪包括莫什子初、比补拉海。一社有叛情，全乡都出动；一乡有叛情，全区都出动。形成一个天罗地网，使叛匪陷于人民战争的汪洋大海之中。”①

比补牛日：“参加叛乱者后来多数都投降了。我们政协的劝降工作起了很大作用。当时我们背着干粮到山上去找叛乱者，劝说他们投降。有时我们的衣服、披毡、鸦片都被他们抢走了，还

① 布拖县档案馆：1-01-1969-680。

受到叛乱者辱骂，说我们像人民政府的狗。刚开始有很多群众参加叛乱，后来在政府的说服下，群众大都退出了。‘新叛’时的叛匪也是我们劝回来的。叛乱后投降者先被安排参加学习班，被改造成普通劳动者。如果改造不成功，便被劳改。”

民主改革等社会运动之所以在布拖引发激烈的矛盾斗争，一方面是部分奴隶主拼死抗争所致，同时也与当时的激进政策和态度有关。首先，改革不再尊重当地人传统，并将彝族文化传统视为过时、反动，加以否定。其次，改革挑起并深化阶级矛盾，将奴隶主妖魔化，“人人得而诛之”。再次，政策前后不一致，导致一些人不再信任新政权，激化了矛盾。换言之，参加叛乱的多数是被“逼上梁山”的。此外，也不排除部分人利用阶级斗争清算私人旧账，满足私利。

几十年的社会运动对黑彝产生深远影响：

首先，在经历种种斗争和运动后，黑彝政治地位一落千丈，经济实力遭受严重削弱。这对他们现在的生活产生重大影响。目前，布拖农村的很多黑彝生活贫困，徘徊在温饱线上。经济实力的缺乏，使他们没有资本搞发展，只能靠种地维持生活，靠天吃饭。贫困不仅影响到黑彝的生活，还影响到后代的教育。在现代社会中，经济实力薄弱，当然也会影响到政治地位。

其次，民主改革时，年龄在18岁以上的男性聂大都被抓，留下很多孤儿寡母。青壮劳力的缺失，加上社会大动荡和自然灾害，小孩被饿死，大人在斗争中受不了屈辱而自杀死。被劳改的聂也死了很多。比补阿普说，很多被判刑回来的人都没有儿子（由于错过生育期）。在彝族这个父系社会，无子意味着家支血脉的中断，人死后不能回归祖界。这还意味着老人无人赡养，无人送终。

个案：比补阿普：“我在西宁农场被关了18年。回来后，与第二个老婆离了婚。她把家里财产都拿走了，只留了一头猪给我。我接着娶了第三个老婆。她只给我生了一个女儿就去世了。女儿已经20岁，嫁到宁南去了。劳改回来的人很多都没有儿子。”

彝族有句谚语：“子欠父债，安灵送灵。”比补阿普被抓去劳改之前已经结婚，而且有儿有女，但都在社会动荡时死了，只留下一个女儿。女儿一出嫁，只有他和年轻的老婆相依为命。由于没有子女，他与老婆关系不好。命运坎坷的他遭受了诸多不幸，已经对生活失去希望。他跟亲戚说，他一直藏着一瓶敌敌畏，如果哪天想不开了，就服毒自尽。

再次，多年的压抑和被排挤使黑彝的思想变得更加顽固。“在具有革命性意义的历史局面里，客观结构中的变迁过于迅猛，那些还保留着被以往结构型塑成的心智结构的行动者就成了守旧落伍的家伙，所作所为也就有些不合时宜，目标宗旨也未免与潮流相悖。”① 由于聂一直没有改变他们是“天生贵族”的想法，他们不愿与土通婚。尤其在布拖这个地方，等级内婚还被严格实践。因为聂家支和人口有限，聂的通婚范围十分狭小，固定在几个家支内，都是姑舅表亲。由于聂内部的分层，聂夫与聂究通常不跟聂史通婚，使其婚姻范围更狭窄。布拖的比补、吉迪、比祖、莫什等家支都是姻亲。固定的通婚对象和有限的通婚范围十分不利于他们的发展。有时他们不得不与较远地方的聂通婚。但由于路途遥远，交通不便，姻亲间很少来往。为了维持血统纯正，聂中包办婚姻现象比较严重，这导致很多不幸的婚姻。聂中早婚的现象亦比较严重。聂怕女子找不到婆家，通常在女儿年幼时就早早定下婚事。此外，聂中重婚的现象也较多。受血统继承思想的影响，彝族很看重儿子。对于聂来说，他们的血统高贵，

① ［法］皮埃尔·布迪厄、［美］华康德著：《实践与反思：反思社会学导引》，李猛、李康译，邓正来校，北京：中央编译出版社，2004年，第175—176页。

因而血统延续更显得重要。当一个聂女人不能给婆家生下儿子时，她会默许丈夫娶二房，她娘家人也会接受。两个妻子是平等的，没有大小之分，只是不住一处。丈夫通常定期在两处轮流居住。聂的顽固性还表现在他们对国家现代化的有意无意的抵制。抵制的程度因人而异，但抵制是普遍存在的。相比之下，尽管土中也有固守传统者，但很多人倾向于较主动接受现代化，尤其年轻人表现得更明显。对于聂来说，丢了传统就几乎等于丢了他们的身份，因而他们在遭遇现代化时表现比较被动。由于与土有较强的区别意识，他们不愿跟土一样。因此，他们更显得被动，其发展程度似乎总是落后于土。

第三章　“顽固”的黑彝

形式上，聂在民主改革和此后的社会运动中成为彻底的劳动者。布拖的聂除少数在政府工作外，大部分以务农为生。随着现代化的逐渐渗透，有的聂男子开始外出打工，有人在集市做生意、开商店，但数量极少。

个案 1：比补嫫阿呷（32 岁）：“我本来和家人住在衣某区先锋乡，以劳动谋生。后来因为超生了一个孩子（女儿），为了躲避计划生育，我和丈夫带着两个儿子和小女儿搬到县城来。我家在县城附近租了农民的房子住。为了生活，我在街上给别人做彝族服装，收取手工费。我的丈夫跟几个家门一起到外地打工，据他说在北方某个城市的砖厂当工人。”

个案 2：比补日曲（64 岁）：“我有三个儿子，两个女儿。我用劳动所得供大儿子上学，现在他在县上工作。后来做生意供小儿子念书。他成绩不好，考不上，我花了两万多块钱让他读完了中专。1999 年，我家以前的一个土（在工商局工作）借了 200 元钱给我，让我在火烈乡开了个商店。”

聂以前衣食无忧的日子不再，其政治地位亦一落千丈。除政协几位年龄偏高的老干部外，在县级机关单位中任职的聂很少。这当然跟聂的人数少也有关系。但与民主改革前相比，数量还是相去甚远。尽管如此，黑彝却还维持着等级界限。究其原因，除了“可以归究于旧有观念或文化滞后”[①] 之外，还有其他客观原因和现实基础。

第一节 等级观念维持的原因

一、政策因素

等级观念的维持，传统和惯习是主要原因，但与国家发动各种运动的做法也大有关系。“民主改革以后，党和政府在凉山彝区所做的阶级划分基本上与该社会旧有的等级划分是吻合的。”“狠抓的阶级斗争很难说不是等级斗争，所提高的阶级觉悟很难说不是等级觉悟。消除等级观念事实上则等同于丧失阶级立场。”[②] 1956 年 7 月，全国人民代表大会民族事务委员会组织了对彝族地区婚姻问题的调查。调查报告在提到不同等级通婚的问题时是这样写的：不同等级间通婚的问题：可能要三五年或六七年才行，不会很快转变。不同等级间有仇恨，黑彝女子不劳动，没人要。在中央民族学院、雅安、成都有黑彝与白彝通婚，凉山只有恋爱，没有通婚。[③]

针对凉山彝族婚姻中存在的以等级内婚为主的不“合法”现

---

① 林耀华：《论凉山彝区等级观念形态》，韦安多主编：《凉山彝族文化艺术研究》，成都：四川民族出版社，2004 年，第 160 页。

② 同上，第 161—162 页。

③ 布拖县档案馆：1－01－1956－023。

象，国家先后于1960年、1976年、1988年在凉山开展了三次婚姻改革。民主改革“引进了新的社会关系，实现了中央政府对一度号称‘独立罗罗’的凉山彝族社会的直接管理。婚改则要走完更重要的一步：实现个体解放，使之作为现代国家的国民参与现代化进程。”① 民主改革和复查补课废除了等级剥削和压迫制度，而婚姻改革则是为了彻底摧毁等级制度。这三次婚改费时耗力，但收效甚微，尤其对等级内婚的影响甚微。

从1960年第一次婚姻改革来看：

(1) 婚姻改革具体步骤：

①训练骨干，了解情况，开展群众性宣传动员，结合摸底（改革前后基本婚姻情况，各阶层思想，批判打击对象）进行问题排队。

②以问题为主，组织群众开展辩论，大力启发群众诉苦，结合进行批判斗争，打击现行。掀起群众性自我教育高潮。讨论问题主要是：首先，旧有社会的包办、买卖、强迫、转房、重婚、等级支配等婚姻制度的危害；其次，奴隶社会的婚姻制度为谁服务，对谁有利，应不应改，等等。

③处理好具体婚姻问题，发动群众订立民族团结和睦，发展生产的家庭公约。

④关于黑白彝通婚问题：若男女双方都为劳动者，可同意其结婚；若一方是奴隶主，应教育劳动人民提高阶级觉悟，在奴隶主没彻底改造前不与之结婚，已结了的就算了。若主动提出离婚，应予支持。

(2) 运动中主要打击对象：

破坏婚改的反动奴隶主分子；反动家支头人；严重杀害虐待

---

① 张海洋、胡英姿：《凉山彝族婚改内容解析——兼论传统文化与现代国家的互动》，《中央民族大学学报》（人文社会科学版），2001年第4期，第23页。

妇女的犯罪分子。在斗争中应将其历史罪恶联系起来。重点批判对象控制在总人口的千分之一，其中扣捕的占20%。

在婚改总结报告中指出："婚改既属于民主革命范畴又是人民内部矛盾，因此斗争十分尖锐复杂。要以革命的手段废除奴隶社会遗留下来的婚姻制度。"由此可见，婚姻改革其实是民主改革的延续和进一步深化，其主要目的是通过废除等级内婚打破等级界线。然而，由于民主改革刚刚结束，全社会阶级斗争形势高涨，婚改被深深打上了"等级"烙印。由于聂等级的特殊性，等级界线和阶级划分界线发生巧合一致。①在那个言必称阶级的年代，整个聂等级成为斗争对象，群众避之犹恐不及，更别提与之开亲了。政府在婚改中对聂等级的政策也难免出现矛盾。在第一次婚改中，政府文件是这样规定的：

如果遇到有黑白彝之间要求结婚的问题发生，应分别情况做出不同处理：

①如果一方是黑彝奴隶主分子，另一方是白彝中的党团员或者基层干部时，那就不应该同意。在进行阶级教育、提高这些党团员、基层干部的觉悟后，让他们自觉地撤回申请结婚的要求；如果教育后，坚决要求同奴隶主分子结婚时，那就应该进行必要的处理；

②如果一方是黑彝奴隶主分子，他方是白彝劳动人民，原则上也应该加以说服劝止；

③如果一方是黑彝奴隶主子女，他方是劳动人民或者是党团员时，应该根据中共中央"关于农村社会主义教育运动中一些具体政策的规定（草案）"中"正确对待地主、富农子女问题"的

① Pan Jiao: "The Maintenance of Lolo Caste Idea in Socialist China", in Inner Asia: Occasional Papers, 1997: 2: 1: 108 – 127, Mongolia and Inner Asia Studies Unit, University of Cambridge.

有关规定处理。不宜做出某些硬性的规定，加以限制。至于已经结了婚的，更要教育他们划清政治界限，站稳阶级立场，不要受对方影响。一般也不要对他们进行组织处理。[①]

婚改是政府想打破等级内婚的尝试。然而，一旦等级与阶级被划上等号，打破等级内婚的婚姻改革就没有可能成功了。

二、传统社会结构的影响

林耀华先生认为："等级观念在凉山彝区的继续存留还有一个现实社会基础，那就是：家支组织仍在彝族社会中起着十分重要的作用。"[②] 笔者认为，不仅家支组织还在发挥作用，布拖传统彝族社会的整个结构都没有发生大的改变，这才是等级观念得以存在的现实基础。张海洋、胡英姿在《凉山彝族婚改内容解析——兼论传统文化与现代国家的互动》一文中将凉山彝族传统文化社会结构归纳如下（自下而上阅读）：

祖灵崇拜（毕摩信仰）
习惯礼法（及德古权威）
等级制度（兹、诺/曲、节）
家支组织（此威、楚西及苏日头人）

他们认为："该结构中的四个要素是彝族传统社会的支柱，也是理解当地文化的四把钥匙。"在这个结构中，家支、习惯法和毕摩信仰是等级制度存在的社会基础。而"婚姻制度是串连这四把钥匙的链环"。[③] 家支组织、习惯法和毕摩信仰主要通过婚

① 胡英姿：《凉山彝族婚改内容解析——兼论传统文化与现代国家的互动》，硕士学位论文，北京：中央民族大学，2000年，第27页。

② 林耀华：《论凉山彝族等级观念形态》，韦安多主编：《凉山彝族文化艺术研究》，成都：四川民族出版社，2004年，第164页。

③ 张海洋、胡英姿：《凉山彝族婚改内容解析——兼论传统文化与现代国家的互动》，《中央民族大学学报》（人文社会科学版），2001年第4期，第21页。

姻来实现对等级制度的“串连”。

家支力量：彝族有谚语说：“蛤蟆生存靠水塘，猴子生存靠树林，人类生存靠亲友，彝族生存靠家支。”[①] 在当代凉山彝族社会中，家支仍然是个人身份的标志。一个人只要有姓，就有家支。两个人初次见面，第一件事就是把对方家支背景弄清楚。这是两个人进一步来往的前提，它在很大程度上决定他们的交往方式和深度。新中国成立后，政府一直努力将其影响深入到每一个地方，以使传统的民间社会组织机能不断萎缩。但从改革开放后的情况看，这一目的并没有完全达到。80年代中期后，由于政府基层组织的弱化，原来的民间社会组织又浮出水面，出现了回潮的趋势。凉山彝族的家支力量亦如此。其时，凉山各地家支纷纷召开跨县级家支大会，以强化家支内部联系，重树家支威严和名声。严禁家支内婚、严禁跨等级通婚、家支内部团结、互助等内容得到重申。在这样的前提下，聂家支亦重建威信，强化了对本家支成员的规范和管束。由于聂的人口较少，家支内更易于联系和团结，也更易于将家支规范落实到个人。与土相比，家支对聂的影响更大。各家支有固定开亲对象，尤其因为聂的人数少，开亲对象更为固定和集中。亲属网络得到不断强化和加固，使家支的约束力量更加强大。

习惯法力量：彝族社会中虽然没有成文的法规，但习惯法却深入人心，在民间社会中发挥着国家法律难以替代的作用。解放前，彝族社会中各等级的规矩有不同叫法：兹的规矩叫“古”；聂的规矩叫“火”；土的规矩叫“尔”；奴隶娃子的规矩叫“批”。四个等级的规矩从低等级往上，越来越严格。由于土司已不复存在，聂的规矩就是最严格的。聂的规矩不仅严格，而且内容丰

① 《凉山彝族奴隶社会》编写组：《凉山彝文资料选译（3）》（内部），成都，1978年，第31页。

富。大部分聂都懂规矩。不仅聂自己这样认为，土也认为聂的规矩最严格和完整，并相信聂苏（布拖彝族自称，下同）的规矩都是聂制定和传承下来的。习惯法中首要一条就是等级内婚。聂的开亲对象只能是与自己等级地位相当的人，否则等级将下降，并且永远不可能恢复。

信仰力量：凉山彝族的传统信仰对当地人的影响仍十分深远。首先，人们普遍信仰祖灵。祖灵的性格不定：高兴时可以福荫子孙，给后代带来吉祥、幸福；不高兴时可能降灾于后代，使后代遭受不幸。① 一旦子孙违反祖先传下来的规矩，打破传统，就可能受到惩罚。彝族人认为，人死后要回到祖先居住的地方，那里有如天堂。然而，破坏规矩的人，不但不能回归祖界，还可能化为恶鬼，祸害凡人，成为毕摩和苏尼的“刀下鬼”。其次，人们相信毕摩的神力。毕摩可以驱鬼救人，也可以对人施以诅咒，给人带来灾祸。对祖先和毕摩的畏惧使人们不敢轻易打破等级界线。

与民主改革前相比，凉山社会的结构因为国家权力的介入而发生了巨大改变。当社会结构发生剧烈改变时，会出现惯习滞后的现象，出现惯习与结构的强烈脱节。② 等级观念的持续存在应部分归因于惯习的滞后性。社会动荡年代的阶级话语对黑彝白彝区别的强调和扩大，也使等级界限被保持下来。而在改革开放后，传统力量的回潮使等级结构获得再生产的条件，等级结构产生的客观结构得到很大程度的恢复，于是等级观念以合法的身份再度显现。

---

① 巴莫阿依：《彝族祖灵信仰研究》，成都：四川民族出版社，1994 年，第 27 页。

② ［法］皮埃尔·布迪厄、［美］华康德著：《实践与反思：反思社会学导引》，李猛、李康译，邓正来校，北京：中央编译出版社，2004 年，第 175 页。

第二节 “隐形”的等级制度

尽管聂在经济、政治上已失去优势，但仍在维系着与其他等级的界线。聂的贵族思想根深蒂固，普遍认为自己血统纯正，地位高。很多聂表面上说与土除生活习惯不太一样外，其他已没什么区别，但心里并不这么认为。

个案1：吉木育育（白彝）：“现在聂仍然觉得自己跟土不一样，觉得自己骨头硬，高贵。他们太顽固，穷困潦倒的聂照样觉得自己高贵，只坐板凳，不坐地上。”

个案2：吉果嫫（白彝）：“我觉得现在土的心也大了，跟聂没有什么区别。但是聂自己还是觉得跟土不一样，大家在相处的时候各自会有各自的想法，只是表面上不会表现出来。”

笔者观察，布拖目前仍存在一个深层的隐形“等级社会”。布拖的彝族十分清楚每家人的来源和身世，因为这是他们决定是否与之通婚的前提。如果不是不得已，如因为经济实力不强、相貌差等原因而找不到门当户对的开亲对象，他们不会跟比自己低等级的人通婚。在相互交往中，人们也会用对方的等级地位来衡量对方的言行。等级能在很大程度上影响人们之间的交往。高等级的人一般不会和低等级的人走得太近。不仅是彝族，布拖汉族也分为两种：“土汉族”和“真汉族”。“土汉族”指曾做过奴隶的汉族。“真汉族”一般也不愿意跟“土汉族”通婚。布拖的这种氛围强化了人们的等级观念，为聂等级婚姻的维系提供了土壤。

解放前，聂通过处死的办法维护严格的等级内婚。现在，国家法律不再允许动用私刑，他们不得不改变对策，用开除家支的方式来处罚跨等级通婚的聂。

一、“剁”（nduo）——开除家支仪式

“剁”在布拖彝语中有“砍”的意思，以它作为开除家支仪式的名称很形象，因为开除家支就类似于把一个人从“家支”这棵大树上砍掉。“剁”不仅是开除家支仪式，还是个诅咒仪式。在仪式中，毕摩念诅咒经文，同时打死鸡和狗送到野外，意思是违反规矩的人将如同这鸡和狗一样死去。“剁”仪式不仅诅咒背叛家支的人，也诅咒跟背叛者私下来往的人。被“剁”的人没有了家支，不能再跟家支的人来往。本家支的人也不能与之来往。其他家支的人通常也不会跟这样的人有关系，因为这将冒被诅咒和破坏家支关系的危险。被“剁”者还不被其祖先承认，得不到祖先庇佑；死后灵魂无归所，将成为孤魂野鬼。由于家支的影响和舆论的压力，被“剁”者通常不得不离开原社区，另寻生路。笔者在调查中了解到，好几个打破等级通婚者都被迫离开了布拖。另一方面，信仰的力量和舆论会给被“剁”者带来精神上的巨大压力。

家支、习惯法和祖灵信仰三股力量的交叉，使“剁”仪式的影响力远超出了信仰本身的范畴。失去家支这一层主要的社会关系，被“剁”者虽然没有在生物上死亡，但离开家支不仅等于被宣判“社会死亡”，[①] 而且也是一种万劫不复的灵魂死亡。这些想像会影响作为生物和社会个体的人的正常生存和发展。

二、黑彝妇女的遭遇

除运用传统力量来维护等级内婚外，聂还对女子采取了较为严厉的管束方式，以杜绝跨等级婚的发生。

---

① 雷亮中：《不洁、歧视与村落：麻风和麻风村的故事》，硕士学位论文，北京：中央民族大学，2003 年，第 6 页。

个案1：比补嫫阿呷（32岁）："从三四岁开始，家里人就教育我不要跟土女子学坏。比较小的时候，我还经常跟邻居土女孩玩，长大了以后就不怎么跟她们在一起了。因为我们已经对她们没有控制权了，她们如果随意做事的话，我们也管不了，所以只有跟她们保持距离了。我记得政府派人来动员我去读书，但我没去。聂嫫（聂女子）不能跟土男子来往。聂子（聂男子）可以随意跟土女子交往，只要不结婚就行。聂嫫晚上都不上街，怕丢脸；不让读书，怕被土带坏了。现在单位上有读书的聂女子了，但农村里还很少。区乡有什么群众活动时，聂嫫是不会参加的。如果已经被迫报了名，有的就让小一些的女孩代替大姑娘参加。"

个案2：吉迪嫫阿枝（30岁）："从小母亲就教我们该做什么，不该做什么。不能调皮，不能跟土男子来往。我小时候也跟土一起玩过，但十五六岁以后就不能跟土玩了。"

个案3：吉各嫫（白彝）："聂女子被管得比较严。她们平时较少出门，只偶尔上街赶集。天黑后绝对不会出门。"

据笔者观察，县城赶集这天，农村的人们都汇集于大街上，人头攒动，十分热闹。在赶集的人群中，有相当一部分是在街上闲逛的，主要由土男女构成。他们三五成群，在街上来回走动，常跟异性搭讪、开玩笑或聊天。他们上街的目的不在赶集。这些土聂男女会在街上逗留到夜里十一二点才回家。常能看见男子主动上前向女子搭讪，女子通常不会拒绝。聂女子则完全不一样。如果不是必需的话，她们不会轻易上街。上街办完事就回家，不会在街上闲逛，不会随便跟土聂男子接触。土聂男女享有较大婚前自由。只要找的是门当户对的人，便可以跟异性自由来往，甚至发生性关系。家长一般不会干涉。聂则不行。聂男女在订婚之前不能私下来往。由于聂女子人身自由受很大限制，她们与男子接触的机会很少。通常先有一个媒人替两家人牵线说媒，如果双方家长同意，便定下婚约。很多人在婚前连丈夫的面都没见过。

前文提到，等级内婚可以帮助建立各黑彝家支的联系，因而能增强黑彝的势力和影响力，是黑彝社会资本积累的主要途径。为了维护等级内婚，黑彝女子成了牺牲品，在很大程度上沦为社会资本的累积工具。聂对女子管束严厉，不让她们接受教育。聂这样做，不仅限制了聂妇女的发展，并会对后代产生影响，因为妇女是后代的主要抚养者和教育者。此外，由于聂对男子管束不严，并让他们接受教育，导致聂男子与女子间在思想意识方面产生差距，并且差距日益扩大。这种差距使聂男子与女子缺少共同语言，从而导致婚姻不幸，或者等级外婚的发生。为了维护等级内婚，聂禁锢了女子；同时，聂又纵容男子。这种双重标准，使聂付出很大代价和牺牲，包括文化资本的丧失。

第四章 “现实”的黑彝

第一节 黑彝身份的重建——对现有资本的操弄

对资本的掌握情况在很大程度上决定了行动者能否在场域的竞争中获胜并使自己地位合法化。解放后，黑彝已丧失经济、政治特权，其等级身份失去合法性，等级特权亦遭摧毁，表面上已被改造为普通劳动者。改革开放后，当国家力量对地方控制减弱，地方传统力量回潮后，黑彝便重整旗鼓，利用现有条件重建自己的“贵族身份”，特别是强调自己在文化资本等具有象征性的符号资本方面的优势。

一、“天生贵族”

“血统优劣论”是黑彝等级身份的“逻辑演绎起点”。[①] 聂认为：只有聂是纯正的聂苏。土聂的祖先是汉族，他们是后来才被同化为聂苏的。黑彝认为，不同来源是聂和土的根本区别，也是等级内婚和其他不同的根本原因。

个案1：比补曲曲：“土聂和聂的区别是出处不一样，聂比土后出现。传说古侯和曲涅的祖先有三只狗，他让一只狗呆在天上，一只在地下，一只留在人间守屋、守庄稼，帮人打猎。当他带着第三只狗来到土的地方时，遇上土的皇帝脚疼。皇帝让他治病，说如果能治好的话，就把女儿嫁给他。这位祖先确定皇帝的女儿没有狐臭后，就让他的狗舔了舔皇帝的脚，脚就好了。于是他娶了皇帝的女儿为妻，随后繁衍出古侯、曲涅支系。聂的祖先是天上来的，所以聂是‘天生贵族’”。

个案2：比祖阿沃：“土其实是汉族，只有兹和聂是彝族。只不过土经过数代后就变成彝族了。从一有人开始，皇帝就下命令将不同来源的人安排了不同的身份。人的祖先是阿普杜慕。阿普杜慕有六个儿子，其中三个是汉族、彝族和藏族的祖先。彝族的祖先分为古侯和曲涅两支。土和聂的形成也有经济原因。布拖的聂中只有莫什家不是从古侯和曲涅传下来的，其他聂都是从这两支分下来的。”

“来源不同说”成为黑彝构建自身身份合法性的根本依据。体现黑彝贵族身份的最根本点是血统。黑彝强调自己与白彝来源不同，且将等级身份神圣化，认为自己血统高贵。血统高贵论让黑彝可以在不具备任何现实资本的条件下处于较高社会地位，从

---

① 林耀华：《论凉山彝区等级观念形态》，韦安多主编：《凉山彝族文化艺术研究》，成都：四川民族出版社，2004年，第163页。

而使他们在场域力量斗争中处于较有利位置。血统高贵论是黑彝与生俱来的资本，一种象征资本，它在一定条件下可以转化为其他资本，具有很大发展潜力。聂否定土作为彝族的身份，一方面是为了衬托自身血统的纯正；另一方面是为了突出聂在彝族文化中的优越性——聂才是正宗的，是彝族传统文化的核心载体和正统继承人。聂利用传说将自己的地位合法化。

二、黑彝的惯习

在布迪厄的理论中，惯习是区分原则，也是区分活动本身。黑彝认为，黑彝与白彝区分的方面主要在黑彝的惯习中表现出来。惯习“既包含生活过程中的服饰、装饰，也同样包含体格、行为举止、气质、性格、性情、禀性等衍生意义”，“也常被用来表示受外在行为、教育和个人努力的影响下而固定下来的行为方式、生存方式和持久性的禀性。”① 聂和土互为他者。聂的等级身份是对应于土的存在而存在的。解放前，土是聂的隶属民和奴隶，是聂等级的统治对象。现在，土是聂的对立面。正如彝族的认同依赖于通过跟周边汉族的比较而确立，聂的身份全依赖于跟土的比较而确立。聂的来源、性格脾气、生活习惯都是跟土相比较而言的。

首先，从服饰习惯上来看，布拖聂女子的服装很少用鲜艳布料，只以少许正红色和一些偏暗的花边做装饰。聂男子的服装更素净，连缝衣服的线都不能是鲜艳的颜色，只能是蓝色或绿色的。聂的生活中较少使用鲜艳的颜色，如：建房时不用红、黄色装饰房屋。聂女子的传统服饰与土女子有区别。聂女子衣服素净，只有衣领、袖口是红色。有的裙子上也有少许红色。年轻人

① ［法］高宣扬：《当代法国思想五十年》，台北：五南图书出版公司，2003年，第590—591页。

可以多用一点红色点缀衣服。以前布少，可挑的花色也少，只有聂女子和有钱的土才穿得起红色布料做的衣服。聂女子的耳环圈小，坠短，长不过脖子。她们只在领口装饰银扣，领上没有其他银片，也没有任何绣纹。领后部正中缝有一方型布，叫哈帕(hatpa)，通常为蓝色或绿色，在红色底子的映衬下很显眼。衣服上装饰有小银扣子。衣身花纹简单，内衫摆长至膝盖以下。裙长及地。土女子衣服颜色鲜艳，纹饰丰富，裙子有黄、红、蓝等多种颜色。耳环圈大坠长，且随着人们经济收入的提高，有越来越大的趋势。领上常饰有梅花型银泡，粒大醒目。领部后颈正中缝有一块三角形布块，与聂的方形哈帕形成鲜明区别。外人常能以此判断不同身份。土女子喜欢赶时髦，流行穿汉族衣服。聂女子则多穿着传统服装。聂女子上街赶集时，即使衣服破旧，仍穿得整齐、得体。土女子则不太注重仪表。穿传统服饰的土已不多，多数年轻人以穿汉族衣服为时髦。有的人身穿牛仔衣，脚穿皮鞋，头上却戴了一顶跟传统衣服搭配的黑呢帽子，很不协调。

其次，聂认为自己的禀性与土有区别。聂的自尊心强，很要面子。聂无时无刻不在提醒自己：言行举止要像个聂的样子，不能丢了聂的尊严。聂还被认为比较大方、慷慨。

个案1：吉各嫫（白彝）："聂的脾气大，爱面子，比较大方。聂的葬礼上是一桌一桌的招待客人，土的葬礼上则只给来参加的人每人分两块肉。聂参加聂的葬礼出钱大方，出几十块钱，去土的葬礼出钱少些。土参加葬礼时只出几块或十块钱。"

个案2：比补牛日："杀了牲口后，聂会一点不留的分给客人和邻居，而土会留一点给自己；聂的肉砍得很大块，土则砍得比较小块。"

聂认为自己较稳重，不撒谎，不随便开玩笑，说一是一，信守诺言。大部分聂遵纪守法，严于律己，安守本分。

比祖阿沃："比祖家的人都比较遵纪守法。其他几个聂家支犯罪的相对多些。他们都说我们家的人没有出息。我觉得我们遵纪守法，靠自己劳动为生，活得心安理得。我们比祖家目前没有吸毒、贩毒的，没有坐牢的，没有偷盗骗人的。”聂以自己遵纪守法为光荣，认为这是其人品好的体现。

除聂对自己身份的建构外，土也有意无意的参与了聂的身份建构。布迪厄认为：“被支配者的被排斥和被压制，正是他们自身合作的结果。”① 之所以会出现这样的情况，是因为行动者的惯习是客观结构的内化，与客观结构是相对应的。客观等级结构内化到被支配者的惯习中，让被支配者深陷其中而不自知，甚至还参与了等级结构的再生产。在对支配现象进行分析时，布迪厄援用了符号暴力② 的概念。“符号暴力就是，在一个社会行动者本身合谋的基础上，施加在他身上的暴力。”③ “社会行动者对那些施加在他们身上的暴力，恰恰并不领会那是一种暴力，反而认可了这种暴力。”④ 布迪厄称此种现象为“误识（misrecognition)”。尽管是种误识，行动者往往视支配为理所当然，并接受现状。土对聂身份的认可证实了“符号暴力”的效力。土对聂是有想像和期望的。在土看来，聂应该是慷慨、大方、稳重、一诺千金的。这种理想状态是土本身所期望达到的。一旦某个聂没有达到他们所期望的标准，他们就会蔑视他，不尊重他，认为他不像个聂。得到土的尊重是聂建立尊严的重要条件。土对聂的想像和期望就像一根无形的鞭子，时刻鞭策着聂。

---

① ［法］皮埃尔·布迪厄、［美］华康德著：《实践与反思：反思社会学导论》，李猛、李康译，邓正来校，北京：中央编译出版社，2004 年，第 26 页。

② 有的译为象征暴力。

③ ［法］皮埃尔·布迪厄、［美］华康德著：《实践与反思：反思社会学导论》，李猛、李康译，邓正来校，北京：中央编译出版社，2004 年，第 221 页。

④ 同上，第 222 页。

第二节 理想与现实之间

聂一直是很有“文化优越感”的，聂和土都认为聂才是聂苏传统文化的真正传承和维系者。然而，正所谓“三十年河东，三十年河西”。随着时代的变化和现代化的不断渗透，聂所掌握的传统文化这个资本似乎越来越没有竞争力了。在遭遇现代化时，土更容易进行调适从而较快适应变化。聂则因固守传统而在现代化过程中处于劣势。人们，尤其是中老年一辈仍在努力维持传统，而且聂的传统对当地人仍深有影响。但为了适应变化，为了生存，他们不得不做出改变。现实环境在改变，黑彝的惯习也会改变。尽管这种改变是缓慢而且在多数情况下是被动的。

一、“名”与“实”的分离

彝族有谚语说：“黑彝爱撒谎，谎言不准破；黑彝爱贪嘴，嘴馋不让说。”这句话可能出自白彝之口，但也说明，聂的言行之分离古已有之。随着时代的发展和社会控制的放松，这种名实的不符日趋明显。当聂谈到自己性格脾气方面与土的区别时，他们在潜意识里将这些区别本质化了，认为是聂与生俱来的。不可否认聂确实很爱面子，自尊心强，但并非人人都是这样。

前文中提到，在解放前，根据土地、娃子数、相貌、人品、林地范围等标准，聂内部分为三种人：聂夫、聂究、聂史。在这些标准中，人品是很重要的一条。这种等级内的层次划分一直延续到现在，并仍在发挥作用。聂内部经常讨论的一个话题是民改前各家的地位。如果一个人家以前是聂夫，他会感觉很有面子，别人也会比较尊重他。如果一个人家以前是聂史，他将在聂中受歧视。聂在寻找通婚对象时，首先要考虑对方的地位。只有同等地位的聂才互相通婚。除非因为相貌、经济、年龄等原因，聂夫不会跟聂史通婚。聂史通常被认为是言行不太像聂的人，是比较不正宗的聂。因此，如果他们做出一些不符合聂身份的事来，人们会认为因为他是聂史才会这样的。聂史在聂和土中都不太受尊重。布拖的黑彝对哪家是聂史了解得一清二楚，只是大家都不当面说出来，只在背后议论。聂史的存在，使聂的“贵族神话”出现漏洞。

比补曲曲：“现在的聂是不当毕摩的。远古以前是聂做毕摩，毕摩的前辈阿苏拉则就是个聂。后来聂觉得做毕摩很累，收获也不多，只能得到羊皮之类的小东西，所以让土来做毕摩。现在也还有聂当毕摩，衣某区就有，但不厉害。当毕摩的聂是不大正宗的，是贪吃才做毕摩的。”聂毕摩的存在表明：有的聂为了生活，不得不做一些被认为不合聂身份的事。在温饱都没有解决的情况下，尊严和面子恐怕都不那么重要了。

此外，聂虽然对女子严加看管，对男子却放任不管。解放前聂对男子的管束就没有那么严。在不与土通婚的前提下，聂男子可以跟土女子发生性关系，并且不受任何惩罚。除此之外，聂男子的人身自由不受任何限制，享有较大自由和自主权。在这样的情况下，聂男子较容易犯“错误”，导致聂的声誉毁坏。

无论是过去还是现在，聂都把自己的身份理想化了。这种理想状态是他们所孜孜追求的崇高境界，并非完全是他们的实际表现。人的本性中普遍有一种“双重标准”在发挥作用：想的、说的是一套，做的却是另一套；给别人定较高的标准，对自己却是另一个标准。

二、“圣”与“俗”的分离

巴莫阿依在《大凉山彝族的仪式生活》一文中将彝族人的生活分为日常生活和仪式生活两部分，并列出一个“大凉山彝族山民日常生活与仪式生活对照表”。表中有一项是关于两种生活着装的对比：日常生活：朴素化，不讲究着装；仪式生活：华美化，讲究着装。[①] 这种区分在黑彝生活中表现得尤其突出。聂男子无论老少，已普遍穿汉族服装。农村妇女大多数还穿着传统服装，但由于劳动的需要和客观条件限制，她们平时不可能穿得很整齐。劳动的时候，她们都穿比较破旧的衣服，以裤子代替裙子，并常光着脚。如果不是衣襟较长，而且领部有方形哈帕，外人很难将她们与土女子区分开。年轻女子大多已不穿裙子，改穿长裤。在县城居住的聂女子平时都穿汉族服装，身上没有一点聂的标记。尽管如此，当她们去参加婚丧礼仪时，无论老小，一律穿着崭新干净的传统服装，长衫、短褂、裙子一样不能缺。聂在日常生活与仪式生活上的区分，体现了他们对仪式生活的重视。同时，这也是他们适应生活方式改变的结果。他们的身份在“聂”和“普通百姓”间来回转换。

三、不守“规矩”

在聂的禁忌中，最严格的一条就是跨等级通婚。但在社会场景变化之后开始有人敢冒这个“大不韪”。

个案1：比祖嫫拉崴：1956年生，嫁给了一个汉根白彝。

“我两岁时父亲被劳改，后来不知死在哪里了。我4岁时母亲就死了，无人照顾，是我姨把我养大的。在姨家天天吃洋芋，没有鞋穿。我18岁才有了一双4元钱的鞋子，19岁才吃上第一碗面。我16岁就嫁人了，嫁给了舅舅家儿子。我们俩合不来，常打架。有一次，我的鼻子被打骨折了，于是到布拖区医院看病。在那里认识了现在这个丈夫，他是那里的医生。后来我得了肺结核，他带我到成都把病治好了。回来后，我就改嫁给他了。

---

① 凉山彝族自治州民族研究所：《凉山民族研究》（内部发行），1996年刊，第131页。

改嫁后，我的家门好几次打算用毒药毒死我，我逃掉了。有人说我是因为贪吃才嫁给土的。我29岁时被开除家支，家门亲戚从此不认我。我和前夫有一个儿子，现在已经28岁了，住在普格拖木沟。自从我改嫁后，聂家门都教他不要认我。如果他认我的话，聂亲戚就不认他，以后他的女儿就嫁不出去了。现在丈夫上班，我在家养猪，种田（从别人那里租了两亩地）。我养了10年猪，好不容易才攒了钱修起一座房子。

我觉得我嫁给土是因为我思想进步，觉得聂和土一样，大家的血都是红的，手指都是十根。只要喜欢就行。我觉得土才有人才，身材也好。聂不好，因为只在内部开亲，还常常近亲通婚，所以人不好看，不聪明。我婆家人对我不错，很支持我。现在娘家那边只有比祖热烈嫫还认我，因为她思想开放。我姨已经去世了，我当时私下送了2000块钱给他们筹办葬礼。我跟姨家的人还偷偷来往。我常常给他们东西，照顾他们。我妹妹（姨的女儿）的丈夫不让她来我家。当他知道我们偷偷来往时，还打了妹妹，甚至把她的手都打折了。我给了她东西后，她跟人家说是她哥给的，根本不敢说是我给的。

我丈夫的前妻骗了他的钱后跑了，留下两个女儿。一个女儿已经嫁到外地去了，另一个女儿在上大学。我把她从小带到大，待她像待亲生女儿似的。我跟丈夫只生了一个女儿，才6岁。我想，以后她嫁给谁都行。只要她喜欢，嫁给汉族都行。因为出身是聂，以前的政府不让我们读书。我以后要让女儿读书，让她有所作为。可惜我年纪比较大了，有时候担心等不到享福的时候。我儿子不敢认我，我死了他不会管，他死了我也不能管。

我现在过得很好，有吃有穿，靠自己劳动养活自己。我唯一担忧的是家支的人会来找我算账。那些聂太顽固。农村里很脏，不讲卫生，吃不好也穿不好，但是他们还要固守传统。我恨他们，因为嫁给土，他们把我整够了。在现在这个新社会里，聂、土和汉族应该平等，大家都是一样的人。”

比祖嫫拉崴因为嫁给土而被开除家支。尽管遭娘家人离弃，她仍努力劳动来改变自己的生活。为了追求幸福，她不惜背叛家支，并付出了很大代价。她没有从娘家人那里得到什么好处，有的只是伤害和无情。一提到聂，她满腹怨恨和不满。

个案2：吉各嫫（白彝）：“好多年轻聂都不懂规矩，跟土女子在一起混的不少。有一个吉迪家男的找个一个不正宗的土女子，被开除家支，跑到外地去了。”像这样的例子还有好几个。

其次，聂男子出于名誉违法犯罪的事情时有发生。

西溪河比补家的两个人为了争一个酒杯发生争执，结果一个人把另一个杀死了。杀人者被开除家支，并搬出了布拖；另有吉迪家一个聂跟他叔叔发生争执，那人一怒之下将叔叔杀死，并将其家人一同杀死。这人最后被判了死刑。聂的尊严和面子有时候会发展为一种褊狭，它可以让人丧失理智，干出伤天害理的事。

还有不少聂外出贩毒，县城附近居住的不少年轻聂男子吸毒。结纽家一个男子是拖觉区小学的老师。他在县上租了房子，让老婆和孩子住，以方便孩子上学。他因吸毒被送进布拖看守所，关了几个月才放出来。毒品这个东西可以让人丢掉尊严，人们为了得到它，可以不择手段。对被毒品控制的人来说，聂的身份一文不值。

四、有“人情味”

尽管聂一直强调自己的规矩严格，而且他们在实际执行规矩时也确实一丝不苟。但他们毕竟是人，是有感情的。聂实行严格的等级内婚，跨等级通婚者将被开除家支。但有人不但没有被开除家支，还和聂亲戚正常来往。

个案：比祖热烈嫫，1949年生，曾嫁给土，已离婚。

“我出生于交际河区一个聂夫家庭，解放前我们家很有势力。

我爷爷和父亲都是独子。父亲只有两个女儿，我是老大。我两岁时爷爷和父亲就去世了，是被比祖家门和莫什家联合害死的。因为我家富裕，他们嫉妒我们，想霸占我家财产。听说他们把爷爷和父亲分别骗上山，说去打猎，在山上把他们杀了。家里只剩下奶奶和妈妈，妹妹才刚出生不久。家里没落后，妈妈一直把我和妹妹养到民主改革。在民改中，她天天被拉去批斗，最后忍受不了而上吊自杀了（1956年左右）。家里只剩我们姐妹俩。有一段时间我俩都得了全身肿胀的病，被土聂送到交际河区医院住院。回到家不久，旧病又复发，又被送到区医院。妹妹死在了医院（1960年左右）。看见死去的妹妹躺在床上，我并没觉得伤心，还端着一碗饭在床头吃。村里人把妹妹抬回家烧了，我则被家里的娃子背到县上送进了教养院（孤儿院）。刚开始我被送到民政局，他们不接受我，因为我是聂。后来送我来的人好说歹说，他们才收留了我。在教养院时，我们白天放猪、放羊，找猪草，早晚识字念书。到1965年，有人到教养院找保姆，我就被县妇联主任（彝族）带回家看孩子，做家务。他们待我一般。此后不久，主任被调到越西，我也跟着去了。到1970年，她家孩子已经大了，而且她曾答应教养院要给我找工作，于是帮我报名参加凉山民兵团，去建设渡口（攀枝花）。1975年有一次探亲假，我和我的好友到普格去玩。在那里，我遇到了我的前夫（土聂）。好友的男友和前夫是朋友，他们就把他介绍给了我。他看上了我，但我没有看上他。我回渡口后，他写信给我，向我表白。我拒绝了，理由是我们隔得太远。他说不同意也不行了，他已经向领导打了报告。我没办法，只好勉强同意。那时提倡晚婚晚育，要满27岁才能结婚。所以我们第二年才结婚（1976年）。在结婚之前，他们领导还到交际河去调查了我的身世，了解我家的情况，知道我家里已经没有什么人了，才同意我们结婚的。否则的话，解放军是不能跟奴隶主子女结婚的。之前他还很担心，怕领导不同意。我当时并没有什么等级观念，只知道自己是聂，但不觉得跟他结婚有什么不合适。我那时根本不懂聂的规矩。婚后不久，前夫被调到布拖来工作，我也调动工作跟过来了。我知道自己还有个舅舅在布拖，但跟他没有联系。我跟我前夫因为感情破裂，于1985年离婚。离婚后，我开始跟舅舅联系，托人带信叫他来我家。于是我们开始往来。我只有舅舅这一个近亲，感觉挺亲的。舅舅也比较可怜我的身世，说如果他不去坐牢，我就不会那么可怜了。舅舅和其他的一些亲戚都说嫁给土聂不怪我，因为我从小跟汉族在一起，不懂规矩，而且他们也没有尽到做长辈的责任。否则，他们是不会认我的。”

比祖热烈嫫在孤儿院长大，她从小到大没有接受过聂的道德规范教育，不懂聂的规矩。聂并没有因为她嫁给了土而把她开除家支，反而因为她的遭遇而同情她。直到中年，她才慢慢开始在周围聂的熏陶下构建自己的聂身份，学习怎么做一个聂女子。她现在为人处事都尽量按聂的要求做，而且跟聂亲戚来往很小心、谨慎，生怕别人瞧不起她。由于她的谨慎，她得到了聂的尊重。

开除家支仪式虽然禁止家支内的人再与被“剁”者接触，仍然有人冒着被诅咒和被开除家支的危险，偷偷与亲人来往。

个案1：比祖嫫拉崴（因与土结婚而被开除家支）：“现在热烈嫫还认我，跟我来往，因为她思想开放。我姨去世时，我私下送了2000块钱给他们筹办葬礼。我跟姨家的人还偷偷来往。我常常给他们东西，照顾他们。”

个案2：比补家支的一家人为了逃计划生育罚款，在县城租房住了三四年。结果在这期间，这家的大女儿跟一个土女子跑到汉区去呆了一个月，听说已经嫁给汉族了。后来被家人找回。比补家支的人要求毒死她，但她的父母下不了手，将她送到一户吉迪家去玩。后来她嫁给了吉迪家的儿子。这个吉迪是个麻风，还娶了一个土聂麻风女子，生的儿子是个癞子。聂根本不认他们，已将他们开除家支。尽管如此，她母亲仍跟她悄悄见面。

笔者在调查中听到这样一件事：几年前，喜德有一个比祖格勿嫫（40 多岁）到布拖拖觉区来寻找亲戚。她爷爷是布拖比祖家的聂，在解放前被人抓去卖到了喜德。在那里，他娶了一个土聂女子为妻。格勿嫫来寻亲，格勿家的人都很感动。当时家支打了一头牛招待她。她还向家支打听和学习聂的规矩和传统。她在喜德嫁给了吉克家（土）。格勿嫫的爷爷在喜德娶了土女子为妻，已经违反了聂的规矩。但格勿家支的人不但没有将她拒之门外，还打牛招待，以彝族的最高礼仪对待她。在这种时候，人的情感已经战胜了无情的死规矩。

五、年轻一代

年轻一代聂与老年人相比，较明显的变化体现在服装上。前文提到，男子已不穿传统服装，流行穿汉族服装，只不过在颜色方面还是会有所选择，军绿和比较鲜艳的颜色都不会选。女子平时已不穿长裙，穿裤子。年轻人多穿白色球鞋，但仍不穿在土女子中较受欢迎的皮鞋。除穿着上的变化外，年轻人的想法也已开始变化。因为聂男子有接受教育的机会，很多人思想较开放，已经不那么固守传统了。

个案：比祖阿沃："年轻一代聂世面见得多了，跟我们已经不一样了。有人到外面打工、偷抢、贩毒。我们常常教育他们，让他们不要忘了祖先定下的规矩。我有两个儿子。大儿子从小被送到县上读书，后来去当兵。退伍后没有回来，在外地打工多年。他已经四年多没有回家了。据说已经娶了个汉族，但没有告诉家里。他现在当了个董事长，还在成都买了房子。他不想回来应该是嫌布拖的日子不好过。他母亲一直怨我当初把儿子送出来读书，结果现在有儿子跟没儿子一样。她一直张罗着给儿子在布拖娶个聂媳妇，但没有成功。我的小儿子才 12 岁，在上小学。

有一段时间我把小儿子送到女儿家（火烈乡）上学，因为比较方便。结果老婆不同意，怕小儿子会像大儿子一样，担心他没人管会学坏了。”

聂让自己的孩子接受教育，是为他们以后的发展打好基础，希望能出人头地。然而，接受教育可能使年轻人丢掉了祖先的传统，甚至违背世代相传的规矩。比祖阿沃的大儿子不想回家，不仅是因为当地的生活条件不好，恐怕还因为怕家里逼他娶个聂女子。由于他已经脱离当地，脱离了传统文化的束缚，加之没有确切证据证明他已娶了汉族为妻，比祖家没有把他开除家支。

聂女子虽然受严厉管束，但生活在开放社会里的她们也向往外面的世界，向往新生活。严厉的管束不仅不能拴住她们，反而可能造成她们的逆反心理，使她们更期待新生活。

个案：木尔乡有一个比补家的女子跟邻居土聂女子外流。这个女子没有父亲。她母亲说家里太困难了，养不起她了。她走后，家支老人要求把她找回来勒死。年轻一些的人说要打断她的腿，然后关在家里。像她这样的人已经没有聂会娶她了，因为她可能已经不纯洁了。

前文还提到比补家的一个女子跟土女子跑到汉区去呆了一个月，据说已经嫁给汉族了。后来被家人找回，嫁给了一个吉迪家的麻风儿子。①

外面的花花世界对这些女孩子来说确实非常有吸引力，以至于她们敢冒着巨大的风险外流。然而，由于她们几乎没有接受教育，没有能力在外地生存，外流以后的境遇比较糟糕。加上家支对她们的严格约束，最终没有什么好下场。她们为自己的行为付出了沉重代价。

① 在彝族社会，麻风病是大禁忌。得了麻风的人家将被开除家支，失去合适通婚对象。

应该指出的是，以上列举的个案中，成功打破聂传统的人大多离开了当地，或者可以不依赖家支生存（比祖嫫拉崴），或者已经跟土离婚（比祖热烈嫫）。未能将自己潜在的向往变为现实的人都是对家支较依赖，经济不独立的人。传统的内化已使他们又成为新的传统维护者。

黑彝行为的变化与客观社会场景的改变有关。现代化其实就是一个充分解放和发展个体的过程，也是一个彰显个性的过程。随着社会的发展，个人的价值日益突显。个体的解放使人们有更多机会发展自我，并使自己在物质方面的需要得到充分满足。无论对谁来说，这都是极具诱惑力的。黑彝的惯习再顽固，也会随着客观环境的改变而改变。固守传统并非人人追求的价值观。从某种程度上来说，传统已变为束缚或禁锢个体需求的羁绊。

小结：黑彝在民主改革前一直在布拖彝族社会中处于主导地位。民主改革以后，凉山不再是封闭社会。由于不断在社会运动中遭受排挤和打击，聂现在已经被"边缘化"。而且土在现代化过程中似乎成了主角，成了国家权力在布拖实施管理的主要代言者。但聂的传统文化是把双刃剑，既能使聂陷入困境，也能给聂带来生机。现在的聂仍然十分顽固，固守传统。但为了生存，他们必须做出改变。他们对男子和女子的矛盾态度正反映了他们在遭遇现代化时的矛盾心态：想改变，但又怕改变。事实上，聂对传统文化是有选择性地加以利用的：有时它可以被用来证明他们的血统和身份；但有时他们可能无视它的存在。随着社会的发展，布拖彝族传统社会结构在发生变化，"等级关系场域"中的力量对比也在发生改变。黑彝原有的不可动摇的特权地位已不复存在，也丧失了对经济、政治资本的垄断权。当黑彝的地位受到威胁时，他们将身份建构的基础转向象征性的资本，包括血统、惯习，通过与白彝区分开以显示自己的"贵族身份"，从而使自己在场域斗争中继续占据主导地位。黑彝的惯习是等级结构长期内化的产物，因而作为惯习外化表现形式的穿着、装饰、行为举止、气质、性情等等无不深深印上了等级的烙印。黑彝的惯习使黑彝与白彝相区分，并促使黑彝在场域竞争中尽力通过再生产等级结构来维护自己地位。现代等级结构再生产的唯一途径是等级内婚。因此，等级内婚成为黑彝维护其等级地位的根本保证。应该注意的是，由于客观社会结构的改变，等级观念本身也在发生改变，而且黑彝的传统也会“与时俱进”。部分黑彝开始打破等级界限，与其他等级通婚。而白彝也开始从对黑彝所施加的对“符号暴力”的“误识”中醒悟，力图打破原有等级结构和划分。也许以后的聂会找到新的元素来重构他们的身份，以显示他们与土的区别。到那时候，血统纯正也许便不再被强调。

结 语

本文首先将档案材料和访谈资料相结合，回顾了布拖经历解放、民主改革、社会革命运动的过程，展现了国家权力与地方传统之间的互动、黑彝地位被异端化的过程。而改革开放后，由于国家权力对基层掌控的松弛，黑彝又重拾尊严，利用传统的文化资本重建身份，恢复合法地位。尽管这种合法性不被官方承认，但却在凉山当地被普遍接受，而等级观念也仍在地方大行其道。事实证明，国家权力试图解构彝族社会传统结构，将其纳入直接的一体化统治体系的目的并没有完全达到，人们依然生活在千百年来所构建的网络中。几十年的政治斗争非但没有从根本铲除等级制度，还客观上强化了等级观念和等级区分。

在《世界范围内的反现代化思潮》一书中，艾恺将现代化的定义建立在两个关键词上：“擅理智”（Rationalization）（即推崇合理化）和“役自然”（World mastery）（即对环境的控制）。“‘理智’指的是为达到实际目标而进行的对最有效手段的选择。”“‘役自然’是指对自然的征服和控制。”①“现代化”是“一个范围及于社会、经济、政治的过程，其组织与制度的全体朝向以役使自然为目标的系统化的理智运用过程”。② 现代化的唯一价值衡量标准是效率，而非人类的道德或与人性相关的其他价值。现代化使人类在物质上得到最大限度的满足。与此同时，人类的精神世界陷入空洞，道德破产，价值失落，功利主义价值观逐渐取代人类道德价值观。食物、居住等物质的满足，财富、权力的获得逐渐成为人们普遍追求的目标。如果人的生活目标只是物质利益的追求，那人与动物何异？但在现代化的过程中，富有人性的“传统”“如果不是被理智化了就是被淘汰了”③。

在布拖的改革运动中，国家是现代化的推行者。受现代化话语的影响，加上唯物主义主导思想的指导，党和国家在行动中难免重物质而忽略了当地人的精神世界和思想。在过去，黑彝对白彝的统治在很大程度上靠惯习实现，而不是靠武力或政权。而今，等级观念的留存与当地人的惯习和精神需要也不无关系。在现代化的过程中，以黑彝为代表的彝族传统文化可以弥补现代化的不足，满足当地人的精神需要。当今社会大力提倡构建和谐社会。“和谐”二字不仅包含人与生态环境的和谐，也包含人与人、人与社会的和谐，还应该包含人自身的和谐，即身心的和谐，既重物质需要的满足，也重精神家园的建设。只有这样，人类才能健康、正常的发展。随着现代化的推进，地方传统文化将扮演越来越重要的角色，成为社会和谐发展的不可或缺之力量。

---

① ［美］艾恺：《世界范围内的反现代化思潮——论文化守成主义》，贵阳：贵州人民出版社，1991年，第6页。

② 同上，第6页。

③ 同上，第7页。

过去社会运动的失败应该成为教训：无视地方小传统，贬低甚至企图消灭地方传统文化的做法注定是得不偿失的。西方社会的现代化既向我们提供了成功的经验，也给了我们失败的教训，提醒我们：现代化没有也不可能有一个普遍适用的标准和模式。而当现代化与中国的多元文化遭遇时，必定出现多个版本的现代化模式。布拖彝族社会也应该有自己的一个现代化版本。这其中当然也应该包含黑彝及其所代表的彝族传统文化对现代化的适应。

参考文献

专著

[1] [美]艾恺：《世界范围内的反现代化思潮——论文化守成主义》，贵阳：贵州人民出版社，1991年。

[2] 巴莫阿依、黄建明编：《国外学者彝学研究文集》，昆明：云南教育出版社，2000年。

[3] 巴莫阿依：《彝族祖灵信仰研究》，成都：四川民族出版社，1994年。

[4] 巴且乌撒口述，巴且克迪记录：《凉山黑彝巴且氏族世家》，昆明：云南人民出版社，1995年。

[5] [法]多隆著：《彝藏禁区行》，辛玉、周梦子、叶红译，乌鲁木齐：新疆人民出版社，1999年。

[6] 方国瑜：《彝族史稿》，成都：四川民族出版社，1983年。

[7] [法]高宣扬：《当代法国思想五十年》，台北：五南图书出版公司，2003年。

[8] 龚荫：《中国土司制度》，昆明：云南民族出版社，1992年。

[9] [美]郝瑞著：《田野中的族群关系与民族认同》，巴莫阿依、曲木铁西译，南宁：广西人民出版社，2000年。

[10] 黄淑娉、龚佩华：《文化人类学理论方法研究》，广州：广东高等教

育出版社，1998 年。
[11] 海来拉莫、曲木约质、刘尧汉著：《凉山彝族习惯法案例集成》，昆明：云南人民出版社，1998 年。
[12] 胡庆钧：《凉山彝族奴隶制社会形态》，北京：中国社会科学出版社，1985 年。
[13] 林茨：《百褶裙》，石家庄：河北教育出版社，2003 年。
[14] 林耀华：《凉山夷家》，昆明：云南人民出版社，2003 年。
[15] 林耀华主编：《民族学通论》，北京：中央民族大学出版社，1997 年。
[16] 岭光电：《忆往昔——一个彝族土司的自述》，昆明：云南人民出版社，1988 年。
[17] 刘尧汉编：《彝族社会历史调查研究文集》，北京：民族出版社，1980 年。
[18] 马长寿遗著：《彝族古代史》，李绍明整理，上海：上海人民出版社，1987 年。
[19] 蒙默：《凉山地区古代民族资料汇编》，成都：四川民族出版社，1978 年。
[20] 纳日碧力戈等著：《人类学理论的新格局》，北京：社会科学文献出版社，2001 年。
[21] [法]皮埃尔·布迪厄、[美]华康德著：《实践与反思：反思社会学导引》，李猛、李康译，邓正来校，北京：中央编译出版社，2004 年。
[22] 且撒乌牛：《彝族古代文明史》，北京：民族出版社，2002 年。
[23] 施治生、徐建新主编：《古代国家的等级制度》，北京：中国社会科学出版社，2003 年。
[24] 宋蜀华、白振声主编：《民族学理论与方法》，北京：中央民族大学出版社，1998 年。
[25] 苏克明等著：《凉山彝族道德研究》，成都：四川大学出版社，1997 年。
[26] 王铭铭：《文化格局与人的表述——当代西方人类学思潮评介》，天津：天津人民出版社，1997 年。
[27] 夏建中：《文化人类学理论学派——文化研究的历史》，北京：中国人民大学出版社，1997 年。

[28] 杨怀英：《凉山彝族奴隶社会法律制度研究》，成都：四川民族出版社，1994年。

[29] 杨堃：《民族学调查方法》，北京：中国社会科学出版社，1992年。

[30] 袁亚愚：《当代凉山彝族的社会和家庭》，成都：四川人民出版社，1990年。

[31] 周自强：《凉山彝族奴隶制研究》，北京：人民出版社，1983年。

[32] 左玉棠、陶学良编：《毕摩文化论》，昆明：云南人民出版社，1993年。

[33] 国务院人口普查办公室、国家统计局人口和社会科技统计司编：《2000人口普查分县资料》，北京：中国统计出版社，2003年。

[34] 《凉山彝族奴隶社会》编写组：《凉山彝族奴隶社会》，北京：人民出版社，1982年。

[35] 凉山彝族奴隶制编写组：《凉山彝族社会性质讨论集》，1977年。

[36] 凉山彝族自治州概况编写组：《凉山彝族自治州概况》，成都：四川民族出版社，1985年。

[37] 全国人民代表大会民族委员会办公室编：《布拖县则洛乡社会调查》，1957年。

[38] 全国人民代表大会民族委员会办公室编：《四川省凉山彝族自治州彝族社会调查》，1957年。

[39] 全国人民代表大会民族委员会办公室编：《有关凉山彝族社会历史的若干情况》，1957年。

[40] 全国人民代表大会民族委员会办公室编：《凉山彝族社会几个方面的情况》，1957年。

[41] 全国人民代表大会民族委员会四川省少数民族社会历史调查组：《四川省凉山彝族自治州社会调查综合报告》（初稿），1958年。

[42] 四川省布拖县志编撰委员会：《布拖县志》，北京：中国建材工业出版社，1993年。

[43] 中国科学院民族研究所四川少数民族社会历史调查组：《凉山西昌地区彝族历史调查资料选集》，1963年。

连续出版物

[44] 《凉山彝族奴隶社会》编写组：《凉山彝文资料选译》（3）（内部使

用)，成都，1978年。

[45]《凉山彝族奴隶社会》编写组编：《凉山彝族奴隶制研究》(1977—1981)(内部资料)。

[46] 凉山彝族自治州民族研究所主办：《凉山民族研究》(1993年—2003年)。

[47] 中国人民政治协商会议布拖县委员会、学习文史委员会编：《布拖县文史资料选辑》(第一至第六辑)。

[48]《中国民族研究年鉴》(2002年卷)，北京：民族出版社，2003年。

文章

[49] 阿哲倮濮：《近代以来国外对彝族的研究》，见左玉堂、陶学良编：《毕摩文化论》，昆明：云南人民出版社，1993年。

[50] 林耀华：《论凉山彝区等级观念形态》，见韦安多主编：《凉山彝族文化艺术研究》，成都：四川民族出版社，2004年。

[51] 罗家修：《略论凉山彝族的等级及其演变》，见韦安多主编：《凉山彝族文化艺术研究》，成都：四川民族出版社，2004年。

[52] 马尔子：《凉山彝族家支生活的变迁》，见凉山彝族自治州民族研究所编：《凉山民族研究》(内部发行)，1999年。

[53] 马林英：《对凉山彝族婚姻文化变迁及行为调适的考察》，见《西南民族学院学报（哲学社会科学版)》2001年第1期。

[54] 张海洋、胡英姿：《凉山彝族婚改内容解析——兼论传统文化与现代国家的互动》，见《中央民族大学学报》（人文社会科学版）2001年第4期。

[55] 赵树恂：《对彝族等级几个问题的商榷》，见凉山彝族自治州民族研究所编：《凉山民族研究》(内部发行)，1996年。

学位论文

[56] 胡英姿：《凉山彝族婚改内容解析——兼论传统文化与现代国家的互动》，硕士学位论文，北京：中央民族大学，2000年。

[57] 雷亮中：《不洁、歧视与村落：麻风和麻风村的故事》硕士学位论文，北京：中央民族大学，2003年。

[58] 刘莎：《试论凉山彝族社会传统政治结构》，硕士学位论文，北京：

中央民族大学，2000年。

[59] 杨志伟：《断裂的少数民族习惯法——以凉山彝族为例》，硕士学位论文，北京：中央民族大学，2003年。

[60] Stevan Harrell, ed.: *Cultural Encounters on China' s Ethnic Frontiers*. Seattle: University of Washington Press, 1995.

[61] Stevan Harrell, ed.: *Perspectives on the Yi of Southwest China*. University of California Press, 2001.

[62] Pan Jiao: "The Maintenance of Lolo Caste Idea in Socialist China", in Inner Asia: Occasional Papers, 1997: 2: 1: 108—127, Mongolia and Inner Asia Studies Unit, University of Cambridge.

中央民族大学，2004.1

[59] [illegible]：《[illegible]》，博士学位论文，北京：中央民族大学，2003年。

[60] Stevan Harrell, ed., *Cultural Encounters on China's Ethnic Frontiers*. Seattle: University of Washington Press, 1995.

[61] Stevan Harrell, ed., *Perspectives on the Yi of Southwest China*. University of California Press, 2001.

[62] Pan Jiao, "The Maintenance of Tuhu Gesar Identity in Socialist China", in Inner Asia: Occasional Papers, 1997, 2, 1, 108—127, Mongolia and Inner Asia Studies Unit, University of Cambridge.

牙人故事

——对乡村集市回族经纪人的民族学观察

丁 娥

目 录

导论

一、研究缘起

首次听到“牙行”是在1993年夏季。那是在一个外地商人称呼父亲时。当时父亲和这个外地人一起倒卖牲畜。他们从甘肃靖远县（那个外地人的故乡）买到牛羊，用卡车运到平罗县（我的故乡）倒卖给当地人，赚取差价。除去本钱、运费和路上花销之后剩下的就是利润。当时父亲既是牲畜贩子，又偶尔充当交易中间人。然而，父亲也只是在自己家乡的农贸集市中才有这种双重身份。在靖远的市场上，他必须通过当地的牙行购买牲畜。父亲小心翼翼地经营着与靖远牙人们的关系，一如靖远人到平罗来时的战战兢兢。

1995年，父亲由贩卖牲畜兼营经纪转为单纯从事牙行生计。问及原因时，父亲说穆斯林的饮食禁忌、上寺的需要在外地都受限制。父亲从此在家乡赶集，专门从事牙行。逢阳历一、四、七日到县城农贸市场，二、五、八日到宝丰市场，三、六、九日到黄渠桥市场，一旬九天都要忙活。父亲每日走得很早，一般午饭前后回家。逢主麻日更是早去早回，以便能赶上清真寺的礼拜。从此后，家里就多了形形色色的人：本地的外地的牛羊贩子、屠户、皮庄老板、收羊毛的小贩、收牛羊头蹄下水的妇女等。

一次我在家中听人聊天，谈论父亲。有人想拉父亲入伙贩卖牲畜，因为父亲“眼窝头子”好。① 有人建议他继续干牙行，理由是父亲年纪大了，牙行风险小，而且无本万利。当我问母亲是

---

① 眼力好，容易把握市场行情。

否如此，母亲说牙行的确风险小、投入少，但干牙行的人脾气急躁，会自吹自擂……在母亲看来，这些都是牙行的职业病。母亲一面享受着牙行的收益，一面又叹息着“好人不站街”。①

2000年夏天，我回家过暑假。向父亲询问生意状况时，他神采奕奕地告诉我，他们现在有本子了。工商局对他们做了培训、考试，合格的才发给营业执照。他特别强调说，现在他持证可以在全国任何农贸集市做经纪人。当我问到如何进行培训和考试时，父亲显得对那些培训员不屑一顾，讲牙纪们如何为难他们。因为他们缺乏对牲畜的了解，缺乏从事经纪的实际经验。讲到他如何通过考试时，我看到父亲与人对弈时的模样。

2001年，“西部开发”之风刮到了平罗小县。父亲借修建养殖场的机会扩建了家里的房屋、圈棚和车库。自此，外地商人开始在家里住店。父亲又由一个单纯的牙纪发展为兼营车马店的牙人。如果说，“车船店脚牙”② 是受中国主流社会歧视的贱业，父亲已经摊上其中之二。

随着感性经验的积累，我开始思考一些与父亲及其同行有关的问题：为什么他们被称为牙人？他们如何经纪？牙人真的无本万利吗？为什么好人不从事这个职业？他们有什么规矩、禁忌和理想？他们的信仰世界怎样？为了弄清这些问题，我一面回忆自己的感性经验和当地人对此的解释，一面阅读历史文献，努力从历史与现实两个角度寻找答案。

随着不断地阅读文献、梳理感性经验和进行实地调查，我深刻体会到当地牙人牙行实践的复杂性。它与当地生活的方方面面

① 当地人称从事牙纪为“站街”。

② 即车帮、船家、客店、脚行及牙行。

都有联系，正所谓“经济嵌合在社会之中”。[①] 但我也欣慰地发现，通过观察乡村集市中的牙人牙行可以探讨许多问题并得到不同于以往的体会。虽然本文未必能把这些体会陈述清楚，但总可以给后来研究中国社会问题的学者带来些许启发。

二、研究意义

21 世纪的全球化使人类社会交往的范围和领域日益扩大、加深。不同国家、民族及地区之间的交流和理解日益重要。但全球化时代的世界并不平静，人们之间原先存有的分歧和怨恨有了更多的引爆点，世界上的政治、经济、民族、宗教冲突仍时有发生。扭转这种局面的当务之急是提倡相互尊重和理解，开展对话和交流。文化对话就是在不同文化的价值体系中，寻求诸如公益、平等、同情、宽容、责任和理解等普世价值，营造利于人类社会和谐发展的环境。

第二次世界大战后，学术界开始注重文化之间的对话和比较研究。一部《文明的冲突与世界秩序的重建》将儒家文化与伊斯兰文明的潜力摆在西方世界精英面前，恐怖主义的加剧也使人们更加关注伊斯兰世界。文化和文化之间的比较研究和学术对话使更多学者认识到中国伊斯兰文化具有独特性和重要价值。综观中国历史，伊斯兰教没有与中国文化大传统及其他宗教发生过激烈冲突。作为中国文化的亚文化系统，中国伊斯兰文化深深打上了中国传统文化的烙印。回顾伊斯兰文化与中国文化的互动经历，各族穆斯林不断扩大与其他民族的全方位交流和多层次互动。中国穆斯林在世俗层面上已经适应了中国社会的环境，完成了“中国化”，并丰富了中国文化内容。但在精神领域里，他们仍努力

① ［日］栗本慎一郎：《经济人类学》，王名等译，北京：商务印书馆，1997 年，序言第 8 页。

持守着伊斯兰文化的核心价值。回族更是如此。本文讲述回族牙行故事的用意之一，就是要揭示回族的中国性与其伊斯兰性在本土的作用形式。

20世纪70年代以来，伊朗革命和伊斯兰复兴运动再次把宗教推上国际政治舞台。原教旨主义思潮向学术界提出了一系列问题。作为一个个案，回族牙人牙行具有的伊斯兰信仰与儒家文化相结合的特征，对于解释中国伊斯兰文化现象具有一定意义。本研究从回族生计和民俗入手展示当代乡村回族生活，对当代中国西部回族展开微观个案研究，提供地方性知识。这对关注西部开发与和谐社会建设的中国读者也有一定助益。

学者多认同中国是一个没有固定阶级意识，而以职业分途的国家。中国共产党人对中国社会阶层的早期划分，如工人、农民、知识分子、民族资产阶级亦带有浓厚职业色彩，可见职业在中国之重要。已有很多前辈学者做过明清时期集市中的牙行研究，例如日本学者山根幸夫的《明清华北定期市的牙行》，[①]中国学者吴奇衍的《清代前期牙行制论述》。另外，韩大成的《明代城市研究》，郭蕴静的《清代商业史》，许檀的《明清时代山东商品经济的发展》等均有涉及。最近几年的相关研究主要见于各种史学杂志。回顾这些成果，我们发现其探讨主题集中于牙人牙行名称演化，行业组织演变，官府管理办法沿革，以及当时条件下牙人牙行组织的功能和作用。迄今为止，学术界对当代牙人生活、牙行经营仍然缺乏深入的个案分析研究。本文希望对此有所补充。

三、研究方法与表述

方法既是研究者认识和接近研究对象的路径和工具，也是学

① ［日］山根幸夫：《明清华北定期市的研究》，东京汲古书院，1995年。

术传承和交流的平台。对民族学而言，方法还意味着立场，因为“正确的方法存在于研究对象拥有的方式中。”①

本文的研究对象是作者的家庭和家乡父老，采用的方法是变熟为生（defamiliarization）。② 对本土民族学研究来说，变熟为生就是研究者将身边那些原先视为理所当然的事情从研究者的角度重新审视和分析，以学科培养的文化疏离感和陌生感来实现更新和更深的理解。李亦园先生曾以自己的经验谈到过这个问题：“研究异文化得到的一些研究文化的诀窍，然后再跳回来，研究本文化，……一定要先研究异族，得到人类学的训练，发现其中的方法……”③ 在学习了6年的民族学课程并在北京、天津及云南、广西等地方学习其他民族文化以后，我试着反观自己在其中生活了18年的当地文化，确实发现了许多有意义的文化现象。跨文化比较下产生的疏离感、陌生感让我觉得它们可爱、生动、富有生命力，从而引发我的探究、描述和阐释之心。

本研究结合历史学与民族学方法，综合文献和方志的文本分析及民族学田野调查资料考察牙人牙行历史与现实，程序如下：

一、整理牙人、牙行文献，爬梳其历史演化过程；

二、分析地方志，挖掘牙人牙行实践的时空及社会文化资源；

三、进行实地调查，聚焦西部农贸集市牲畜交易中的牙人牙

---

① 张承志：《张承志文学作品选集》（散文卷），海口：海南出版社，1995年，第292页。

② 作为人类学的基本批评策略，变熟为生是对常识加以分解，对意外事件进行描写，置熟悉的事物于陌生的事物、甚至令人震惊的场合之中，从而使本文化转变为可以被质疑的知识和社会体系，并通过这种方法来对一般社会理念提出反思。[美] 乔治·E·马尔库斯、米开尔·M·J·费彻尔：《作为文化批评的人类学：一个人文学科的实验时代》，王铭铭、兰达居译，北京：三联书店，1998年3月，第4页。

③ 李亦园：《关于人类学的方法论》，载周星、王铭铭：《社会文化人类学讲演集》（上），天津人民出版社，1996年，第193页。

行，进行参与观察，对若干牙人进行访谈，并进入社区记录牙人生活；

四、结合学科理论阐释上述材料的人文含义，力求参与跨文化交流及和谐社会的文化构建。

中国西北是中亚回回人以中原为家的第一站。它是元、明、清三朝时期中国与中、南亚交通贸易的通道，是大批回回坐商和行商的转运点，也是西口和北口进行牲畜贸易和皮毛业的产地。① 由于自然条件的限制和历史上民族分布的结果，在西北地区既有汉族的农业经济，又有藏族、蒙古族等民族的牧业经济。这两种不同经济之间需要保持经常性的商品交流。由于西北高寒缺水，不宜栽桑养蚕，而丝绸在中国又是身份和地位的象征，所以当地具有与内地省份进行贸易、互通有无的客观需要。

今日之宁夏，古代称朔方或河西，其地理位置恰好在河西走廊东端，一向被人们看作是丝路重镇、关中屏蔽、河陇咽喉。古时先后来往于宁夏段丝绸之路的商业民族有粟特人和回纥人。回族形成后，商业更具规模和垄断性。当代回族继承前辈传统，利用现代化的交通工具，继续对民族及地区间的经济交流发挥重要的中介作用。牲畜交易作为乡村回民商业的基础，派生出牙纪行、驼运行、屠宰行、饮食行、小商贩等，恰如回族谚语“拾街头、皮毛行、卖零食、宰牛羊、当经纪、闯五行”所讲。通过其中任何一个具体行业，都可以看到回族商业对于联系边疆与内地的巨大作用。本文因此选取宁夏若干集市为观察点，以回族牙人为切入点展开对相关问题的讨论。

人类学产生以来，其理论经历了理性—进化论（1725—1890）、实证—结构论（1890—1970）、理解——相对论（1970—）几个重要时期，其表述方式也经历了知识传送带模式、文化阐释

① 穆德全：《清代回族的分布》，《宁夏社会科学》，1986年第5期，第57页。

模式、对话模式、多声道模式的重要转变。当代人类学发展的一个中心问题，就是关于在一个急剧变迁的世界中如何表述社会现实。① 由于资料来源较多，本文采用多种写法。一般以随笔引起读者关注，以民族志方式展开叙事，表现地方和乡土知识，随处插入学术分析和访谈记录，对相关问题进行讨论。

需要说明的是，中国有 10 个信仰伊斯兰教的民族。在这些民族中，伊斯兰信仰和文化已经与民族感情、文化习俗融为一体。伊斯兰的思维及行为方式、价值观念、道德规范已转化成民族的生活方式。但由于分布广泛，社会文化背景和自然生态环境不同，各民族的来源、形成也不一样，其内部又呈现出文化多态形。总体上可以分成两大类型：即新疆伊斯兰文化和内地伊斯兰文化。中国伊斯兰文化在地域、民族上的差异和复杂性说明了在中华文化多元一体格局中，主流文化与各种亚文化之间展开交流和对话的重要性。本文主要探讨宁夏回族的牙行生计，旨在为这种交流和对话增加一个角度。

第一章　传统：牙人牙行历史的追溯

中国牙人历史相当悠久。早在西汉时期，就有了关于牙人活动的文字记载，历经唐、宋、元、明、清至近代，牙人始终在商品流通领域担任重要角色。

① ［美］乔治·E·马尔库斯、米开尔·M·J·费彻尔：《作为文化批评的人类学：一个人文学科的实验时代》，王铭铭、兰达居译，北京：三联书店，1998 年，第 17 页。

第一节　牙人名称的由来

中国牙人由来久远，西周已有相关记载。此后，各朝代称谓有所不同，如质人、驵侩、牙侩、市侩、牙人、牙郎、牙子、牙嫂、牙商、牙纪、中间商人、居间商人、掮客等。唐朝始有牙人名称，唐以后名目繁多。五代、宋时，牙人不仅有性别之分，还有官私之别，更有行业组织。明清以后，牙人牙行称谓相对稳定，所指明确。

《周礼·地官·质人》称："质人：掌城市之货贿、人民、牛马、兵器、珍异。凡卖傧者质剂焉，大市以质，小市以剂。"可见当时之质人专司买卖成交的验证并制发契卷，可视为牙人之雏形。

春秋时期出现驵者之名。《吕氏春秋·尊师》载："段干木，晋国之驵者也。"《说文解字》讲："驵，壮马也，一曰驵侩也。"汉代，牙人称谓还有如侩、驵会、驵侩、榷会等。《史记·货殖列传》说："子带金钱千贯，节驵会，贪贾三之，廉贾五之，此亦几千乘之家，其大率也。"《集解》引《汉书音义》曰："会亦是侩也。"《索隐》："驵者，度牛马市；云驵侩者，合市也。"《汉书货殖传》中"节驵侩"注释说："侩者，合会二家交易者也。"《颜师古训》："侩者，会合二家交易者也；驵者，其首率也。"①据此驵侩即为早期牙人，因主持牛马贸易而得名。

三国两晋南北朝时期，中国分裂，社会经济破坏，商业停滞，牙人名称急剧减少，仅有"侩"、"市侩"之称。②

---

① 吴少珉：《我国历史上的经纪人及行业组织考略》，《史学月刊》，1997 年第 5 期。

② 岳朝娟：《中间商人称谓考》，《商丘师范学院学报》，2002 年，第 18 卷第 3 期。

“赫赫盛唐，有容乃大”。唐代，牙人随着社会经济的发展而增多，其称谓有牙人、牙郎、牙商、市牙、牙侩等。唐代“互市牙郎”大约是被称为“牙郎”的开始。在安史之乱中扮演重要角色的安禄山和史思明就曾在营州（今辽宁朝阳）充当过互市牙郎。《资治通鉴》云：“（禄山、思顺）及长，相亲爱，皆为互市牙郎。”《旧唐书·安禄山传》亦载，安禄山“及长，解六蕃语，为互市牙郎”。

五代、宋时，中央集权措施强化客观上为社会经济发展提供了有利条件，商业再次兴盛。牙人一度成为各阶层关注的中心。牙人谙练世故，联系广泛，当时民间有难事常向牙人求助。牙人著信闾里，且颇获赢润，成为令人羡慕的行当。“例皆贫民”的游浪之人，“读书不成”的儒人学子，纷纷请领身牌，跻身市场，“邀接商旅作牙侩。”[①] 这一时期，出现了牙子、牙嫂的名称；出现了官私牙的区别；出现了经纪人自己的行业组织——牙行。这一阶段，牙人一般被称为“牙侩”，且有“大凡求利，……莫易于牙侩”的说法。[②] 牙人一般由男子充当，但南宋却有称“牙嫂”的女牙人。吴自牧《梦粱录》卷十九《顾觅人力》中说：“如府宅官员，好夫人家，欲买宠妾、歌童、舞女、厨娘、针线供过、粗细婢妮，亦有官私牙嫂及引置等人。”官僚豪富要买婢仆童妾，可找官私牙嫂经办，说明牙嫂是当时买卖人口的中间人。

元代仅保留宋代经营海市的牙侩，称“舶牙”，乃是一种进出口代理人，且主要是私商间的代理。《元史·卢世荣传》记载，至元二十一年（1292年），元世祖任卢世荣为中书右丞，主持财政工作。为增加国家财政收入，卢世荣设立了“野面、木植、磁

① 《夷坚三志》巳卷。

② 胡石璧：《名公书判清明集》，北京：中华书局，1987年。转引自孙强：《论明代居间信用》，《史学集刊》，2003年第3期。

器、桑枣、煤炭、匹段、青果、油坊诸牙行”，“随朝官吏增俸，州郡未及，可于各都立市易司，领诸牙侩人，记商人物货，四十分取一，以十为率，四给牙侩，六为官吏俸。”此举即是利用牙人增加国家收入。卢世荣当政仅百余日，却为设立牙行而“调出县官（朝廷）钞八十六万余锭（一锭为五十贯）”。这后来成了他的罪状之一，使其后官员对牙人牙行事宜心有余悸。

明初牙人一度被取消，到中期以后逐渐活跃起来。《水浒传》第二十四回中讲：“小人只认得大郎一个养家经纪人，且是在街上买卖，大大小小，不曾恶了一个人。”有学者因此认为明代牙人已经被称为经纪人。实则不然，文中西门庆说武大郎是“养家经纪人”意在说他会持家，同牙人无关。

清代以后，中间商人多称牙纪，见于《清稗类抄·农商类》及其他工商行业碑文等。这一时期，按照商品类型区分的牙行逐渐发展，以不同的商品命名的牙人称谓也随之出现，如布牙、盐牙等，牙人称谓一致化。

牙人、牙郎、牙侩、牙子、牙纪、市牙等名称，都带一牙字，原因何在？宋人孔平仲在《谈苑》中说：“（牙人）本谓之互郎，主互市事也，唐人书作乐，乐似牙字，因转为牙。”[①] 该说法认为唐代“互”与“牙”二字易混，互人误为牙人，以后沿袭下来。[②] 元末陶宗仪在《南村辍耕录》卷十一《牙郎》条讲：“今人谓驵侩为‘牙郎’，本谓之‘互郎’，谓主互市事也。唐人书‘互’作‘牙’，‘互’与‘牙’字相似，因讹而为‘牙’耳。”认为“牙郎”是“互郎”的讹称。还有另一种说法。上世纪30年代初陈汉章认为“牙”系牙旗之“牙”。秦汉至唐代市中都有

① 《谈苑》卷5《驵侩》。

② 杨其民：《买卖中间商人“牙人”、“牙行”的历史演变——兼释新发现的〈嘉靖牙贴〉》，《史林》，1994年第4期。

市楼，即“旗亭”。管理物价的活动（“市平”）在楼下进行，楼上则有牙旗。于是称管理物价的人为牙郎，经纪人带“牙”字就源于此。①

第二节 牙行组织的演变

中国有“三百六十行，行行出状元”的说法。“行”最初指被限制在集市固定地段内的同类店铺，同一行业集中在一条街上状似行列。② 这时的行谈不上组织，仅指同类货物须在同一地点出售。行发展成商业组织后逐渐具有垄断特权，其称谓亦多。有行如绢行、米行、牛行，有团如花团、青果团，有作如油作、木作、裁缝作，有的则团行连称。③明代已无团作称谓而通称行。这时尤以“牙行”为典型，生活用品牙行自不必说，其他行业如矿产业中有铁牙行，安徽矾矿有矾牙行，江西景德镇有瓷牙行，广东佛山铸锅业有锅牙行，颜料有靛青行，贩卖人口的有牙婆等。

牙行至迟五代时已有。邸店是安寓客商，代客寄存货物，为客商提供洽谈交易条件的堆栈。经营者即店主人往往也是牙人。邸店实际上是牙行雏形。关于牙行的最早记载出现在公元952年。《全唐文》卷973《请禁止主牙人陵弱商贾奏》云：“如诸色牙行人内有贫农无信者，恐已后误业，既许众状集出。如是客旅自与人商量交易，其店主、牙行人并不得邀难遮占。”可见牙行

① 金国宝：《牙行及牙税之历史》（附录），《中国经济问题之研究》，中华书局，1935年。转引自叶世昌：《对经纪人的历史考察及其启示》，《世界经济文汇》，1995年第1期。

② 王静、许小牙：《掮客、行商、钱庄——中国民间商贸习俗》，成都：四川人民出版社，1993年，第110—111页。

③ 同上。

是代客商买卖且从中说合，并收取佣金且具有垄断市场潜力的店铺。

宋代的“塌房”与邸店相似，有官府开设和私人开设两种。塌房主人不仅收取货物保管费，而且往往就是牙人。牙人亦常常在塌房接待商人。塌房冲破了市坊的限制，延伸到交通便利的码头。[①] 宋代“市舶司”特许商人设立牙行经营进出口贸易。

明代，许多行业都有牙行，同一行业中也有许多牙行。明嘉靖二年（1523 年）定市易法，规定牙人必须选有资产的人户充任，并由官府发给印信文簿，后沿称牙贴，类似今天的营业执照。领贴须纳贴费。贴费连同每年所纳税银，统称为牙税。[②] 牙行代官采办货物，因而有官私牙之分。官牙可充当房地产买卖见证人署名契约。由于牙行每年要向官府缴纳牙税，各地所收牙税的多少，就取决于各地牙行的多少和贸易的兴衰。明代后期，牙行经营范围扩大。凡是牲畜、农产品及农民所产丝绸、布匹等客商不得直接购买，须经牙行买卖。而小贩亦不得绕过牙行把商品私卖给顾客。牙行又与船埠头、客栈相通，在转运、仓储环节上亦有把持。[③]

清代，牙行大大发展，其职能也大有变化。牙人进一步接近现代经纪人，牙行也逐渐向近代交易所靠拢。这一时期的特点是公行组织成立。康熙二十四年（1686 年）取消海禁，设立海关

---

① 吴少珉：《我国历史上的经纪人及行业组织考略》，《史学月刊》，1997 年第 5 期。

② 政府向牙行征收的税款。一种是颁发牙贴时的贴费，相当于营业牌照税；一种是按年向牙行征收的营业税。自明中叶以来，尽管牙税征收一度混乱，官府也屡次采取措施进行整顿，但其征收办法基本上没有大的变化，由牙行根据定额定期上交，一直到民国初年。

③ 吴少珉：《我国历史上的经纪人及行业组织考略》，《史学月刊》，1997 年第 5 期。

取代市舶司。此外沿袭明朝规定，由广州官府特许经营对外贸易商行，又名“洋行”、“洋货行”，统称“十三行”。[①] 商行、洋行、十三行都属于官设牙行，只是称谓不同。康熙五十九年(1721年)，各洋行商人为避免彼此间的竞争，联合组成行会性质的“公行”，[②] 一切进出口贸易由公行统一管理和经营。公行由广东商人组成，专充当中外商人进出口贸易的中介人，并为其划定价格，后来得到政府承认而取得对外贸易的专利权。这样，广东十三行就发展成了公行制度。

早期牙行有提供行情、便利成交的作用，之后逐渐转变为具有专制特权的商业组织。这种阻碍商品流通的牙行受到冲击和诟病，清代商人会馆的兴起一定程度上排挤了牙行势力。20世纪初，在手工业的买卖上，牙行已被客商自己设立的坐庄代替。农产品买卖则形成各种专门的牙行、牙纪，成为代客买卖的米行、菜行等。还有一些牙行与各种客栈合一，供客商仓储食宿，互相兼容，与过去的牙行很不相同。新中国成立后，取消牙行垄断，一些行栈和有商品检验分级技术的牙人则经政府改造加以利用。

第三节 历代政府的管理

通常状况下牙行及牙人的多寡与市镇兴衰成正比，正如方志专家所称“市肆牙行专视远商之集否为盈虚”。[③] 牙行及牙人是市镇经济正常运转不可或缺的关键人物。为增加税收、维持集市交易秩序，历代政府对牙行采取了不同的管理措施。

---

① 《粤海关志·行商序》。

② 同上。

③ 任放：《明清长江中下游市镇的管理机制》，《中国历史地理论丛》，2003年第18卷第1辑。

早期牙人介入交换，并没有政府的官信文簿，他们主要靠诚信和公正赢得居间信任。由于熟谙陶猗之术的牙人无本钱参与营运，未对统治者利益构成威胁，统治者基本不过问牙行活动。释道潜诗写道："农夫争道来，聒聒更笑喧，或携布与帛，或驱鸡与豘，老人主贸易，仰俯受人尊。"[①] 诗中牙人（即老人）受人尊敬的情景，和谐的交换气氛说明早期牙人在市场上主持交换时，没有官府的牵连，没有胥吏干扰，属于纯粹的民间活动。

唐代，随着商业日渐繁荣，行商坐贾隐瞒赋税的情弊日增。统治者便借助熟悉商情的牙人控制市场，用以补充自身管理不足。《旧唐书·食货志》（上）记载："自今已后，有因交关用欠陌钱者，宜但令本行头及居停主人、牙人等检查送官。"《旧唐书·食货志》（下）则云："官给牙商印纸，人有买卖，随自署记，翌日合算之。有自贸易不用市牙者，验其私簿，无私簿者投状自集。"这一规定首次赋予牙人监督商人的权力，而且预示了牙人牙行发展的方向和前景。

宋代，商业发展到新的高度，统治者沿袭唐代办法，把牙人作为管理市场的力量，并以官府名义发给身牌，诏令各级衙署取法执行。"身牌"是一种木质牌子，发给牙人作为行业执照。"牙人付身牌约束"则是公之于世的第一个牙人立法文献。《作邑自箴》中写道："交易牙人须交壮保三两名，及递相结报，各给木牌随身别之"。"付身牌约束"写明："某县、某邑牙人、某人付身牌坐开县司约束如后"，接着是关于牙人职能、活动方式及活动目标的具体规定。最后写道："遇有客旅欲作交易，先将以牌读示。"[②] 可见其目的不仅在于管理牙人，而且要通过牙人监督

① 《参寥子诗集》第1卷《归宗道》。转引自吴少珉：《我国历史上的经纪人及行业组织考略》，《史学月刊》，1997年第5期。

② （宋）李元弼：《作邑自箴》卷八。

商人，从而把官府的控制能力延伸到各个市场和各种物业交换过程中。终宋三百年间，“付身牌约束”一直是对牙人施行统一管理的依据。牙人佩戴身牌以后，不能自主活动，成为政府附庸，成了监督物货印税的官方“使者”或代理人。这是牙人职能变异之始，同时说明中国宋代商业的发达程度。

王安石变法提出“出内库钱帛，选官于京师置市易司”。[①] 于是市易司招募牙人，以官府名义从客商手中买进滞销货物，或令客商将其折变为市易司物货，低息赊与行铺销售。与此同时，宋代各级衙署亦广泛招募、遣使牙人。两宋时期，为了应付对辽、夏、金的战争需要，不得不对粮秣、布帛、盐茶等主要产品实行“和卖”、“官榷”的特殊经济政策。执行这项垄断商业或征购任务，需要兼有胥吏、牙人双重职能的使者。牙人由于通晓行情，有审验货物的能力，又“心机手法，捷若鬼神”，有“催赋征税，量斗验称”之技巧，于是这项特殊任务就历史地落到了他们肩上。这一重要因素进一步促进和推动了牙人职能的转变。

明代社会分工发展与市场扩大使集镇牙人逐渐多起来。但管理制度却经历了波折——被取缔而后恢复。明太祖朱元璋在洪武二年（1370年）取缔牙人，“天下府、州、县、镇店去处，不许有官牙私牙。一切客商应有货物，照例投税之后，听从发卖。敢有称系官牙、私牙，许邻里坊厢拿获赴京，以凭迁徙化外。若系官牙，其该吏全家迁徙。敢有为官牙、私牙，两邻不首，罪同。”[②] 受此影响，牙人一度减少。但是，由于商人不经牙人自行销售成本高且交易难以进行，取缔牙人在实际执行中遇到了民间阻力。明朝中后期，随着市场经济的发展，牙人队伍再度壮大，朱元璋的这道禁令成了一纸空文。嘉靖二年（1524年），由

① 《宋会要辑稿·食货37》。

② （明）朱元璋：《御制大诰续编》。

于牙人活动在商业中的作用越来越大，政府只得承认他们的合法地位。《大明律》规定："凡城市乡村，诸色牙人，及船埠头，并选有抵业人户充，官给印信文簿。附写各客商船户住贯姓名、路引字号、货物数量，每月赴官查照。私充者，杖六十，所得牙钱入官。"① 禁止私牙充官牙的目的在于通过官府颁发牙行执照限制私牙发展，控制民间商业和牙行，利用牙行防止商人逃税，以增加政府税收，加强政府的社会控制能力。这条法令至少在两个方面对牙行产生了影响：其一，牙行有自己的固定资产是建立居间信用的保证，"有抵业人户"才有资格充当牙人；其二，禁止私充牙行的规定使得拿到政府执照的牙行获得了居间经营特许权。

清代沿袭明朝之法，但更为具体。牙贴最初由政府发放，雍正初年改由户部统一印制，按定额交由各省布政司统一管理发放，严禁私设、滥设牙行。政府对"顶冒朋充"者如"私用他人殷实户名领贴冒充牙行"、"奸尻之辈捏称牙行于良民买卖，混行索诈"、"矜监、胥役更名捏姓认充牙行"，都要地方官查处并以律治罪。并规定"举贡生监概不许充牙行"，对地方官违反律例也以律惩处，"地方官滥给牙贴以致拖欠客本及不用司颁牙贴，自己用印私钤者，并降一级调用"。② 牙行也因此成为官府控制民间正常贸易活动的一支重要力量。

牙行所交费税主要有两种：一是贴费，相当于营业执照费；一是牙税，即牙行的营业税。民国初年，牙税征收制度发生重大变化，即包税制的实行——牙税不再由牙行直接缴纳，而由商人

① 《大明律》卷十户律七。

② 《大清律例新增统纂集成·户律·市廛》，清道光四年刻本。转引自龚关：《官府、牙行与集市——明清至民国时期华北集市的市场制度分析》，《天津商学院学报》，2001年第1期。

包纳。包税制作为一种税收制度，并不仅仅施行于牙税，而且几乎包括了对所有商税的征收，如屠宰税、牲畜税、烟酒牌照税等。包税制的施行，从几方面产生影响。从政府来说，包税制简便、稳定并增加了税收。但对集市交易却产生不利影响：从牙税征收来说，包商向县府投标包缴牙税，包商即为牙行，顶领牙贴。牙人由包商手中分包某市镇牙税，或每日认领若干牙税方可取得经纪特权，牙人不再领贴。牙人对包商方面须出牙税，包商成了牙贴的领取人，牙行职能也变为由包商和牙人共同完成。在其他税收的征收中，中标者又将征收市场上某种商品税收权包给中层税收人，后者又转包或雇佣集市甚至农村的商业中间人代其征收商税。为了获取包税余额，牙人、中层包税人以及包头总是千方百计榨取商民。这无疑增加了他们的负担。同时，为了向买卖双方同时收税，牙人和包商将买卖双方隔离开来。经纪人及包商之间为了争夺税收甚至结成帮派，瓜分市场，对正常的市场运作带来了极其不利的影响。

1949年之后，人民政府试图通过土地改革、互助组、生产合作社等自上而下的措施使农村向集体化迈进。在波及中国大多数地区的公社化运动中，供销合作社和国营贸易公司几乎垄断了所有的农副产品和日用品贸易，乡村的大多数集市关闭，商品流通近乎瘫痪。之后，十年“文化大革命”从各个方面阻碍了社会的发展，乡村集市建设亦不例外。集市的中断否定了牙人牙行存在的必要性。“赶集”本是约定俗成的，但在1957年“大跃进”以后，很多地方都强行改变集期，以五日甚至十日为一集，或者规定只准星期日赶集，只准蔬菜上市，而鸡、鸭、肉、鱼、蛋等农副产品一律交到收购站。人们的日常需求只好通过暗中交易满足，人称“黑市”。回顾几十年建设历程，我们不难看出：建国初几十年的建设运动，对存在了几千年的农村集市传统制度，政府“不仅仅是改造，不是逐渐去排除，不是慢慢去超越，而是试图完全消除。"[①] 这样忽视传统的做法在破坏原本完善的乡村交易体系的同时，并没有实现政府的建设目标，而是出现了许多不完善的代替形式，阻碍了集市交换体系的完善和集市向市场体系的迈进。集市制度破坏造成延续千年的牙人牙行职业从乡村集市交易中消失。所幸这种缺失只是短暂的。一旦环境有所改变，它又将以鲜活的形态重现人们的日常生活中。

第二章　实践：牲畜交易中的牙人

初七日，至平虏千户所，有城翼然，城之外有官室庐栉比，烟火数百家，贸易交匝。

——《西征日录》[②]

中国地域辽阔，各地自有其历史经验和地方文化传统。本章所述牙人实践以宁夏平罗县乡村集市牲畜交易中的牙人为例。

第一节　空间：平罗县概况

（嘉靖）《宁夏新志》载："平虏，秦属北地郡富平县；汉时设廉县；北周、隋、唐属怀远县；西夏置定远县；明代设平虏守御千户所。平虏为宁夏北部锁钥，南达甘陕，北通蒙绥；东渡黄河至鄂尔多斯，西越贺兰山入阿拉善草原。襟山带河，平川沃

---

① 施坚雅：《中国农村的市场和社会结构》，史建云、徐秀丽译，北京：中国社会科学出版社，1998 年，第 137 页。

② 杨一清：《西征日录》，《古西行记选注》，杨建新等编注，银川：宁夏人民出版社，1987 年，第 302 页。

野，水草丰盈，物产富饶。苟失平虏，则无宁夏；无宁夏则无平（凉）、固（原）；无平固则关中骚动，渐及内地，患不可量。”文中所载之“平虏”，即今之宁夏平罗。历史上中原王朝曾多次移民驻军于此，屯垦戍边。自西汉于县境置廉县迄今2000余年，清雍正二年（1725年）置平罗县迄今亦270年。明朝时期，内蒙古西部归鞑靼所有，因此才有失平罗而关中骚乱一说。到了清朝，平罗的战略地位有所变动，但由于平罗县境“屯兵有粮草，进出有通道，防守有关隘，隐蔽有深山”，所以仍是兵家必争之地。王维《老将行》中就有诗句曰：“贺兰山下阵如云，羽檄交驰日夕闻。”

嘉庆十一年（1807年），阿拉善亲王将吉兰泰盐池献给朝廷后，三盛公（今内蒙磴口）地区归平罗县管辖。至此，平罗县境西北达阿拉善盟河金套海250公里，东北至鄂尔多斯马打水地250公里，成为清朝国境内面积最大的县。境内粮草丰足，牛羊成群，交通便利，市场繁荣，为当时甘肃省宁夏府之首县，与中卫县、金积县齐名。府城所在宁夏县和宁朔县所辖区划，不及平罗县十分之一。

今日平罗县位于宁夏平原北部，东滨黄河，西倚贺兰山，北与内蒙古阿拉善左旗毗邻，南连贺兰县。总面积2046平方公里，其中：山区621平方公里，川区1425平方公里。总人口26万（2005年）。农业人口占全县人口的82.02%。县城在县境中部，城区面积3.13平方公里，距离银川58公里，距离北京1288公里。水陆交通便利，地理位置重要，是宁夏北部门户。

平罗县分为山区、川区两部分。贺兰山傲然屹立在县境西部，为平罗天然屏障，挡住了西北部沙漠的东移，削弱了西北高原寒冷气流的侵袭，也阻止了潮湿的东南季风的西进，增加了降雨，对当地农业发展功不可没。川区为黄河冲积平原，地处银川灌区下游，地势平坦，土地肥沃，为平罗县主要产粮区。平罗县回、汉人民以农业为主兼营畜牧历史悠久。农作物有小麦、水稻、大麦、高粱、玉米、糜子、谷子、荞麦、豆类、胡麻等，其中以小麦、水稻为主。小麦、大麦茬复种糜子、谷子、荞麦、白菜、萝卜、菠菜、香菜、蔓菁等，变一年一熟为一年两熟；小麦茬复种玉米，豆类、甜菜，胡麻茬复种豆类、甜菜等，变单种为两种两收或三种三收；水稻由撒播变为插秧、旱条播。平罗县依山傍水，天然草场广阔，有利于牧业发展。早在隋唐以前，这一带便是少数民族游牧之地。西夏朝廷设“群牧司”以牧为本。平罗西大滩及贺兰山麓是上好的牧场，所繁殖的马匹，除军用外，与牛、驴、骆驼一并作为大宗贸易商品，出售给宋、辽、金等国。元、明时期因战祸，牧业减退。乾隆年间，在县境内渠口堡以南，通义堡以北的沿河滩一带，建有5万多亩的养马场。

回汉农民均饲养牛、马、骡、驴、驼、羊、兔等家畜，以及鸡、鸭、鹅、鸽等家禽。回族人民善养牛羊，一般人家养羊三五只到几十只。1949年之前富有者及当今的专业户有扎场群养百只乃至数百只者。汉族普遍养猪，一般人家养1～2头，也有养数十头的专业户。平罗县养羊历史悠久，主要以宁夏特有的滩羊为主，山羊次之。80年代以来，又先后从山东引进了“小尾寒羊”。滩羊肉质细嫩，脂肪分布均匀，皮毛用途广泛，尤其是一月龄左右的滩羊羔宰剥的二毛裘皮，皮质柔韧，毛色光泽洁白，呈环形小圆花，排列紧密且富有弹性，素有二毛皮九道弯之称。

第二节　场域：平罗县乡村集市

明代于县城北关门外设定期集市。清朝在柔远堡（今新村）设定期集市，后移至石嘴山，并先后在姚伏、县城、黄渠桥、宝丰、头闸等地设集市。县城主要街巷有布匹、杂货、中药、银匠、铁匠、大肉、羊肉、柴草、煤炭、米粮市及饭馆、车马店等。

清代县内集市有城关镇、姚伏镇、黄渠桥镇、石嘴子、头闸镇和宝丰镇 7 处。清末民初，商业较前有所发展。民国 17 年（1928）至新中国成立前夕，宁夏经两次军阀混战，加之马鸿逵连年征兵，横征暴敛，商业江河日下，物价或巨跌或暴涨，不少商号倒闭，市场萧条。民国年间，行政区划几经变动，县内集贸市场主要有城关、姚伏、头闸三处。

新中国建立后，政府对上述三个集贸市场进行了整顿：对上市货物分类、分行业固定归市地点；建立市场交易所，从原牙行、斗行等牙纪人员中选留部分为交易员，佣金按成交额的 2% 收取。卖方承担佣金，买方承担税金，佣金统一交交易所，交易所按 60% 付给交易员，40% 留作办公费用和修建市场之用；上市商品一律实行明码标价、公平交易。通过整顿，一定程度上稳定了物价，规范了物品交易。①

目前县境内有乡村集市 4 个，均系清代遗留农贸集市：

1. 宝丰镇集市。宝丰镇在县城东北，距县城 24 公里。清雍正四年（1726 年），开惠农、昌润二渠时筑城，周长四里三分。雍正六年批准设县，定名"宝丰县"。乾隆三年（1739 年）发生强烈地震，城墙局部下陷，房屋坍塌。翌年裁县并入平罗县。城内 4 条大街均 8 米宽，东南和西北两街均为主要商业区。民国初期，经营布匹、百货、日杂、烟酒、糖茶、皮毛、发菜、油坊、粉坊、糖坊、铁业、木业等商号 30 多家，作坊 20 多家。1987 年后，镇区向南和西北各扩展 200 米，面积扩至 50.17 万平方米。大街西北端建有 3.6 万平方米的农贸市场，逢集参与交易者 1～2 万人，成交额 2～3 万元，旺季达 2～3 万人，成交额达 5～6 万元。

2. 黄渠桥镇集市。黄渠桥镇在县城北偏东，距县城 15 公

① 《平罗县志》编撰委员会编：《平罗县志》，银川：宁夏人民出版社，1996 年，第 327 页。

里。包兰公路（109国道）穿街而过，形成平罗北境的交通枢纽。南北两条大街并列，沿109国道的街道是工商业分布的主街。东街长300米，设米粮市、牲畜市。该镇市场活跃和经济繁荣居平罗县集镇之首。1978年后进行扩建，面积扩展至54.4万平方米。形成拐尺形的东西、南北两条街。南北街长650米，东西街长400米，均宽18米。农贸市场位于街西，面积3.36万平方米，逢集贸易者1~2万人，旺季达到3万人，交易额3~5万元，月均35万余元。

3. 头闸镇集市。头闸镇在县城东北侧，距县城13公里，仅东西一条小街。清代设集市，到民国后期因国民经济衰落而停。新中国建立后，恢复集市贸易，集镇日益繁荣，逢集参与贸易者千余人。

4. 姚伏镇集市。姚伏镇，原作姚福镇，在县城南20公里处唐徕渠西侧，是平罗通往银川的必经之地。唐玄宗先天二年，朔方大总管郭元振在姚伏镇东建定远城，姚伏镇因而成为平罗重镇。清代，在该堡设集市。新中国建立后，逐渐建成“丁”字形两条街，南北街长千米，东西街长500米。设于姚通公路起点北侧的农贸市场，占地2.47万平方米，逢集参与贸易者达1~2万人，旺季达3万人，年成交额达450万元。

《史记·平准书》注：“古人未有市，若朝聚井汲水，便将货物于井边货卖，故言市井。”因“市”与“井”有此段姻缘，所以市井就沿用下来。从上述集市所在镇的地理位置来看，集镇的发展都得黄河之便，可以说因水而荣。

改革开放以后，政府对城关、宝丰、姚伏、黄渠桥市场进行新建和扩建。1984年，在县城北郊新辟场地38535平方米，建成县城农贸集市，先后建办公用房254平方米，营业室2754平方米。集市划为骡马、木材、牛羊、皮毛、禽蛋、瓜菜、杂货摊点等归市地点。旧市场改建为逐日贸易的“富民市场”，场地

14790平方米，房屋建筑面积5968平方米（其中营业室2000平方米，安排商户116家），营业大棚4150平方米。1985年，将黄渠桥集贸市场由街巷迁设于镇西侧滩地，占地2.66万平方米，建办公用房205平方米。1986年，姚伏镇集贸市场迁建于镇北侧滩地，占地2.83万平方米，建办公用房205平方米，营业大棚1944平方米，商户营业室500平方米。1989年，宝丰镇集贸市场迁建于城北滩地，占地3.6万平方米。1990年在县城工农西路南侧建蔬菜批发市场，逐日交易，占地1.52万平方米。

中国乡村集市内容丰富多彩，以定期交易为主要特征。[①] 清代，县内有集市7处：县城逢二日交易（农历初二、十二、二十二）；姚伏、黄渠桥逢三、六、九交易；石嘴子逢初一、初十、二十交易；头闸和宝丰逢二、五、八日交易。民国年间集市三处：县城逢农历一、四、七日交易；头闸逢二、五、八日交易；姚伏逢三、六、九日交易。1968年，县革命委员会决定改三天一集为五天一集，集贸市场均以阳历5、10、15、20、25、30日为集日。1975年，又改为十日一集，每逢10、20、30为集日。中共十一届三中全会以后，政府实行改革开放政策，逐步取消了计划收购物资，集贸市场始逐渐活跃起来。1981年，县革命委员会对集市日期作了新的规定：县城逐日交易，但群众习惯于阳历一、四、七日赶集，尤其是牲畜等农产品的交易，更是如此；宝丰、头闸两地逢阳历二、五、八日交易；黄渠桥和姚伏两地逢三、六、九日交易。牙人从此又有了常规活动的空间。平罗县的集期体系恰属于其中的阳历旬谱系规定的每10天3个集日，如表1。

---

① 对此中国农村市场的周期性和集期，施坚雅已有诸多解释。详情请参考施坚雅：《中国农村的市场和社会结构》，史建云、徐秀丽译，北京：中国社会科学出版社，1998年。

表 1 平罗县集期一览表（2005 年 3 月）

集市	县城	宝丰/头闸	黄渠桥/姚伏	休息日
日期（阳历）	1	2	3	
	4	5	6	
日期（阳历）	7	8	9	10
	11	12	13	
	14	15	16	
	17	18	19	20
	21	22	23	
	24	25	26	
	27	28	29	30、31

1949 年前，县城集市赶集人数 2000 左右，上市商品 100 余种，成交额万余元（法币）。1949 年后，集市贸易上市商品增至 1000 多种，全县集市贸易年成交额由数十万增至 2000 余万元，赶集人数以县城为例，每集由 3000 余人增至 3 万余人。这说明人口增加和商品化程度的提高。为进一步扩大物资交流，繁荣市场经济，政府还大力策划物资交流活动。至 1990 年，先后举办物资交流大会 23 次，其中平罗县城 22 次，宝丰镇 1 次，会期 8～16 天。赶会人数以万计，上市货物品种近万种，大会成交额以百万计。1981 年 9 月 20 日，县城举办物资交流大会 16 天，上市大家畜不多，未能满足农民需要。县人民政府于 11 月 1 日又举办了一次为期 16 天的骡马物资交流大会，会期上市骡马以千计。①

第三节 实践：集市牲畜交易中的牙人

平罗县集市交易常见物品种类有建筑材料、粮食、瓜果蔬

① 《平罗县志》编撰委员会编：《平罗县志》，银川：宁夏人民出版社，1996 年，第 273 页。

菜、牲畜、日用百货等。其中，牲畜交易额占交易总量的60%以上。

平罗县集市交易牲畜来源广泛，除小型农户和养殖园区养殖之外，有本地行商及外地客商从内蒙古、甘肃、陕西等地贩运而来的。平罗县集市交易牲畜不仅来源广，而且销路多，大概有以下几种去向：一是个体农户购买作为圈养，以便增肥之后赢利；二是供外省客商贩运；三是用于肉市，销往外地和供本地回汉人民日常食用。在内蒙古和宁夏两省交界的地方处处可看到当地商人的足迹。从牲畜的来源和去向可以看到，牲畜贩运在沟通内蒙、甘肃与陕西等地以及农牧生计之间的重要作用。

平罗县牲畜交易大致从正月初五、初六开始。开市之后，牲畜贸易终年不绝，但也有淡旺季之分。大都是春夏为淡季，秋冬为旺季。用牙纪的话说叫做“不怕一二三，就怕四五六”，就是说一、二、三月虽是淡季，市场还有点生意，牙纪们也有收入；到四、五、六月，生意就不多了。六月之后，当地商人开始从外地贩牛羊，牲畜交易逐渐增多。七至十一月，牲畜贩子的羊牛大量集中到集市上交易，形成旺季。旺季有两种情况，一种是热羊热牛的交易，一种是冬羊冬牛的交易。每年农历七、八月间为热羊热牛交易期，九、十、十一月为冬羊冬牛交易期。

由于当地牲畜交易量较大及买卖方之间存在的价格差距，或由于买方怕上当而买下偷盗拐骗而来或有毛病的牲畜，每笔交易都须经牙纪[①] 撮合方成。这样既容易成交，又有人证明。即使买下病残之畜，在限定的日期内也可以退还。所以，牙纪很受买卖双方欢迎。平罗县目前持证的牲畜牙纪有15个，羊市5~6个，牛市4~5个，骡马市3个，基本固定，但偶尔也会串场。

① 当地亦称交易员。

一、分类

以前一提到牙纪或牙子大都指牲畜牙纪，也叫蹄脚行，由以下几种人组成：第一种是专门介绍生意的牙纪，他们没有资金，人数最少。这种人最辛苦，他们每天上市很早，赶在买卖双方之前到达，在牲畜市上东奔西走为买卖双方介绍生意，耳、眼、腿、嘴都得跟得上才有生意，成交之后提取一定佣金。在交易过程中，牙人“各做各的交易，各收各的佣金”，有条不紊。第二种是牲畜贩子。他们拥有少量资金，因此除了在牲畜市场做牙行之外，也做一些倒买倒卖牲畜的交易。第三种是车马客店。他们拥有相当资本（主要是房屋和牲畜栏）和技术，专门代本地和外地的客商买卖牲畜，同样抽取佣金，兼有牙行性质。富裕牙纪常常兼营车马店。目前的车马店主要是一种民间行为，并不到政府工商部门注册。一般牙纪只要有条件，比如交通方便，房子圈棚宽裕就可以留宿外地人，方便做生意。

根据牙人所经营的牲畜种类，又可将之分为羊牙家、牛牙家、马牙家等。虽然牙人分工不十分固定，但各有所长，故每种牲畜交易有相对固定的牙人。

二、业务能力

无论经纪何种牲口，都需要一整套的技术和能力。这些知识在长期的牲口交易中积累并辈辈流传，堪称民间科学。例如牙纪相牲口，就着重一个“看”字。

相马：“远看一张皮，近看四个蹄”，好马皮毛细致，光华柔软。看力量和速度要看四蹄：好马走起路来“前腿不扒，后腿不交叉”，“四个蹄口端，前后蹄一条线”，“前头一斗，后头一手”。看腿和尾是否带风（风者，力也）。这样的马步履稳健，四蹄有力，力速皆好。看马是否残疾，主要是观舌色（牲口百病舌为苗)、口色、眼神等:“黄病看耳梢,风病看毛皮根下,耳梢直摇头,八成得了黄疸症”。骡马若有眼病,一般看不出来,但马牙家有谚语“人瞎了探杆子,马瞎了耍纤子(耳朵)”。因为盲人行路凭借一条杆子探路,骡马若是哪边的眼睛看不到,它行走起来就不停地摇那边的耳朵,像在鼓劲,实际是根据声音判断路况。看岁数靠数牙口:三十个月满牙口;五岁奶牙全换完;五岁以上看槽口,即看牙磨损的程度。看牙口也是看所有牲口的诀窍。

相牛:看牛也主要看长相。“眼大有力,嘴方肯吃”;“前裆钻进狗,后裆入进手”,即前腿之间的距离越宽,后腿之间的距离越窄,则牛越有力量;“洼腰牛乏力”,即牛的腰若凹陷,则没有劲。谚语讲“头紫二狸三花,赶不动的老沙”,都是从毛色看其耐力和劲道。

摸羊:一般通过掂、摸等方式确定羊的肉劲。但也看外形:“个张大”,即身高、体长;毛色光滑,美观大方;“山羊立戈,绵羊盘戈”,即山羊角直立,绵羊角盘旋为上品。

看皮:羊皮首先看板的薄厚,即毛与真皮之间的部分。也可通过活羊的种类识别:公羊和羯羊皮为上,母羊皮为下。40~50天的羊羔皮为二毛皮,成年羊皮为老羊皮。活羊腰大则皮厚,反之则薄。其次看板张大小,活羊身高体长则板长大,反之则小,现在一般按平方计算。最后看毛色,白色为上,易染易烫,青、黑为下。牛、骡、马皮与此类似,都是花皮为次。牛皮以紫皮为上。看皮最难的恐怕是看云板。云板就是羔羊皮。但这种羔羊皮,不是指自然足月生产的羔羊皮,而是指没有到生育时间,因母羊流产而取出的羔羊皮。这种未足月出生的羔羊,毛刚刚长齐,但比足月而生的羔羊毛短。云板在柔软度、手感、韧性等方面,都比正常生育的羔羊皮要好,二者很难区别,非经验丰富者不能辨认。

具备以上能力只表明能够承担经纪业务,并不一定能做一个成功的牙纪。一个成功的牙人，除了掌握市场上货物的价格变化之外，还必须对经营者的经营情况有深入的了解。对信息的收集、整理、运用体现了经纪人素质方面的差别。除了对行市的敏感性外，更多信息需要从日常生活中获得，最后还得看“人活”[①] 和交际能力。

三、传承

平罗牙行有些是祖辈相传的“牙子世家”。男孩子长到十六七岁，就跟父亲学着赶集，帮人送牲畜。有人因此而闯出了名堂：如人称“平罗老丁”、“老户老丁”的羊牙家和“惠北丁四”的牛牙家。[②] 也有人通过拜师学艺，虽无拜师之礼，但也有师徒之意。拜师者首先经过学徒期，即帮客接送骡马，熟悉牲口，再进市场跟师傅学习交易。目前情况通过以下访谈可窥见一斑：

问：现在牙纪收徒弟吗？

答：基本上没有师徒关系了，大都是父子关系，兼有师徒关系。父传子，条件便利，也尽心教。

与其他地方一样，当地牙人不传女性。但在牲畜市上偶尔可以看到女性参与交易。她们主要从事一些次要的工作，如照看牲畜等不重要的环节。这些女性一般出于不得已原因进入牲畜市场(如为生计，或寡妇等)。

四、经纪

1. 把圈。上集的牲畜，有的直接在卡车上出售，有的在专门的羊圈出售，也有一些散只零售。牙人通常按照上集的先后顺序，先到的人可以选大的羊群撮合买卖。牙人们称之为“把圈”。

---

① 通过社会交往而建立的人际关系。

② 惠北：黄渠桥镇惠北乡名；老户：平罗县城关镇某村地名。

牙人也可以依羊群大小单独或合伙说和，佣金平分。然而，卖方多请自己信任的牙人说和，有的甚至上集之前预约。

2. 搭价。牙纪上市看过牲畜，先问卖方要价，再问买方出价。然后通过“掏麻雀子”[①] 的方式从中搭价，直到双方都能接受为止。如果始终难以有共同的价格，牙人就会作罢。

“掏麻雀子”，即袖筒捏价。[②] 做买卖的人并不把物品的价格直接标出来，也不用言语交谈商品价格，双方看了货之后，在袖筒里定价格，其物价在双方要定的数字内浮动。袖筒中手指的捏法反映商品价格。当地牙行手语数字与其他地区相同，即伸出食指为 1；食指、中指并伸为 2；食指、中指、无名指并伸为 3；食指、中指、无名指、小指并伸为 4；食指、中指、无名指、小指及大拇指 5 指并伸为 5；伸出拇指、小指，蜷起中间 3 指为 6；拇指、食指、中指 3 指指尖捏拢到一起为 7，俗称“捏七”；伸出拇指、食指并叉开为 8，俗称“叉 8”；伸出食指，指节前曲如钩，俗称“钩 9”；伸出双手或握拳为 10。

“黑话”是当地对行话[③] 的别称，多指用以代表 1 到 10 或 1 至 9 的不同暗号。当地牛马羊市较通用的行话为：一为流，或为

---

① 当地对“袖筒捏价”的称法。

② 古时商帮之间买卖时为了保守秘密，不使外来商客和行帮之外的人了解行情，常使用袖语。或曰此方式始于民间茶马贸易，因北方各民族语言交通不便，便采用此种手法。

③ 行话各帮皆有，又各不相同。《江湖切要》记载明清时有两套秘密语数码，并于构造上相互联系：一为流，又为流寅；二为月，又为月卯；三为汪，又为汪辰；四为则，又为执己；五为中，又为中马；六为人，又为人未；七为心，又为辛申；八为张，又为朔酉；九为爱，又为受戌；十为足，又为流执。光绪年间，皮、瓜、李诸行江湖日常通用切口数目，以一为留，二为越，三为汪，四为则，五为中，六为仁，七为信，八为张，九为爱，十为足。与以往某些秘密语数码互有异同，盖传承扩布中变异之故，并有行当、地区分别。转引自曲彦斌：《中国民间秘密语》，上海：三联书店，1990 年，第 176 页。

流米子；二为月；三为斜，或为斜米子；四为则；五为盘；六为申；七为心；八为张；九为爱；十为足。

过去人们穿长衫，袖筒宽且长，搭价时或撩起前襟，或缩进右手递去衣袖，在衣裳下或袖筒里互相捏手指议价。手在捏，口中随着说“这个的这个”。对方就会明白是八十七还是八百七十、八千七百（一般在百以内、千以内、万以内的大概价格双方都已经知道）。现在人们改穿中山装、夹克或西服，论价不宜在袖筒里进行，就改用其他方式，如在衣襟下，腋下、羊皮下（专门作羊皮买卖的，将羊皮往手上一盖，就进行交易）等等。

3. 收牙钱。交易成功之后，买卖双方给牙人佣金，即牙人收取牙钱。[①] 金额按只、头或论群给。如 1 只羊，买卖双方各给 1 元，牛骡马等大牲畜每头 10 元。散只的基本不变，大群则按羊只的半数付费。一般是成交后当场付费，有时也会等下一次集市或一段时间后付费。

五、政府管理

1978 年之后，市场逐步开放，牙纪重现于乡村集市。牙纪由工商局评选，通过培训、考试获得经纪权。1981 年到 1990 年，国家每月发给牙纪补贴 30 元。1990 年以后，市场管理费承包给个人，即包商收取。如前文所述，包税制的实行使牙人不再享受政府补贴，牙人经纪权需通过包商取得。包商阻断了商家与政府之间连接，并由牙人代理政府传统职能。2000 年，县工商局再次对牙人进行培训。具体情况见访谈记录：

问：这里什么时候开始有牙纪的？

答：改革开放之前市场不开放，所以没有牙纪。那时商品归国家调度，牲畜集体养殖，价格由国家规定，公购统售时按只纳

---

① 牙钱，即佣金，为牙人向客户提供服务的手续费。

税，不需要中介。集体完成国家公购任务后，剩余的宰了吃肉，按人头分配。1955—1980 年间几十年都没有牙人。市场开放之后，1981 年、1982 年工商局评选了一批牙行，当时也通过培训、考试。培训的业务能力主要是了解牲畜的特性、个性、长相等等。大部分知识是靠师傅教的，比如说和时要给买方留下利润。也有自己经验的总结，比如估计羊的肉量、下水、皮毛总价。

2000 年，工商局对交易员进行培训。培训之前，每人向县工商局交 300 元经纪人培训费。工商局请对外经贸大学、宁夏大学、宁夏商学院的老师讲课。针对具体行业，内容包括市场交易知识，国家发展动向等等；法律知识，主要是工商法中与中介有关的内容；安全措施，比如如何判断真假钞票，如何进行市场管理、售后服务等等。工商部门还专门印发了自学材料。培训之后参加考试，分闭卷、口答和实践经验 3 个部分。

虽说要考试，但只要交了培训费都取得了证书。闭卷考试时大家都在抄书，有些人抄其他人的，甚至代人考试。实践经验就比较容易了。当时工商局买了 3 只羊，每个交易员估计肉量，宰了后核实，评委打分。大家的经验都比培训员丰富。当时有人刁难培训员，故意问三只羊每只能卖多少钱，其中肉多少、下水多少、头蹄多少、皮多少，他们都不知道。虽然参加培训的人都拿了证，但买卖人自己有眼睛，能力不行、人缘不好的人竞争不上，就上不了市场。而且虽然许可证受国家承认，在全国通行，但本地人到外地根本插不上手，牙行都有自己的地盘。

第四节　讨论：对当地人实践的分析

实践概念的最初含义是指相对于理论或理想规范而言，人的能动性的发挥。布迪厄的实践指的也是与“制度”、“结构”对举的实践。[①] 他认为人的实践不完全是制度、规范和规则的实行，又不是毫无限制的自由和自愿。他预设有一种理性选择的空间，“惯习”在这种空间中起到非常大的作用。惯习指一套做人、做事的气质的合成，包括人们平常行动的习惯，人们对正义、现实、美的感觉等等。本文的实践有两方面含义，一是指与历史文献之记载相对照的鲜活文化现象，从中可看到小传统对大传统的实践，二是从牙人牙行的现实情况看其对制度、规范和规则的操作。

首先，从牙人经纪行为看其对制度、规范的实践。我们已知牙人在当地牲畜和皮毛交易中充当重要角色。他们通过对商品信息和行情的把握，在买卖双方中间进行撮合。通常情况下，中介完成依赖于买卖双方的利益共识以及稳定的牙人信用。但牙人和其服务对象之间同时也存在紧张关系。买卖的任何一方得罪了牙纪就很难在短期内进行成功交易。同时，牙人之间也存在一套制约系统，一旦违反了约定俗成的规则，就会被其他同行以及买卖双方所厌恶，无法再继续从事该行业。而且，牙人也有地方认同和保护主义，即对来自其他地方的生意人进行排挤、制约。

西部大开发中，当地政府试图通过发布一系列文件对从业人员进行培训、考核、签订合同，并制定了一套管理制度以规范牙人经纪行为，希望以此保障市场自由、公平交易，维护秩序，以促进政府税收。然而，牙人并没有完全遵守执行这些措施，他们总是想办法对其进行变通。一方面，他们对培训、考核措施本身

① 人的实践源于内化了的结构，表现为一种自愿，是人们所意识不到的。一个结构要对人们的行动产生一种效力，首先要被主观化，即内化而形成“惯习”。惯习与家庭教育、社会教育有关。它看起来是主观的，但有物质基础。社会的差别、不平等往往通过惯习来绵延。一个社会的延续，也往往要通过惯习进行。人做选择的依据是习统，即有关惯习的一种无意识的假设。它是社会灌输给人的，但其合法性和合理性从不被质疑。吉登斯认为社会和结构通过人的能动性得以绵续，而人的能动性又是由社会决定的，即能动性中有结构。参考潘蛟：《当代人类学理论流派》讲义，2003 年。

进行突破（如访谈内容反映的那样）。另一方面，他们在交易中对有关经纪行为的规范进行挑战：每天提前1—2个小时进行交易；在市场上展示商品并作价，下市以后完成交易；买卖双方通过牙人介绍直接在牙人或卖方家里完成交易，从而逃避缴纳市场管理费和交易税。这使得政府所掌握的交易额与通过牙人实际进行的交易额之间存在很大差额。可见，"上有政策，下有对策"正是实践者能动性的体现。

无论是对考核制度，还是对经纪行为规范，乃至对政府所颁发证书的权威的挑战，都可看出牙人发挥能动性对规范、制度的实践。牙人的实践既没有完全置政府的规范于不顾，也没有完全按照规范行事，而是在政府可容忍的范围内对其进行变通。正如布迪厄所主张的那样，人的实践既不完全是制度、规范和规则的实行，又不是毫无限制的自由和自愿。

第二，从市井生活看百姓对大传统的实践。大小传统的概念对于研究像中国这样的古老文明社会非常重要。为了对比拥有社会精英及其所掌握的有文字记载的文化传统的都市社区和保持有大量口传的、非正式记载的文化内涵的乡村社区的不同，美国人类学家雷德菲尔德于1956年首先创用了大小传统的概念。他认为大小传统是文明社会的两个方面：大传统指一个社会中占优势的文化模式，尤其指体现为都市文明的文化模式；小传统指地方性的社区文化。这种区分为人类学家从事复杂社会的研究提供了便利，但也受到一些批评。批评主要集中在雷氏对两种传统的职能的看法上。他认为小传统的各种因素往往是由大传统进行再解释的，大传统创造了文化，小传统只是简单地接受而已。[①] 显然这样的看法太过简单。

---

① 陈国强主编，石奕龙等撰稿：《文化人类学辞典》，台北：恩楷股份有限公司出版，2002年，第27页。

中国社会具有多层次性。大/小传统是最为粗略的两元划分，中心/边缘、主流/非主流、官方/市井等与之类似。大传统是官方的，社会精英被创造且创造着的文化。其在五四运动之后受到很大冲击，已看不到完整形貌，仅能通过梳理历史文献窥见一斑。小传统则是市井、乡村中流行传承的文化，由于与人们的日常生活息息相关，因而具有很强的再生能力，才得见其在现实生活中不断被实践，它也更具有中国意义。

自管仲提出士、农、工、商（即军士、农民、手工业者、商人）四民分居定业论，商鞅明确抑商思想并实行抑商政策以来，中国社会大传统轻商贱商思想逐渐形成。士绅君子耻于言利，与利相关行业被边缘化。所以有学者认为《吕氏春秋》说段干木原是晋国大驵有贬义，归入“刑戮死辱之人”一类。“驵”亦属于“辱”的职业。实际上在段干木的时代并不见得如此，所以他能够被子夏收为学生。后来魏国文侯请他为相被拒绝。魏文侯对他很尊敬，乘车经过他家时都要扶着车轼向他表示敬意。每次与他相见，都起立交谈而不敢懈怠。可见最初牙人颇受人尊重。至五代时，“邀接商旅作牙侩”亦可见当时牙人地位不至于沦为贱业。至于“车船店脚牙，不死也该杀”之说法大概出现于宋代。当时部分牙人利欲熏心、自毁声誉甚至为奸利乘人之急，或以牙贴为敛财工具，或与地方政府或流氓地痞勾结从中剥削，致使自身社会地位轻贱。一些史书记载，他们拦截通津桥巷，用强拉买，贱价轻戥等手段剥削小生产者，被蔑称为“白赖”、“街霸”，“虎牙”、“白牙”等。

但是，由于市井百姓生活更直接受到人类活动的基本本能和有机倾向的驱策，人们不会因为社会精英的观念而放弃使生活便利的方式。[1] 这正是牙人牙行在市井生活中被不断实践的原因所在。

---

① 德国现代社会学者滕尼斯（Ferdinand Tonnies，1855—1936）所谓自然意志，这种意志主宰了农民、手工艺者和一般百姓的实践活动。

小传统是文化中“缙绅先生难言之”的部分。它与大传统虽有不同，但两者却是共同存在而相互影响并渗透的。在小传统中，才可得见普通百姓对大传统的实践，他们一方面极力得到大传统的认同，一方面按照自然意志大行其是。因而，大小传统对了解文化有同等重要的意义。这两个传统互动互补，大传统引导文化的方向，小传统提供真实文化的素材。[①] 正如荀子所云：“圣人明知之，士君子安行之，官人以为守，百姓以成俗。其在君子，以为人道也，其在百姓，以为鬼事。”

第三章 资本与信仰：回族牙人的生活

创造性的思维总是来自直接接触劳动者本身。[②]

——费孝通

牲畜牙纪，也叫蹄脚行，已经成为当地回族的传统职业。回族牙人为理解牙人牙行、回族商业及当地文化提供了一个新的视角。

第一节 村落：乡村回族的生活[③]

一、东村回族的生计方式

梁漱溟先生在《河南村治学院旨趣书》开篇说：“中国社会

① 李亦园：《人类的视野》，上海文艺出版社，1996年，第143页。

② 载潘乃谷、马戎：《社区研究与社会发展》，天津人民出版社，1996年，第58页。

③ 对回族穆斯林社区的研究，应该包括两个方面，即城市回族社区与乡村回族社区的研究。前者的真正起步是在20世纪90年代，此前，1980－1990年城市回族的研究还主要集中在族源问题的历史研究上，1990年学术界才侧重于城市回族现实问题的研究。而对乡村回族社区的研究则更为少见，这也是作者试图通过本文能有所补充的。

——村落社会也。求所谓中国者，不于是三十万村落其焉求之。”中国就在它的农村里。探讨中国问题，离开村落就很难落到实处。

东村[①] 位于平罗县城北郊 5 公里处，109 国道东侧。在进村的岔路口北边可以看见高耸的清真寺，邦克楼、星月顶在乡村的平房群中尤为醒目。从四至来看，回族村落都在清真寺的覆盖中。东村正北方有河岗寺，东北方向有东通平寺，东南方向有西通平寺，西南方向有老户寺。这些清真寺都属格底目派，村民们严格遵守单一教坊制。[②] 村里杨姓为河岗寺高目（阿訇对他的追随者的称呼），马姓为西通平寺高目，郝、丁姓为老户寺高目。

东村共有人口 472 人，家户 135 户，为完全回族村落，其中杨、郝为大姓。该村基本不存在联合家庭，只有极少数主干家庭，且多为父母和新婚儿子家庭的组合。核心家庭为数最多。入赘情况亦较多且形式简单，婚生子女不必随母姓。当地人在儿子完婚 1—2 年后分家，账务、房屋、土地、农具、家具等财产在诸子之间平均分割。老人一般和幼子居住，如果寡居或丧失劳动能力则可能采取轮火头的养老方式。

村子中部的打麦场将村子分为四个居民点：东点、西点、麻坑点和新点。西点位于村西南角，是村里最早的居民点，与东点一路之隔。东点往东是村里一望无垠的条田。大麻坑是农业社时村里储麻、沤肥的地方。实行联产承包责任制后，麻坑失去了它原本的功能被辟为宅基地。新点是新建的养殖园区，也是村民的生活区。除上述 4 个居民点外，村外还有一个居民点，即“河沟”。河沟因地势低洼，每年冬灌时都会被淹没而得名。因为是

---

① 村子在当地的行政区划中位于县、乡、村、队的末梢级别，即队。文章所说的村，即为村落，其下级组成元素居民点，不在行政区划的级别中。

② 教坊是穆斯林的聚居地，以清真寺为中心，由周围的穆斯林组成地域性的独立的宗教社团。其规模大小因地不同，小至数十户，多至上百户。各坊之间互不干预，各行其是，自成一体。

盐碱地，随着村里人口的增加被辟为宅基地。

新点的建立得益于西部开发之后的养殖事业。平罗县类似的牛、羊、鸡、狐狸养殖园区还有许多。养殖园区的建设大都通过国家贷款。一般的农户可贷款几万元，规模大的可以贷款几十甚至上百万。当初村民贷款的大部分用于园区建设，包括房屋、圈棚、道路等，只有极少资金用于牲畜存栏。对于农民来说，有房子住是最大的收益，而还贷款却成为一项沉重的负担。一家农户贷款 2 万元用于园区建设，每季度的利息将近 300 元，一年将近 1200 元。许多农户不得不将家中的房屋、圈棚闲置，出外打工。发展养殖致富落为一句空话。究其原因，主要在于历任的政府官员推行的政策缺乏连续性。每一任官员都有自己的发展思路，且都侧重于硬件建设，忽视了增加农民收入这个最核心的问题。

村民主要种植粮食作物，其中小麦、玉米占 95% 以上。小麦除去上交国家粮食任务外，供家庭一年口粮。玉米既可出售，又可作为牛羊饲料储存。而且麦秸、玉米秆也是秋、冬、春季家畜的饲草。胡麻作为油料只有个别家户种植，且主要为了轮歇土地。大豆只在田埂、地头种植。村民基本不种植经济作物。究其原因，主要因为土地紧张。该村人均耕地 1.5 亩，但由于近些年住房、修路等占用，耕地面积明显减少。经济作物收入不高是另一个主要原因。村民们对土地的要求仅限于产出每年的口粮。农作物生长期短，为从事副业节省了许多时间。绝对劳动力剩余及季节性劳动力剩余是村民从事副业的基础。通过生产中男女劳动力分配情况可以看出，男子用于农业和家务劳动的时间极少，只在对一年收成有决定意义的农事上有较多参与，其他劳动则主要由女性承担（如表 2）。

东村没有完全以农业为生计的家户，几乎家家户户都养牛羊家禽。在村中留守的多是女人、老人和孩子，他们夏季耕种作物，冬季饲养牲畜。从下表可以看出，男子的时间主要消耗于副业，包括建筑业、运输业、手工业，或从事牲畜贩运、皮庄、毛庄、牙纪、日用品零售等小型商业。有的家户甚至在农商兼营之余还开粮食和油料作坊。东村的运输业以牲畜为主要对象，也运输煤、建筑材料等。

表 2　男女农业生产与其他劳动时间分配表（2005 年 3 月）

<table>
<tr><th colspan="2">时间
项目
性别</th><th>三月</th><th>四月</th><th>五月</th><th>六月</th><th>七月</th><th>八月</th><th>九月</th><th>十月</th><th>十一—二月</th></tr>
<tr><td rowspan="2">生产劳动</td><td>女</td><td>播小麦</td><td>给小麦除草、灌溉</td><td>种玉米</td><td>同四月</td><td>收小麦、胡麻</td><td colspan="2">给玉米除草、灌溉</td><td>收玉米</td><td>农闲</td></tr>
<tr><td>男</td><td>同女</td><td colspan="3">贩卖牲畜、收购皮毛、从事建筑业，空闲时间做上述农活</td><td>同女</td><td colspan="3">贩卖牲畜、收购皮毛、从事建筑业，空闲时间做上述农活</td><td>贩卖牲畜、收购皮毛</td></tr>
<tr><td rowspan="2">家务劳动</td><td>女</td><td colspan="9">户内家务，如做饭、洗衣服、收拾房屋
户外家内，如储存草料、饲养牲畜等</td></tr>
<tr><td>男</td><td colspan="9">户内家务：基本不做
户外家内：在不影响生产劳动的情况下共同分担</td></tr>
<tr><td rowspan="2">其他劳动</td><td>女</td><td colspan="9">公共劳动，例如挖渠，村落建设等
义务换工，如盖房、婚庆、葬礼等</td></tr>
<tr><td>男</td><td colspan="9">在不影响生产劳动的情况下共同分担</td></tr>
</table>

此情况反映出改革开放后乡村回族以农业为主兼营其他副业的生计方式。回顾建国 30 年的经济建设，农村问题并未得到真正解决，8 亿农民被束缚在有限的土地上。由于人口严重超载，生产效率低，广大农村地区包含大量隐蔽性失业。改革开放，东部地区首先得益。费孝通先生一直对东部这些小城镇保持浓厚的兴趣，他几次下乡调查，先后提出了“苏南模式”、“温州模式”、

"耿车—民权模式"、大邱庄、华西村模式等。这些模式的共同特点是不以农业为唯一生计方式。这和当地回族目前的生计结构有不谋而合之处。

乡村回族以牲畜交易为商业基础，派生出牙纪行、驼运行、屠宰行、饮食行、小商小贩等，即回族谚语所谓"拾街头、皮毛行、卖零食、宰牛羊、当经纪、闯五行"。这些行业在东村均可得见，具体情况如下：

1. 屠宰行。东村的屠户有较强的季节性。村民们在秋收后买进牛羊，通过秋冬两季育肥，在春节前出售或屠宰。村民们认为宰杀自己家里养的牛羊没有过错，若是专门买来牛羊为盈利立即屠宰则有尔布。屠宰未长成的羔羊更是不被允许。据说以前有杨家父子三人专以购买、屠宰羊羔为业，后来因杨父胳膊麻木而停止。村民们普遍认为这是真主降给他的白俩。

2. 驼运行。即旧时鞭杆组，是专门押运活牛羊的回民工人。旧时多步行，手持羊鞭杆，故得名。现代用农用车、卡车运输，但这个环节在牲畜贸易中仍不可缺少。逢集日他们将村民们欲出售的牛羊运至集市，在集市上兜揽生意，将买家购买的牲畜送回家，收取运费。羊每只约5角，牛每头5块。

3. 皮毛行。[1] 回族从事皮毛行和屠宰牛羊紧密相关。正因为

---

① 据《平罗县志》记载，自光绪六年（1880）起，英国、德国商人在平罗辖地石嘴山陆续办起10家洋行，大量收购宁夏、甘肃、内蒙等地的皮毛。他们凭借不平等的《辛丑条约》，不出捐、不纳税，勾结豪绅，采用掠夺手段垄断西北地区皮毛市场达40年之久。每年收购牛、羊、骆驼及各种杂兽皮100余万张，羊毛、驼毛3000余万公斤，由黄河水路运往包头，再经陆路运往天津出口。长篇历史小说《金羊毛》反映的就是这段历史。光绪年间，天津怡和洋行雇员葛行健（人称葛秃子）到西北考察，盘缠行李等被强人夺走，流落到贺兰山下黄河岸边的偏僻小镇——石嘴山。在那里，他发现了遍地如垃圾的羊毛。于是，葛秃子做起了赊购农牧民羊毛、羊皮的生意，将它们用"浑脱"（羊皮筏子）运到包头，再雇骆驼将货物运往天津，洋行再由天津出口，将货运至英国，赚取大量利润。葛秃子干起了洋买办，在石嘴山设立了高林洋行，带动了其他洋行纷纷进入石嘴山，从而演绎了一部开发西部的活剧。

有了牲畜交易市场，牲畜能买能宰，每日屠宰后牛羊皮非有专营人员收购不可。当地收购的皮张、羊毛加上专门跑村子跑山里的小商贩收购的零散皮毛就形成了专门收购、出卖皮张、羊毛的行业。东村皮庄有4家，均为郝姓。杨姓毛庄1家。皮被运往河南等地加工。毛为当地毛纺厂收购。

4. 饮食行。东村从事饮食行的主要是妇女，她们当中有些人专门收集牛羊杂碎、下水、头蹄，加工之后直接在集市出售或送往县城饭店代销。

5. 小商贩。俗话说"回回身上两把刀，一把卖牛肉，一把卖切糕"。以前曾有人说"无回不商"，这种说法似乎有些夸张，但小商小贩的确是回族经济中不可或缺的组成部分。东村的年轻男子都能做些小买卖。尤其在冬季，他们常常两三个搭伴到远离县城的村子收购羊只或皮毛。

6. 牙纪行。东村做过牙纪的人有4个，其中3人因上了年纪而不再营业。有两人既是叔侄关系又是师徒关系。阿里是目前村里唯一的牙纪。

当地孩子进入公办学校读书，一般都能完成9年义务教育。有极少数辍学后到清真寺跟阿訇学习古兰经。在当地人的观念中，念书、念经都是光耀门楣的事情。但在市场经济冲击下，村民们对这两方面的投入明显减少。尤其是对穆斯林文化传承方面，目前整个村里只有一个哈吉（到麦加朝圣过的人）和两个穿衣（阿訇的任职仪式）的阿訇。社区中穆斯林文化传承出现危机大概有两方面原因：男人作为文化传承角色的虚置和家庭作为文化载体的弱化。

二、回族善贾并以牛羊为商业基础的成因

1. 西北特殊的地理环境、众多的民族和农业牧业经济并行的特点，为回族经营商业和畜牧业提供了必要的条件。

受降雨量少和地表径流缺乏的影响，如果没有大型的水利灌溉工程，西北真正适合于农耕的土地并不多，但进行畜牧业生产却比较合适。所以在历史上，甘肃等地就成了“固定农业生活与游牧生活的会合点”。许多地方，“居民重畜牧、轻稼穑，奚止习俗，亦地势然。”由于自然条件的限制和历史上民族分布的结果，在西北地区既有汉族的农业经济，又有藏族、蒙古族等民族的牧业经济。这两种不同经济之间需要保持经常性的商品交流。同时，西北许多地方高寒缺水，不宜栽桑植棉，日常生活必需的丝棉麻布必须通过内地供给。因此，在西北地区，尤其是甘肃、新疆，具有与内地省份进行贸易、互通有无的客观需要。大量材料证明，西北回民“除一部分务农牧畜外，大多经商于他乡”。①回民中不仅商人的比例高于汉民，而且有很多人利用农闲和各种机会，走乡串户，肩挑手提，进行近距离贩运，兼营小规模的商业贸易。西北回族的商业活动更广泛、更经常、更直接地把边疆与内地，农牧生计方式，回、汉、蒙古等民族联系在一起。

由于地理条件的不同，各地回民在经济发展中也表露出很大的不平衡性。在土地肥沃、水利条件好的地方，可以达到生产发展，生活富裕，家给人足。如道光年间回族学者蒋湘南在《西征述》中说“宁夏水利、盐池，壤沃人满，远近郊村林缅联络，不与江淮”，这是宁夏引黄灌区回、汉族农民惨淡经营下的一派富裕景象。当然，这种占有肥沃土地生活富足的回民毕竟只是少数。从全国的情况看来，多数回民只是占有山地、沙地、河边地、低洼地、盐碱地。像回民居住的甘肃东部六盘山区（今宁夏回族自治区），都属于这样的贫瘠之地。在这样的客观环境的限制下，回族人充分发挥了自己的才能，开拓了不同于我国传统经

① 单化普：《说陕甘“回乱”初起时之地理关系》，《禹贡》，1936年5卷11期。转引自张克非：《清代西北回族经济结构初探》，《西北史地》，1987年第1期。

济的经济结构。这就是不单纯依赖于农耕，不单纯依赖于农业生产，多种经营，注意发展商品生产和商品流通。

以平罗县回族为例。13世纪初叶，随着蒙古军队的东归，一批批伊斯兰教的中亚西亚的各族人民及阿拉伯人、波斯人不断地被签发或自动迁徙到中国来。元朝驻宁夏一带的蒙古军队中，有相当多蒙古人、汉人信奉了伊斯兰教，成为宁夏回族的主要来源之一。东来的回回男子与汉人女子结婚繁衍生息，一部分维吾尔人也逐渐融合进来，成为回回民族的组成部分。清康熙初年，陕西、甘肃平凉的杨、马、金、毕姓回族人相继迁入平罗县宝丰镇一代定居，并建有清真寺。雍正四年，开惠农、昌润渠招民垦种，固原、同心、灵武、吴忠等地的回族人民大批迁入平罗县，逐渐形成回族聚居的村庄。清乾隆至咸丰年间，朝廷招募山东、山西、河北、陕西、甘肃等地人民陆续迁入宁夏，兴修水利，开垦荒地，发展农林，其中有部分回族人民进入平罗。发展至今，全县除下庙乡外，各乡镇均有回族人口定居。回族在1万以上的乡镇有灵沙、宝丰；5000人以上的乡镇有通伏、惠北、高庄、二闸；1000人以上的乡镇有五香、渠口、汝箕沟、西大滩、头闸、黄渠桥、城关。全县有纯回族村44个，纯回族村民小组336个。从分布来看，回族聚居的灵沙、宝丰在偏离国道，远离县城，且距离黄河比较近的偏远地带。

2. 善贾行为是回族内在传统价值观的表象，但回族把商业作为农业的重要补充更有深刻的结构性原因。

回族作为一个具有移民特征且在中国以农为本的汉语文化环境中形成的民族，她试图把占有土地作为切入这个视土地为生命和把拥有土地视为最好财富的社会中是非常困难的，更何况自唐以来，中国社会一直存在着人口生殖压力。作为一个外来的弱势群体，要在这样一个社会立足，自然要寻找它的薄弱环节以求生存。长期的重农抑商、崇农贱商的历史国策传统造成了中国社会结构上、制度上、人文心理上的经商或商业的巨大缺失，也造成了社会系统中的边远或薄弱方面，加之伊斯兰文化的“重商”意识，这种契合历史性造成或形成了回族善于经商的文化传统。[①]在把土地视为根本的农业社会，加上重农抑商的大传统，从事商业成了回族对单纯种植业的生计方式的最好补充。

3. 回族饮食习惯决定其肉源只能是牛、羊等反刍类家畜，牛羊便成了回民每家必养之物。回民牛羊肉质量高与活牲质量及其宰牲法也有很密切的关系。由于回民屠宰行不买患病的牛羊，所以宰杀的牛羊肉质量很高，人们自然喜欢买回民屠户的牛羊肉。回民屠行宰牲严格遵照伊斯兰经典法与一定的伊斯兰礼仪，实行传统习惯的“断喉法”。请清真寺阿訇或“下刀阿訇”。[②] 在“下刀阿訇”忙不过来时，屠行中懂伊斯兰礼仪的年长者也可宰牲。一般用专门定做的宰牛羊的快刀。宰牲者先沐浴，并颂念《古兰经》上规定的经语，缚好牛羊四蹄，或留一只让其挣扎。下刀时只用一刀，要将牲的气管、食管、大血管一刀切断，使气立断，使血流尽（动脉血虽有营养，但静脉血已成废液，故回民不食血液），回民屠行出售的牛羊肉都没有血污气。久而久之，牛羊肉行就成了回民的民族性行业，已病死、伤残而死的牛羊及马、骡、驴等牲畜，都归非穆斯林经营的死马驴行了。

汉民养羊，除食用外，其皮毛等副产品一般都很难较好地加以利用。回民善于经营商业和毛皮、制革、制毡等手工业，其家庭畜牧业所提供的大量副产品，不仅可以作为手工业生产的原料，而且可以加工制成成品，进一步投入商品交换，能得到较好

① 杨文炯：《传统与现代的殊相：人类学视阈下的西北少数民族历史与文化》，北京：民族出版社，2002年，第147—148页。

② 因行业扩大，寺内阿訇忙不过来，宰牲阿訇成了专门职业，故称“下刀阿訇”。

的经济效益。

由此，回族形成了擅长屠宰牛羊，经营屠宰业，供应本民族以及其他民族牛羊肉食的传统。正是由于这种民族特点，随着元代以来回族定居于各地，随着农业、畜牧业、手工业的发展和社会安定以及回族人口增加对牛羊肉的需求量的扩大，回族商业的经营内容向加工和经销牛羊肉方面转化。

三、村落中回族妇女的地位与回族身份的确立

在村落中通常感受的是人们在正常状态下的日常生活。参与并感受非常态的事件过程是调查者的幸运。然而，日常生活和事件之间并没有彻底的分界，正是在最平常的日常生活——聊天中，我得以了解村中发生的事件，并引发我对中国伊斯兰文化的思考。

事件一：节日是了解当地人的一个重要途径。当地回民重视开斋节、古尔邦节、圣纪节等伊斯兰教节日，尤以古尔邦节为重。古尔邦节，当地又称为“大尔迪”。节前，女人们要为男人准备干净的衣物，打扫庭院。节日拂晓，男人们起床沐浴，燃香。然后衣冠严整地到清真寺去参加会礼。女人们则在家“抹锅”（制作节日食品，如油香、馓子等各种油炸果子）。男人到清真寺后，由阿訇或教长率领步入礼拜大殿，会礼时面向圣地麦加方向鞠躬、叩拜，阿訇宣讲“瓦尔兹”（劝诫）。最后，大家相互拜会道色俩目（问候及祝福）。会礼毕，男人们直接去游坟扫墓，诵经祈祷，缅怀先人，之后回到家中悉行宰牲仪式。家境好一点的都要宰一只羊，有的还宰牛。所宰牲畜必须头角端正、体窍完整、健壮，没有尔布（因犯错而遭受的惩罚，此处指疾病）。若是幼畜，羊羔一般须满二岁，牛犊、骆驼羔一般须满三岁。宰牲时其主人必须在场，并由阿訇念“清真言”。所宰之肉分三份，一份自己食用；一份送亲友邻居，招待客人；一份济贫施舍。如

今随着生活的普遍提高，“施舍”趋于淡化。但是对来家里的客人仍然热情款待，端出大块的清炖羊肉请客人吃。宰牲典礼结束后，开始访亲问友，馈赠油香。主人按照传统礼节，摆出宴席，与客人同食牛羊肉、糕点和瓜果等。这个节日一般要欢度三天，期间首先要给长辈拜节，人们还互相登门敬贺。拜节是人们增强社会联系，严守礼尚往来这一准则的重要组成部分。从节日的活动可以明显感受到男女分工之不同。女人一般不上寺，且多从事与世俗联系较紧密的活动，如准备吃、喝、穿等。其他非世俗的活动，如上寺、上坟等，一般由男子担任。传统的伊斯兰社会结构是典型的父系社会。其社会伦理道德，行为规范，两性在社会中的地位都是以男人为主体而制定的。对于女性来讲，她们天职就是服从，首先是服从男人。传统中国社会“男主外、女主内”的模式盛行已久。当地有关于女性的谚语讲“女子贵性兔，吃饱就打洞”，意指女性以具有兔子勤于持家的性情为贵。

事件二：某日赶集回来。饭后，大家聚到阿里家房子的阴凉处纳凉。人们坐定后，一位中年男子——附近较大的毛庄老板问阿里：“今天挣了多少钱?”阿里回答道：“百十来块吧。”老板继续说道：“干你们这行，凭着一张嘴钱就往口袋里流啊!”阿里也调侃道：“哪能和你比啊，你家的水都能变成钱呢!”① 毛庄老板红了脸，一会儿就起身走了。一个男子说道：“那个家伙，自从女儿嫁了个汉民，见了人头都抬不起来。现在做生意也没那么黑了。”传统穆斯林社会的成员资格不是由人授予，而是通过自觉自愿的顺从行为得到。每个归信伊斯兰教的人，只要当众念诵一遍“清真言”，即可被视为穆斯林。非穆斯林可以通过皈依而成为穆斯林从而进入通婚范围内。但当地穆斯林身份是由从父母

① 为增加毛的分量，有人在卖毛时给毛喷水，并撒一些细沙。此处，阿里借此讽刺对方做假。

处继承的血缘而确立的。在形式上，外族与回族婚娶时可以通过进教成为穆斯林，但人们观念上仍认为那是一个穆斯林背叛了自己的伊玛尼，而不是一个异教徒皈依伊斯兰教。

第二节　行动者：阿里的文化与社会资本

一、阿里生活史口述

我是1948年8月3日出生的。我父亲是阿訇。据说我家原本是地主，家里有长工。我爷爷的爷爷那辈把家败了。后来划阶级成分的时候我家是贫农，那些运动的时候就没有挨批斗。只是“四清”运动的时候，我父亲因为信教受了些罪。

我们兄妹5个。大妹妹人长得特别心疼（漂亮），但是个哑巴，可能真主给了她美貌就没赐给她声音。她是在订婚后无常（去世）的。我大哥没有念过书，跟我父亲念经，做了几年满拉（准备成为阿訇的经学生），一直没穿衣。现在每逢父母亲祭日，我们弟兄去走坟，都是他念经。大哥人老实，种了一辈子田，饲养牲口很在行，现在学会了养狐狸。我和另外一个弟弟、妹妹都上到初中。我上初中的时候住校，觉得上学不自在就不想念了。我回家和父亲说学校的回民食堂太脏了，吃了会坏了口，父亲就同意我回家务农了。我先是在家干农活，在农业社也受约束，队长们拿我没办法，干脆让我出去应民工。我因为能说会唱参加了县里的文艺宣传队，干了几年就没干了。我那些同事，凡是坚持下来的现在都当了官，最小的也是乡长。我后来去了县砖场，又去煤矿，都没坚持下来。

我们这里是1981年5月份分田的，我在家呆了两年，种地、放羊。1983年底，我开始和我舅舅、哥哥一起做木工。我主要做一些跑外的活，像买木料、卖家具之类的，木工活只能做一些稍微粗点的，那些细活都得我哥做。大概做了3年，1986年我开始贩卖牲畜。刚开始贩骆驼、马子、骡子，后来收羊毛，都是和别人合伙，也都没有坚持住，那些和我合伙的人现在也有发了财的，有的做了毛庄、皮庄老板。后来他们也拉我入伙，因为合伙的时候交情不浅，但可能因为我这个人眼窝头比较好吧。但我觉得他们都是有钱人，就没去。1988 年有一段时间，我在市场上做交易员，但不太受欢迎，可能因为业务能力不行。1990 年，我和一个亲戚合伙跑西安，主要贩骡马，偶尔做交易员。1993 年开始，我和一些外地人贩牛、羊，主要还是跑甘肃，反正一直没闲着。大概是 1997 年，我不跑外地了，开始上市场做专门的交易员。这几年在市场上还比较受欢迎，可能因为对牲畜比较了解，对行情把握得比较好。有时候卖主打电话到家里来请我去给搭搭价，有时候买主事先告诉我买什么样的牲畜要我帮着留意。这一行经营的好坏主要在信息灵通不灵通。2000 年秋季，法院的一起民事案件涉及到牲畜的价格，还专门请我去给作了价。

我 1972 年结婚，生了 3 个孩子。1985 年，我岳父的历史问题解决了，被借调到县委办公。办户口的时候就把我的大儿子一起带到了城里，我儿子就在城里念小学，1986 年上初中。1987 年，我小儿子升初中，通过我岳父的帮助，小儿子也考上了重点中学。这样，我的两个儿子就都在城里上学了。这在我们村里也是第一个。1995 年，我小儿子考上大学，女儿考上重点中学的高中。比起我岳父的其他子女的孩子，我家的孩子真是给我们争了气。其实我的思想也有一个转变时期。我岳父是上过大学的人，他后来的几个孩子都读了大学。那年，我的一个小舅子和小姨子同时考上大学，一个在北京，一个在银川，当时县委派车送我小舅子去火车站，在平罗这个小地方也算出风头了。当时我就觉得只有念书才能给家族增光。那以后，我就想送自己的孩子上大学。我和他们说："你们能上到什么程度就供到什么程度。"但是我大儿子读完高中就不读了，主要是他自己不想。我小儿子考上大学，我送去兰州，看看人家父母给孩子创造的条件，觉得自己做得还不够好。回来后我劝大儿子再去复读，可他不愿意，就放弃了。后来我女儿考上大学我去送，还去了北京，感觉自己的梦想实现了。

我父亲是个阿林（有智慧的人，尤其是伊斯兰文化知识）人，他对家庭的事情管得很少，主要是我母亲操持家务。我大哥又是一个老实人，所以我成家后家里的大事都基本上由我操办。没分田的时候，我自己的孩子小，和父母住在一个院子里，还有弟妹，是一个 9 口人的大家庭。这么多人在一起，偶尔也有矛盾，但我们都不会吵闹，所以在外人看来还是比较和睦的。家里的经济来源主要靠种地，我和弟弟搞点副业。当时我们已经和父母分开核算了，但每年下来都要给父母拨一些工分抵账。这些事情，父亲都不过问。1980 年 12 月，我父亲上任做清真寺开学阿訇（清真寺主管阿訇），请了许多人庆贺，有亲戚、父亲的朋友、其他寺的阿訇，包括从吴忠、银川来的。那是我办的第一件大事。一年后，由于身体不好，寺里送父亲回家，家里又请了很多人接阿訇。1983 年妹妹出嫁，1984 年给弟弟娶媳妇，都是我和我家里人（妻子）操办的。给弟弟娶媳妇的时候没有房子，我们就把自己的房子辟出来一间给父母住，父母的房子给弟弟住。弟弟成家了，我们的孩子也大了，小矛盾总是不断，我就决定要搬出来了。原来院子里的东西都没拿，父亲希望我把这些留给弟弟。我父亲对我和我家里人很满意，他总是对外人说我们很孝顺。

我们要了村里原来的麻坑做宅基地。那是一个大坑，需要垫很多土，别人都嫌垫土太苦不要。我和我家里人不怕苦，我们垫了一个秋天才把坑填平，第二年开春我们盖了房子。新房子是砖包城（房子的结构部分用砖砌成，其他地方用土坯），房顶从梁到椽子全是松木的。院子很大，我还盖了车棚、草棚、圈棚、碳房子，还辟了一块园子，种了苹果树、葡萄树和蔬菜。当时我们家新房子算是村里最好的了。

我这辈子最满意的事情是我有两个上了大学而且在城里上班的孩子，家里的儿子也比较孝顺。我现在总想等我老了，他们都成家了，我就每天上上寺，帮他们看看孩子。

二、牙人的文化与社会资本

前文已经提到，一个成功的牙纪除了具备业务能力之外，还需要在生活中积累收集、整理、运用信息的经验，并通过在日常生活中展示生活的艺术建立信用。这些能力、经验和生活艺术的总和堪称牙人的文化与社会资本。

资本是布迪厄社会学理论中极为重要的概念。布迪厄对不同类型的资本进行了研究。早期他将资本主要分为三类，即经济资本、文化资本和社会资本，后来他又分析了符号资本，直到国家拥有的元资本即中央集权资本。本文主要借用文化和社会资本进行分析。

布迪厄认为，经济资本就是当代主流经济学中所研究的那种资本类型，它可以立即并直接地转换成货币资本，它还可以制度化为产权资本。布迪厄并没有对文化资本给出明确定义。特纳将他的文化资本定义为："那些非正式的人际交往技巧、习惯、态度、语言风格、教育素质、品位与生活方式。"[①] 布迪厄在隐喻的意义上使用资本这个概念，一方面承认社会空间中不同场域的自主性，另一方面（也是关键方面）指出经济与非经济空间的简单划分是不准确的。布迪厄认为，文化资本具有很大的普遍性，它实际上是一种信息资本（information capital）。

---

① [美] 乔纳森·特纳：《社会学理论的结构》，北京：华夏出版社，2001 年，第 192 页。

社会资本反映了更为复杂的社会场域的结构和权力关系。布迪厄指出，社会资本是指某个个人或群体，凭借拥有一个比较稳定的，又在一定程度上制度化的相互交往的，彼此熟识的关系网，从而积累起来的资源的总和。它既包括实际存在的资源，又包括潜在的资源。他认为，这种关系网络首先具有集体性和制度化的基本属性，这种制度化的网络既不是自然发生的，也不是社会规定的，而是由亲属关系的家谱体系的定义来体现的，因此它还意味着一种生成的过程。行动者采取特定的策略来确定或再生某种社会关系，即将一些偶然性关系（如邻里关系、工作场所的关系和亲属关系）转变为选择性的持久关系。这种关系既可以引起行动者主观上的需要（如感激、尊敬、友谊等），又可以进一步转变为在体制上取得保障的权力关系。其次，制度化关系网络的确定和维持必须以稳定的物质性交换和符号性交换为基础，处于特定社会体制中的行动者通过各种交换活动（如礼物、言语、女人等），将偶然性的关系不断转换为稳定的权力关系。①

牙人在乡村经济生活中已经形成具有初步稳定形态的信用。作为购销活动的中间环节，信用为商人节约了交易时间，降低了交易成本，确保贩运经营的成功运转，在总体上加快了市场的商品流通速度。但牙人中介下的商品交易活动并不在当时全部完成，交易的发生与终结存在时间上的不对称，使交易结果具有不确定性，从而产生交易风险。牙人在经纪过程中，如果主观违背信用规则，将委托人的交易风险变成现实，即属行业欺诈。商人在与牙行的交往实践中为避免上当受骗，总结出一套识别牙行信用的经验："投牙三相：相物、相宅、相人。"商人认为判断牙人的信用如何要依据其财产、住宅和品行。其中，相物和相宅是要

① 参见洪进：《论布迪厄社会学中的几个核心概念》，《安徽广播电视大学学报》，2000年第4期，第11—12页。

识别判断牙行的财富状况。牙行有一定的家业财产，是建立信用的有形保证。初来乍到的商人如果能够对牙行的财产状况有清楚的辨别，被欺诈的风险会大大减小。相人是要了解牙人的内在品行，相对来说更加复杂，需要有老江湖的经验。然而对客商而言，再老到的江湖经验和辨别能力恐怕也不如与牙人是老交情老相识的关系更为可靠。为了在复杂的商业活动中增加商业交易的安全性，商人不仅要对牙人有明辨的能力，而且常常要借助于地域关系、人情关系和人事关系来降低交易风险。小本经营的客商为与牙人建立人情关系，有时利用地域关系和请客送礼的方法来增进感情。

个案：阿里有一个由于交往而建立信任的朋友——杨。杨因为入赘来到离东村不远的一个回族村落。杨的实际年纪比阿里小，却因为婚姻关系在辈分上高于阿里，阿里尊称杨"姑爹"。他们最初因为生意关系开始交往。当时杨从自己家乡（蹬口）贩运羊只到平罗出售，阿里做中间人。由于信用较好两人开始合伙贩运羊只，逐渐建立感情、信任，甚至后来互相帮助的义务感。1997年，阿里的儿子结婚，杨的一家参与了婚宴的准备，而且婚礼当天杨出了300元礼金。对阿里来说，一个原本和自己没有关系的人能够为自己做这么多，对自己的感情、面子都是极大的满足。2000年，杨的新房落成举行庆典，阿里和妻子前去祝贺，出礼金500元。对于杨这个外乡人来说，这是对其人活的一种肯定。这两件事情更促进了二人关系的发展。2004年阿里的小儿子完婚，杨主动借给阿里3000元，并出礼金1000元。当然，这种感情的投入最直接的效益还在于提供生意的信息和便利。

牙人以交换、交往等方式建立的关系网络、积累的资源总和即是一种社会资本。以阿里为例，他的文化和社会资本可具体分为几个方面：

1. 业务能力：主要指从事牙纪所具备的能力，需要时间和精力的投入积累经验。在法院的民事案件中为牲畜作价一事，为阿里所不能忘记。这是对他业务能力的一种肯定。

2. 社会地位：a. 政治方面，其岳父在县委工作，阿里从而获得了与官方的关系。b. 经济方面，生意收益使得他在物质享受方面张显了一种力量，正是建房带给他的满足感之所在。“文化资本”的积累不是以经济指标推算出来的。它的内涵由人们的消费活动所包含的社会意识来决定，并在文化价值观的背景下得到公认。在这个过程中，每个人都在不断地自我展现，通过消费活动来实现“文化资本”的积累。如果有财富的人不将他自己的财富转化成具有社会价值的东西，那么他将无法实现“文化资本”的积累，而被自己承担的文化所遗弃。c. 文化教育方面，阿里的父亲是当地德高望重的阿訇，其岳父受过高等教育，其子女又都上过大学，这些从文化教育方面提升了他的社会地位。

3. 权威：包括社会贡献、生活智慧、传统知识以及为人处世的能力等。当事者在社会空间中的社会地位的高低取决于他在村里权威的高低。权威的高低又以他在自己的交换空间的威信的大小来决定。这样，他的交换空间的范围越大，说明他的知性越深，贡献越大；反之则小。阿里的办事能力及孝顺得到其父亲的肯定，奠定了他在村中的权威，阿里和杨交往带给彼此权威的提升亦属此类。

当地人所谓无本万利的本是指货币资本，也就是布迪厄所说的经济资本。从这个方面来讲，单纯从事牙纪的人投入的确较少。但是，牙纪进行经纪的基础是信息，其本质上就是一种文化资本。而日常生活中所展示的生活智慧、传统知识以及为人处世的能力当属其中。他们在这方面的投入是巨大的，他们的收入正好与其文化和社会资本正相关。正如布迪厄认为的那样，资本的不同形式之间存在着内在关联性和可转换性。通过努力，资本的不同类型都可以从经济资本中得到，其他资本在一定条件下也可转化为经济资本。因此我们不能将所有资本类型都还原为经济资本而否定其他资本类型的特殊功能。

第三节 回族的认同与信仰

作为一种行会组织，从全国范围来看，传统的牙行由行会、行头、行规、行话及行业神等要素构成。行头有行首、行人、行老等，负责应付内外事务。行规是行帮内部的管理体系和行业规章，它规定行业经营范围、成员守则、会员权利和义务、雇用帮工待遇、劳动条件和学徒制度及处罚等内容。如牙人只能聘用直系男性后代，传男不传女，对于乏儿孙者，可择优招外甥，而不传女婿。制定行规的初衷是“杜弊端、防竞争”。“裕客便商”是其行业祖训。

行业神，作为各个行业所应遵守的道德行为规范的精神监督力量，起团结、约束和教育从业人员的作用，造神意义主要在此。根据经纪内容不同，牙行神崇拜内容亦有所不同。《北京往事谈》[①] 所载《拉房纤的》一文记有民国年间北京的房纤手供奉财神的一些情况：房纤手为了扩大交往，每年农历二月二日举行一次集会，叫“财神会”。日据及国民党统治时期，南城片的房纤手均在宣武区骡马市大街宾宴春饭庄举行。饭庄大厅布置供桌一张，上供财神神马。纤手们先交香资领到一股高香，然后到供桌前向财神上香磕头，祈求财神庇佑财运亨通。龚遂被称为牛经纪祖师。《汉书·龚遂传》载：西汉宣帝时，渤海郡饥荒严重，盗贼蜂起。龚遂任太守后，罢免了原来的捕盗吏，下令凡持锄钩田器者皆为良民，吏不得问，持武器者即为盗贼。结果盗贼弃兵弩

① 政协北京市委员会文史资料研究委员会主编：《北京往事谈》，北京出版社，1988年，第86页。

而持锄钩。“民有所带持刀剑者，使卖剑买牛，卖刀买犊。”[①]《七十二行》谈到牛经纪供龚遂为祖师，又记传说：龚遂做渤海太守时劝民农桑，使盗贼弃兵务农，尤其是提倡耕牛喂牛，使牛生意大为兴隆，于是产生了牛经纪这一行。大概其所载龚遂故事也出自《汉书》所载。[②]考察中华文化的各个层面都可以看到宗教信仰被各组织引为己用，可以粗略看出偶像崇拜对各组织职能的影响。[③]

通过访谈我们发现，当地牙人组织与北方汉人的宗族情形有些相似，形式松散，无会首，无集会，可谓只见牙人、不见牙行。

问：有没有一个专门的人管理牙行的事情？

答：当时工商局召集交易员开会，选上年纪、买卖公平的人做组长，大家推来让去的也没人干。大家都不愿意干，出力不讨好。也没有什么大事，没必要，有事工商部门就通知了。没有具体的牙行规定，但也有一些原则：公平、公正、不能欺行霸市、排挤外地人。也就是不能拉黑牛，公道自在人心。[④]

究其成因，有以下几个方面：

1. 前文所讲包商制出现，包商代理牙行管理职能。

2. 正如牙人、牙行的发展历史所展示的那样，只有商品交换发展到一定程度，地方市场发展对对国家形成一定的利或弊，政府才逐步参与管理。尽管当地的牲畜交易对当地人的生活十分重要，但并没有进入国家市场体系，牙人通过自我约束实现其行业规范。

---

① 李乔：《中国行业神崇拜》，中国华侨出版公司，1990年，第329—330页。

② 同上，第329页。

③ 参见杜赞奇大贤村龙神庙祭祀。杜赞奇：《文化、权力与国家》，南京：江苏人民出版社，1994年。

④ 拉黑牛，即抬价压价，偏向亲戚、邻里、朋友的不公平交易行为。

3. 伊斯兰教的价值理性在当地被转化为工具理性，用于规范其商业行为，并被贯穿其中。

伊斯兰教传入中国后，其中一部分散居内地的穆斯林用中华文化的载体——汉字，以及中国文化的运作结构来应对生存和发展的要求，历经唐宋元明清几代与中国传统社会的磨合终于形成具有中国特色的回族伊斯兰文化。同世界上其他地区一样，回族伊斯兰文化分为宗教文化和世俗文化两大类。在世俗层面上，回族不断扩大与兄弟民族的全方位交流和多层次互动。他们已经在世俗主义的层面上完全适应了中国社会生活的环境需求，完成了“中国化”并丰富了中国文化内容。在精神领域里，他们努力持守着伊斯兰文化的核心价值，在生活的方方面面实践着伊斯兰文化的价值。

一、“俺们人”：回族人的认同

当地回族在与汉族、蒙古族相遇时，他们内部称汉族为“蛮子”，称蒙古族为“老冬人”，相互间则称“俺们人”，即自己人。

自己人具有一般和相对两种意义。一般意义的自己人指“自家人”，相对意义的自己人指在一定情景下划定的内外区别边界朝向自己的这部分人。前者是目前生活中最常用的意义，说明家庭边界的基本和重要，大家庭的意识比较强。相对的自己人是将一般意义自己人内外区别的内涵外推到自家人以外情境下产生的，由此可以看到边界的可伸缩特性。从相对的自己人中很容易看到外人变成自己人或相反的可能。在特定情境下，自己人边界可以向外扩展，外人就可能被包容到边界内而成为自己人。传统社会中，这样的过程可以发生在亲属制度层面上，如原本互不认识的“陌生人”通过缔结婚姻关系而成为亲缘身份的“自己人”。同样，交往也可以导致自己人与外人的相互转化。这种现象发生是个人性的，即在个人之间的交往中，相互建立了亲密情感、信任和义务感或者相反。[①] 通过交往外人变为自己人，由此形成亲密情感和义务感而导致信任。当这种信任相当于或超过了家人之间才有的程度，就会以自家人规范相互对待，也会以“自己人”的身份表达这种从外人到自己人的转变。自己人保证了人们通过交往能够获得稳定的情感性和工具性资源，因此稳定、规范和巩固了交往关系。它保证的是关系性亲密、关系性信任和关系性义务。

自己人是一个类似身份的概念，将自己人的边界扩大，加入信仰的变量，就可以看到族群边界。费孝通在《中华民族多元一体格局》中曾对自己人与民族认同有如下论述：

W·G·Sunner 在他著名的《Folkways》一书中指出了人们行为规范存在着两重性，对自己所属团体的同情和对外界团体的仇恨，也就是具有我们老话所说的“非我族类，其心必异”的成见。前者他称为 in-group，后者称为 out-group，即团体有内外之别。后来又有人用 we-group 来称 in-group，意思是凡属 in-group 的人互相间认为是自家人，用“我们”这个认同的词来相称，所以可以说是个认同的群体。我觉得民族就属于 we-group 或 in-goup 的一类，所以我把民族认同意识作为民族群体的心理特征。[②]

回回之间的既有关系是对血缘的追溯，正所谓“回回亲，转不清”，通过亲属关系分为可确定和不可确定两种。个案中两个当事人的关系——姑父/侄子，以既有的亲属关系为基础，是可确定的血缘关系。当地回民遇到与父亲年龄相当的陌生朵斯提以“老姨爹”相称，用老字表示区别。通过交往，陌生人变为自家

① 参见杨宜音：《“自己人”：信任建构过程的个案研究》，《社会学研究》，1999年第2期。

② 费孝通：《中华民族多元一体格局》，北京：中央民族大学出版社，1999年，第15页。

人，则直接以“姨爹”称呼，代表身份的转变。这实际上是通过拟亲身份对回族之间不可追溯的血缘关系进行确定。这个过程类似于外人变成自己人的拟亲属身份的获得，只是多了一个前提，即回族都有拟血缘关系，如回族谚语所说：“天下穆民一个麦子根”。

在《族群及其边界》中，巴特主张在分析族群时不要将生态环境或情况与文化传统相混淆，重要的是是什么文化特征使族群成员自己认为是重要的和可区别的。这些文化特征将会被强调，而与其他族群的相似以及族群内部的差异将会多多少少被忽视。这种区别性特征大致分为两类：1. 可视的特征，如衣服、语言和仪式，生活方式；2. 群体成员被判断的价值和原则。巴特认为这些区别性特征是随机的，它们只是在与其他族群联系起来时才出现。[①]

当地回族这种“俺们人”的边界是通过一系列的文化符号强化的。虽然回族以汉语为共同语言，但他们操持的汉语中有一部分特殊的“语言”——来自阿拉伯语和波斯语以及一些自创的汉语词汇，以及不同于汉族的汉语表达方式——是其他民族所不能掌握的。这时时提醒他们这部分语言才是自己的语言。男性的小白帽，女性的纱巾和白帽的服饰特征让他们在人群中能够直接感受到来自彼此的认同和情感。清真寺高耸的班克楼和塔顶装饰的“新月”、对猪肉的禁忌、礼拜等宗教礼仪和节日符号、较严格的内婚制以及速葬、薄葬、土葬等等使他们区别于汉族。当地也有一些用于回族声誉和形象的评价，如当地人说：“回回娃娃点眼就反，蛮子娃娃眼睛挤烂”，意即回民的孩子只须使个颜色他就明白是什么意思，而汉民的孩子就是眼睛挤烂他也不能领会。其

① Barth, F. (ed):” Ethnic Groups and Boundaries: The Social Organization of Cultural Difference”(introduction), Oslo: Universitetsforlaget, 1969.

所包含的价值判断是回民精、活、眼力好，善于经商。

二、两世吉庆：回族的商业行为

传统中国社会，商业为士农工商之末业，商人自身也耻于言利，发达后多希望通过捐官提升社会地位。不管儒家最初如何看待义利关系，到宋明理学那里义与利已经水火不容，他们公开提出“兴义灭利”、“灭人欲，复天理”。但在来势汹涌的市场经济冲击下，利又成为衡量人的能力的主要标准。在利与义之间似乎很难找到一个平衡点。回民在利与义之间从未出现类似的文化极端。究其原因，在于伊斯兰教对生产的提倡。伊斯兰教承认人的自然属性，顺乎这个天性，主张开发自然、利用自然，努力生产，增加财富，繁荣经济，以改善生活，满足需求。在伊斯兰教的价值系统中，义和利是统一的，对于穆斯林而言没有义利对立的困扰和二者之间非此即彼的选择。

中国文化大传统对人有三教九流之划分，历来认为“无商不奸”，又有“车船店脚牙”为贱业之说。显然，这主要是汉人社会中士绅一厢情愿的想法。回族牙人在牲畜交易中不可替代的作用，其在生活中累积的文化和社会资本都说明其已经在乡村贸易中形成的稳定信用，其社会地位得到人们的认可。这与伊斯兰教的产业观密不可分。在伊斯兰教的价值系统中，既看不到“重农学派”以农业否定其他产业和“重商主义”无限拔高商业地位而轻视农业和工业的偏见，也不存在汉文化中所包含的“重农抑商”、“无商不奸”等消极观念。伊斯兰教充分肯定各种产业并存的意义。认为每一种产业都有其特定的无法取代的价值，对人类生活缺一不可，不能抑此扬彼，而应对每个产业都给以足够的重视，诸业并举，全面发展。还认为，从事各种产业只是一种分工、一种手段，目的都是为了繁荣经济，丰富产品，改善生活，满足需求。因此，从事各种产业的人只有分工不同，而无高低贵贱之别。

与当地回族牙人交往，深切感受到诚信对于建立和保证居间信用的重要性。诚信，对商人来说就是货真价实，不撒谎。虽说商人以赚钱为目的，但回族商人做生意时会把赚钱和诚信结合在一起。比如当地回族商人在对方问价的时候报价，任由识货的顾客压价而不暴露底价。另外，在讨价还价时能够抬高价格，但不会虚报进价。他们可以将10元的货物卖到100元，但不会把进价2元的货说成4元。他们认为通过撒谎赚得的利润是污秽的，如同偷窃，会受真主惩罚，赚来的钱更不能用于散乜贴（施舍）、干尔麦利（信众在特别的时刻或节日举行的宴会）等宗教活动。

伊斯兰教所确立的商业道德规范使每个人对安拉的信仰直接关联，将商业这一世俗的行为置于神圣的信仰基础之上，且将以“公平交易”为核心的商业道德外化为一系列的商业行为，如互惠互利，公平交易；诚实经商，反对投机取巧；平等竞争，反对垄断和囤积居奇；禁止重利和高利贷；立约守信，反对爽约；禁止竭泽而渔的商业行为；不准买卖某些东西，禁止从事非法营利活动，如此等等。通过访谈内容可见：

问：在做买卖时有什么禁忌？

答：当然有。最主要的是我们不会经营一些产品，比方说猪、猪肉、烟酒等。回民绝对不上猪市，不促成猪的交易，也不上猪市上税。一般不宰羊羔、牛犊子。

回族通过经商获得的利润，除了用于生活之外，最主要的纳“天课”（则卡提 Zakat），也重舍散。“念、礼、斋、课、朝”作为穆斯林一生的义务，也是无常后通往天堂的途径。从某种程度上来说，念、礼、斋、朝是自身内省的修为方式，而完纳课税则是通过对社会做出贡献积累德行。

当地穆斯林完纳天课包括纳学课学粮和缴“费特勒”。清真寺通过阿訇、满拉为广大穆斯林提供多项服务，包括宣讲《古兰经》，传达官方政策，教授学生和主持一些穆斯林日常生活礼仪。阿訇、满拉的这些职能使他们和旧时汉人社会中的各类“先生”相仿，所以把提供给阿訇、满拉的报酬、薪俸叫作学粮。学课学粮可以用实物如麦子交付，也可以用现金交付。费特勒即穆斯林在开斋节按家庭人口计算向清真寺缴纳的课税。格底目派认为如果只封斋而不出费特勒钱，就失去了斋戒的完美性。至于缴纳的数量，一般根据当时的经济情况而定。

重舍散，即提倡广泛的施舍。穆斯林施舍的范围极其广泛，包括父母兄弟姐妹等亲人，或是邻里，或是孤寡穷人，或是乞丐，或是偶遇的朵斯提，或直接散往清真寺。舍散的物品可以是食物、用品、现金或提供免费服务等。

问：交易成功收取佣金有没有例外情况？

答：如果因为看走眼而没有给买家留下利润致使买家赔本则不收佣金，而且日后遇到好的机会定会想办法补偿。对穷人、耶提目、寡妇一般都免费服务。有时熟人也不要，亲戚也一样。

回族人经营的传统行为为我们提供了一个内视和外观回族文化的视点，使我们看到人作为文化的存在，在经济活动中不可能是一种纯粹的理性的经济人，而是以特定的文化价值为支撑点和动力的伦理经济人。

伊斯兰教包含的平等、兼顾效率与公平、按劳取酬、合理竞争、诚实经营、反对投机、反对垄断、反对欺诈等合理经济主张作为商品经济道德规范，有助于维护市场秩序，规范市场主体行为，保护各方的正当权益，因而有助于降低交易成本且积累信用资本。

中国伊斯兰教以两世吉庆为处世之本，既注重信仰追求，也不放弃现实世俗生活。它要求穆斯林两世兼顾，立足于现实而追求后世理想境界，把今世生活和来世生活有机地融合在一起。在中国回族的长期发展中，始终把经济生活作为事关民族兴亡的大事，经济是回族发展的基础。伊斯兰教所包含的丰富经济思想经过千百年的实践，不断巩固、强化，已内化为回族内在的信念、素养、情感和责任，外化为回族的自觉行动，并由此形成整个民族的集体意识或“惯习”，成为得到社会广泛认同的行为取向和价值观念。

结 语

传统中国虽是农业社会，但也是以职业分途的社会。从行业入手研究能够更深刻地理解中国社会。牙人牙行由来已久，其地位转变自有其历史过程和原因。但是，牙行被贬低为贱业则主要是大传统中汉族精英观念的构建。他们的理想是礼制之下的“贡赋”生产方式。然而在以基本需求为主导的农民、手工艺者和一般百姓生活中，特别是在乡村农民的交换活动中，牙人牙行一直起着不可替代的作用。这充分说明在大传统理念中的贱业并不见得在小传统中就不可为。相反地，“缙绅所不能言”处往往反映社会生活的真相。大传统对文化方向具有导向作用，而小传统却提供了真实的文化素材。这两种传统有时协调，有时冲突，互动互补，因此大小传统对于全面理解文化有同等重要的意义。

牙人牙行存在的现实、空间场域、实践活动都揭示出牙人在乡村经济生活中的功能、价值和意义。这一方面源于牙人扎实的业务能力，另一方面则基于他们在日常生活中积累的文化和社会资本。这应是当地人有意忽视而学者必须予以承认的地方。中介性作为牙行职业的根本特征，它有利于交易双方降低成本、节约时间。平罗县所处地理位置，使牙人们不仅在买卖双方、城乡之间，而且在农牧经济、西北各民族间起重要的沟通作用。

当地牙人以回族居多的现实反映出，在中国范围内，回族在不同生计类型、不同民族、不同地域之间的重要中介作用。中国回族作为农牧生计之间、边疆和内地之间、民族文化之间的中介人，自有其深刻的结构性原因。纵观全国回族分布格局，多在不同生计类型、民族文化之间，且居于交通路线。这种分布格局使回族作为中介，为促进各民族互通有无提供了媒介。作为一个在移民过程中逐步形成的民族，在视土地为生命并把拥有土地视为最好财富的社会中，回族试图以占有土地为立命之本异常艰难，况且中国社会自唐以来一直存在着人口生殖压力。从全国的情况看来，多数回民只是占有山地、沙地、河边地、低洼地、盐碱地。在这样的客观环境的限制下，回族人充分发挥了自己的才能，开拓了不同于中国传统经济的生计类型，即不单纯依赖于农耕，不单纯依赖于农业生产而进行多种经营，注意发展商品生产和商品流通。这正是回族对中国重农抑商大传统的文化的一种生存调适，也是回族之所以能够在中国落地生根且历经千年的原因所在。

回族牙人的实践和生活也反映出伊斯兰教对于回族经济活动的影响。伊斯兰教从宗教道德、宗教传统角度出发来讨论社会经济问题并提出对策和解决方法。这提示我们应当从伊斯兰教与现代化进程的关系来认识这种宗教传统，并做出符合实际的估价。两世兼重的伊斯兰教与现代化进程及人的价值和工具理性并行不悖，这一事实提醒人们不要简单地把宗教看作现代化的障碍。

参考文献

（一）中文文献

历史文献

[1] 《大明律·户律》，北京：法律出版社，1999 年。

[2]《大清会典事例》，台北：文海出版社，1991 年。

[3]《甘宁青史略》，兰州：兰州古籍书店，1991年。
[4]《旧唐书·食货志》，北京：中华书局，1975年。
[5]《平罗县志编》编委会：《平罗县志》，银川：宁夏人民出版社，1996年。
[6]《清代边政考》，南京，民国27年7月。
[7]《钦定兰州纪略》，杨怀中标点本，银川：宁夏人民出版社，1988年。
[8]《宋会要辑稿》，北京：中华书局，1957年。
[9]《宋史·大食传》，北京：中华书局，1977年。
[10]《宋史·食货志》，北京：中华书局，1977年。
[11] 吴汉痴：《切口大辞典》，上海：上海文艺出版社，1989年。
[12] 王孝通：《中国商业史》，北京：商务印书馆，1936年，1998年重印。
[13]《新唐书·回纥传》，天津古籍出版社，1999年。
[14] 杨一清：《古西行记选注》，杨建新等编注，银川：宁夏人民出版社，1987年6月。
[15] 政协呼和浩特市回民区委员会、《呼和浩特回族史》编辑委员会：《呼和浩特回族史料》（1、2、3集）。
[16] 政协宁夏回族自治区文史和学习委员会：《宁夏文史资料》，银川：宁夏人民出版社，2002年。
[17]《作邑自箴》，北京：全国图书馆文献缩印中心，1986年。

专著

[18]［美］艾恺：《最后的儒家》，王宗昱、冀建中译，南京：江苏人民出版社，2003年。
[19] 白寿彝：《中国伊斯兰史存稿》，银川：宁夏人民出版社，1982年。
[20] 白寿彝：《中国回教小史》，银川：宁夏人民出版社，1981年。
[21]［法］布迪厄：《文化资本与社会炼金术》，包亚明译，上海人民出版社，1977年。
[22] 蔡凤林：《中国农牧文化结合与中华民族的形成》，北京：中国财政经济出版社，2000年。
[23] 陈灿：《中国商业史》，台北文星书店，1965年。
[24] 陈国强主编，石奕龙等撰稿：《文化人类学辞典》，台北：恩凯股份有限公司出版，2002年。

[25] 陈垣:《元西域人华化考》,上海古籍出版社,2000年。
[26] 丁明仁:《伊斯兰文化在中国》,北京:宗教文化出版社,2003年。
[27] [美] 杜赞奇:《文化、权力与国家》,南京:江苏人民出版社,1994年。
[28] 范长江:《中国的西北角》,北京:新华出版社,1980年。
[29] 费孝通:《江村经济》,南京:江苏人民出版社,1986年。
[30] 费孝通:《乡土中国》,北京:北京大学出版社,1998年。
[31] 费孝通:《中华民族多元一体格局》,北京:中央民族大学出版社,1999年。
[32] [美] 弗里曼、毕克伟、赛尔登:《中国乡村,社会主义国家》,陶鹤山译,北京:中国社科文献出版社,2002年。
[33] [法] 吉登斯:《社会的构成:结构化理论大纲》,李康、李猛译,北京:三联书店,1998年。
[34] [美] G·H,詹森:《战斗的伊斯兰》,高晓译,北京:商务印书馆,1983年。
[35] 古越、唐羽萱:《金羊毛》,武汉:长江文艺出版社,2003年。
[36] 胡振华:《中国回族史》,银川:宁夏人民出版社,1993年。
[37] 《回族简史》编写组:《回族简史》,银川:宁夏人民出版社,1978年。
[38] 金宜久主编:《伊斯兰教》,北京:宗教文化出版社,1997年。
[39] [日] 栗本慎一郎:《经济人类学》,王名等译,北京:商务印书馆,1997年。
[40] 赖存理:《回族商业史》,北京:中国商业出版社,1988年。
[41] 赖存理:《中国回族社会经济》,银川:宁夏人民出版社,1992年。
[42] 李乔:《行业神崇拜:中国民众造神运动研究》,北京:中国文联出版社,1999年。
[43] 李乔:《中国行业神崇拜》,北京:中国华侨出版公司,1990年。
[44] 刘佐:《中国税制概览》,北京:经济科学出版社,1996年。
[45] 李松茂:《回族史指南》,乌鲁木齐:新疆人民出版社,1995年。
[46] 林松、和龑:《回回历史与伊斯兰文化》,北京:今日中国出版社,1992年。

[47] 李亦园:《关于人类学的方法论》，载周星、王铭铭:《社会文化人类学讲演集》(上)，天津人民出版社，1996年。

[48] 李亦园:《人类的视野》，上海文艺出版社，1996年10月。

[49] 罗红光:《不等价交换——围绕财富的劳动与消费》，杭州：浙江人民出版社，2002年。

[50] 马坚译:《古兰经》，北京：中国社会科学出版社，1996年。

[51] [法] 马赛尔·莫斯:《论馈赠——传统社会的交换形式及其功能》，卢汇译，北京：中央民族大学出版社，2002年。

[52] 马明良:《伊斯兰文化新论》，银川：宁夏人民出版社，1997年5月。

[53] 马启成、丁宏:《中国伊斯兰文化类型与民族特色》，北京：中央民族大学出版社，1998年。

[54] 宁夏哲学社会科学研究所编:《清代中国伊斯兰教论集》，银川：宁夏人民出版社，1981年。

[55] [法] 皮埃尔·布迪厄、华康德:《实践与反思——反思社会学导引》，李猛、李康译，北京：中央编译出版社，1998年。

[56] 潘乃谷、马戎:《社区研究与社会发展》，天津人民出版社，1996年。

[57] [美] 乔纳森·特纳:《社会学理论的结构》，北京：华夏出版社，2001年。

[58] [美] 乔治·E·马尔库斯、米开尔·M·J·费彻尔:《作为文化批评的人类学：一个人文学科的实验时代》，王铭铭、兰达居译，北京：生活·读书·新知三联书店，1998年。

[59] 曲彦斌:《中国民间秘密语》，上海：三联书店，1990年。

[60] 邱树森:《中国回族史》，银川：宁夏人民出版社，1996年。

[61] 全汉升:《中国行会制度史》，上海：上海新生命书局，1932年。

[62] [日] 山根幸夫:《明清华北定期市的研究》，东京汲古书院，1995年。

[63] [美] 施坚雅:《中国农村的市场和社会结构》，史建云、徐秀丽译，北京：中国社会科学出版社，1998年。

[64] 王静、许小牙:《掮客、行商、钱庄——中国民间商贸习俗》，成都：四川人民出版社，1993年。

[65] 王育李:《商业史》，北京：中华书局，1948年。

[66] 吴云贵、周燮藩：《近现代伊斯兰思想思潮与运动》，北京：社会科学文献出版社，2000年。

[67] 阎云翔：《礼物的流动——一个中国村庄中的互惠原则与社会网络》，李敬春、刘瑜译，上海：上海人民出版社，2000年。

[68] 杨怀中：《回族史论稿》，银川：宁夏人民出版社，1991年。

[69] 杨启辰、杨华主编：《中国伊斯兰教的历史发展与现状》，银川：宁夏人民出版社，1999年。

[70] 杨文炯：《传统与现代的殊相：人类学视阈下的西北少数民族历史与文化》，北京：民族出版社，2002年。

[71] 张承志：《张承志文学作品选集》（散文卷），海口：海南出版社，1995年。

[72] 张星烺：《中西交通史料汇编》，北京：中华书局，1977年。

[73] 郑也夫、彭泗清等：《中国社会中的信任》，北京：中国城市出版社，2003年。

[74]《中国大百科全书》（社会学卷），北京：中国大百科全书出版社，1991年。

文章

[75] 陈丽娟、王光成：《明清时期山东农村及史中的牙行》，《安徽史学》，2002年第4期。

[76] 龚关：《官府、牙行与集市——明清至民国时期华北集市的市场制度分析》，《天津商学院学报》，2001年第1期。

[77] 洪进：《论布迪厄社会学中的几个核心概念》，《安徽广播电视大学学报》，2000年第4期。

[78] 金国宝：《牙行及牙税之历史》，《中国经济问题之研究》，中华书局，1935年。

[79] 李全生：《布迪厄的文化资本理论》，《东方论坛》，2003年第1期。

[80] 马寿千：《清代前期回族的经济发展》，《宁夏社会科学》，1987年第2期。

[81] 马新芳：《长安马市与回族马牙家》，第八次全国回族史讨论会论文集，《回族研究》，新疆人民出版社，1998年4月。

[82] 穆德全：《清代回族的分布》，《宁夏社会科学》，1986年第5期。

[83] 孙强：《论明代居间信用》，《史学集刊》，2003年第3期。
[84] 孙滔、马中：《封建社会回族经济初探》，《宁夏社会科学》，1986年第6期。
[85] 谭红：《试论清代前期重庆地区的行帮组织》，《西南民族学院学报》（哲学社会学版），2002年第5期。
[86] 王铭铭：《人与社会再生产：从〈生育制度〉到实践理论》，《社会科学战线》，1997年第5期。
[87] 王岳川：《布迪厄的文化理论透视》，《教学与研究》，1998年第2期。
[88] 王岳川：《布迪厄的文化理论透视（续）》，《教学与研究》，1998年第3期。
[89] 吴少珉：《我国历史上的经纪人及行业组织考略》，《史学月刊》，1997年第5期。
[90] 西北第二民族学院回族研究所、兰州穆斯林教育基金会编：《中国回族研究》（1、2辑），银川：宁夏人民出版社，1991年。
[91] 杨其民：《买卖中间商人"牙人"、"牙行"的历史演变——兼释新发现的〈嘉靖牙贴〉》，《史林》，1994年第4期。
[92] 杨宜音：《"自己人"：信任建构过程的个案研究》，《社会学研究》，1999年第2期。
[93] 叶世昌：《对经纪人的历史考察及其启示》，《世界经济文汇》，1995年第1期。
[94] 岳朝娟：《中间商人称谓考》，《商丘师范学院学报》，2002年第3期。
[95] 张克非：《清代西北回族经济结构初探》，《西北史地》，1987年第1期。
[96] 张怡：《布迪厄：实践的文化理论与除魅》，《外国文学》，2003年第1期。
[97] 郑学檬：《清前期企业与市场的互动分析》，《福建论坛》（人文社会科学版），2001年第1期。
[98] 周红云：《社会资本：布迪厄、科尔曼和帕特南的比较》，《经济社会体制比较》，2003年第4期。
[99] 周志山、许大平：《基于实践活动的使动性和制约性——吉登斯结构二重性学说述评》，《浙江师范大学学报》（社会科学版），2002年第

5 期。
[100] 朱运涛：《纳家户产业结构的调查》，《宁夏社会科学通讯》，1985 年第 9 期。

（二）英文文献

著作

[101] Bourdieu, Pierre, *The outline of a theory of Practice*, Cambridge: Cambridge University Press, 1977.

[102] Bourdieu, Pierre, *Distinction: A Social Critique of the Judgments of Taste*, London: Routledge and Kegan Paul, 1984.

[103] Gladney, Dru C. *Muslim Chinese: Ethnic Nationalism in the People's Republic*, Cambridge and London: Harvard University Press, 1991.

[104] Leach, Edmund. Social Anthropology, Fontana Paperbacks, 1982.

连续出版物

[105] Ahearn, Laura M. *Language and Agency*, Annu. Rev. Anthropol. 2001.30

[106] Lovell, Terry. *Resisting with Authority: History Specificity, Agency and the Performative Self*, Theory, Culture & Society 2003 (SAGE, London, Thousand Oaks and New Delhi), Vol.20.

[107] Loyal, Steven. "*Agency*" *as a Red Herring in Social Theory*, Philosophy of the social Science, Vol.31 No.4, December 2001.

[108] Ortner, Sherry. B. *Theory in Anthropology since the Sixties*, Comparatrue Studies in Society and History, Vol.26, No.1, 1984.

祠堂的重建

——一个中原家族的历史与实践

苗运长

目 录

导 论

一、研究缘起

选定这个研究题目，要从我进入中央民族大学系统地接受民族学、人类学的训练开始。在河南大学读本科阶段，我周围的同学几乎全部是汉族，全年级近百人只有一个同学是回族，而且，有很多同学其实并不知道这一点。大家平时见面问得最多的是“你是哪儿的人”，以确定是不是老乡（地缘认同）。可是，当我第一次走进中央民族大学这个多民族文化社区时，带给我的文化冲击是可想而知的。第一次见到未曾见过、甚至未曾听说过的少数民族同胞，很是高兴。同学间见面还要多问一句“你是哪个民族的”（族籍认同）。我也曾在宿舍里津津有味地听同学讲述本民族的习俗。时间久了，在校园里经常看到一些同学穿着漂亮的民族服饰，过民族节日，看到他们脸上洋溢着自豪、快乐的表情，我的心里不免有些失落，不禁要问自己：我家以前的生活是什么样的呢？因为我的家乡是一个正经历着现代化的小镇，旧的事物正在大量的消失，实在找不到可谈的话题。唯一变化比较大的现象就是曾被我视为“迷信活动”的烧香拜佛活动越来越多了。由此，我想起了暑假在家看过的新修家谱，里面有我的名字，还有听老人提起过重修好的祠堂，这些现象又重新引起了我的好奇，我很想弄明白这里面的原因是什么。之后，在一次和导师的谈话中，导师问我家乡的一些变化，我就说出了家乡重修族谱，重建祠堂的现象。于是，导师提示我这可能是一个不错的选题，可以利用假期做一些调查。

假期回到家乡，我向一位参与重建的爷爷问及此事。他很高兴地告诉了我许多过去的事情，还有当时祭祖时热闹的场面。完了，他自豪的告诉我："现在整个镇里也就咱们家有祠堂，这几十年来就咱们家搞过大规模的祭祖活动。"在感慨之余，我发觉老人确实处于一种近似亢奋的状态。我在想是什么让他有这么大的动力呢？其他参与此事的人也是这样吗？又是为什么要重建呢？我们的祠堂和别的祠堂一样吗？至此，我才发现我对自己的家乡太陌生了，俨然是一个"局外人"，我真应该通过家乡人重建祠堂一事，好好了解一下家乡人的生活了。

就我自身而言，两年多的时间里，系统的掌握了民族学、人类学基本的学科理论和研究方法。家族问题一直是民族学、人类学亲属制度研究的一个重要领域，也是汉人社会研究的关注点。在平时阅读相关文献的时候，我发现随着农村社会家族重建活动的日益增多，这一现象成了相关诸学科讨论的焦点问题，对其进行多种解释和评价也不尽相同。从学科研究的侧重点来看，这些研究对东南地区宗族关注较多，中原地区的宗族问题往往被学界所忽视，因此，本文的另一目的也是弥补此项研究的缺憾，亦是对前人研究的检验，且符合我的专业方向。

二、文献回顾

（一）传统中国乡村社会和宗族问题的研究

宗族在中国传统社会扮演的重要角色使它长期成为学术界关注的焦点。特别是伴随着近代"西学东渐"的浪潮，西方社会科学诸如民族学、人类学、社会学等的引入，中国学人开始通过"他者"的眼光审视传统文化，希冀达到"民族自救"的目的。同时，一些西方学者也把中国的宗族当作"异文化"的典范加以研究。

上世纪初最早对宗族进行系统研究的是美国学者葛学傅（Danie Kulp），他于1925年对广东潮州凤凰村的宗族进行系统调查，并写出了著名的《南中国的乡村生活——家族主义的社会学》一书。稍后，中国学者费孝通则出版了其代表作《江村经济》，该书细致地描述了一个江南小村庄的农民生活，同时他在《乡土中国》一书中提出了“差序格局”这一家族伦理模型。林耀华先生的《金翼：中国家族制度的社会学研究》和《义序的宗族研究》运用西方功能学派的理论考察中国宗族存在的自然基础、宗族组织及其功能、宗族与家庭的关系、亲属制度、人生礼仪等。美籍华裔学者许烺光通过对云南西镇的田野调查，于1949年出版了其代表作《祖荫下——中国文化和人格》。[①]在研究中，他首次引入了心理人类学的视角，并运用“基本人格结构”、“身份人格结构”这两个概念来划分父子、夫妻等家庭和亲属关系。杨懋春先生的《一个中国的村庄——山东台头》一书详细地展示了中国北方的乡村生活，包括婚姻家庭、族际冲突等。此外，李景汉的《定县社会概况调查》，梁漱溟主编的《乡村建设试验》第3集（中华书局，1938年）也在不同程度上涉及到家族问题。其中影响较大的还有日本殖民部门设在大连的“南满洲铁道株式会社”在华北收集的华北乡村家庭和经济状况的资料（1907—1945），现已出版《中国农村惯行调查》（6卷），这些资料对研究20世纪上半期的华北农村社会有较高的参考价值。

1949年后的一段时期，由于大陆的民族学、人类学、社会学学科被取消，其时的宗族研究主要由国外和港台学者进行。上世纪中叶，英国人类学家M·弗里德曼的代表作《中国东南的宗族组织》[②]和《中国的宗族和社会》相继出版，前者的出版被认为是掀起了汉人社会研究的新高潮，弗里德曼提出灌溉系统、稻

---

① Francis L. K. Hsu. *Under the Ancestors' Shadow*. London: Rouiledge & Kegan Faul Limited. 1949.

② （英）M·弗里德曼：《中国东南的宗族组织》，刘晓春译、王铭铭校，上海：上海人民出版社，2000年。

米种植和边疆社会是宗族形成的三大因素。此后学者对宗族的研究大多是对此而展开的。旅美华人学者杨庆堃根据自己上世纪50年代初在广州郊区鹭江村的调查而写出了《共产主义过渡初期的一个中国农村》（1959）。由于中国大陆的田野研究受到限制，一批西方学者如裴达理（Hugu Baker）、王斯福（Stephan Feuchtwang）、马丁（Bmily Martin Ahern）和巴博德（Burton Pasternak）等人将研究重点转向台湾和香港地区。如巴博德对台湾南部两个农村社区进行了调查，并于1972年出版了《两个中国村庄的血缘和社区》。20世纪80年代以后，随着大陆改革开放政策的实施及农村社会的变迁和发展，学术界对农村社区的研究也进入了“百花齐放，百家争鸣”的阶段。先是美国学者马德生（Richard Madsen）等在香港通过对26位来自广东陈村的移民访谈而写成了《一个中国村落的道德与权力》（1984）一书，该书对陈村的社会权力结构和干部权力的道德基础进行了深入的分析。美国学者杜赞奇（ Prasenjit Duara）依据满铁惯调的资料写出了《文化、权力与国家——1900—1942年的华北农村》，书中通过“权力的文化网络”这一概念探讨了乡村社会和国家之间互动的权力模式。黄宗智（Philip Huang）的《华北的小农经济与社会变迁》从经济史的角度探索了村落和国家的关系。上述这些研究都从不同角度和程度探讨了中国汉人社会的传统宗族问题和社会结构。

（二）20世纪80年代以来的乡村社会和宗族复兴问题的研究

农村体制改革以来，国家政权从农村的淡出为传统文化在地方的再生创造了空间，宗族文化再次成为农村社区文化的一大特点。因此，宗族也成为人类学、社会学、历史学、政治学等学科学者认识当前乡村社会的一个重要切入点。一般认为，80年代以来随着改革开放政策的实施和社会的发展，家庭联产承包责任制的推行、村民委员会的设立以及儒家文化的回潮[①] 等因素成为推动农村宗族复兴的外在原因，宗族的复兴与现代民族国家建设不无关系。新时期学者对宗族复兴问题的研究主要集中在复兴原因和宗族现代功能的探讨，既有宏观的论述，也有社区个案的调查研究。相关的文献非常丰富，受篇幅所限，在此不便对其他学科的相关研究一一进行介绍，而只着重于人类学及相关学科研究成果的回顾。

应该说，宗族复兴问题是新时期中国人类学研究的一个热点，理论研究与实际调查成果层出不穷。其中有代表性的观点有如下几位：

庄孔韶在其导师林耀华的指导下，写出了《金翼》的学术性续本《银翅——中国的地方社会与文化变迁》，[②] 通过对金翼家族半个多世纪沉浮的追述，以古今关联的反观法和文化直觉主义的方法，最终从“本土循环论”的角度解释金翼家族的复兴。此外，阮云星通过对福建义序宗族的学术回访而完成的《义序宗族的重建》一文，其尝试以“社会结构变迁的宗族论”来阐释义序宗族的变迁，“制度性的宗族”和“后制度性的宗族”成为它的两个解释框架。他观察到潜移默化的家族主义“在一定的条件下甚至能影响以至于左右制度性层面的实践及‘事件’（诸如乡村选举等）”。[③]

王铭铭指出宗族文化的复兴不仅与承包制下农民对“团体的需要”有关，还和“民间实际生活问题的表述、交流模式以及草根式的权威力量的再生有关”。因此他在现代民族国家的背景下

---

① 唐军：《当代中国农村家族复兴的背景》，《社会学研究》，1996年第2期。

② 庄孔韶：《银翅——中国的地方社会与文化变迁》，北京：三联书店，2000年。

③ 庄孔韶等：《时空穿行——中国乡村人类学世纪回访》，北京：中国人民大学出版社，2004年。

指出了传统文化的复兴构成了现代性话语的一种悖论，作为汉人社区传统文化最显著表征的宗族文化是一种功能性的再现。①

景军的《神堂的记忆》（The Temple of Memories）一书运用集体记忆理论探讨了中国西北大川孔氏宗族重建的过程，指出祠堂重建实质上是一种有选择的记忆性建构。②

但是，也有一些学者从历史学、政治学的角度把宗族文化当作封建社会意识形态的一部分，视当前宗族文化的复兴为封建残余，阻碍中国现代化前进的绊脚石。“从总体上看，（家族文化）消解是历史趋势，反复是特定现象。”③ 如徐扬杰的《当前农村的家族活动和我们应取的态度》、何清涟的《当代中国农村宗法组织的复兴》和吕红平的《农村家族问题与现代化》④ 一书均持上述立场。

因此，从总体上看，学术界在对待当前宗族文化复兴时，基本上是两种倾向：一是视之为文化上的补充和功能上的需要而持赞同的态度；一是视之为封建文化的残余而持反对的态度。本文将延续前一派学者的立场，认为宗族文化的复兴源于当前乡村社会的需求，进而探讨宗族复兴的意义。

林耀华先生认为研究家族应首先从祠堂入手，这是因为“家族的祠堂，原为家族的宗教机关，家族渐渐发展到宗族，祠堂也渐渐的扩张，为社会的、经济的、政治的、教育的机关了。”⑤

---

① 王铭铭：《溪村家族——社区史、仪式与地方政治》，贵阳：贵州人民出版社，2004 年。

② Jing jun. *The temple of Memories : History , Power and Morality in a Chinese Village*. California: Stanford University Press. 1996.

③ 王沪宁：《当代中国村落家族文化——对中国社会现代化的一项探索》，上海人民出版社，1991 年，第 147 页。

④ 参见吕红平：《农村家族问题与现代化》，保定：河北大学出版社，2001 年。

⑤ 林耀华：《义序的宗族研究》，北京：三联书店，2000 年，第 266 页。

因此，可以达到“动一线而全局牵制”的效果。那么，如今时过境迁，在现代社会中重建的祠堂又在家族活动中发挥着什么样的功能呢？与传统祠堂组织相比，又有哪些变化呢？这些都是本文所要关注的焦点。

本文所要论述的苗氏家族既非景军在西北考察的有显赫背景的孔氏家族，又非林耀华先生笔下福建义序那样的“宗族乡村”，而是一个在多姓氏社区中的普通家族。这样一个家族在当前交往日益频繁的中国农村是更具有普遍意义的。文章主要通过聚焦于苗氏家族对家族祠堂的重建这一事件的回顾与评述，来透析在新的社会背景下，他们如何复兴家族传统文化，又是如何进行“文化创造”的。

需要说明的一点是，“宗族”和“家族”是两个经常引起学界讨论的概念，其观点基本上可以分为两类，一是认为两者基本上是一致的；另一种则认为家族的概念要大于宗族，因为他们认为在现代农村的日常实践中家族还包括了姻亲和拟制血亲。[①] 一般认为，家族是根据单系（父系）亲属原则，以家庭为单位组成的社群。[②] 家族并不是家庭的简单累加，而是要坚持血缘的原则。虽然在当前的家庭活动中姻亲更多的参与其中，而且一些社会学、政治学等学者把乡村生活中的姻亲关系、拟制血亲关系归为家族关系之内。但是宗族（家族）作为民族学、人类学亲属制度研究的一个领域，应是指按照父系血缘原则组成群体。因此，本文中“宗族”与“家族”两个概念的所指应是一致的。

---

① 杨善华、刘小京：《近期中国农村家族研究的若干理论问题》，《中国社会科学》，2003 年第 5 期，第 83 ~ 84 页。

② 费孝通：《乡土中国·生育制度》，北京：北京大学出版社，1998 年，第 39 页。

三、研究方法与叙述框架

(一) 主位与客位

民族学、人类学强调跨文化的比较研究，要求研究者深入到一个与自身文化不同的文化社区进行研究，这样才能发现异文化的奥妙，正是“当局者迷，旁观者清”。可是，在民族学、人类学一百多年的发展过程中，也有不少学者研究自身文化的成功之作，如费孝通的《江村经济》，林耀华的《金翼》、《义序的宗族研究》等。这是因为一方面他们长时间的在外求学，对自己幼年生活的环境产生了一种“疏离感”，一定程度上他们自己的家乡文化成为了异文化；另一方面，他们接受过良好的学术训练，在调查过程中，能够“进得去，出得来”，所以能比一般的调查者获得更详细深入的资料，且对本文化有一种他者不易察觉的敏感性。而我在自己的家乡生活了十几个年头，与被调查者共享一种文化，因此，对我而言，写作过程中最大的困难就是怎样“变熟为生”，使平时司空见惯的事情变得陌生，这就需要从客位的视角进行观察。同时，由于自身较长时间的脱离母文化，对一些文化事象感到陌生，这就要求自己首先从当地人的角度来理解问题，即主位的角度，然后再进行客位的思考，这样才能做到对一个事件完整理解。

(二) 访谈

访谈是民族学、人类学在进行田野调查时获取资料信息的主要手段。访谈又分为结构式访谈（structured interview）和非结构式访谈（unstructured interview），两者是相互补充的，在不同的调查阶段采用不同的方法。一般而言，在田野调查的开始阶段，采用非结构式访谈会更合适，在调查的过程或结尾可以采用结构式访谈。本文是对一个社区家族的描述性研究，因此，许多“地方性知识”的获取只能靠调查者和当地“历史的言说者”之间的面对面的言语交流，也只有这样才能获得研究对象的完整意义。

（三）文本分析

按照格尔兹的观点，文本本身就是一个文化描写的体系，它可以是文字的，也可以是人的行为的，只有通过对文本的深入观察和分析，才能了解一种文化的本质。中国传统的历史观是“大历史”，对微观的村落历史却绝少记载。因此，仅靠文献资料是难以了解其全貌的，村落中的碑刻、口传历史、个人记忆往往成为了解村落等微观社区的关键。“社区中存在的历史形式可以分为四类：1. 社会实践行为的历史习惯性方式（习惯性方式包括生产和人口再生产的实践规律）；2. 象征和仪式所造成的社会性记忆；3. 通过文字记载的本土社会史；4. 口头传统。”① 在本文中，这些文本形式都成为了理解家族重建意义的关键，因此，文本分析的方法将会贯穿于文章的始末。

（四）叙述框架

本文试图通过对位于中原腹地一个家族祠堂重建过程的描述和分析，来获得对当代农村家族重建事件的一个整体认识。具体章节表述如下：导言部分叙述了本文选题的缘由、意义和研究方法；第一章对苗氏家族所在行政区域的地理历史环境进行概要的介绍，同时还对作为当地人社会记忆的地名传说予以叙述；第二章是对社区历史文化背景的介绍，突出了社区类型及当地的文化传统；第三章对祠堂重建过程的描述，重建背景诸如祠堂历史的述说、家族精英以及社区的政治环境；第四章通过对家族象征物——祠堂和族谱象征意义的分析来反映当代农村传统文化的继承与创造；第五章通过对重建后首次祭祖活动和其中联宗现象的描述和分析来透析当代家族重建的意义；第六章为本文的结论，以

① 王铭铭：《溪村家族——社区史、仪式与地方政治》，贵阳：贵州人民出版社，2004年，第168页。

苗氏祠堂重建为个案对当前宗族研究的若干问题进行检验和评论。

第一章 走进西村

600多年前一位白发苍苍的老妇人带领着子侄等族众二十余人南下来到河南中部的一个小山村。这里四面环山，一条清澈的河流自西北向东南蜿蜒而过。老妇人觉得这里是一个生活的好地方，就决定在这附近定居下来。大儿子在当地大刘山脚下定居，二儿子去了一山之隔的郏县，老妇人和小儿子去了相邻的襄县定居。随着时间的流逝，当初二十余人的族人如今已经发展到了数千人，成为分布于方圆百里的大家族。当时大儿子居住的地方就是今天神后镇[①] 老街的西村，如今他的后裔子孙正准备给他们的祖先重建祠堂，续修家谱……

第一节 西村地理

神后镇在行政区划上属河南省禹州市。禹州市位于河南省中部，旧称禹县，历史悠久。远在原始社会末期，禹在此受封为“夏伯”。禹之子启，大享诸侯于钧台，即 天子位，创建奴隶制王朝，史称夏邑。春秋时期为郑国别都，称栎邑。战国至宋均称阳翟。金大定二十四年（1184年）因境内有钧台旧址，改名钧州。元朝因之。明万历三年（1575年），为避皇帝朱诩钧之讳改称禹州。清朝沿之。民国元年改为禹县。1988年经国务院批准，

---

① 神后镇的“后”原为“垕”，为书写方便改为神后镇，关于地名的来源详见第二节。

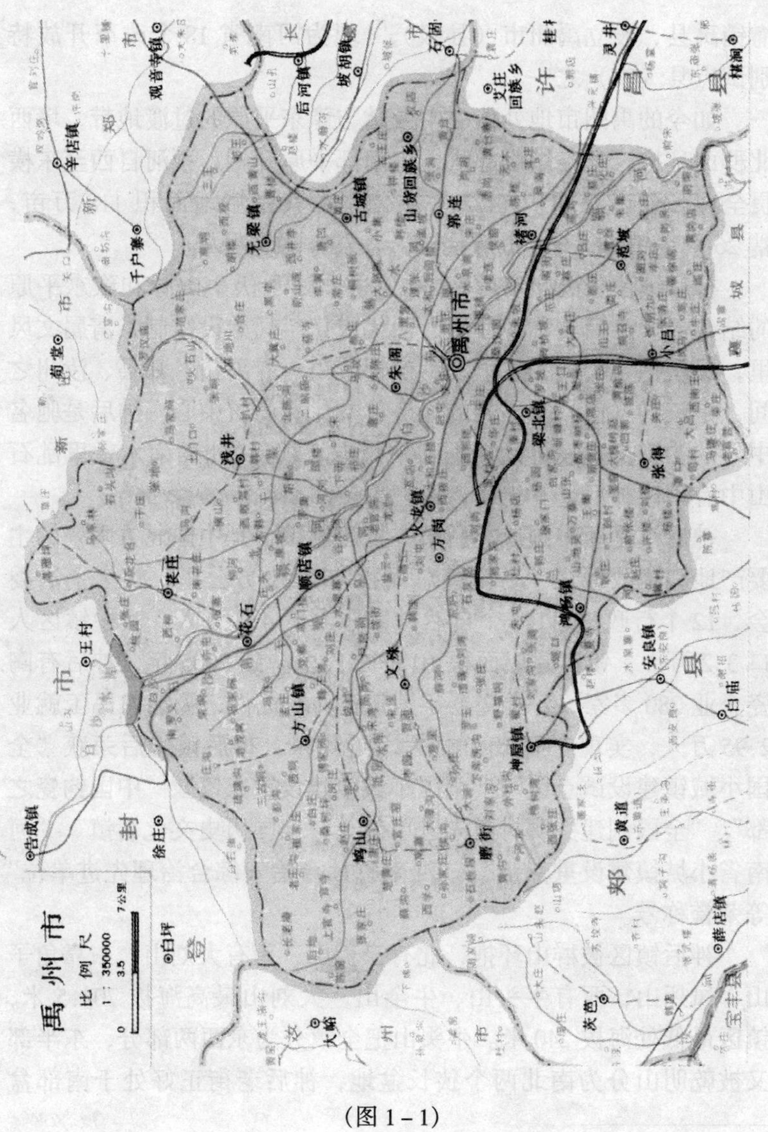

禹州市
比例尺
1：350000
0 3.5 7公里
禹州市
古成镇
徐庄
白坪
大峪
王村
花石
褚庄
浅井
顺店镇
方山镇
鸠山
磨街
文殊
火龙镇
方岗
朱阁
神垕镇
鸿畅镇
梁北镇
张得
小吕
范坡
褚河
郭连
山货回族乡
古城镇
无梁镇
苌庄
后河镇
坡胡镇
石固
观音寺镇
辛店镇
千户寨
苟堂
灵井
椹涧
安良镇
白庙
黄道
薛店镇
郏
县
许
昌
封
登
汝
州
市
新
郑
市
长
葛
市
襄
城
县
宝丰县

(图 1－1)

撤销禹县，设立禹州市（县级），[①] 现为河南省 18 个改革开放特别试点县（市）之一。

如今的禹州市地处伏牛山余脉与豫东平原的过渡地带，境西北群山环抱，丘陵蜿蜒起伏，东南部平原开阔，颍河自西至东横贯全境。全市总面积 1472 平方公里，其中耕地面积 118 万亩，辖 26 个乡镇办，654 个行政村，总人口 114 万人。

神后镇位于禹州市西南 30 公里，处于伏牛山脉和豫东平原的结合部。神后古称神后店，明代成化年间始设镇制，清属文风里，民国初年仍属文风里，后设神后镇，界禹州、郏县、汝州之间，是三县（市）交界处的经济、文化、商贸中心。神后是驰名中外的钧瓷文化发祥地。据《禹州志》载："州西南六十里乱石山中有镇曰神后，有土焉，可陶为瓷。"

神后镇是新中国成立后第一批建制镇，是中国北方陶瓷的主要产地和集散地之一。全镇总面积 49.1 平方公里，辖 8 个居委会，12 个行政村，147 个自然村，总人口 4.2 万人，其中镇区人口 3.2 万人，镇区建成面积 10 平方公里。到 2005 年，神后有陶瓷企业 380 多家，各类瓷器年销量达 4.6 亿件，吸纳农民工就业 2.95 万人，实现产值 10.6 亿元。近年来，神后镇先后荣获"全国小城镇建设试点镇"、"全国小城镇建设重点镇"、"中国钧瓷之都"、"全国创建文明村镇先进单位"、"全国历史文化名镇"、"河南省小城镇建设重点镇"、"河南省社会治安综合治理先进单位"等荣誉称号。

神后镇区被群山环抱，北有云盖山，南有大刘山，东靠角子山、凤翅山，西有牛头山、牛金山，大刘山最高海拔 704.5 米，镇区最低处海拔 240 米。牛头山把全镇分为东西两部分，东半部又被乾明山分为南北两个狭长盆地，神后老街正好处于南部盆

① 郭水林《禹州史话》，见：http：//www.yz35.com/xywh/xysh/1.htm

地，一条自西北向东南流向的季节性河流——肖河把老街一分为二。西村位于肖河南岸的大刘山下。过去为了防止匪患和水灾，沿河两岸都修有高数米的石砌寨墙。当地气候属亚热带—暖温带过渡地带，年平均气温 14.4 摄氏度左右，年平均降雨量约为 705.3 毫米，雨季集中在七、八、九三个月。农业适于种植小麦、玉米、红薯、谷子、黄豆、高粱、旱稻等粮食作物，以及花生、葱蒜、瓜类、豆类、棉花、烟草等蔬菜和经济作物。

建国以来，随着经济发展和人口的增长，神后街区也由原来沿肖河两岸的老街向北扩展成为一个现代化的小城镇，承载着神后千余年文化积淀的老街却显得日益冷落。神后老街俗称“七里长街”，老街的古址是在肖河两岸的五个古老村庄（二道街、高老庄、朱园沟、茶叶沟、老窑坡），唐宋以来随着陶瓷业的兴盛，许多富商大贾在此置田、建宅、经商，使五个村庄逐渐连成一片，形成了初具规模的神后镇。老街由东、西、南、北四座古寨构成，从东到西有东大街、西大街、白衣堂街、红石桥街、关爷庙街等街道，全长 3.5 公里，远观状如一只巨大的蝎子。老街是伴随着神后瓷业的发展而形成的，特点是狭窄，沿街店铺高低不一，路面用青石板铺就，道路两侧店铺林立，古民居依地势而建，炮楼、古民居、庙宇鳞次栉比。老街到处渗透着丰厚的历史文化，也是神后经济自古繁荣的见证。

西村，当地人又称“西寨”，与东寨划河为界，前临肖河，后靠大刘山，是一个依山而建的社区。本文所要论述的西村主要指老街的西大街。

西村是一个多姓杂居的社区，姓氏有 20 多个。由于苗氏祖先迁居时间较早，世代繁衍生息，至今已成为西村最大的姓氏，占总人口的 60%左右，其他人口较多的姓氏有田、王、宋、赵、温等等，都是继苗姓后陆续迁居而来。虽然处于神后镇区，但是绝大多数的西村居民还是农民身份。20 世纪 50 年代以后随着国营陶瓷企业在当地的成立，一部分农民转变为工人。西村人多地少的矛盾极为突出，人均不足半亩地，而且土地贫瘠，粮食产量不高，这使得当地人不得不从事工商业，形成了“农闲做工，农忙种地”的传统。

20世纪80年代以来，随着人口的不断增多，西村人在距西村1.5公里的凤翅山脚下建起了一个新西村，而且这里地势较为开阔，许多陶瓷企业很快在这里建立，新西村变得日益繁荣起来了。而老西村除了村委、西村小学外，主要成为一个生活、文化的社区。

第二节 神后地名的诸种传说

神后之名始自何时，已无从查考。据明永乐三年（1405年）《钧州神后山神庙碑》记载：“……神后山在钧州之野……永乐二年秋，有瑞兽出焉……即《瑞应图》所称驺虞是也……御制金敕，加锡礼以褒焉。内外群臣拜表称贺，而兹山之名，一旦播于天下矣……大明永乐三年秋岁次乙酉周世子奉敕撰。”由此可知，神后之名，在明永乐三年，即1405年之前就已经确定了。再据《明史·成祖纪周棣王传》和《图书集成·职方典》中记有“瓷器出禹州神后山”可证，明初“垕”字即带有土墩。为避明穆宗朱载垕之讳，去掉土墩的传说是可信的。

有关神后之名，因何命名，始自何时，诸说不一。

一说“神后”是个星名，因神后主山（北山即乾鸣山）低、应山（南山即大刘山）高，应山压住主山，不能出人才。古人在南山上建土地庙以压低应山，在北山建天爷阁以提高主山的位置，并用天上星名命名，用以调节“风水”，愿神后人杰地灵，民富年丰。

一说是据《唐六典》卷十四《大卜署》记载：“亿式占辨三

式之异同，一曰雷公式，二曰太乙式，三曰六壬式。”在“六壬”中有“十二将”、“十二月神”之分。十二月神是正月登明，二月天魁……十二月神后（十二月大寒，后日躔，玄枵之次入子宫乃神后将也）。子在五行中属“水”。因神后盛产瓷器，窑多火旺，水相应缺少，五行运转不灵，水火不能平衡，用水命地名以示天上水配地下火，以水济火为吉。《易经》有云：“水火既济，大器乃成。”

也有人说商汤在禹州三峰山祈雨有功，当地居民为纪念他，尊商汤为神后，将神后取为村名。

还有一说，即明朝永乐二年，此地获瑞兽驺虞，皇上下旨，于大刘山前建白虎庙，山后建驺虞桥，庙前庙后，神前神后，神后之名就此演绎而来。

关于神后的“后”字，也流传着几种有趣的传说：宋时有人把神后钧瓷送往汴京，徽宗一见，喜不制胜，反复观赏，连称：“绝妙，奇珍！”忙问产于何地，侍臣奉告产于神后。徽宗说：“神后出此珍宝，应以土为上。”遂提笔在“后”上加了一个土字，因此，神后就变成了“神垕”。到了清朝，慈禧太后很喜欢钧瓷，听了关于“后”字变化的故事，认为把土捧到头上以土压人固然不好，但踩在脚下也可惜，不如背起来好，这样又成了“神垢”。还有一说，后字原为“垕”字，下面有土墩，明穆宗朱载垕即位，为避讳，将“垕”字的土墩去掉，写成“神后”。到清朝恢复原名，又写成“神垕”。后来一直沿袭习惯用法，仍写成“神垕”。

建国后，禹州市人民政府和神后镇人民政府曾派人做过调查，并致函询问过中国科学院紫金山天文台。经查验，在中国天文史上，并无“神后”这个星名，否定了“神后”是星名的传说，其他传说都无史可考。只有《唐六典》中记有“神后”是十二月神之一，因它属水，神后窑多火盛，用它命名，达到水火平衡。神后之名可能由此而来。

至于因何命名，从传说中也不难看出，上述传说的共同点是，神后人民对当地丰厚的瓷土资源早已相当重视了，都渴望在神灵保佑下，窑业兴旺，经济发达。即“神”者神灵也，“后”古时称大地为“后土”，神后即神灵保佑之地也。反映了瓷窑业在当地民众生产生活中的重要性。

第二章　历史文化背景

“灵丹宝篆传千古，坤德离功利万商”，这是位于老街中心的伯灵翁庙（俗称火神庙、大庙）大门两侧石柱上刻的一副对联。它正是对神后历史的概括。自古以来，西村所在的神后街就是一个手工业、商业和农业混合的社区。历史上虽没出过巨富大贾，但从事手工业、商业的人较多，生活确实比周围村庄殷实得多。这主要归因于当地有悠久的陶瓷生产传统。

第一节　瓷都与家族

一、瓷都历史

由于神后山多地少，加之土地贫瘠，仅靠种地难以维持生计。然而四周的山中却蕴藏着丰富的矿产资源，如煤、瓷土等，为当地人从事陶瓷生产提供了优越的自然条件。当地曾流传着“东山煤，西山釉，北山瓷土处处有”的民谣。明成化年间的《神后真武庙碑》中有“神后之镇耕渎（读）陶冶者千余家”的记载。清代有“进入神后山，七里长街观，七十二座窑，烟火遮云天”的民谣。[①] 因此当地人大多是亦工亦农，神后也在很早就已成为禹州西部的经济中心，明清时期已有“豫西重镇”之称。附近数十里居民较集中的活动都在神后进行。从现在残留下来厚重坚固的寨墙和位于老街中央的伯灵翁庙可以想见当时神后老街的富足和繁荣。

神后老街是由东、西、南、北四座古寨组成。每座寨都修有高大厚实的寨墙，有的高达3丈有余，厚2尺多，固如城墙。寨四周和寨墙上建有炮楼，主要作用是军事防御和抵抗匪患、防范洪灾。每个寨子都有文雅的名字，如东寨为“望嵩”，西寨为“天保”等，用青石丹书镶嵌在寨门之上。东西两寨由一座雏虞桥相连。东寨墙建于清光绪二十年（1894年），墙体为青砖结构，墙基高2米左右，均为巨石砌成，墙高10米左右，厚约1米，绕东寨一周，长约6000米。寨门上有炮楼，炮楼上有三个炮孔，供瞭望和射击使用。门上刻有“望嵩”二字，据说站在古寨墙的寨门上可以看到嵩山，故有“望嵩门”之说。

伯灵翁庙，当地又称“火神庙”、“大庙”。据考证，该庙创建于宋代，后于元、明、清诸代多次重修，至今已有1000多年的历史。庙内建筑原有窑神殿、花戏楼、道房、东西日月门，目前仅存花戏楼。戏楼与山门合二为一，上为舞台，下为门洞。其建筑雕梁画栋，精巧别致。山门外建一间抱厦，设计精巧，上面雕刻有西游记及八仙过海中的一些神话人物，形象逼真，栩栩如生。两边一对石狮，威风凛凛。其后座的两根石柱上，镌刻着一副对联：“灵丹宝篆传千古，坤德离功利万商。”戏楼脊顶中央立一麒麟，背驮一钧瓷宝瓶，是神后钧瓷文化的象征。1986年被河南省人民政府公布为河南省重点文物保护单位。

作为钧瓷文化的发祥地，长期以来，钧瓷生产却仅占神后社

---

① 苗锡锦：《古镇今昔》手稿。

会经济生活的很少一部分，大多为实用性的瓷类，如彩瓷、建筑卫生瓷、古建瓷等。有着千余年陶瓷制作传统的神后没有形成巨商或大族，这一定程度上是因为其位于传统中国社会政治中心的地理位置和南来北往之通道，经常会受到战乱、朝代更迭等因素的影响，使陶瓷工艺的发展始终形成不了规模。据资料记载，“元末明初，因兵燹和灾荒，钧窑生产渐衰，艺人或逃或亡，技艺渐渐失传。清朝晚期，钧瓷复苏。到光绪三十年（1904年），神后镇烧制钧瓷者已有10余家。民国年间，钧瓷仍继续烧制，但因战乱、灾荒频繁，钧瓷生产举步维艰。至民国三十一年（1942年）后，因大旱和政局混乱，艺人外流，钧瓷生产趋于停产状态。”① 更主要的原因是长期以来中国传统社会是一个自给自足的农业社会，而且在清末以来，“随着人口增长，（农业）集约化程度发展到愈来愈高时，小农农场在必须消费上的剩余也随之消失。换言之，（中国）小农经济已经内卷化了。”② 在这种情况下，作为奢侈品的陶瓷并不会有一个持久的、稳定的市场。有史料记载，“光绪三十一年（1905年），禹州大旱，陶瓷滞销，一车碗（1500个）只能换一斗米。瓷窑停产，陶工有的饿死街头，有的逃往他乡。”③ 这一灾难成为当地人惨痛的记忆。

据《钧州志》嘉靖三十二年抄本卷一记载：“都里窑冶。窑，瓷窑在州西大刘山下，瓦窑在州西禁沟左右。”④ 此处钧窑所在地就是现在的神后镇，西村即位于镇区西南部的大刘山下。西村沿肖河南岸地区是苗氏家族的聚居地，这里有较为充足的水源，还有丰富的陶土、煤等资源，在当时是理想的生产场所。据推

① 苗锡锦：《钧瓷志》，郑州：河南人民出版社，2000年，第2页。

② （美）黄宗智：《华北的小农经济与社会变迁》，北京：中华书局，2000年，第9页。

③ 同上，第233页。

④ 苗锡锦：《钧瓷志》，郑州：河南人民出版社，2000年，第217页。

测，历史上苗氏族人也曾有烧制陶瓷的。这可以由苗锡锦老人的记忆得到印证。老人曾回忆到，“早些时候（具体时间记不清了）苗家也有自己的瓷窑，还起了一个堂号，名曰‘太和园’，具体情况就不得而知了。”在如今的家谱中，却有苗氏族人通过开染坊发家致富的记录。据《苗氏家谱》记载，十四世祖毓恒公和祖母温氏，带领子孙开染坊，发家致富。清朝时期已是神后镇人财两旺、颇有名气的大户人家。至今，西村苗家还存留有染布用的石磙。苗培元老人对刚开染坊时的情况有一定的记忆。他说：

“原来刚开染坊时，苗氏的人口还没有这么兴旺。开染坊需要蓝靛，可是那时当地的价格很贵，当时也是兵荒马乱的，家长就派人去外面买，那边（山西临城、山东）便宜些，买回来后，本地价高就把买来的蓝靛全部卖掉，然后再出去买，这样有三次本地蓝靛的价格才降下来。可是苗家也积攒了一笔钱，就把从上边（西边）到河边的临街房给重修了一遍。到清末民国初年，苗氏曾经有一家人60多口，当时做饭在东院，饭熟了以后各自盛饭到自己屋子里吃，当时领导有方的祖辈是十六世的苗永聚，因为排行老三，脾气又倔，绰号叫‘苗三橛头’，可是很会领导。”

就是依靠这种简单的商业形式完成了资金的积累。后来，由于人口太多，分为东院和西院。

建国以来，作为小城镇，神后居民户口分为市民（工人）和庄员（农民）两类。有市民户口的就享有每月国家发的粮油补贴，而身为庄员不仅没有任何补贴，每年还要缴纳农业税。就西村的苗氏族人而言，主要是镇政府职员、小学教师和当地国营瓷厂的工人，他们均拥有市民户口，其中以工人为主。市民占不到总人口的20%，他们与庄员的差别随着20世纪90年代国有集体陶瓷企业的倒闭而变得微不足道。与此同时，有资金、有技术的家庭办起了家庭小厂，逐渐成为了几十人、上百人的家族经营企业。这样的中小型企业如雨后春笋般冒了出来。神后镇区又呈现出昔日“进入神后山，七里长街观，七十二座窑，烟火遮云天”的景象。

20世纪90年代中期，为发展地方经济，县政府决定把钧瓷树立为当地的品牌。随着政府振兴钧瓷措施的实施，西村也先后创办三家在当地颇有影响的钧瓷企业，其中两家是由苗氏族人开办的。这两家企业负责人的父亲都是这次神后苗氏修祠活动的主要参与者。苗氏族人在这次新的经济发展机遇中占得了先机。

二、多姓的社区

神后老街因古代经济繁荣而成为一个多姓氏杂居之地。据记载，金元时期这里历经战乱，“土著之民，流离军伍不存什一”。镇区内宋元以前的老户很少。从现有的墓碑、祠堂碑碣及家谱看，当地居民多是明朝初年或中期从山西洪洞县或太原等地迁来。如《苗氏家谱》记载：“明洪武二十九年由山西洪洞县迁至河南。”红石桥《王氏家谱》记载：“第一世、闻明初自太原来卜居禹州西南神后镇始基。”五道庙张氏《张其健墓志铭》中记载：“公本晋人，有明迁密，其始祖安居公讳德府太学生迁禹西南六十里神后镇初立祖堂”。建国后，随着三个国有集体陶瓷企业在当地的创办，一批国家干部、技术工人被政府分配到神后，又形成了一次较大规模的移民。

神后比较大的家族有苗氏、王氏（王氏又分红石桥王氏和北寨王氏）、张氏、温氏（温氏又分西寨温氏和东寨温氏）。人口最多的是苗氏，在当地已传24世。现有人口3000余，主要分布在西村、新西村和二道街、南寨等地。红石桥王氏大都居住在西村以北的红石桥，至今已传17世，现有人口400余。北寨王氏世居于北寨内，据说清朝时先祖王耀曾官居四品，出任河南布政司，北寨的寨墙都是由他们一家后来出钱修的。西寨温氏较早迁来神后，初居神后西北的温堂村，后又迁神后街，已祖居20余世，现有人口500多。东寨温氏始祖由河南尉氏迁来，已祖居14世，现有人口数百人。现在神后镇区的大姓中，仅有苗氏祠堂保存较好，并进行了重修。红石桥的王氏有保存较好的家谱，也有续修的准备。因其与北寨王氏不存在血缘关系，系“同姓不同宗”，两家没有以姓氏作为相互认同的准备，只是根据族谱的记载，到异地寻找宗亲。兰林友就曾指出华北地区村落中“同姓不同宗”的现象，[①] 以此来反驳杜赞奇以姓氏建构华北宗族。这种“同姓不同宗”现象在华北地区的普遍存在主要是因为频繁的战乱导致人口大量迁徙的结果。

神后镇区大姓分布

行政村名	主要姓氏
西村	苗姓、田姓
南村	苗姓、张姓
东村	温姓、任姓
北村	郑姓、杨姓
红石桥	王姓、温姓、常姓
五道庙	文姓、周姓

（据神后镇派出所1998年户口登记表）

社区中姓氏结构与宗族意识的强弱有着密切的关系，姓氏结构越集中，宗族意识就越强。[②] 苗氏主要居住在西村和南村，相对较为集中，而且人口上具有绝对的优势，因此，容易形成同宗意识。另一方面，与神后其他几个大姓相比，神后苗氏有着明确

① 参见兰林友：《论华北宗族的典型特征》，《中央民族大学学报》（哲社版），2004年第1期。

② 刘良群：《宗族对乡村社区公共权力的影响与作用》，见黄宗智主编：《中国乡村研究（第三辑）》，北京：社会科学出版社，2005年，第351页。

的世系渊源，有着共同的祖先，这使得他们能够更容易产生认同意识。更为重要的是，他们还保存着家族的象征物——祠堂与族谱。因此，即使随着人口增多，一些族人迁出了世居的西村，但是还保持着相互的认同和礼节上的来往。

第二节 仪式与信仰

一、窑神崇拜仪式

伯灵翁庙，也称“窑神庙”、“大庙”，位于镇区老街中心。据史料记载，该庙始建于宋代，此后又进行过多次重修。光绪十八年至二十三年（1892—1897年）神后陶工和商户集资进行了最后一次重修。1986年该庙被公布为“河南省重点文物保护单位”，是神后陶瓷文化的象征性建筑。窑神殿供奉有三尊神像：一是窑神孙伯灵，相传为战国时期军事家孙膑，因其随师鬼谷子学艺，曾烧过炭，既是烧炭的祖师也是瓷业的窑神；二是“土山大王”，即历史上的舜帝，据史载，舜曾“陶河于滨”，被窑民们奉为司土之神；三是“金火圣母”，相传是一位跃火祭钧的民间女子。[①] 在传统社会，当地许多民间信仰仪式活动都是在这里完成的。

作为一个历史悠久的陶瓷生产社区，神后的民间信仰绝大部

① 据当地人的说法，古时一位皇帝梦见一对神奇的花瓶，红似朱砂，鲜似鸡血，晶莹透亮，于是醒后他马上派遣大臣四处查访。当听说神后曾烧制过类似的花瓶时，皇帝传下圣旨，让当地窑工为他烧制梦中的花瓶。但因钧瓷烧制工艺玄妙，有“十窑九不成”之说，眼见期限将至，窑工还没有烧制出让皇帝满意的花瓶，窑工们命悬一线。此时，一位窑工的女儿不忍父老乡亲丧命，于是在烧制的关键时刻纵身跃入熊熊烈火的窑中。当窑工打开窑门时看到了一对晶莹、鲜红的宝瓶，就这样一场灾难结束了。为了纪念这位善良、勇敢的女子，人们尊其为“金火圣母”。

分是围绕“祭窑神”而进行的。历史上，除平时初一、十五和每月的“假三天”给窑神烧香外，每年的农历正月十六和八月十五都要举行盛大集会祭窑神。每当正月十六祭祀时，居民从正月十三日开始“请神”，到十九“送神”，历时七天，以街道“铜器社”① 为单位进行活动。节日前各铜器社都做了充分的准备，届时进行三项比赛：一是赛“花神棚”，看谁的花神棚搭得漂亮；二是赛打铜器，看谁家的铜器打得好；三是唱“对台戏”，看哪家的戏唱得精彩动人。搭花神棚要请能工巧匠用布匹和彩纸做成各式各样的花朵扎在彩棚上并挂上各种式样的彩灯，有的再装上大型的狮子、龙灯，十分美丽壮观。每到正月十三日请神时，各路铜器社装饰一新，全部出动，数十根彩旗前面开道，竹马、旱船、狮子、龙灯、高翘等紧跟其后。八月十五祭日，神后窑主们用“花羊”祭窑神，并请工人会餐。窑主们提前几个月就买只大公羊找专人喂养，把羊洗得干干净净，喂得又肥又壮，节日那天给羊披红戴花，打扮得很漂亮，众人集中在窑神前举行隆重的祭典仪式之后，窑主再宴请工人。期间陶瓷工人分行业唱戏祝贺陶瓷产销两旺。而且，为了有组织有领导地进行祭神活动，全镇陶工组织了“窑神社”，主管祭祀敬神事宜，每逢初一、十五都要敬窑神，每年的五月初五、八月十五举行盛大祭典活动。窑神社首领由工人推选，每次选 13 个为人正直、技艺高超又热心为群众办事的工人当社头。这些人是工人中最有权威的领导者，享有一定声誉。窑神社分配的任务工人们都会积极完成。

如今，伯灵翁庙作为省级文物受到保护，不再进行祭祀活动。每月的初一、十五信徒纷纷赴乾明山庙宇进行个人的祭祀活动。

---

① 铜器社：当地以村为单位组织的民间社火组织。这一组织延续至今，每年的正月十五各村都会组织铜器社从四面八方涌到一起，这一天也是全镇一年中最热闹的一天。

二、信仰的复兴

神后镇历史上的民间信仰活动十分频繁。据统计有大小庙宇100多座，规模较大的有窑神庙、关爷庙、泰山庙、祖师庙、白虎庙、中岳庙、灵泉寺等十余所。西寨（今西村）内有文庙、二郎堂、老君庙、白衣堂、贞节牌记等，这些庙宇占地面积不等，小的只有几亩，大的有十几亩。初建时间已无史可考。据碑文记载，多在明清时期扩建和重修，庙宇之多，规模之大，说明当时宗教信仰的普遍和经济的繁荣。民国初期少数寺庙尚有僧人看管，后逐渐被毁，现在绝大多数已无迹可寻。从建国前神后镇古庙会（见下表）的频繁可以看出当时当地民间信仰的兴盛。

神后镇的古庙会					
正月十六	神后镇内老街				
二月二	土地庙	二月十五	祖师庙		
三月三	龙泉寺、祖师庙	三月初十	中岳庙	三月二十八	大山庙
四月初八	大街、小麦会、长春观				
五月初五	大庙（端阳节）	五月十二	大庙		
六月六	老街	六月二十	大庙		
七月十五	五道庙				
八月十五	大庙	八月初三	老街		
十月十	中岳庙（中岳爷生日）				
十二月初四	关爷庙				

（资料来源：《古镇今昔》手稿）

丰富的庙会节日吸引着方圆百里的香客络绎不绝远奔而至，参与节庆祭祀等信仰活动，神后成为方圆百里内的宗教信仰中心。据地方史料记载和当地人的历史记忆，明清时期当地曾有过几次大规模的修寺建庙风潮，都是由地方富裕农户、窑货主（当地人对拥有瓷窑、雇佣工人的窑主的称呼）或在外为官的本地人集资兴建的。民国时期，地方商会曾因为民间百姓过于迷信神灵以致不顾经济状况出现饿死人命的现象，呼吁地方政府和百姓改良风俗，节约不浪费。[①]

20 世纪 50 年代以后，神后公开的民间信仰活动已经很少了，只是家庭内部祭祀祖先神灵的活动还在悄悄地进行。60 年代随着“文化大革命”的开始，神后地方的寺庙建筑被破坏殆尽，只有位于老街中央的“伯灵翁庙”作为文物得到上级相关单位的保护而幸免于难。

如今这些古庙会大多数已经随着社会的变迁而消失。80 年代以来，随着经济状况的好转，一些当地人在镇区中央的乾明山首先重建起祖师庙。庙里供奉的是祖师爷，又称为太上老君。据说由于他在天上有一个炼制仙丹的火炉，因此也就成为民间烧制瓷器的祖师爷。每月的初一和十五许多人都会前往拜祭，庙里香火一直很旺。

此后，乾明山上又先后建起了山神庙、中王庙、菩萨庙等数座庙宇。每到祭祀之时，昔日荒凉的山坡就会变得热闹非凡。就目前而言，神后镇区各种重建的庙堂建筑有 20 多座，其中供奉神灵的身份和地位有差别、等级之分：

地方神	土地神、山神爷和山神奶奶、南海菩萨、白衣堂的白衣公主
职业神	窑神、火神、夫子庙的圣夫子、药神王

① 参见禹县志编委总编辑室：《禹县大事记资料选编》（增订本），1985 年，第 75—82 页。

此外，还有道教的太上老君、佛教的如来佛和十八罗汉、基督教的耶稣（俗称“主”）等等，这些构成了神后民间信仰的基本图景。

杨庆堃将宗教分为制度型宗教与弥散型宗教，并认为：“在中国，制度型宗教的主要代表包括佛教、道教，弥散型宗教则主要指祖先崇拜、社区神崇拜以及伦理—政治神崇拜”。[①] 在神后，民间信仰并没有固定的组织和神职人员，一般也只有一个看庙的老人，更没有专业化的仪式行为。当地人信奉“心诚则灵”、“有求必应”的信条，实质上是态度决定一切。因此，理论上每个人只要需要，都可以成为任何一个神灵的信徒，从而得到神灵的保佑。

这一时期，随着私营经济的发展和竞争的不断加剧，家庭中影响稳定的不确定因素增加，个人的行为也变得小心翼翼。因此在个人没有能力对未来做出预测的情况下，他们就往往求诸神灵，既祈求神灵保佑平安，又占卜算命来寻求避灾趋吉。在当地，神人之间的权利和义务关系简化为“许愿—还愿”的模式。在没有达到所期望的目的时，祈求者就可以不履行“还愿”的义务。对“窑神”、“火神”这一行业神的重点崇拜，说明当地的民间信仰是有重点选择的，也反映了当地信仰的功利性。更进一步说，民间信仰的复兴“反映了民间把‘过去’的文化改造为能够表述当前社会问题的交流模式的过程。”[②]

笔者在田野调查中发现，大多数重建寺庙的管理者称他们已经获得了政府的同意，并且有庙证作依据。但是庙证却没有明确表明政府对寺庙的支持，而只是说此处是一个有文物保护价值的

---

① 孙尚扬：《宗教社会学》，北京大学出版社，2001 年，第 201 页。

② 王铭铭：《神灵、象征与仪式：民间宗教的文化理解》，见王铭铭、潘忠党编《象征与社会：中国民间文化的探讨》，天津人民出版社，1997 年，第 115 页。

古迹，或者说政府出于保护环境的考虑而许可恢复古迹建筑，且政府不给予资助，并要求其遵守国家的相关法律和上级政府的管理办法。这些寺庙基本上都是由群众集资修建，然后在寺庙前立一座功德碑，对出资较多的人士给予表彰。从国家的大环境来看，中国社会的发展从“政治挂帅”转变到“以经济为中心”，近年来地方政府更是把发展经济作为政务工作的重中之重。在这样的背景下，建庙者以“繁荣地方经济”为由投政府之所好，并最终获得了政府的默许。正是在当地民间信仰这样浓烈的复苏氛围中，乾明山南的苗氏祠堂开始了重修的准备。

第三章 祠堂的重建

第一节 祠堂的历史

现在的苗氏祠堂是在民国时期旧祠堂的基础上修建起来的。据民国二十五年《创修苗氏祠堂碑记》记载：

“自吾七世祖绩溪公树族谱之碑，我族中世系始有条不紊。其间虽历经变乱，胥赖此碑以不泯然，尚未有家祠以妥先灵也，闻前世屡议及此，俱无地址中止。先君子亦有志未逮，病革时，犹以为恨。民国廿一春，族众复议此事，适族叔凤林君在座，慷慨施宅。此修祠之所由基也。……几度经营，几度筹划，赖先人之灵与合族之福，始克完成此举。……自今以往，吾愿吾族人之入是祠者，见先人之神灵，必思有以敬之；观先人之手泽，必思有以宝之；闻先人有遗德，必思有以孝之。……遇争执而与讼则思排解。有善相劝，有遇则相规，有难者相救，有急者相需。诚如是也，苗氏庶可以昌厥，后吾先祖在祠之灵亦欣欣得所也。”

从碑记的内容可以看出来，现在祠堂的房基在1932年由神后苗氏十七世孙苗凤林捐献而得。在他的带领下，苗忠义、苗金玉等人也捐献了祭田。由此，神后苗氏家族拥有了家族象征物。为防止土地、田产的纠纷，这些捐献的房屋田产还有民国二十一年（1932年）禹县第八区区公所出具的证明为凭。此后，历时四年，修祠工作得以完成并在民国二十五年（1936年）三月的清明节举行了祭祀活动。

创修祠堂能够在当时得以完成，具有一定的历史背景。1928年冯玉祥国民革命军第二集团军一部驻禹，开展“破除迷信，撤毁神像，僧道还俗，扒拆寺庙运动”。[①] 当时禹县境内许多寺庙道观遭破坏，被用来办公或作为学校的校址。之后，在中原大战中，冯玉祥部失败，其推行的革命激进措施即被终止，河南地区重新为南京国民政府控制。同时，南京政府制订《婚丧仪仗暂行办法》、《礼制草案》破除家族礼仪中的一些宗法性内容，但是承认家族的合法存在，而且对家族宗法性的改革多属意向性、号召性的表态，缺少强制性。[②] 因此，区公所出具的证明表明了国家对修祠一事的认可或默许。

解放后不久，在中央政府的指示下，全县清理取消“庙道”、“一贯道”等反动会道门，对群众开展广泛的宣传教育。此时苗氏祠堂亦被政府没收。据苗PY老人讲，文革时期，祠堂陈设毁于一旦。最可惜的是明天启年间皇上恩赐的四面金牌、两面开道的铜锣，金牌上书四个大字“四品皇堂”（据老人讲，这叫全锣执势，民国时期族人结婚时还用过，轿前四面牌，牌前是锣），此物现在已荡然无存。祠堂先是被镇粮所征为仓库，后来西村大队干部趁机占用来堆放杂物，镇粮所见状无可奈何，也就不再追

① 禹州市民族宗教事务局编：《禹州回族志暨宗教志》，1989年，第233页。

② 冯尔康：《十八世纪以来中国家族的现代转向》，《天津师范大学学报》（社会科学版）2002年第1期。

究，因此，西村重新取得了祠堂的所有权。这位大队干部也是一位苗氏族人，如今已经去世。杜赞奇（Prasenjit Duara）把作为国家代理人的村庄领导人划分为两种经纪模式：盈利型经纪和保护型经纪。保护型经纪代表社区的利益，并保护自己的社区免遭国家政权的侵犯，他同社区的关系比较密切。[①] 在 20 世纪 60 年代特殊的政治环境下，西村干部以国家干部的身份作掩饰，做维护本族利益之事，可以说是特殊政治环境下的惯常手段。

但是由于旧祠堂年久失修，供奉祖先牌位的祭堂房顶已经部分坍塌，不过左右两侧的厢房尚基本完好。由于当时条件的限制，不可能进行维修。西村大队就让本家的一户住房紧张的家庭住在两侧的厢房内，顺便负担看护祠堂的责任。

第二节　祠堂的重建

一、家族精英

重修祠堂作为家族的一项重要集体活动，从准备工作到建筑设计再到家谱的撰写，家族精英在其中起到了关键作用。虽然由于某些原因，没有成立家族委员会或者类似理事会的组织，但在家族中还是有一个公认的领导群体，并且彼此有明确分工。主要人物如下：

今年已经 60 多岁的苗 PY 老人是神后苗氏家族的二十世孙，现居住在西村苗氏老宅里。他幼年时受过良好的教育，后因家庭成分在政治运动中受到冲击。在本文调查过程中，他曾多次表达了“文革”事件对苗氏祠堂及家族遗产的毁灭性破坏，但对自己

① （美）杜赞奇：《文化、权力与国家——1900—1942 年的华北农村》，南京：江苏人民出版社，2003 年，第 28 页。

在运动中遭受的迫害却闭口不提。后他依靠其良好的书法功底成为当地一名刻章师傅。20 世纪 90 年代，他了解到邻县的郑氏修建祠堂，萌生了重修家族祠堂和族谱的想法。此后，由于手头没有什么现成的文献资料，他就借助自己的文化功底在一些史书里寻找苗氏的渊源。据他说，他已经看过了像《史记》、《汉书》、《东周列国志》这样的史书典籍。由于有一定的文化修养，身体也很硬朗，使他成为这次重修活动的主要发起人和领导者。据他讲，仅续修族谱一事就已经花费了他三年的时间。

50 多岁的苗 SH 是神后苗氏的二十世孙。他幼年家贫，后参军成为一名解放军军官，复员后为神后派出所指导员。20 世纪 90 年代，禹州市和神后镇两级政府合作开采镇区内的煤炭资源，他成为这个集体煤炭企业的领导。后来企业效益每况愈下，他又担任镇煤炭运销公司总经理，从事煤炭运输和销售工作。这次修祠活动得到其大力支持。他以个人名义一次性捐出两万元，同时，又利用自身积累的资金帮助其子成立钧窑公司，该公司后来成为当地颇有名气的钧瓷企业。

70 多岁的苗 XJ 是神后苗氏的十九世孙，建国前参加工作，1956 年入党。在调查中，他也曾表示过“文革”对古建筑、文物毁坏的愤怒和无奈。他曾任禹县瓷厂、机械厂党委秘书，禹州市神后陶瓷工业办公室主任，钧瓷研究所所长，任职期间致力于钧瓷研究，编著有《钧瓷志》、《钧瓷赞歌》、《古镇今昔》等。以其在钧瓷方面积累的资本，帮助其子试烧钧瓷，并获得极大的成功，

苗 ZS 是苗氏的二十世孙，此次修祠活动的热心参与者，其子曾任西村大队支书，后经商致富。此外，一些因工作等原因迁出西村的苗氏族人也积极支持家乡的修祠活动，特别是那些在外工作的政府干部、知识分子，重修活动并不能给他们带来实际的利益，促使他们积极参与的原因是“激发和满足了他们对于历史

性和归属性需求的因素”。[①] 如：

已经70多岁的苗氏十九世孙苗ZC也积极参与了这项活动。他解放前即参加工作，解放后历任神后镇副镇长、禹州市气象局长等职。现在禹州市区居住。在调查中了解到，虽然在城市里工作生活了几十年，他还认同自己是神后人，并经常回到老家帮忙收集资料。

苗HW1956年在郑州参军，1968年转业到郑州军分区医院任医师期间，致力于医药研究，研制出《健脑缩水丸》，荣获“遗尿病专家”称号并获“第九届中国专利技术新产品金奖”，1998年荣获“高级人才专家团”证书。现居郑州。

布迪厄为分析文化与权力的关系提出象征资本概念（Bourdieu，1984）。这些象征资本的要素出自于并且可以回归为三种基本的资源：“文化资本”（学术知识、学历、学校类型）；“经济资本”（金钱、财产和生产资料的控制）；“社会资本”（职业声望、社会地位、人际关系网络及群体的团结）。[②] 借助于布迪厄的象征资本的概念，我们可以看到，苗PY受过良好的传统教育，不仅能识文断字，还是当地红白喜事的主事人，是西村有名的“文化人”。在这次事件中，他以其“文化资本”发挥了关键性的作用；苗SH曾长期在地方政府任职，后又创办实业，这次活动他一个人捐出了两万元，直接促成了此事，而且由于和政府的特殊关系，是族人公认的实际领导者，他不仅拥有“经济资本”，还有一定的“社会资本”；苗XJ老人在族人中辈分较高，他也曾长期在地方政府的研究机构任职，与县乡两级政府的关系

① 秦燕、胡红安：《清代以来的陕北宗族与社会变迁》，西安：西北工业大学出版社，2004年，第285页。

② 转引自景军：《知识、组织与象征资本——中国北方两座孔庙之实地考察》，《社会学研究》1998年第1期，第6页。

密切，曾以钧瓷老艺人的身份接待过来考察的中央领导。而且通过自己的不懈努力，已编著完成了两部书，这在西村苗氏族人中是还没有过的，从族人推举他来完成《续修苗氏家谱序言》足以说明他在家族中的地位，因此，他以自身的“文化资本”和“社会资本”成为这次活动的领导者之一。

苗 HW 已经长期居住在城市，但他以其“经济资本”参与其中，苗 ZC 和苗 ZS 也以其“社会资本”成为领导者之一。

二、正式权威的缺失

民国时期，国家权力开始向基层社会渗透，此时，神后曾经实行过保甲制和联保制。1947 年末到 1948 年初当地成立区人民政府。1949 年下半年分设神后镇人民政府和区公所，1958 年人民公社化时改为火箭公社。政府任命的保长、队长、支书等作为政府的代理人，成为村庄里的正式权威。20 世纪改革开放之前，西村的村干部扮演着双重角色，一方面他们是国家在社区中的代理人，另一方面他们也是社区利益的保护者。如在 60 年代他们曾利用职权之便收回了被镇粮所征为仓库的苗氏祠堂，从而保护住了祠堂的所有权。

80 年代初，家庭联产承包责任制的实行以及人民公社体制解体后，西村的党支部书记一直由一位苗姓族人担任，历届村委里面至少也有一位苗氏族人。随着以家庭为主体的个人利益的彰显，这位村支书在任职期间并未能很好地带领村民壮大集体经济，与周围其他村庄领导人大力发展本村经济，给村民以实惠的做法相比确实相去甚远，他也因此丧失了在西村的威望。村民们也因此对公共事务明显缺乏兴趣，近年来的村民大会很少有人愿意参加。据说，在村委换届中，镇政府曾要求更换领导人，由于极差的村财务，无人愿意担任此职，只好由其继续担任。因此，在西村社区，代表国家的村干部个人威望的丧失导致该社区正式权威的缺失。直到2003年他去世后，才由一位西村的外姓人担任村支书，但这也未能解决西村正式权威缺失的问题。此时，西村中的“经济能人”、“文化精英”这些社区非正式权威的出现填补了西村的政治真空。可是，他们也需要通过一些仪式来塑造和强化自身的权威，家族祠堂的重建正好给他们提供了这样的契机。

三、提议与重修

20世纪80年代以来，随着经济复苏和人口的繁衍，原来的神后老街显得日益拥挤。在政府的规划下，西村人在位于镇区东北部的本村农田上建起了新村。由于迁入居民的不断增多，形成了一个“新西村”。住在新西村的人称位于老街的西村为“老家”。这不仅是因为西村还保留着许多旧房子，重要的是本村的老人因不愿迁离而仍居住在这里，并成了老人聚集消遣的地方。

重修祠堂一事最早是在90年代中期由家族中的老人提出的。当时一些老人通过电视、报纸看到其他地方一些家族进行重修祠堂和族谱的活动后，便经常聚在一起商量：苗姓在当地作为一个大家族，应该把破旧的祠堂翻新一下，把遗失多年的族谱续修一下，重新开始祭祖活动。这样酝酿有两三年时间，强烈的家族自豪感和对国家政策的审时度势使他们决定启动此事。重修祠堂一事直到1999年春天才最后确定下来。1999年清明时节，苗PY老人把热衷此事的族人召集到家中，商量重修事宜，在座的老人都表示同意，可是最大的困难是资金问题，估计需要四五万元。当时刚好在外经商的同姓族人苗SH回家，他得知此事后，欣然同意参加并一次捐出两万元。有了一部分稳定资金，几位老人商议决定边开工边筹集资金，同年3月份开始动工。剩余资金的筹集经商议决定分两个部分，一部分是对在神后居住的苗氏族人，按照自愿原则，以户为单位收取；另一部分则是通知在外工作的神

（图 3－1 重修后的祭堂）

后籍的苗氏族人，告知家乡准备修祠堂，希望他们为家族做些贡献。通常情况下，这些人都会慷慨解囊，如长年在郑州居住的苗HW不仅为祠堂重修捐款，还主动承担了第二次修谱的费用。几位老人最初只是打算在原址上对旧祠堂进行翻新，后来由于筹资过程比预计的要顺利，筹集到十万多元，最后决定把旧祠堂的大殿（当地称“祭堂”）全部拆除，在原址进行重建。当然筹资也非一帆风顺，也有个别年轻族人对此事的意义持有异议，如有一位族人就曾说："我如果有一天没有吃的了，老祖宗也给不了我一碗饭，还是要靠自己。"最终他没有捐钱，这并不是因为家里太困难，相反，他通过自身的劳动让家庭过得比较殷实。也许他的态度能代表当前一部分年轻人的观点，也反映了以往家族组织能为族人提供经济支持功能的丧失。

虽然捐资是按照自愿原则进行的，这是血缘平等关系的反映，但是拥有较多经济资源的人会通过捐献更多的资金获得在家族重建活动中的重要地位。这也正是通过经济资本获取较多的社会资本。

据苗 PY 老人讲，在组织重修祠堂的过程中原打算成立一个家族委员会之类的组织，后来又觉得不合适（具体原因他没有讲，他只是说担心别人说闲话）。他说，当时只是在参与此事的老人中形成了一个口头协议：捐资最多且有较广社会资源的苗 SH 作为此次活动的总负责人，且不负责具体的事务；苗 PY 本人则担任此次祠堂修建活动的建设和财务工作；其他事务的负责人临时决定。记得笔者在广西黄姚古镇调查时，村子里每座祠堂大门的两侧都写有家族委员会（或理事会）的名单，不仅要写名字，还要写他们的工作单位，家庭住址。但是这样的家族领导名单在苗氏祠堂里是找不到的。难道是他们不愿意把自己的名字公之于众吗？从重修祠堂的碑文和族谱的照片中可以清楚地看到，哪些人是这次活动的主要参与者，这种对信息不经意的透漏，正是詹姆斯·斯科特（James Scott ）所称的"隐藏文本的公开宣布"，[1]此处的"隐藏文本"如"碑文"、"照片"、"祭文"等公开宣布了此次修祠活动的领导集团。

---

① Scott , James. *Domination and the Arts of Resistance* : *Hidden Transcripts*. 1990. 转引自景军：《知识、组织与象征资本——中国北方两座孔庙之实地考察》，《社会学研究》1998 年第 1 期第 10 页。

（图 3-2 祭堂内部设置）

在重修祠堂过程中，很多参与的苗氏族人都是义务工作，不计报酬，甚至祠堂内悬挂的匾额有相当一部分是苗 PY 老人自己亲手刻制而成。修建工作主要由家族中从事建筑的族人来完成的，本应该领工资的族人有的只领了一半的钱，有的甚至不收钱。整个修建过程进行得较为顺利并于 2000 年清明节前完工。苗氏祠堂成为整个神后第一座重修的祠堂，其他家族有的仅有族谱，有的连族谱也已遗失，这次苗氏的重修活动让他们燃起了重修的信念。

第四章 祠堂与族谱

第一节 祠堂的结构与隐喻

神后苗氏祠堂位于神后镇区最高的大刘山北麓，即苗氏族人早期聚居地的中心地带。整个祠堂建筑南靠大刘山，北临肖河。需要特别提及的是，一般的祠堂建筑都是坐北向南，而苗氏祠堂却是坐南向北。这与当地的地理环境有关：当地的主要河流——肖河是沿大刘山北麓向东流去，如果祠堂坐北向南的话，只能建在对面的东寨内，那里既不是苗氏的聚居地，又不能临河而建，失去了被视为财富象征的河水，况且祠堂门前还会被大山堵住。采用坐南朝北的建筑形式可以说是苗氏族人的一种变通。

从祠堂结构来看，整个建筑是典型的三进院落，由大门、二门和祠堂大殿（祭堂）及厢房组成，共九间房屋。祠堂大门紧邻肖河南岸，门楣上书“苗氏家祠”四个大字，两侧一副祠联曰：“身范克端绳祖武，家规垂训翼孙谋”，教导苗氏后裔遵循祖训。二门两侧书白底黑体“兰桂、滕芳”四个大字，据苗培元老人的解释，这寓意着苗家人丁兴旺。祠堂的祭堂正对着二门，祭堂的主体结构与以前相比未作大的改变，只是把原来的青瓦房顶改为琉璃瓦。大门、二门和祭堂的屋顶都饰以黄绿相间的琉璃瓦。黄色代表土地，绿色代表禾苗，寓意苗氏后人兴旺发达。现今祠堂大门上方尚无像南方祠堂那样表明其渊源或祖先功德的堂号，而代之以刻有“光宗耀祖”四个大字的匾额。大门两侧分别立着“建祠始碑碣”和“重修家祠碑碣”，各有两个石碑，前者是1936年初建祠堂时所立，碑文记述了族人捐田建祠的情况和政府对面积、方位勘定的证明；后者则是对此次重修过程的记载和捐资者的名单。祠堂大殿中央的神龛供奉的是神后始基祖苗立本的塑像，在他的下面是历代祖先的牌位。牌位均以桐木做主体，以椿（音同“春”）木为底座，寓意“一体同春”，暗示着苗氏族人像春天一样焕发生机。

（图4-1 苗氏祠堂大门）

祠堂成为了族人与其祖先进行交流的场所，也是祖先居住的场所。武雅士（A.Wolf）认为，中国的民间信仰可分为神、祖

（图 4－2　苗氏祠堂二门）

先、鬼三个系统，这种分类源于农民的生活实践，他们的信仰世界与其生活世界是相互对应的。神代表了常来向他们收税，规范其行为的官员；祖先则是自己的家庭或宗族成员；鬼则代表村落外部的陌生人。因此，作为家族的成员，祖先比其他神灵更为关注家族的事务，祠堂也成为族人对家族美好寄托之处，祠堂建筑的象征性运用即是族人情感的表达。

第二节 族谱的表述

族谱作为传统家族文化另一个重要的表征物，不仅能明了世系，还是家族记忆的文本，而且“民众历史感的要求，借助于修谱表达出来”。[①] 因此，及时续修是十分必要的。神后苗氏族谱在“文革”中早已被毁掉。虽然家族中很早即有人提出要修族谱，但一直苦于未能找到旧谱而无法进行。神后苗氏族人家中较为普遍珍藏有“柱子”，[②] 这种“柱子”一般只有祖先的名号，没有生卒时间等其他信息，虽然有限地起到了家谱的作用，但更多时候只是在家祭活动中才拿出来作为祖先的牌位进行拜祭。

后来作为族谱主要撰写者的苗 PY 老人于偶然的机会在郏县苗氏族人那里找到一本旧家谱，虽然只修到十五世，但已是相当可贵了。为了续修中断的九代人，负责修谱的几位老人还专门印制了登记表，分发给各家各户，把家族成员全部填写在表格中，以此作为修谱的依据。历时三年，修谱工作才得以完成。

新修的族谱共 90 页。一般族谱多用白色或黄色纸张为封皮，而神后苗氏族谱的封皮颇有创意的采用了草绿色。据老人讲，这是象征苗氏的禾苗是绿色的。而且在族谱的前面加了数张彩页，这在传统的族谱中是没有的，表明处于强势的现代文化对传统文化的冲击。这些彩页主要是祠堂和祭祖时的照片，内容大致可以归为三类：一是新祠堂建筑的照片；二是祭祖时工作和领导人员

① 冯尔康：《18 世纪以来中国家族的现代转向》，上海人民出版社，2005 年，第 355 页。

② 即一块写着本家已故祖先名字的长方形白布。“在某些情况下，‘柱’用来指比‘房’（宗族分支）更下面的分支。这些比喻所暗示的形象是：‘房’顾名思义是指‘房屋’，而比房屋更小的单位是柱子。”参见许烺光：《宗族·种姓·俱乐部》，薛刚译，北京：华夏出版社，1990 年，第 68 页。

的合影；三是作为这次修建主要出资者的两家企业的照片。作为现代社会产物的照片能够以简单直接的形式表达丰富的内容，这是传统书写方式无法比拟的。借助这一手段，族谱的撰写者可以表达更多的内涵与意义。

值得注意的是，当代一些苗氏族人荣获的奖励和证书也被放到了彩页后面——极其显著的位置。这一变化既是获奖人的家族地位在族谱中的反映，也是族人对当代社会文化和价值体系的认可。同时，族谱“凡例（说明）”中也规定，“传世家谱由于历史原因，名人只列男不列女，在本次续家谱中国家干部、劳模、国家教师和有一定学历的女性列入本谱内。”① 这也打破了族谱“续男不续女”的传统。因此，符合国家干部、教师、劳模和大学生等身份的当代苗氏女性的名字也赫然在列，这在根本上反映了国家“大传统”对家族“小传统”的影响。

族谱序言中对修谱原因的叙述是这样的：“时值太平盛世，各级政府都设立专门机构编纂方志，所以族人纷纷要求续修族谱，有的主动收集和提供资料，有的慷慨解囊支持修谱，重修家祠、续修宗谱之条件已经成熟了……现在国家提倡殡葬改革，坟墓会逐渐消失，家谱易保存，又清晰明了，便于查阅。此次修谱大功告成，是吾苗氏族人的一件大喜事，也将为国家研究民族文化提供有价值的史料。”② 在此提及了修谱的两个背景：一是太平盛世，政府修史；二是国家政策的改革。两者都属于国家政治因素，并在修谱活动中起到了推动作用，而且修谱人还以修谱活动对国家具有积极意义的话语来打消族人的顾虑。由此看来，社区与国家在此种层面上形成了互动。从深层次来看，历经朝代更迭和政治运动，中国的草根阶层形成了自身的政治态度，力求与

① 《禹州神后苗氏家谱》，2000年，第5页。

② 《禹州神后苗氏家谱》，2000年，第3页。

国家保持一致，以避免成为冲击的对象，表达了积极、温和、趋附的政治态度。

族谱的作用在于以文本的形式来构建本家族成员的集体记忆。虽然成员未必有着相同的经历，但是凭借着以姓氏和血缘的认同，加以仪式的强化，会形成家族的集体记忆。族谱中对历史上有地位、名望和学识的祖先事迹的宣扬，在家族中形成集体的自豪感。但是族谱对“在世人员只列‘级别’、‘学历’，不列其他内容。”① 这是在当前社会竞争日益激烈的情况下，通过对有成就族人的褒扬来激励后辈发愤图强。同时，族谱中对族人分布地域的说明，住址、电话等通讯方式的记载，成员的集体照等等都说明了族谱适应现代社会人际交往的需要，“家族成为了一种社交的渠道、一种社会资源。”② 随着人口的日益增多和社会流动的加快，年轻的家族成员之间的关系会越来越生疏，族谱某种程度上起到了家族成员间连接的纽带。虽然目前族谱的这种功能在苗氏家族还没有完全显示出来，但可以相信这只是时间的问题。

第五章 祭祖与联宗

第一节 祭祖

中国人相信人死后有三个灵魂：一个住在神主牌上，一个在

① 《禹州神后苗氏家谱》，2000 年，第 5 页。

② 冯尔康：《18 世纪以来中国家族的现代转向》，《天津师范大学学报》（社会科学版），2002 年第 1 期。

坟墓里，一个到另一个世界即阴间去。[1] 因此，乡村社会中祭祀祖先的活动一般分为家祭、墓祭和祠祭。解放以来，神后当地大多是家祭和墓祭。进行家祭时以当地的“柱子”（写有家庭祖先名讳的白布）作为祖先牌位进行祭祀。墓祭主要是指到本家祖先的坟墓上进行拜祭，而对整个家族的祖坟却很少拜祭，这大概是因为苗氏祖坟分布较广，且年代久远，很多人已经不能确认具体的位置了。于是，为方便后人的祭奠，1994 年清明节族人把分布在神后附近的一世祖、七世祖和十一世祖的祖坟共同迁至一处。2000 年在新修祠堂进行的祭祀活动是苗氏族人半个世纪以来整个家族最隆重的祭祀活动。

清明节当天，阳光明媚，虽然新年的寒意还未散尽，但和煦的阳光让人感觉到暖暖的春意。神后苗氏族人吃过早饭后早早来到刚刚修好的祠堂，几位主要的主事人（即负责人）早已等候在此，商量着即将开始的仪式，并耐心地教导晚辈一些礼节。

时近中午，鞭炮声齐鸣。襄县、郏县和禹州南十里铺村和白沙村的苗氏族人祭祖代表带着敬奉先祖的匾额来到了神后苗氏祠堂前。按照事先的商量，这些代表不仅要在祭堂前宣读祭文，还要按照世系辈分和神后宗亲一起祭祖。祭祖只能是成年男性族人参加，女性只能在门外观望。当时有禹州、襄县、郏县三门[2]七代（自十六世至二十三世）苗氏后裔齐集一堂共同祭祖。

祭祖仪式主要包括七项：

一、鸣炮奏乐。这是当地人举行重要仪式必不可少的开场白。

二、揭碑。苗氏族人揭下覆盖在新立碑碣上的红布，这标志

① 林耀华：《社会人类学讲义》，张海洋、王晔整理，厦门：鹭江出版社，2003 年，第 361 页。

② “门”是当地人对“房（支）”概念的表述。

着祠堂新时期的开始。

三、宣读祭文。苗 PY 代表神后苗氏后裔宣读了祭文，此后，苗 LY 代表襄城县苗府村的苗氏后裔宣读祭文。

四、致辞。

五、祭祖。苗氏后裔自十六世到二十三世按世系由高到低在祖先牌位前叩首进香。

六、读碑文。

七、代表发言。作为此次活动领导核心成员的苗 PY、苗 SH、苗 ZS 先后作了发言。

（图 5－1 清明节祭祖）

由于残缺的旧谱对以往祭祖仪式过程缺少记载，因此，整个祭祖仪式及过程更多的是此次活动的领导者依据其掌握的仪式资源所进行的“文化创造”。祭祖仪式完毕后，参加的家族成员举行了会餐，这种全族大规模的会餐自建国以来还属首次。

此后每年清明节，全族性的大规模祭祖活动很少举行，而只是曾参加修祠的主要人员的小规模祭祖活动。

据族人讲，当初重修祠堂的时候，镇政府对此也不闻不问(即政府既不加以阻挠，也不鼓励)，整个工程就是在这种“默契的氛围”中完成的。在祭祖的当天，虽然这是西村多年来少有的集体性活动，但是不仅西村村委的人没有出现在现场，而且包括担任村支书的那位苗氏族人也没有参加，这并不像其他地方家族重建过程中，作为家族精英的地方领导积极参与的情形，想必他正处于“尴尬”的境地。地方政府采取“视而不见”的态度，一定程度上是因为改革开放以来，政府还没有相应的政策来处理农村祠堂的重建，因为它毕竟不同于一般的寺庙，地方政府的宗教事务管理条例仅仅是针对作为公共空间的寺庙道观，因而，更进一步说，祠堂作为一姓之家庙，应是私人空间领域。随着村民自治的推行，国家权力逐渐从基层社会淡出，家庭个体的主体性更为突出，已经不再是日常国家权力控制的范围。

第二节　祭祖中的联宗

“联宗”是中国宗族组织发展过程中的一种形态，有的学者称之为“联族”（higher-order lineage）。[1] 钱杭先生曾给联宗下了一个定义：“若干个分散居住在一个（或相邻）区域中的同姓宗族组织，出于某种明确的功能性目的，把一位祖先或一组（该姓的始祖或首迁该地区的始迁祖）认定为各族共同的祖先，从而在所有参与联宗的宗族间建立起固定的联系。这个过程就是‘联宗’的过程。”[2] 他的定义认为参与联宗的是“同姓宗族组织而

① “联族”是一些台湾学者对英国社会人类学家莫里斯·弗利德曼在研究中国华南农村宗族时使用的术语 higher-order lineage 的意译。

② 钱杭：《关于同姓联宗组织的地缘性质》，《史林》，1998 年第 3 期。

非个人”，而且“参与联宗的各宗族除了应对某一个或某一组祖先加以必不可少的认同以外，互相之间并不一定需要有其他形式的确定的世系联系。”① 对此，本文认为参与联宗的主体是宗族组织这一点是毋庸置疑的，但是联宗时是否要确定相互的世系关系是值得商议的。

神后苗氏在修祠过程中，分布于周围县市的另外三支苗氏后裔不仅积极地提供资料，而且按照世系辈分参与到祭祖活动中，这更强化了同宗的认同意识。

据2003年续修的《苗氏族谱》记载，“当时由吾老祖母率侄子及本族二十余人来豫，其长子立本定居于禹州西南神后镇；次子立家定居于郏县苗黄庄；老母和三子立诚定居于襄县苗府；老母之堂侄国宝定居于禹州西北白沙村，其余分别散居河南各地，具体地址不详。”若以迁豫的老祖母算起，神后苗氏作为长子立本的后裔应是“大宗”（或“大房”），郏县、襄县的苗氏后裔为“小宗”。

经过数百年的繁衍，老祖母的三个儿子和一个侄子的后裔在各自的定居地形成了聚居地村落并逐渐向外发展。现在长子立本的后裔除大部分在神后镇西村居住外，禹州市城关苗场村、城南十里铺苗家村以及与其交界的郏县塔林坡村均有分布。次子立家的后裔至今世居于郏县苗黄庄，一直以来人丁不旺，如今只有五口人，老两口、中年夫妇和一个儿子。据族人的说法，人丁不旺是因为地名犯忌，（禾）苗会因丧失旺盛的生命力而变黄，变黄但不是死。这样的姓氏忌讳在当地还有很多，如苗姓不能和牛姓、杨（羊）姓做邻居，唐（糖）姓不能和郭（锅）姓做邻居等等。因此后来在祭祖结束后，神后苗氏族人曾邀请苗黄庄的同姓族人迁到神后居住，并给他们找事做，结果被他们以“住惯了，

---

① 钱杭：《关于同姓联宗组织的地缘性质》，《史林》，1998年第3期。

不想搬”为由谢绝了。

三子立诚的后裔在襄县东南隅的柏长村，后因苗氏子孙众多而改名为苗府村。这支苗氏后裔在清乾隆年间出过一名州判官，而且还有一位在建国后曾出任河北省第一任农林厅厅长。侄子国宝的后裔居住在禹州与登封交界的白沙村。据苗 PY 老人介绍，以前神后苗氏与其他三个地方的苗氏后裔都有联系，可是由于当时交通条件的限制，相互来往比较少。现在随着交通、通信工具的发达，相互间的来往也加强了，而且都留有电话联系方式。2000 年祠堂修好后，神后苗氏族人把准备祭祖的事情告诉这几个地方的苗氏后裔，这些族人都很支持。在祭祖的当天都派代表来参加祭祖仪式，并敬献了牌匾。此后，这些通过“仪式”成为亲戚的族人相互间有了更多的联系。

据族谱记载，1994 年农历正月初九，宜阳县苗庄村苗 CZ、苗 RM、苗 HZ 三人来到神后访家谱，认了自己（当地人对“一家人”的一种说法）。据称他们是 600 多年前老祖母率领族人迁居河南的一支，后来定居于河南宜阳。但是这一支族人不仅族谱中没有多少记载，而且在祭祖过程中也没有派代表参加。这说明此次神后苗氏家族的重建过程着重对血缘性的强调，而不仅仅是以姓氏为标准的联宗活动。

麻国庆认为中国的“宗族集团结构中的一个动态的机制，即‘对立和联系’、‘分化和统一’。家的‘分’和宗族的‘合’，宗族的分化——‘房’与宗族的统一正是一组有机的联系体。如果我们把家的‘分’和宗族的‘合’放在一起和伦理观念来考虑的话，似乎看到了这样的一个事实：在家的层次上的‘分’与伦理观念所形成的矛盾和冲突，通过宗族的‘合’而得以弥补。这从另一个侧面反映出，大传统和小传统的分离，是一种有联系的分离，而非一种完全的对立关系。”① 本文比较赞同这种观点。一直以来，世家大族是中国家庭的理想形态，苗 PY 老人在讲到神后苗氏在民国初期一家 60 多口人时也是一脸的自豪。但是这种理想却是不容易实现的，现实生活中分家倒成为了常态。不过即便分了家，观念上却还是一家人（当地称为“一自己”），患难相恤，荣辱与共。也许这就是中国家族伦理。中国的家族变迁由此在动态中实现了平衡。

讨　论

近一个世纪以来，对宗族问题的研究和讨论始终是历史学、社会学、人类学诸社会科学的热门话题，这是因为某种程度上而言宗族是中国传统社会的缩影。中国儒家文化强调“修身齐家治国平天下”，“家”、“国”往往并称，“国”无非是“家”的扩大。宗族组织经过唐宋时期世家大族，在明清时期完成了庶民化的过程，成为国家统治基层社会的自治组织，故有“皇权不下县，县下唯宗族”之说。因此，宗族成为传统社会中集政治、经济、教育、宗教等诸多功能为一体的组织。故在现代社会，复兴的宗族更是成为传统社会的象征而备受学术界的关注。本文正是在这样的背景下，通过对一个多姓社区中宗族祠堂重建过程的描述和解释，从而展示出宗族形态的多样性及社区文化与权力的结构。以下内容是在前文论述基础上所展开的分析。

① 麻国庆：《汉族的家族与村落人类学的对话与思考》，《思想战线》1998 年第 5 期。

一、宗族场景性的讨论

20世纪50年代，英国人类学家M·弗里德曼把中国东南地区宗族发达的成因归结为先进的稻作文化、灌溉技术以及所处边疆地区三个因素。[①] 而华北地区宗族普遍的不发达，是因为华北地区“农业以旱作为主，且缺乏河道运输。商品经济的不发达和较少的农业生产剩余，造成了一个以自耕农为主的社会。因此，村庄之中，居民未经高度阶级分化，缺乏显要人物，又使家族的组织结构较长江下游和珠江流域地区薄弱。华北农村的宗族，一般只有少量族产，而不会跨越村与村或村与市之间的界限。”[②] 这是对中国宗族发展区域差异性两种代表性的解释。

本文论述的西村地处河南腹地，北距黄河100多公里，从地理位置而言应属华北地区。然而，与一般研究宗族的乡村社区不同的是，西村处于一个商业和手工业的社区，商品经济较为发达，而且通过手工业和商业的发展，形成了较为明晰的阶层分化：陶工与窑主。[③] 据文献记载，清末民国初年，陶工就曾为增加工资而进行罢工斗争。既然已积累一定的财富，又形成了阶层的分化，可为什么没有产生宗族呢？本文认为这是由于当地环境特点形成了“窑神社”等“替代性”组织。神后社区内最初在陶工中形成了以“祭窑神”为目的的信仰组织——窑神社，后发展成为超血缘、超地缘的自治组织。他们在社头的领导下一方面进行祭祀活动，另一方面与窑主进行斗争。正是这种超血缘、超地

① （英）M·弗里德曼：《中国东南的宗族组织》，刘小春译，上海人民出版社，2000年，第165—176页。

② （美）黄宗智：《华北的小农经济与社会变迁》，北京：中华书局，2000年，第27页。

③ 陶工是当地对陶瓷生产工人的称呼；窑主是当地对投资建厂从而获利的企业主的称呼。

域组织的形成，不至于导致社区权力真空的出现，进而发展成为一种“替代性”组织。其他类似的组织还有以社区为单位组织的“铜器社”，这一习俗还保持至今，每年的正月十五都要以村为单位举行竞争性的仪式表演。正是这些超血缘组织某种程度上淡化了当地村民的家族观念。诚如黄宗智所言：“华北平原上自然村宗族组织并不发达，这也可能是由于村内街坊组成的共同体发挥较大作用的原因。”① 因此，宗族组织并不是传统社会乡民唯一的制度和组织选择。

在神后镇区，与其他家族相比，只有苗氏完成了家族重建，这在方圆几十公里都是少见的。宗族是基于血缘与地缘的共同体，神后苗氏自明初迁居后，便世居于此，聚族而居的居住格局一直保持到现在，而且存在有据可查的世系关系。一般而言，一个移民社会要有足够的人口建立宗族，在理论上至少须具备以下两个条件之一：举族迁徙或足够的时代繁衍。② 这些条件不仅苗氏家族具备，而且神后镇区的其他家族如王氏、张氏也都具备。但是，笔者在田野调查过程中通过查阅《王氏家谱》，访谈张氏族人，却不见其有丝毫建立家族的影子，这又是为什么呢？

弗里德曼把边疆社会作为宗族构成的一个必要条件，其理由是政治控制较弱。而西村所处的地理位置较为接近政治统治中心，就地理位置而言，西村所在的神后距当地国家统治权力所在地——县城 35 公里，历史上道路崎岖，时常有匪患，可以说，如果县城为统治中心的话，神后就是权力统治的边缘。据记载，明嘉靖七年（1582 年）钧州共设义塾三处，其中神后一处。此

① （美）黄宗智：《华北的小农经济与社会变迁》，北京：中华书局，2000 年，第 63 页。

② 庄英章：《林圮埔——一个台湾市镇的社会经济发展史》，上海人民出版社，2000 年，第 180 页。

义塾即设于西寨东门内。[①] 又据《禹州志》（道光本）记载：“义学，文风里五甲一处，坐落神后街，道光四年设。”此义学旧址就是西村人称之为“文庙”、“孔庙”的所在地。建国后这里成为西村小学的一部分。文庙位于西寨东门内，这里也是苗氏族人聚居地。因此，处于相对的边缘位置因素并不是宗族形成的一个必要条件，真正的原因是身处文庙周围，长期以来，浸润于儒家文化的氛围中，国家礼治的推行与当地儒生践行儒家伦理的自觉行为推动着家族理想的实现。而文化所具有的弥散性和渗透性的特点则使得复归的儒家思潮以人伦亲情浸润大众心田，重新激发人们的历史感、归属感和责任感。[②] 因此，从西村苗氏家族的重建可以看出，家族的重建不仅是家族成员以家族象征物形成的家族成员历史记忆使然，而且社区环境与人文背景也起着重要的作用。

二、宗族与经济

宗族与商业本身就是一个极富争议性的话题。一般认为中国传统社会的家族文化是在农耕文明的环境中生长的，家族的宗法性是靠小农意识来维持的，因此，就会得出随着中国现代化的进程，中国传统的家族文化将会逐渐消失的结论。然而，事实却表明，“商品经济与宗族并非水火不容，而是相互协调”，“明清时期和近代商品经济的发展，反而刺激宗族活动”。[③] 这是因为“在自然经济与商品经济相互胶着的社会经济形态中……传统家庭结构的周期性裂变，破坏了家庭成员之间的固有的分工协作关

---

① 苗锡锦：《古镇今昔》手稿。

② 唐军：《当代中国农村家族复兴的背景》，《社会学研究》1996 年第 2 期，第 26 页。

③ 冯尔康：《18 世纪以来中国家族的现代转向》，上海人民出版社，2005 年，第 364 页。

系，促使人们寻找更为持久和稳定的协作方式，这就势必导致宗族组织的普遍发展。”① 同时，我们还应看到弗里德曼在总结中国南方宗族盛于北方的原因时，指出南方发达的稻作文化是一个重要的原因，这是因为他立论的基础在于内部的分化是宗族形成的一个前提条件，“经济方面的悖论导致的高等和低等地位之间的悬殊差别强化了宗族的完整”。② 实际上，在中国这样一个传统农业国家里，发达的稻作生产即象征着财富的积累并且强化了宗族社会内部的完整性。因此，财富为传统社会宗族组织的建立提供了坚实的物质基础。

那么，与传统相比，现代社会重建后的宗族又是什么情况呢？西村自古是一个手工业、商业社区，农业只占很小部分。全村人以从事商业贸易、手工业居多，若是在当地企业打工，每月会有500至800元不等的收入。据镇政府资料显示，2005年全镇农民人均收入达5100元。这种标准在全国来看都不算低，但是在整个社区中却只有一姓完成了重修祠堂和家谱活动。作者曾于2004年在广西黄姚做田野调查，这是一个汉族聚居的古村落，据族谱记载多是明清时期由广东等地迁移而来，在这样一个多姓杂居的小村落，竟然有九座宗祠，两座家祠，当地完全是一个农业社区，年人均收入不足1500元（2003年统计数据为1441元），并不算富裕。在一些祠堂的墙壁上还能看到之前祭祖活动捐款者的名单。与西村比较起来，黄姚并不富裕，但是家族、修祠意识却更强烈。这种鲜明的对比似乎又印证了“华北无宗族”、“华南宗族强于华北”等的惯常看法。本文认为，导致这一反差的原因

---

① 郑振满：《明清福建家族组织与社会变迁》，长沙：湖南教育出版社，1992年，第272页。

② （英）M·弗里德曼：《中国东南的宗族组织》，刘小春译，上海人民出版社，2000年，第163页。

一方面是黄姚地处群山之中，交通不便，大多村民为累世聚居，容易产生同宗认同意识；另一个原因是现代家族的组织方式简单，没有族产，有活动需要时才由族人凑钱完成。据调查，出资多少是按照个人意愿，10元、50元、100元不等，一般家庭也都能承担。没有了族规的制约，家族领导机构在平时也就无足轻重了。现代家族一般没有什么活动，只是每年一次的祭祖。西村苗氏家族自首次全族性的祭祖后每年只是小规模的祭祖，其他集体性的活动就更少了。由此可以看出，随着物质条件的不断改善，家族组织更多是具有象征意义，而较少实体意义。因此，财富在这里已经不再起决定作用，关键在于同姓族人对共同祖先的认同。从历史上看，北方宗族较弱的关键在于“（北方社会）宗法制度被践踏，同宗缺少关怀、顾恤，……宗族文化的衰颓，使得宗族难以得到挽救与振兴”。[①] 由此看来，南北宗族强弱的关键在宗族文化的维持程度。如今，缺少共同财产的宗族组织亦更有赖于固有宗族文化的维持。

在当代探讨宗族形态，以现代的宗族来比之传统宗族已经没有多少意义了，现代宗族已经不能完整具备诸如族田、族谱、祠堂等宗族象征物。这是因为国家把土地收归公有，禁止了土地的买卖，个人只有土地的经营权、使用权，而没有了所有权。这一根本性的变化使得现代宗族失去了物质基础。而活动资金的来源依靠家族成员的捐赠，“人人一份，能者多捐”，既讲究民主平等，又兼顾了效率。这种管理方式上的变化也导致了现代宗族功能上的变化，当代家族的组织运行规则已不同于传统的家族，当代家族运行说明在当代财富并不成为家族成立的一个必要条件。随着联产承包责任制的推行，个体家庭的主体地位越发凸显，民

① 冯尔康：《18世纪以来中国家族的现代转向》，上海人民出版社，2005年，第81页。

主化的管理和事件性的操作减少了家族组织对财富的依赖。当前南方地区宗族兴盛的原因并不是富有，而是累世聚居产生的同宗意识以及宽松的外部条件。因此，当代家族是在当前社会体制、思想意识下产生的新变体，其功能与组织原则均与传统家族存在较大的差别。

三、宗族复兴意义讨论

“在传统农民世界中，家不仅是提供食物、舒适、保护及老年照顾等徒具物质和经济意义的房舍而已。更重要的是，家更具有社会、意识形态和仪式上的意义。透过家这个实体，农民才能求得时空的连续性，并为自己死后的灵魂觅得栖身之所。”[①]

在20世纪80年代至90年代宗族重建的时候，宗族传统的功能已经丧失，年轻一代对宗族事务既陌生又淡漠。宗族复兴就是在这样的废墟上重建的。[②] 既然已经成为了一种“残缺的宗族”，宗族为何还要在新环境下重建起来？维系宗族经久不衰的原因又何在？对宗族日渐陌生的村民为何会以极高的热情参与其中？这里就以神后苗氏家族重建为例，从内外两个方面分析宗族复兴的原因及意义。

从内部来看，宗族组织的重建满足了人们的多重需求，在传统社会宗族起到了基层控制的功能。近代以来，随着现代民族国家的建设，宗族组织历经冲击而近乎消失。20世纪80年代以来，乡村的宗族意识日益高涨，宗族组织也在逐步的建立。如其他社会组织一样，宗族组织也是在随着社会的发展而发生着变

---

① 黄树民：《林村的故事——1949年后的中国农村变革》，素兰、纳日碧力戈译，北京：三联书店，2002年，前言第15页。

② 曾国华：《宗族组织与乡村权力结构——赣南和粤东两个村镇个案的研究》，《思想战线》2004年第1期，第115页。

化。但是，宗族组织能历经千年延续下来，必定有其特殊的地方。正如许烺光所言：“如果人们以一种方式而不是以别种方式将自己组成集团，并且这种特定的集团构成方式延续了许多代人和许多世纪，而没有发生任何重要的变化甚至抵制变化的发生，那么我们必须承认，与该种集团构成方式有关的人们必定在这种方式中发现了某些在其他集团构成方式中得不到的充足或满意。”① 宗族就是这样一种能使历代中国人从中得到满意的组织。如前所言，现代社会中的宗族组织在组织和功能上已经与传统宗族大有不同，更具有象征意义，其形式也是多种多样，如同宗会、宗亲会、理事会等等。

一方面当代家族具有塑造“权威”的功能。家族重建作为家族集体的活动，不仅需要全体族人的积极参与，更需要一个高效的领导团体。一般而言，这些领导角色会由家族精英充任，他们有的掌握较多的经济资源，有的是当地的文化精英。在调查中发现，神后苗氏家族祠堂重建的领导成员中大部分是老人，其他地方家族重建也有一致的现象。这一方面是因为老人掌握有更多的传统文化资源，中年人因接受现代式的教育而对传统知之甚少，同时，在家族文化的话语下，世系和辈分的原则一定会被遵循，因此，家族中的老人会有更多的发言权；另一个深层次的原因是随着现代核心家庭、扩展家庭的发展，老人在家庭中“权威”地位不断下降，家庭中失意的他们在家族层面重新塑造了自身的“权威”。苗氏家族领导成员的家庭条件都比较好，其子女大多在工作和商业活动中获得了成功，不需要他们干涉家庭事务，可他们不热衷于下棋、打牌，总希望做一些“有意义”的事情。虽然他们的能力、口碑在族人中早已得到了认可，但通过家族重建这

① 许烺光：《宗族·种姓·俱乐部》，薛刚译，北京：华夏出版社，1990 年，第 133 页。

一仪式性的活动，使他们在族人中获得了更高的地位，重新塑造了自身的“权威”形象。另一方面，当代宗族成为现代乡村人的一种精神寄托。宗族之所以能够在乡村社会生根发芽就在于其社会结构的相对稳定性，聚族而居导致的血缘与地缘的重合是宗族形成的一个必要条件。“血缘是稳固的力量，在稳定的社会中，地缘不过是血缘的投影”。① 因此，累世聚居的族人通过日常的礼仪实践更容易加深彼此间的认同。神后苗氏族人较早的参与到商业活动中，虽然多数为个体商户经营，而且随着竞争的激烈，有的还要常年在外奔波，谋生的艰难使其对家更为眷顾，对在家乡有一定声望的苗氏家族有着强烈的认同意识。经常会听到在外经商的人说起在外面若遇到一个同姓人就像遇到亲人一样高兴。俗话说，落叶归根。对他们而言，虽然经常在城市里，但最终还是要回到家乡的。因而，家族重建不仅让他们能够共同对祖先进行拜祭，以尽孝行，更重要的是让他们心理上有一个可以归属的集体，尽管这个集体在更多时候是象征性的。

从外部因素来看，祠堂重建作为基层社会集体性活动，与当地乃至国家的大环境密切相关。比如国家发展规划、政府行政观念的转变等。本文认为，导致现代北方家族在规模上不如南方完备的一个重要原因就是基层政府观念的落后，对祠堂这一曾受打击对象的严格控制。再加上祠堂领导人对政治运动的苦难记忆，使得即使重建也显得小心翼翼。南方由于较早实行改革开放，基层政府的观念也较为开放。在20世纪90年代初期福建厦门林氏祠堂重建过程中，林村政府以这样的行为会鼓励恢复建立在父系宗亲上的封建关系为由拒绝祠堂的重建，而家族的理由却是重建

① 费孝通：《乡土中国·生育制度》，北京大学出版社，1998年，第69页。

祠堂可以吸引华侨回国投资，于是，政府同意了它的重建。[①] 这可以说是村民对政府政策的准确解读和巧妙利用。由于北方内陆地区大多没有这种可以利用的海外资源，只能依靠政府经济政策的调整来获得自身的发展机遇。在“十一五”计划期间，中央政府把建设节约型社会和环境友好型社会作为今后几年的发展方向。在国家的宏观计划指导下，禹州市的产业政策也发生了变化，以前的煤炭开采、建筑原材料等支柱产业，都属于环境污染产业，在政府的发展战略中不再成为重点。近年来，在政府的主导下，禹州市的旅游业正悄然起步。2003 年，禹州市政府作出了创建中国优秀旅游城市的决定，并于 2005 年 11 月荣获“中国优秀旅游城市”称号。在这样的背景下，神后镇政府也在着力挖掘当地的文化资源，聘请专家为全镇作旅游规划。在 2005 年镇政府的工作报告中可以看出，神后旅游被定位为以钧瓷文化为主导的古镇文化，而苗氏祠堂也作为神后古镇历史悠久和地方传统文化的象征而成为镇政府旅游规划的一部分。虽然这只是一个书面的表述，还没有实质性的政府行为，甚至，至今还没有游客来访，但至少说明了政府对这一曾经象征封建文化的祠堂的认可。这一现象也让苗氏族人大为放心，家族的行为最终和政策取得了一致，避免了矛盾带来的风险，尽管苗氏族人和镇政府各自对祠堂的理解不同。

如今，在中国农村许多地区，以祠堂为代表的地方文化正在成为政府发展规划的一部分，这也为地方文化的发展创造了机会。由此，我们可以看出，以宗族文化为核心的传统文化的复兴与国家政策密切相关，当宗族成为国家打击对象时，它会处于隐蔽发展状态；当国家政策宽松时，宗族就会获得较大的发展空

---

① 黄树民：《林村的故事——1949 年后的中国农村变革》，素兰、纳日碧力戈译，北京：三联书店，2002 年，第 250 页。

间；当国家政策扶持时（地方旅游产业的开发客观上起到了这样的作用），宗族会得到快速的发展。同时，还应注意，宗族在每一个历史时期的发展特点是不一样的，与传统宗族集政治、经济、文化等为一体的实体性组织相比，当代宗族更多的具有象征意义。而且地域、社区类型也是影响宗族发展的重要因素。在中国的现代化进程中，宗族文化在未来究竟能发展到何种程度，只有实践能给出正确的答案。

参考文献

（一）中文文献

地方文献

[1] 苗锡锦：《古镇今昔》手稿。

[2] 苗锡锦编：《钧瓷志》，郑州：河南人民出版社，2000年。

[3] 禹州市民族宗教事务局编：《禹州回族志暨宗教志》，1989年。

[4] 《禹州神后苗氏宗谱》，2000年。

[5] 政协禹州市学习文史委员会编：《禹州文史第十四辑·禹州旅游》，2004年。

著作

[6] 曹锦清：《黄河边的中国——一个学者对乡村社会的观察与思考》，上海文艺出版社，2000年。

[7] （美）杜赞奇：《文化、权力与国家——1900—1942年的华北农村》，王福明译，南京：江苏人民出版社，2003年。

[8] 费孝通：《江村经济——中国农民的生活》，北京：商务印书馆，2001年。

[9] 费孝通：《乡土中国·生育制度》，北京大学出版社，1998年。

[10] 冯尔康：《18世纪以来中国家族的现代转向》，上海人民出版社，2005年。

[11] 冯尔康：《中国宗族社会》，杭州：浙江人民出版社，1994年。

[12] （英）弗里德曼：《中国东南的宗族组织》，刘晓春译、王铭铭校，上海人民出版社，2000 年。
[13] 贺雪峰：《新乡土中国——转型期乡村社会调查笔记》，桂林：广西师范大学出版社，2003 年。
[14] 黄树民：《林村的故事——1949 年以后的中国农村变革》，素兰、纳日碧力戈译，北京：三联书店，2002 年。
[15] 黄宗智：《长江三角洲小农家庭与乡村发展》，北京：中华书局，2000 年。
[16] 黄宗智：《华北的小农经济与社会变迁》，北京：中华书局，2000 年。
[17] 黄宗智主编：《中国乡村研究》（第三辑），北京：社会科学出版社，2005 年。
[18] 林耀华：《金翼——中国家族制度的社会学研究》，北京：三联书店，2000 年。
[19] 林耀华：《社会人类学讲义》，张海洋、王晔整理，厦门：鹭江出版社，2003 年。
[20] 林耀华：《义序的宗族研究》，北京：三联书店，2000 年。
[21] 刘 倩：《南街社会》，上海：学林出版社，2004 年。
[22] 刘晓春：《仪式与象征的秩序—一个客家村落的历史、权力与记忆》，北京：商务印书馆，2003 年。
[23] 吕红平：《农村家族问题与现代化》，保定：河北大学出版社，2001 年。
[24] 麻国庆：《家与中国社会结构》，北京：文物出版社，2000 年。
[25] （英）普里查德：《努尔人》，褚建芳、阎书昌、赵旭东译，北京：华夏出版社，2002 年。
[26] 钱 杭：《传统与转型：江西泰和农村宗族形态——一项社会人类学的研究》，上海社会科学出版社，1995 年。
[27] 秦燕、胡红安：《清代以来的陕北宗族与社会变迁》，西安：西北工业大学出版社，2004 年。
[28] 孙尚扬：《宗教社会学》，北京大学出版社，2001 年。
[29] 王沪宁：《当代中国村落家族文化》，上海人民出版社，1991 年。
[30] 王明珂：《华夏边缘——历史记忆与族群认同》，台北：允晨丛刊，

1997年。

[31] 王铭铭、潘忠党编：《象征与社会：中国民间文化的探讨》，天津人民出版社，1997年。

[32] 王铭铭、王斯福编：《乡土社会的秩序、公正与权威》，北京：中国政法大学出版社，1997年。

[33] 王铭铭：《村落视野中的文化与权力——闽台三村五论》，北京：三联书店，1997年。

[34] 王铭铭：《溪村家族——社区史、仪式与地方政治》，贵阳：贵州人民出版社，2004年。

[35] 王铭铭：《想象的异邦——社会与文化人类学散论》，上海人民出版社，1998年。

[36] 吴毅：《村治变迁中的权威与秩序——20世纪川东双村的表达》，北京：中国社会科学出版社，2002年。

[37] 肖唐镖、史天健编：《当代中国农村宗族与乡村治理》，西安：西北大学出版社，2002年。

[38] 许烺光：《宗族·种姓·俱乐部》，薛刚译，北京：华夏出版社，1990年。

[39] 杨念群编：《空间·记忆·社会转型——"新社会史"研究论文精选集》，上海人民出版社，2001年。

[40] 于建嵘：《岳村政治——转型期中国乡村政治结构的变迁》，北京：商务印书馆，2001年。

[41] 翟学伟：《中国人行动的逻辑》，北京：社会科学文献出版社，2001年。

[42] 张静：《基层政权——乡村制度诸问题》，杭州：浙江人民出版社，2000年。

[43] 赵旭东：《权力与公正——乡土社会的纠纷解决与权威多元》，天津古籍出版社，2003年。

[44] 郑大华：《民国乡村建设运动》，北京：社会科学文献出版社，2000年。

[45] 郑振满：《明清福建家族组织与社会变迁》，长沙：湖南教育出版社，1992年。

[46] 庄孔韶：《银翅——中国的地方社会与文化变迁》，北京：三联书店，2000年。

[47] 庄孔韶等：《时空穿行——中国乡村人类学世纪回访》，北京：中国人民大学出版社，2004年。

[48] 庄英章：《林圯埔——一个台湾市镇的社会经济发展史》，上海人民出版社，2000年。

论文

[49] 郭于华：《农村现代化过程中的传统亲缘关系》，《社会学研究》，1994年第6期。

[50] 何清涟：《当代中国农村宗法组织的复兴》，《二十一世纪》，1993年第4期。

[51] 景军：《知识、组织与象征资本——中国北方两座孔庙之实地考察》，《社会学研究》，1998年第1期。

[52] 兰林友：《论华北宗族的典型特征》，《中央民族大学学报》（哲社版），2004年第1期。

[53] 李亦园：《台湾汉人家族的传统与现代适应》，见《李亦园自选集》，上海教育出版社，2002年。

[54] 麻国庆：《汉族的家族与村落人类学的对话与思考》，《思想战线》，1998年第5期。

[55] 钱杭、谢维扬：《宗族问题：当代中国农村研究的一个视角》，《社会科学》（沪），1990年第5期。

[56] 钱杭：《关于同姓联宗组织的地缘性质》，《史林》，1998年第3期。

[57] 唐军：《当代中国农村家族复兴的背景》，《社会学研究》，1996年第2期。

[58] 王铭铭：《宗族、社会与国家——弗里德曼理论的再思考》，《中国社会科学季刊》，1996年第16期。

[59] 王思斌：《经济体制改革对农村社会关系的影响》，《北京大学学报》（哲社版），1987年第3期。

[60] 谢建社：《社会变迁下农村宗族的"路径依赖"》，《社会》，2004年第3期。

[61] 杨善华、刘小京：《近期中国农村家族研究的若干理论问题》，《中国

社会科学》，2003年第5期。

[62] 余红：《中国农村宗族势力为什么能够复活》，《南昌大学学报》，1996年第3期。

[63] 袁小平：《弱社区记忆下的村庄权力结构》，《社会》，2004年第3期。

[64] 曾国华：《宗族组织与乡村权力结构》，《思想战线》，2004年第1期。

[65] 杜靖：《闵氏宗族及其文化再生产——一项历史结构主义的民族志实践》（博士学位论文），北京：中央民族大学，2005年。

[66] 张华志：《第二家庭——家族企业的人类学研究》（博士学位论文），北京：中央民族大学，2003年。

[67] 赵力涛：《家族与村庄政治：河北某村家族现象研究》（硕士学位论文），北京大学，1998年。

（二）英文文献

[68] Francis L. K. Hsu. *Under the Ancestors' Shadow* . London: Rouiledge & Kegan Faul Limited. 1949.

[69] Jing jun. *The temple of Memories : History, Power and Morality in a Chinese Village*, *Stanford*, California : Stanford University Press, 1996.

失“神”的社区

——瑞丽市帮养村景颇族毒品、艾滋病危害调研

傅果生

目 录

导 言

一、研究缘起

2004年暑假，中央民族大学民族学与社会学学院“西部发展研究中心”和北京“爱之行”健康教育研究所合作，开展“少数民族地区毒品与艾滋病伤害控制调查项目”。作为云南省德宏傣族景颇族自治州的景颇族学生，我有幸参与并回乡做调查。这是我的第一次田野经历。由于缺乏经验，调查留下很多遗憾，但我从此意识到景颇族是受毒品和艾滋病伤害的重创民族，并从此开始敬重我所学习的民族学的学科使命和意义。

我出生于一个偏远的景颇族村寨，虽然没有像猎奇记者所写的那样“闻着罂粟花的味道”长大，但童年的记忆中总是伴随着毒品、艾滋病的宣传画和被判死刑的毒贩名单。这让我对毒品和艾滋病的感觉是熟悉多于恐惧。我念高中的时候，哥哥因为吸毒被送进强制戒毒所，全家人为此心力交瘁。为了让他戒毒，父母亲和我常常整夜轮流帮他按摩身体缓解疼痛。离家上学以来，每次回乡，总是听到亲朋好友吸毒的消息。我母亲有三个姐姐。在这四个家庭的六个男孩中，竟有五个曾经或正在吸毒，其中两个已确诊为艾滋病。唯一不吸毒的那个表哥也因半年前和妻子携带毒品而双双入狱，留下两个不到10岁的孩子和两个病残的老人。这样的景颇族家庭在德宏并非绝无仅有的个案。

人口仅13万的景颇族，在册吸毒人员竟达8000多人。① 若

① 对此当地景颇族公安干警也非常焦心。一位警官在一盘流行于景颇族民间的音乐VCD结尾部分穿插的讲话中讲了这个数据。

按国际惯例计算，每1名吸毒人员周围一般还有4~7名隐性吸毒者，则景颇族吸毒人口已近10%。吸毒者多为15~55岁的青壮年男性，其中很多会感染艾滋病并会传染家人。贫困和艾滋病都具有长波效应，一旦开始就意味着持续的伤害。景颇社区在今后几十年都难以平静。

面对毒品和艾滋病问题，尽管社会各界进行了多年的努力控制，但形势仍在恶化，吸毒人员、艾滋病人、母婴感染的案例和死亡人数都在增加。那些活着的涉毒涉艾者，不仅要忍受贫困、疾病或失去亲人的痛苦，还遭受着歧视。在他们当中，越来越多的人被排挤到社会边缘，背负着贫穷落后和疾病的双重歧视和道德污名，在角落呻吟。

毒品和艾滋病总是在某方面或者多方面处于不利地位的地区和人群中不平衡地流动，并对其造成不平衡的伤害。20世纪50年代被确定为“直过民族”① 的其他群体今天大都与景颇族一样面临困境，距离主流世界越来越远。

本文试图通过德宏傣族景颇族自治区州瑞丽市户育乡帮养村景颇族的案例，揭示“直过民族”在现代化过程中的社会文化变迁、生存现状和发展困境，凸现少数民族文化在其生存发展和应对危机的过程中不容忽视的作用，呼吁修复基于地方传统的文化价值体系。同时，本文也希望能唤起学界对“直过民族”特殊发展道路的思考，为政府和国际组织在景颇族地区开展扶贫、毒品和艾滋病伤害控制项目起到一定的参考价值。

二、文献综述

1. 关于景颇族

① 指因生产力发展水平低下，阶级分化不明显等原因，直接过渡到社会主义社会的民族。

(1) 景颇族简介

景颇族是一个跨境而居的民族，主要分布在缅甸、中国、印度，少数散居在泰国、菲律宾和马来西亚等国家。在中国称为景颇族，在缅甸则称为克钦，在印度阿萨姆邦称为新福。中国境内的景颇族主要居住于云南省德宏傣族景颇族自治州的盈江、陇川、潞西、瑞丽、梁河和畹町的山区、半山区，另外还有少数散居在临沧市的耿马，怒江傈僳族自治州的古浪、片马、岗房，思茅市的澜沧、西双版纳傣族自治州的勐海等地。根据第五次人口普查，中国的景颇族共有 13.2143 万人，其中有 12.67 万人聚居在德宏。①

景颇族是从遥远的青藏高原南迁而来的民族，每一次定居到再一次迁移都以放弃一段此前的社会积累为代价，社会发展缓慢。以下是权威著作中有关景颇族的一段描述：

景颇族山区，解放前从事牛耕农业生产，以种植旱地为主，水田次之。刀耕火种、广种薄收，耕作粗放，生产力水平低下；不施用肥料；生产工具简单，脱粒用棍棒或竹枝敲打，粮食加工用杵臼。畜牧业和手工业属家庭制副业，男子编制家用竹器和制作竹木农具，但大多是农忙务农，农闲作手工；妇女砍柴、背水、用杵臼舂谷等，家务劳动十分繁重。交通闭塞，靠人背运输，商品经济不发达，在一个区的范围内没有形成集市；人们的数字观念差，杀牲献鬼，禁忌不少。②

旧时的景颇族山区一直保留着原始公社的痕迹，出现了不完全的私有，加之周围傣族、汉族封建经济的影响，经济特点比较

---

① 陈长平、席小平、陈胜利主编：《中国少数民族生育文化》，北京：中国人口出版社，2005 年，第 114 页。

② 《德宏傣族景颇族自治州概况》编写组：《德宏傣族景颇族自治州概况》，潞西：德宏民族出版社，1986 年，第 112 页。

复杂。“既有水田私人占有、商人出现的封建萌芽，又有奴隶制烙印，同时还保留着土地（除水田外）公有制和猎取到大的猎物时见者有一份的原始社会平均分配的痕迹。”①

景颇族与平坝傣族长期聚居和交往，两个民族保持经济上的联系和互补，对彼此文化较熟悉，但亲属制度和宗教信仰差异的障碍又使二者近乎完全分隔。

傣族长期生活于地势平坦、土壤肥沃的平坝河谷地区，容易经营稻作，且产量效率高，可以定居定耕。农耕将人口绑在土地上，易于权力和财富的集中和文化的精致化，并形成集权政治。傣族社会是以稻作农耕为基础的稳定的集约化社会，虽然人口分布广阔而分散，但文化却表现为惊人的统一，即佛教、傣语和稻作。

景颇族居住在山林，不易开垦耕地和修路。土地质量及耕种条件要求人口密度低并经常迁耕，产量很低。该社会是为适应山地生态条件形成的裂岛型社会，自然资源对于山林生活很重要，采集—狩猎社会的平等和分享观念抑制个体私利、财富和权力的积累，还不构成成熟的政治组织。景颇族小范围聚居，每个山官辖区各自独立，交通不便，相对封闭，各支系语言不统一，处于局部稳定而整体不统一的状态。因此，正如利奇对克钦人的分析，景颇族更多的是一个文化上的范畴，而非语言和政治范畴。

在外来宗教进入之前，景颇族信仰原始宗教，相信万物皆有鬼魂，一切生产和生活都离不开鬼魂祭祀仪式。“通过董萨向鬼神祈求幸福和消灾免难，成了鬼神对人们现实生活支配的化身。

---

① 瑞丽市委宣传部编撰：《接触景颇》，潞西：德宏民族出版社，2004 年，第 8 页。

董萨一般熟悉本民族的历史，靠记忆传授本民族的文化。”①董萨主持的仪式和传承的习惯法等对人们的思想和行为具有约束和规范作用，为社会提供了一套道德体系。

传统的景颇族婚俗是单向姑舅表婚，即姑家的儿子有优先权娶舅家的女儿，但舅家的儿子不能娶姑家的女儿。这种血亲衍生姻亲、姻亲衍生血亲的制度使亲属关系不断循环、积累，社会凝聚力极强。婚配双方中，丈人种即给女人方的地位高于姑爷种，地位低的家庭可以把女人给地位高的家庭从而改变地位。婚姻中女人的流动使地位和力量总是流动于社会，此消彼长，相互制衡。

传统的景颇族社会是平等色彩浓重的等级社会。山官位于等级之首，对百姓实行父亲般的、纯道德性的统治。山官是世俗性权威，其职位和权力衍生于其宗教性角色。鬼神祭献仪式、稳定的婚姻圈、山官与百姓的亲属政治是传统景颇族社会结构得以稳固和运行的三个基础。

(2) 有关景颇族的文献

1895 年以前，景颇族没有用本民族文字记载的史籍资料。傣文史籍中有一些关于景颇先民的记载，但汉文译本较少见。汉文史籍中的记载一直很疏略，即使是明、清和民国时期的记载也很含混难辩。关于景颇族的研究应开始于 20 世纪 50 年代的民族识别和少数民族社会历史调查。当时的调查报告和资料第一次较详实地记录了景颇族独特的文化、社会性质和政治形态，引起了学界的关注，但正式发表的作品不多。

二战后的缅甸曾是英属殖民地，较受英国人类学界关注。出生于中国的英国人类学家利奇 Edmund Leach 于 1954 年发表了《上

① 瑞丽市委宣传部编撰：《接触景颇》，潞西：德宏民族出版社，2004 年，第 114 页。

缅甸高地的政治制度》一书。他在书中论述了生活在缅甸北部山地的克钦人与周围缅人和掸人在生存环境、生计方式、婚姻制度、宗教信仰和政治制度等社会生活各方面的异同，并对克钦社会贡老与贡萨两种政治制度互相转换的“钟摆模式”① 进行分析。

中国的景颇族载佤社会更偏向贡萨制度，即社会存在公认合法的等级制度。山官权威正是源自其等级身份。百姓尊敬和信任山官，山官为百姓服务，双方担负相互的责任和义务。若山官地位动摇，多是因为两种可能：一是个别山官极度残暴的统治招致暴动；二是有山官血统的非幼子或私生子以暴力夺取正统山官之位。除这些例外现象以外，载佤社会的常态仍是存在等级差别的山官制度。幼子继承制使山官家族势力沿代际不断分散并局限于一定规模，不易形成足以统一全民族的强大政权。

“文革”时期，国家生活的各方面受到影响，民族研究也被迫中止。直至80年代，民族工作再次兴起，关于景颇族的调查研究被广泛展开，相关著作陆续问世。早期的研究主要集中于景颇族传统的政治制度、宗教、婚姻和亲属制度、丧葬习俗等方面，包括桑耀华、龚佩华、史继忠等进行的山官制度研究；②陈

---

① 利奇认为平等共和政体贡老社会和集权君主政体贡萨社会，理论上对立，实际则处于不断相互转化过程中。贡老社会以追求平等观念为理想，但木育—达玛婚配原则（单向姑舅表婚）导致的等级不对称性使社会难以实现真正的平等，容易转换为贡萨制度。贡萨社会山官的最高等级地位由其亲属支持并得以实现，随山官权力不断加强，极权的等级制度会对亲属造成情感伤害和生活压制，最终引起起义和反抗并转变为贡老制度。

② 桑耀华《景颇族山官问题初论》（《民族学研究》第五辑，北京：民族出版社，1983年）认为，山官是指居住在山上的景颇族的头人，并不是景颇族社会某一发展阶段的专有名词，不能用于指代解放前景颇族社会性质；龚佩华《景颇族的山官和山官制度》（《民族学研究》第八辑，北京：民族出版社，1986年）认为，政治制度和经济所有制属不同范畴，山官和山官制度有客观历史和由来，不是简单的俗称。此外，相关的作品还有：龚佩华、史继忠：《景颇族的山官制度》（《中国南方少数民族社会形态研究》，贵阳：贵州人民出版社，1987年），龚佩华：《景颇族山官制度社会研究》等。

克进、吴遵林等关注的婚姻家庭方面的研究，① 以及蔡家麒、宋恩常、桑耀华等进行的宗教信仰研究，② 等等。90 年代以来，学界开始关注作为“直过民族”的景颇族在现代化过程中的经济与社会发展问题。赵学先、刘红星、黄惠、程玄、陈一之等学者相继发表有关作品。③

有关景颇族研究的文献当中，国内研究主要集中于对中国境内景颇族的研究，很少涉及缅甸的克钦人，而且无论是 1950 年代或是 1980 年代以来的作品大多是对景颇社区和村落的调查报告，或是对景颇族传统社会和文化等方面的静态研究，对于民族文化的变迁和功能研究甚少。国外研究则集中于缅甸克钦人，且相关著作的中译本很少见到，对中国境内景颇族的研究则是寥寥无几。利奇的作品问世已半个多世纪，无论是他所研究的克钦社

① 详见陈克进：《景颇族的婚姻形态》，《社会科学战线》1981 年第 1 期；吴遵林：《景颇族婚姻形态初探》，《贵州民族学院学报》1986 年第 1 期；金黎燕：《云南民族女性文化丛书·景颇族——树叶信与草桥》，昆明：云南教育出版社，1995 年。

② 详见蔡家麒：《论景颇族原始宗教》，《民族调查研究》1987 年第 4 期；宋恩常：《景颇族的原始宗教习俗》，《社会科学战线》1982 年第 4 期；桑耀华：《景颇族的原始宗教与两个文明》，《大理师专学报》1985 年第 1 期；张建章主编《德宏宗教》，潞西：德宏民族出版社，1992 年。

③ 赵学先《景颇族发展问题探索》（《云南民族学院学报》1993 年第 2 期）提出，商品经济观念、改革开放意识、民族科学文化素质和生活条件的再选择等是景颇族实现共同富裕的需要；刘红星《景颇族经济观念的产生、发展及分析》（《民族工作》1993 年第 2 期）指出，平均主义的分配观念、“内外有别”的交换观念、无计划和无积累的消费观念等是制约景颇族经济发展的几个重要方面；程玄、陈一之、晓根等合著的《云南“直过民族”社会发展与现代化》（昆明：云南人民出版社，2002 年）对“直过民族”的定义、历史发展、50 年代和 80 年代经历的变化、现代化带来的新课题等内容作了详细分析，分析了云南八个“直过民族”的社会现实和现代化发展的要求之间的矛盾、差距。相关的论著还有黄惠：《由“景颇现象”引发的联想——兼论建立“四江流域金三角”》（《云南民族学院学报》1993 年第 3 期）、赵学先主编《莽林中的崛起——景颇族发展探索》（昆明：云南人民出版社，1993 年）等。

区或是中国境内的景颇族社会都经历了长期的社会文化变迁。尤其是德宏境内的景颇族，自50年代以来其政治、经济、文化和思想等方面在国家体制下发生了巨变，80年代以来又受到市场经济的极大影响，当前的社会发展面临困境。

近年来，景颇族的社会问题引起了各界的关注，其中最为突出的是毒品和艾滋病问题。目前，越来越多的学者、组织和政府已开始介入景颇族毒品、艾滋病伤害控制和防治等相关问题的研究。

2. 关于毒品和艾滋病

毒品和艾滋病问题由于其影响的广度、深度和时间的延续性，引起了世界各国的关注。

很多有关毒品问题的文献多集中于医学领域、新闻媒体和政府工作报告，其内容主要是对吸、贩毒情况的数字统计，公安部门缉毒工作情况，针对戒毒的临床医学研究、新治疗技术及替代药物的发明和应用等方面。对于艾滋病的研究及相关文献则集中在医学和公共卫生领域，多是探讨艾滋病的病理机制、病毒感染检测及结果分析、疫苗和病毒检测法、流行情况、传播途径、预防与治疗等。

民族学、人类学和社会学更为关注艾滋病与社会文化背景关系的研究。“从一定的意义上说，艾滋病的蔓延暗示着社会的不平等以及社会变迁与社会文化制度不相协调的问题。”①翁乃群教授在分析艾滋病传播的政治经济和社会文化原因的基础上，提出防治艾滋病和干预高危行为不能将人从其社会文化背景中抽离出来，而应该采取医学和社会背景研究结合的方法。侯远高则指出防治艾滋病的关键是把传统社会中积累的但是在现代社会中被压

① 翁乃群、杜娟、金黎燕、侯红蕊：《海洛因、性、血液及其制品的流动与艾滋病、性病的传播》，载《民族研究》2004年第6期。

抑的民间文化能量释放出来，激活行为者文化内部自我调适机能并使其形成新的行为方式。[①] 潘绥铭教授在《艾滋病恐慌与整肃道德》[②] 一文中谈到，人们将艾滋病无限恐怖化并将艾滋病的“性传播”途径作为整肃性道德的理由，在这样的社会恐慌中，艾滋病人不仅是作为病人存在，而且是罪犯和有道德缺陷的人。压力和歧视使得病人逃避检测和治疗、逃离原社区并将疾病带到别的社区，使问题更难控制。因此，“给感染者提供治疗，以生的希望让他们主动接受检查，通过治疗降低他们在漫长的潜伏期感染他人的机会，目的最终是预防，这才是社会、国家能够接受的推理。”[③]

医学人类学强调文化和社会政治、经济环境与健康和病患关系的重要性，认为不同的社会背景有着不同的患病原因、治疗方法和医疗保健体系，因而不同社会中的人们会给予病患不同解释和意义。艾滋病在主流社会已是人尽皆知的绝症，且被赋予人格和性道德的想像。就我所调查的景颇社区而言，情况却有显著不同：艾滋病仅是一种普通的疾病，它所引起的当地人的关注甚至不及一些常见的急性病。由艾滋病引起的对病患者的歧视在当地也较少。

纵观以往的研究，可以发现少数民族作为毒品和艾滋病的高危和重创群体所受的关注还远远不够。虽然政府和国际组织在一些少数民族地区开展试点项目，且每一个项目都在评估工作中显得有所成效，然而，由于受项目规模、时间和范围的限制，这些项目的实施多是自上而下、自外而内，缺乏对当地政治、经济环

---

① 侯远高、木乃热哈、陈国光等：《弱势群体如何参与与防治 STD/AIDS 的防治》，载《中央民族大学学报》（哲学社会科学版）2004 年第 3 期。

② 潘绥铭：《艾滋病恐慌与整肃道德》，载《百科知识》2000 年第 5 期。

③ 邵京：《纪录与思考：农村有偿献血与 HIV 感染》，载《广西民族学院学报》（哲学社会科学版）2003 年第 27 卷第 2 期。

境和社会文化背景的足够了解，无法发挥当地少数民族的主体性，所以往往事倍功半。

以景颇族社区为例，几乎每一家墙上都贴有禁毒防艾的宣传画，可对于当地人来说纯属风景画。尽管地方电视台多次播放关于禁毒防艾的节目，但社区中很多家庭却无法接收地方电视台。卫生部门工作人员在帮养景颇寨和傣寨宣传生殖健康和艾滋病相关知识时，曾现场用香蕉示范安全套的使用方法并免费发放，可事后村民一笑了之，实际是否使用纯属个人私事，无法真正监督和干预。由于当地社会环境的复杂和高危性，政府鼓励青年人外出打工，并与外地一些机构合作，现已成功送走数批青年人。外流的人虽能摆脱毒品危害，但长期不能回家，工作收入较低，劳动强度大，仍生活在社会底层。这种移植青壮年人群的方法将使景颇族社会发展严重滞后。又如，艾滋病感染者的数字一直被关注和争论，事实是村寨中更多的妇女、儿童和在吸人员从未接受检测，多数感染者是在发病后或是在强制戒毒所里才得知自己有病。

尽管社会各界已开始认识和重视少数民族的毒品和艾滋病问题，并通过调查研究和干预项目等伸出援助之手，但成果却不尽如人意。本文希冀以景颇族的个案研究透射少数民族社会问题的背景、根源，侧重于导致吸毒高危行为与艾滋病易感性的社会政治、经济环境和文化传承的相关因素分析，为有效控制景颇社区的毒/艾疫情贡献一己之力并提供合理化建议。

三、研究方法、过程和视角

本文所涉及的调查地点帮养村是我的出生地，母亲家的所有亲戚至今仍住在村里。六岁那年，我随父母迁到德宏州首府芒市，此后每个假期都随母亲回村。帮养村对于我就是六岁前在田间玩耍的模糊印象和上学后每年两次回村探亲的记忆积累。我对本民族的情感和对故乡的眷恋重叠于这片土地。村里几乎所有人都认识我，总爱拿童年的那个孩子和现在的我比较。对于他们而言，我是熟人。虽然叫不出名字，但他们当中绝大多数人的面孔我都熟悉。因此，我对于村人和村人对于我，都是保持距离的熟人。

以前和母亲回村，我常在火塘边坐着听长辈们讲故事，从共产党到知识青年，还有村人吸毒的事。那时的我只是在听故事。读研究生以后，我有机会随老师赴田野进行应用研究，学科训练和调查经验让我逐渐站在村外看村里的事，以至对景颇族目前低落的状态产生了日益强烈的探究之心。

帮养村内居住有傣族、景颇族、德昂族、傈僳族和汉族，民族构成和社会经济状况可说是德宏州民族形势的一个缩影。一方面，帮养村是瑞丽乃至德宏受毒品侵害最早的村寨之一，50年代以来的物质和精神生活都因此遭到毁灭性破坏，对我的研究来说是一个很好的切入点。另一方面，我的父亲是曾在帮养奋斗了九年的知青，母亲则是喝着广宋山泉水长大的朴实的景颇族妇女。种种机缘让我最终选择帮养村作为田野点。

2004—2006年，我利用两年的寒暑假时间陆续在瑞丽市帮养村进行相关调查。调查主要采用人类学的主位研究方法，大致可分为文献分析和社区实地调查两部分。

文献分析：调查过程中，我发现很难在档案馆找到关于50年代以前景颇族社会的资料。档案中有一些自社会变革以来的资料，但都是下至乡一级，关于村里的记录只是个别事例。我搜集了关于瑞丽市和周边村寨社会变革、“直接过渡”和改革开放时期的一些文献，其中50年代的较多，80年代次之。专门针对少数民族贫困、毒品和艾滋病的资料很少，仅零星出现于政府工作报告中。通过文献整理，我大致掌握了瑞丽景颇族社会的宏观历史背景。

实地调查：深度访谈是本文的重要方法。由于特殊的身份，我能自然地进入社区进行参与观察，用民族语言与村民交流。对户育乡政府和帮养村最早的一批民族工作者和村中老人的访谈印证和充实了官方史料，并揭开了作为一个微观个案的帮养村的变迁过程。深度访谈逐渐加深了我对问题的思考和理解，访谈对象类别的多样性使我的观点和视角免于走向片面和偏向。对部分帮养傣族村民的访谈有助于比较分析帮养乃至整个德宏的景颇族和傣族经历长期变迁后的社会现状的异同，从而加深对景颇族问题的认识。

马凌诺夫斯基和拉德克利夫—布朗是功能学派的代表人物。无论是文化决定论还是社会决定论，功能学派强调了任何文化都具有功能，因此都具有平等的生存权利和合理性。物质和精神共同构成了完整的文化，人类的生存有赖于文化的维持。物质文化所具备的直接满足人类基本生物需要的功能显而易见，规范、习俗等精神文化的存在和发展同样不可或缺地满足着人类需要，其功能表现得不那么直观，却是看不见的事实。

信仰和仪式是文化的精彩部分，是群体的灵魂。在杜尔干看来，仪式表现并加强了集体团结。社会培育了道德力量，促使人们产生一种依赖和要求得到保护的感情，这种感情把信徒及其信仰紧密联系起来。[①]格拉克曼认为仪式不仅能表现团结和强化人们的集体观念和社会情感，而且还通过夸大社会各种原则之间的冲突来确认社会团结的必要。[②] 特纳认为仪式是社会关系的调整手段，仪式的参与人超越了村落界限，使被困扰者成为同情的对象并促成各种派别的人群产生合作，同时可以使组织和主持仪式

① ［法］杜尔干：《宗教生活的初级形式》，林宗锦、彭守义译，北京：中央民族大学出版社，1999 年，第 464—467 页。

② 潘蛟：《当代人类学理论》讲义，第 7 页。

的人借此巩固声望，使社会价值观念得到重申。[①] 传统的景颇族社会是重“神”的社会，过去50多年的社会变迁最突出的表现就是原始信仰、仪式及其组织者功能的丧失。

山官和董萨是传统景颇族社会的权威，也是信仰和仪式的组织者。马克思·韦伯将统治权威分为三种模型：传统权威、魅力型权威和科层式权威。[②] 社会变迁过程中，三种权威往往互相糅合、转变、不可分。在被动的社会变迁过程中，景颇族原有的传统权威随制度解体而发生改变，部分山官从传统权威转变为国家任命的科层式权威，在科层结构中处于相对边缘的位置。董萨是传统权威和魅力型权威的结合，在社会变迁中的境遇与山官相同。50年代加入新权威队伍的山官和董萨都已退职，目前的景颇族新权威类型由于没有充分的时间发育和巩固，在科层体制中处于边缘，威信、影响较弱。

在现代化的国家体系中，景颇族处于国家主流文化再生产的结构性安排之中。布迪厄认为，在社会中处于劣势或弱势地位的被统治阶级，时时刻刻都受到整个社会的现成的不合理的社会条件的挤压，被迫地在他们的生存心态（habitus）中内化着他们自己的生活条件，使他们反过来又成为当代社会各种象征性暴力泛

① 潘蛟：《当代人类学理论》讲义，第8页。

② ［德］马克思·韦伯：《经济与社会》（上卷），林荣远译，北京：商务印书馆，1998年，第238—282页。①传统权威：以习俗、惯例和经验沿袭而形成、长期存在并逐步获得公众承认，成为具有象征力、道德和行为约束力的存在，即制度性传统权威。②魅力型权威：个人利用创造对公众的福利获得声望，从而具有一定的社会力量和尊严，即魅力型权威。该权威更多的取决于个人能力，与世袭和财产无关，为人正直、懂习惯，受地缘限制。③科层式权威：来自正式的政府和科层机构的任命，以官僚行政等级为存在的基础。

滥肆虐的社会基础。[①] 景颇族所拥有的惯习、资本构成和资本总和以及在社会空间的位置使其竞争能力较弱。通过国家文化再生产的延续，景颇族继承着结构中的被动位置。作为一个被承认的有独特民族文化的群体，景颇族的存在有赖于其文化功能的发挥和再生产。景颇族的传统文化再生产和延续原是通过山官、董萨等传统权威的存在来延续的。然而，传统权威在社会变革中逐渐丧失了影响力，文化的继替、社会的凝聚因此出现断裂。

社会文化人类学者赋予自己的使命一方面是要拯救那些独特的文化与生活方式，使之幸免于激烈的全球化的破坏；另一方面是要从异文化研究回归到对本土文化的批评，改变人们想当然的观念，思考本土社会的问题。[②] 本文拟对景颇族传统文化的遗失及随之而来的民族危机展开论述，希望以此来阐明独特的景颇族传统文化不仅对本民族生活具有重要功能，还能反馈一些积极的文化资源于主流社会，有助于双方的互动与和谐。

---

① [法] 高宣扬：《当代法国思想五十年》，台北：五南图书出版股份有限公司，2003年，第571页。布迪厄的文化再生产理论包含六个关键部分：①作为文化生产的外在环境条件及基础的社会结构，包括现状和历史结构，具有社会制约性条件的功能；②作为文化再生产的精神基础的心态结构和生存心态，是人们社会行为的指导原则和源生地；③人们在文化再生产中所占据的社会地位，由他们所掌握的经济、文化、社会和象征资本的资本总和和资本构成；④人们掌握的资本总和决定了人们不同的社会地位及社会角色，也决定了整个社会成为权力斗争的场域；⑤当代社会文化再生产是以象征性结构及方式进行运作的，已经历很多次的人为加工和权力渗透，以语言为重要手段的象征性暴力是整个社会进行正当化的主要依靠力量；⑥在西方消费社会中，由资本总量、文化教养过程和生存心态等决定的人们的生活风格和文化品位已成为社会区分化和社会地位优异化的基本依据。

② [美] 乔治·E·马尔库斯、[美] 米开尔·M·J·费彻尔：《作为文化批评的人类学》，王铭铭、蓝达居译，北京：三联书店，1998年，第16页。

第一章 “中毒”的社区

第一节 德宏傣族景颇族自治州概况

一、地理、人口与经济

德宏傣族景颇族自治州位于我国西南边陲，是云南省8个少数民族自治州之一，总面积11526平方公里，下辖潞西市、瑞丽市、陇川县、盈江县、梁河县和姐告边境贸易经济区。除梁河县以外，其余的市、县、区都与缅甸接壤，总国境线长达503.8公里。全州有24个乡镇、600多个村寨与缅甸村寨毗邻。一井两国、一田两国、一寨两国等现象不计其数。此外，全州有畹町和瑞丽2个国家级口岸，陇川章凤和盈江小平原2个省级口岸；有到达缅甸的惯用陆路通道64条，季节性渡口28个。中缅边境上处处是丛林便道、山间小路，没有天然屏障，边民可以任意出入。

德宏世居傣、景颇、德昂、阿昌、傈僳五个少数民族，2002年末全州总人口为103.8万人。少数民族信教群众占全州信教人数的92.1%。其中，傣族、德昂族、陇川阿昌族基本全民信仰上座部佛教；景颇族、傈僳族部分信仰基督教或天主教；汉族部分信仰汉传佛教和道教；回族信仰伊斯兰教。

德宏基本经济状况较其他地方落后。2002年，全州国内生产总值38.4亿元，占全省的1.7%，占全国的0.0375%；人均国内生产总值、城镇居民人均可支配收入、农村居民人均纯收入、城镇居民人均消费支出均低于全国和全省平均水平。

二、毒品危害及现状

德宏毗邻的缅甸木姐、勐古等地区，历来是世界最大毒源地之一“金三角”的毒品主产区和聚散地。解放前，州内一直有鸦片种植和吸食的现象。解放初期，全州吸毒人员达3万余人，占总人口的10%。解放后，全国掀起禁毒浪潮，德宏境内彻底禁绝了毒品种植，吸毒现象得到有效控制。20世纪80年代以来，随着改革开放，境外毒品不断渗入，刺激了州内的毒品消费市场。海洛因取代鸦片，毒品危害逐年加深。德宏州从基本禁绝毒品到渗透过境，再到今天的过境与消费并存，成为我国最大的毒品渗透和过境地之一。州内少数民族向来相处和睦，大部分少数民族在缅甸都有亲戚朋友，手足情深，血肉相连。中缅两国边民友好往来，柔美的边境风景代替了冰冷的铜墙铁壁。然而，在改革开放以来国家发展的20多年中，一些少数民族却逐渐走向贫困并深受毒品伤害，已成为德宏州当前最大的社会问题。

瑞丽市是多民族聚居的国家级口岸，辖4乡、2镇、2个经济区，国境线长141.2公里。作为开放较早的口岸城市，瑞丽是德宏最早受到毒品大规模入侵的地区。

毒品的入侵带来了诸多社会危害，主要表现在：

破坏家庭和谐，大量景颇族妇女远嫁内地农村或外出打工；

阻碍经济发展，91%的吸毒人员为18—60岁的青壮年，他们都因吸毒而基本或完全丧失劳动力，吸毒人员家庭学龄儿童失学现象严重，每年政府须耗费巨资用于禁毒、戒毒工作；

诱发各种犯罪，严重影响社会治安，吸毒人员作案的刑事案件占33%，治安案件占85.3%；

损害人们健康，陇川和盈江两县进入艾滋病高度流行期。2004年，由于艾滋病疫情已十分危急，德宏州被列为全国艾滋病防治重点地区。陇川县是中国较早成批发现艾滋病病毒感染者和首例发现母婴传播的地区，是德宏州乃至全省艾滋病的高流行区。自1989年从静脉吸毒人群中首次发现17例艾滋病病毒感染者以来，全州疫情呈逐年上升之势，艾滋病感染率、患病率、死亡率居云南省第一。

2004年，全州在册的吸毒人员共25897人，现有吸毒人员14095人，男13230人，女865人。吸毒人员占全州总人口的1.36%，其中吸食和注射海洛因者占70.6%，吸食鸦片者占20.4%。

全州少数民族人口为53.64万人，占总人口的51.66%。少数民族在册吸毒人数为10461人，占全州在册吸毒总人数的74.22%。

2004年德宏州吸毒人员统计表

民　族	人口基数（人）	吸食人数（人）	占全州吸毒总数的比例（%）
汉　族	50.16万	3634	25.78
傣　族	33.16万	4710	33.41
景颇族	12.67万	4823	34.21
傈僳族	2.49万	306	2.17
阿昌族	2.73万	396	2.8
德昂族	1.27万	131	0.9
其他民族		95	0.67

（以上数字来源于公安部门访谈）

从上表可见，人口基数相对较小的景颇族吸毒者比例最高。

第二节　帮养村概况

一、社区形成与现状

帮养是瑞丽市户育乡弄贤村委会的自然村之一，位于瑞丽市城南约 12 公里处的半山坡，距离瑞丽至弄岛的公路约 9 公里。

解放前夕，帮养景颇族大多居住在山里，坝区只有 7 户傣族居住。帮养傣族原是德昂族，后来与傣族通婚，逐渐接受傣族的佛教、语言等文化而转变为傣族。当时户育共有八个山官，早壮实力最强，因其年轻，其祖母早匹掌握实权。帮养属广宋山官排昆生辖区，是广宋山官大家庭式管理的一部分。景颇族定居在广宋山，在山上种旱地，山下种水田。因为路途遥远，村民下山种水田时通常短期住在简陋的“哟藏”（临时搭建于水田附近的茅草屋），将粮食和生产工具存放在里面。他们向山官交纳一定的贡品，山官向勐卯（瑞丽市区旧称）土司交纳贡赋。山麓傣族同时向景颇族山官和傣族土司交纳粮食等税务。

解放后至 80 年代，广宋山的景颇族陆续搬迁下山，居住于今天的帮养村。

现在的帮养村分为上寨和下寨，村民主要由上寨傣族和下寨景颇族组成。傣族和景颇族分属两个乡政府管辖，上寨傣族由姐相乡政府管理，下寨景颇族由户育乡政府管理。帮养地形呈斜坡状，明显分为两部分，傣族住在坡顶，景颇族和其他民族住在半坡和坡底。两寨民族几十年同饮一口井水，既相互承认又保持距离，生产、生活各行其是，互不干涉，村民间往来不多，通婚个案极少。

本文研究的是帮养下寨，即景颇寨，有农户 72 户，共 317 人，其中，男 167 人，女 150 人。72 户村民中，除 2 户傈僳族、1 户德昂族和 3 户汉族外，其余均为景颇族。傈僳族过去和景颇族住在广宋山上，汉族主要于 60 年代从腾冲县迁来。帮养景颇寨各民族通用载佤语，包括汉族在内的其他民族的生活习惯与景颇族一致，普遍与景颇族通婚。景颇族家庭实行幼子继承制，即女儿外嫁，儿子成人后娶妻分家，自立门户，只有幼子留在老家与父母同住。依此习俗，景颇寨的户数越来越多，现在的门户都是从以前的大家庭分离出来的。因此，72户村民大都有血亲或姻亲关系。

景颇寨共有水田654亩，主要种植水稻、油菜、西瓜等；旱地1200亩，主要种植甘蔗、玉米等。部分旱地租给外来汉族，用于种植柠檬、荔枝等经济作物。村民主要经济来源是甘蔗和水稻。

该寨有一间简单的屋子作为天主教教堂，平时少有人去。目前，寨里还有一位年过60的董萨。村民认为他的法力不够大，所以遇到重大事件时都是去邻村三排请另一位大董萨。傣寨新建了一幢体面的佛寺，平时多是一些老人在寺里活动。帮养有一所小学，景颇寨、傣寨和一些邻近村子的孩子都在这里上学。

二、社区毒品现状

自从20世纪50年代以来，帮养景颇寨和傣寨经历了剧烈的物质和精神生活的变迁。帮养景颇族与傣族聚居，距离市镇相对近一些，与外界交流较多，曾走在周围景颇族经济发展的前列。自80年代以来，深刻的经济体制改革改变了景颇族的生产、生活模式，将景颇族卷入了市场竞争，使其弱势的地位日益凸显。随着毒品入寨，很多景颇家庭从此走向贫困，社会治安和经济发展遭到严重破坏，艾滋病也随之滋生和蔓延。

据统计，从1988年至2004年，帮养景颇寨，吸毒致死16人，共40户58人曾经或正在吸毒。

景颇寨2004年在册吸毒人员为19人，其中，男16人，女3人。吸食或注射海洛因者11人，吸食鸦片者8人。19名在册吸毒人员中，有傈僳族2人，德昂族1人，景颇族16人，汉族吸毒人数为零。

傣寨是无毒村，目前在册吸毒人数为零。

1988年—2004年帮养村景颇寨毒品危害调查表（单位：人）

状　况	人　数	状　况	人　数
吸毒致死	16	投送劳教所	4
曾吸毒已戒	11	投送戒毒所	1
在吸	19	现在册 HIV 感染者	3
老人吞食鸦片	6	感染 HIV 的妻子	4（已死）
吸海洛因转鸦片	6	母婴感染案例	1
“碰烟”①	7		

2004年帮养村景颇寨在册吸毒人员统计表　（单位：人）

年　龄	人　数	受教育程度	人　数	民　族	人　数
17岁以下	1	文盲	4	景颇族	16
18至25岁	6	小学	11	德昂族	1
26至35岁	4	初中	4	傈僳族	2
36至60岁	4	高中	0		
60岁以上	4				

（数据由帮养村民联合提供）

第二章　一次巨变

第一节　“雾城黎明”——工作队和山官

“瑞丽古称勐卯，意为雾城。雾城黎明隐含瑞丽各族人民在中国共产党领导下，冲破黑暗，驱散阴霾，迎来光明。”②

① “碰烟”的人即遇到朋友在吸就跟着吸，非每天都吸的固定吸毒者。

② 中共瑞丽市委党史征研室编：《雾城黎明》（中共瑞丽市党史资料选编第一辑），潞西：德宏民族出版社，1997年。

1949年5月，德宏全境解放。从此，当地各民族的传统生活开始随着民族工作的展开而改变。

进驻德宏初期，解放军和党政工作团突出各民族同反动势力的矛盾，团结民族上层和基层头人，土司和山官制度暂时不变，广泛联系民族群众，一致打击反动势力，整顿社会秩序，疏通民族内部各阶层或民族之间的矛盾和隔阂，尤其是山区民族的关系。

在景颇山寨，这个时期的民族工作包括：(1) 团结民族上层，吸收民族上层加入工作队，为其发放津贴。工作队到达户育山后先到山官、董萨、基督教牧师等民族上层家里进行宣传，表明来意，并经其同意借住寨子的公房，然后通过他们接触群众。(2) 组织山官和董萨到内地参观，包括户育区的大山官早匹（早壮之祖母）、等嘎的基督头纳排堵、广宋山官排昆生等。(3) 工作团分组深入山区，白天走村串户开展“做好事，交朋友”活动，参加生产劳动，帮助群众治病，向百姓赠送油盐等日常所需和药品，展开社会调查。晚上，工作队开办夜校，组织联欢会，传唱革命歌曲。县里的电影队到各村寨放映电影，对百姓进行文化和爱国主义教育。

由于历史遗留的民族矛盾和隔阂，群众对外来汉族存有戒心，这增加了工作队的困难。工作队的每一步工作都先和山官商量，得到其允许。工作队给百姓发放油、盐、药品等救济物资也先征得山官的同意，物资的发放是以户育八个山官辖区为单位，让山官组织发放。

约在1958年，景颇族开始试行下坝定居生产，由工作队蹲点进行辅导。各村寨都成立了由山官、头人等参加的团结生产小组，山官和头人在组织开垦荒地、动员下坝生产和调解土地纠纷中都发挥了积极作用。经过科学种田的宣传，山官放弃了种田之前先祭拜官庙的习惯，组织百姓积极下坝开荒生产，由此山官的辖区界限逐渐被打破，传统习惯无形中被触动。

户育山从1953、1954年起变化很快，山官早壮和其祖母早匹在其中起到了很大的作用。1954年，户育成立乡政府，乡长由原来的山官担任，副乡长由团结生产运动中涌现的农民积极分子担任。早壮是户育第一任乡长。

山官等民族上层是一支天然而强大的民族干部队伍，对他们采用团结和教育的方法是解放初期民族工作得以顺利进行的重要保证。工作队将山官等民族上层妥善安置于政府，既稳定了山官“怕丢官”的思想，又利用了他们在群众心中的威信，变阻力为助力。此外，团结生产过程中涌现出的积极分子也为民族干部队伍的壮大做好准备。“从某种意义上说，民族上层是群众心中的偶像，他们的背向如何，将直接决定着民族群众的背向，因此团结了民族上层就等于团结了各族人民。”① 通过团结山官和宗教领袖，并由此接触群众和宣传政策，景颇群众逐渐接受了工作队和政府。

民族工作初期，山官等传统权威为短期内稳定地方环境、促进地方与国家体制的融合发挥了不可替代的作用。

第二节 社会改革

一、互助合作运动

50年代中期，为了进一步发展生产和步入社会主义道路，改变旧有生产关系和推翻封建制度，一场社会改革开始了。由于德宏各民族处于不同的社会发展阶段，改革方式因民族制宜。以

① 中共瑞丽市委党史征研室编：《雾城黎明》（中共瑞丽市党史资料选编第一辑），潞西：德宏民族出版社，1997年，第220页。

景颇族为主（含德昂、傈僳等民族）的部分山区民族因生产力水平低下，经济落后，土地集中程度不高，阶级分化和剥削不明显，采取“直接过渡”的方针，即直接进入社会主义社会。1954年初，德宏傣族景颇族自治区宣布以景颇族为主的少数民族聚居山区为“直接过渡”区域。当时采取的主要措施有：

(1) 1956年起，正式在景颇族居住较为集中的地区，三四千人口的范围内，建立生产文化站。

(2) 在政治上安排较大的山官，取得他们的同意的情况下，帮助劳动人民办合作社，供给生产工具，帮助口粮，提高耕作技术，迅速发展生产。

(3) 对山官、头人、宗教师，分别不同情况，给予生活补贴，政治上予以安排。

(4) 贯彻依靠贫苦劳动人民和比较富裕人民的政策，首先吸收他们入社。在合作社内，树立劳动人民的优势，没有放弃特权的山官暂不能入社。

(5) 处理生产资料，水田入社，实行土地分红，分红数量占产量的百分之十到二十。耕牛实行私养租用或私有公养租用的办法，牛租略低于社外的租金额。

(6) 加强文化教育工作，从各种渠道培养合作社干部、乡社会计辅导员，帮助不断提高经营管理水平。①

1953年7月，户育芒弄组建烧酒互助组，由此拉开了户育互助合作的序幕。随后两年，户育又组建了多个互助组，包括帮养村，改名为红星社。1956年，区一级的政权组织——户育生产文化站成立。1957年，互助合作化展开，农业互助组改为初级合作社，百姓自愿将田和牛入社，劳动成果除一部分用于社里

① 《德宏傣族景颇族自治州概况》编写组：《德宏傣族景颇族自治州概况》，潞西：德宏民族出版社，1986年，第118—119页。

的必要储备和支付田、牛等生产资料的租金以外，其余的都按工分分配。所有山区互助组和合作社在集体生产模式下都取得不同程度的增产。

“大跃进”时期，中央的政策一刀切，不分边疆和内地，也不分汉族和少数民族，到处开荒垦田，大炼钢铁，浮夸风、虚报风日盛。按照当时的口号“亩产一万斤”，群众每人每天劳作六七亩，积肥积土包，日夜抢种，不能休息，信教群众周日不能做礼拜。在强大的政治压力下，户育百姓开始纷纷逃往缅甸，剩下的多是年纪较大者，或是病人、穷人。后来，经过中央的政策调整，工作队发动群众到境外做思想工作，动员外流的人回来。1960 年，部分外流的百姓回来了，但有的至今仍留在境外。返回群众的档案有的遗失了，土地不分你我，重建合作社面临人少地多的情况，所以大家选着好的地方随意耕种。1963—1964 年，从腾冲迁来了一些汉人，多是生产技术工匠，包括木工、石匠和建筑工等。合作化运动在一定有序中继续开展。

合作社初期大家劳动都很积极，但后期不合理的分配方式挫伤了很多人的积极性，强劳动力为了不出工就在家装病，到后来大家都“病”了，没人愿意出工干活。80 年代政策改变后，实行包产到户，大家都迅速“康复”了。

二、“文革”时期

“文革”期间，“直过区”的生产、生活受到重创，各族群众再次陷入混乱。1968 年 12 月，中央撤消了自治州，批判所谓边疆民族“特殊论”，废弃了全部民族政策。

1970 年，“政治边防建设”期间，德宏边民外出 17961 人，民族干部被迫回家 414 人。当初到内地参观学习的排昆生和纳排都等人去昆明学习了三年。户育第一任乡长早庄被严厉批斗，汉族干部张金福则被批为特务，晚上挨斗，白天干活。当地群众不能公开杀牲献鬼，只有少数人在夜里偷偷做一些小仪式。景颇族许多仪式直到“文革”结束后仍未明显恢复，近些年尽管有所恢复，但主持仪式的董萨已为数不多。随着仪式的丧失，民族的凝聚力也一点点地被肢解。

1967—1969年，知识青年来到了户育山。知青到村里蹲点必须做到“三同”，并向群众学生产学民族语言，教群众科学文化知识，帮助群众恢复和发展生产。

在整个计划经济时代，景颇社会发生了较大变化，不仅经济发展了，村民的卫生、教育等生活的各方面也得到了保障。国家设有救济粮，合作社给各户分粮之前先留一部分作为储备粮和机动粮，生产队有集体提留。百姓患了重病没钱治疗时，可由集体先行垫支，医院也会积极救助。此外还有合作医疗，集体用公积金买一些常用药物，村民的小病都可以解决。村里还有赤脚医生，平时采草药和给村民治病可由队里额外评给工分。“毛泽东时代的中国坚持平等主义的原则。解放以后，政府一直努力于建立一套廉价的、惠及所有居民的基本医疗服务体系。到70年代末，全体城镇居民都能够获得基本医疗保障。这是中国能在经济发展水平很低的情况下取得令人羡慕的健康成就的原因。”① 景颇族人口的健康状况也因此得到了改善，人口逐渐增长。

此外，过去的县和乡都有具备一定素质的会计辅导站，各大队都有一名专职会计辅导员。多数基层干部都曾到党校或干部培训学校学习过，责任感强，积极性高，在群众中具有威信。同时，村里还有民办小学，校舍等都由生产队提供，队里按强劳力的工分水平给教师记工分。“以教学为主，耕读并举，以耕养读”的耕读学校以超过学龄的青少年为主要对象，以贴近当地实际生

① 王绍光：《巨人的瘸腿：从城镇医疗不平等谈起》，《读书》，北京：三联书店，2005年，第4页。

产和生活需要的教学内容培养了一支具备一定能力和素质的骨干队伍。50年代至80年代，国家公费办学，少数民族孩子上学免交所有费用，农忙季节是假期，上学以后容易找到工作。因此，景颇族的整体文化素质在当时也有了一定程度的提高。

20世纪80年代前的中国社会改革，给边疆民族社会带来深刻的政治记忆的同时，也带来了一些淡淡的历史温情。

第三节 “直过”中的各种话语

一、官方话语

“瑞丽山区的景颇族、德昂族、傈僳族等后进民族在中国共产党的领导下，在先进民族的帮助下，采取不经过土地改革，而是通过民族团结生产、发展民族文化、提高民族生产技术、办商业供销、信用社等，由较落后的社会，跨越几种社会形态，直接过渡到社会主义社会。”① “直接过渡”代表着生产力低下、贫穷和落后的社会发展状态，景颇、德昂、傈僳等山地民族被确定为“直过民族”，即被定性为落后民族。

在社会变革时期，山官被界定为剥削阶级。界定标准是山官的特权，主要包括：

(1) 官工：山官有一块公众地，根据下种前拜祭官庙的习俗，由山官和董萨组织拜祭仪式后，百姓休息三天，然后进行开种仪式，集体开种公众地，即出官工。水田发展到私有后，山官的水田由百姓出官工耕种，但每户只需出3~5天，且有的山官自己也参加劳动。(2) 官谷：百姓每年向山官交官谷1箩（约40

① 《德宏傣族景颇族自治州概况》编写组：《德宏傣族景颇族自治州概况》，潞西：德宏民族出版社，1986年，第130页。

斤），无田户减半。（3）保头谷和保头钱：百姓每年向山官交保头谷1箩，保头钱缅币1盾，无田户减半。（4）街捐：山官逢街收街捐，屠户每街（5天一街）送给山官3斤肉，送头人1斤半。（5）送后腿：百姓逢杀牲祭鬼送山官一条后腿及五脏齐全的一包肉，猎得野兽时送山官一条后腿。（6）年礼：主要由辖区内的汉族负担。（7）官烟：主要由种植鸦片的汉族和傈僳族每年向山官交官烟1~4两。[①]

二、百姓话语

山官对百姓的管治和百姓对山官的尊崇是相互的。对于百姓而言，山官具有高贵血统，是本民族成员共同崇拜和拥护的首领。山官在当时当地社会制度中的位置和对内维护秩序、对外进行外交的职能决定了他在百姓眼中的合法性。

山官权威表现为象征性的政治和宗教特权。村寨中较大的祭献仪式只能由山官召集，董萨主持。组织这些隆重的仪式名为山官特权，实际是为百姓祈求平安、丰收以及消灾解难等。除了名望的再次确认以外，山官没有得到经济收入，反而要提供祭宴、场地等资源。

从贡赋方面看，百姓向山官交纳的贡赋负担较轻，且分散。多数山官生活水平和中农一样，有的小山官甚至低于中农。

从土地的占有情况看，辖区土地名为山官所有，实际大部分分散于百姓家庭，占辖区人口1~3%的山官和头人占有的耕地10~30%，如果将这些耕地全部分给百姓，每户只能分到约80

---

① 《德宏傣族景颇族自治州概况》编写组：《德宏傣族景颇族自治州概况》，潞西：德宏民族出版社，1986年，第135页。

斤产量的土地。因此，土地改革无法解决景颇族的贫困问题。[①]

由此可见，山官对百姓的剥削规章可视为是一种传统习惯，带有浓厚的原始宗教色彩。从某种意义上说，山官是辖区生活的组织者，山官和董萨主持的宗教仪式和习俗除了杀牲祭鬼以外，还包含长久维系和平衡社会的道德体系及行为规范等传统文化资源。山官和董萨维持的制度是百姓相信的“神”的法则。基于民族认同和传统社会制度，百姓真正从情感上服从于山官。

计划经济时代虽然改变了旧的社会制度，但新制度的内容和景颇族传统制度的内容有着不谋而合之处，为景颇族提供了用传统想像和理解新制度的空间。因此，景颇族无论是在物质方面还是精神领域都适应了计划经济时代的制度。

三、新型民族权威

50年代初期，民族工作培养了大批民族干部。最初的民族干部多是争取民族上层及其子女，将他们从传统角色转换为政府工作人员。“直接过渡”方针使山官的耕地和财产受到保护，政治上给予合理安排，生活上给予照顾，表面上看对山官的权利触动较小，且较好地发挥了山官的能力和传统权威的力量。山官，作为传统权威和现代性话语中剥削阶级的代表，不知不觉地转变了身份，为顺利“直接过渡”做出了重大贡献。

合作生产运动时期，群众中涌现出大量的劳动积极分子。这些积极分子经过各种学习和培训成为优秀的民族干部。1956年，全州从山区农村和民族连复员军人中抽调了700多人到州民族干部学校学习，这些人后来成为农业合作社的骨干。

“直过”时期培养了一批优秀而高效的民族干部，转变身份

---

① 中共瑞丽市委党史征研室编：《雾城黎明》（中共瑞丽市党史资料选编第一辑），潞西：德宏民族出版社，1997年，第136页。

的传统权威和平民精英组成的新型权威队伍拉近了景颇族与外部政治、经济和文化环境的距离，是国家体制下联结景颇族和主流社会的纽带。“文革”期间，民族干部和汉族干部都受到了排挤和伤害，新型权威的威信遭到第一次破坏。

实行“直接过渡”政策的计划经济时代带来了帮养的第一次巨变，包括物质和精神方面的双重巨变。

景颇族原始共产主义制度的兼容性使其较顺利地适应了计划经济时代。农业合作化正是继承了景颇族土地和自然资源集体公有的传统。“直过”时期实行的互助合作生产、评工记分和按劳分配与景颇族传统的伙干协作习俗和原始共产主义分配制度不谋而合，因此在景颇族地区物质发展方面取得了较大成功。

社会改革使传统社会结构蜕变，自治区的建立标志着新场域的产生。整个场域完全由强大的国家力量计划、统筹安排并保证其平衡。国家主流场域的价值体系被移植到景颇族社会。在新场域中，景颇族和其他民族成为具有平等政治地位的实体，包括传统山官在内的新型权威成为为本民族诉求权利的政治代表。

在社会变革过程中，景颇族原始朴素的信仰位于国家承认的宗教定义之外，被认为是阻碍生产发展和文明进步的绊脚石。对人们有深刻影响和教育意义的传统伦理道德体系随着杀牲献鬼的仪式一并被放弃。社会主义集体观念接替了传统信仰，国家力量接替了传统组织的作用，润湿着农村的每一寸土壤，深刻地影响着农村生活的每一个方面。

由上可以看出，计划经济时代尊崇统筹和计划的原则，通过对地方传统资源的利用，国家力量有效地控制着基层的物质和精神生活。传统景颇族社会的“神”及相关信仰被国家统治和国家意识取代。可以说，这段时期的景颇族在物质和精神生活方面都与国家发生了互动，与主流社会的距离拉近了。

第三章　二次巨变

第一节　巨大的差距

“文革”和人民公社化运动使德宏的政治、经济、文化和民族关系等各方面都遭到了不同程度的破坏，并因此严重挫伤了当地群众的积极性。十一届三中全会后，德宏州委按照中央指示纠正了各种错误，把工作重点转移到经济建设上，进行农村经济体制改革，推行家庭联产承包责任制。

傅×（帮养知青）：

1983年我离开时，帮养已经开始实行家庭联产承包责任制。分田到户实际是将各户加入合作社之前的田还给各户，个别的再按情况调整。例如将一些无主田（主人去境外了）分给无田或少田的人。农民在集体的带领下走了一段长路后，又回到以前，区别在于法律规定田还是集体的，个人仅是承包户，生产技术较过去提高了。

随着生产条件的改善，科学种田的推广，品种的改良和种植内容的多样化，农业产量提高了，农村生活得到极大改善。但是，生产和投资的所有成本都提高了，生产和生活变为激烈的竞争。目前农村甘蔗种植面积已无可能继续扩大，水稻产量也已稳定。生活和生产资料价格上涨，加上人口增长，农村经济生活处于相对停滞状态。农村经济体制改革所带来的发展在改革开放20年后放慢了脚步。

80年代的经济体制改革以来，经济快速增长的目标允许和鼓励一部分人和地区先富起来。这在某个程度上容忍了不平等的存在，并造成了不可控制的两极分化局面。国家放权后，强有力的统筹体系被打破，政府难以收复20多年来在资源合理配置、经济平衡发展、公共卫生和健康及社会安全等方面的失地。

在国家整体经济建设成就卓著的同时，山区“直过民族”社会经济发展却严重滞后，与坝区、城市和内地差距愈拉愈大。

《瑞丽市人民政府关于扶持民族“直过区”项目资金统计测算的报告》这样写道：

(1) 民族“直过区”总人口20047人，现没有高稳产田地，按人均1亩的标准，还需建设20047亩，按每亩投入1500元标准计算，共需投入3007万元资金。

(2) 民族“直过区”总人口20047人，现有经济林6688亩，按人均1亩的标准，还需要建设13395亩。按每亩投入1800元标准计算，共需投入2405万元资金。

(3) 民族“直过区”总人口20047人，现有大牲畜4039头，按人均1头的标准，还需增加16008头，按每头2200元标准计算，共需投入3522万元资金。

(4) 民族“直过区”有99自然村，1561户农户没有解决饮水困难。

(5) 民族“直过区”总户数4609户，已建沼气池600户，还需建的农户有4009户，按每个沼气池2500元计算，共需资金1002万元。

(6) 民族“直过区”贫困户茅草房、杈杈房共有1344户，已经改造70户，没有改造的还有1274户。

(7) 民族“直过区”50户以上的自然村没有通电的还有3个村、159户农户，需投入60万元资金。

(8) 民族“直过区”现有小额信贷资金113万元，需要350万元，每年需要贴息33.5万元。

(9) 民族“直过区”初中生共有707人，其中贫困学生（人均收入在825元以下的家庭）有707人，已经享受寄宿制的有

680人，月标准是15元；享受半寄宿制生活补助的有0人，标准是0元。

(10)民族“直过区”小学生共有2321人，其中贫困学生有1832人，已经享受寄宿制的有160人，月标准是25元，享受半寄宿制生活补助的1281人，月标准是12元。

(11)民族“直过区”中学危房现有(2004年底)246平方米，小学危房有7494平方米。

(12)民族“直过区”有13个村委会没有卫生事业用房，有13个村委会没有配备最基本的医疗设备和药品。

以上是政府工作报告对“直过区”物质发展困难的表述，而作为“直过区”精神力量的传统文化的变迁还没能被列入报告之中。基于唯物主义传统的改革开放取得了卓越的物质成就，但精神领域付出的代价还未得到足够关注。

第二节　毒品的威胁

一、帮养村毒品史

景颇族很少用民族文字记录历史，社区毒品史主要是通过对村里的董萨和老人进行访谈收集的资料。过去山区汉族大量种植鸦片，每年需向山官交官烟。一些景颇族、傈僳族和傣族也曾种植鸦片。在交通闭塞、生活困难的山区，鸦片作为药物被景颇族长期使用，直至现在还有用鸦片做药的现象。鸦片本是治百病的良药，疗效极好，对于久咳不治、腹泻、体虚多病或止疼等都有奇效。过去人们认为鸦片能延年益寿，常有老人长期吸食鸦片。正是由于鸦片在景颇族历史中早已出现，还没有被当作毒品禁忌，而是人们生活的一部分，所以景颇人从未与毒品保持过太远距离，也从未像城市人一样惧怕海洛因。

在国家政权进入户育山后的前三年，鸦片种植仍在继续，约在 1956 年以后才被严令禁止。不过百姓需要的时候还是能买到，仍然用于治病或是老人吸食，但极少有人吸食成瘾并丧失劳动力。对于景颇族而言，过去的鸦片不是毒品。

农村经济体制改革后，个人脱离集体劳动。国家放开了地方的物质和精神生活。随着改革开放和边贸兴起，毒品流入德宏，边境地区的村民最早受到侵袭。付出了沉重代价。人们在身体和精神忽然同时获得自由的时候遇到了海洛因，并从此游离于噩梦和快感之间。

当时曾从缅甸克钦邦首府密支那传来一些景颇语流行歌。歌中唱到：世上有一种美妙的东西，能使人唱歌拥有甜美的嗓音，种田力气百倍，身体健康。这种传说中的药就是当时流行于缅甸克钦邦明星中的海洛因。由于景颇族对缅甸克钦邦存有一种先天的民族认同感，认为克钦文化是正统的景颇文化，所以从那边传来的歌曲、服饰等潮流都很容易被人们接受。加之计划经济时代的集体生产模式宣告结束，村民行为自由散漫，海洛因在当地迅速传播开来。

约在 1984 年底，帮养村民办小学举行了一次庆典。村民欢聚一堂，包括一些来自缅甸的亲戚朋友和军人。这批缅甸军人带来了村里最早的海洛因。起初，海洛因被摆放在庆典上免费供人品尝。当村民“喜欢”上以后，就开始花钱买了吸，钱越花越多，毒瘾也越吸越大。从此，这种被称为“白粉”的东西在村寨里泛滥成灾。鸦片改头换面，成为人们从未见过的毒性极强的海洛因。20 多年来，帮养村民始终无法摆脱毒品的纠缠，物质生活和精神世界都逐渐被摧毁。当时正值年轻力壮的一代，即现在村里的青少年的父辈们，几乎无一幸免。

弄×：

80 年代的家庭联产承包责任制使所有人从人民公社的集体

劳作中解放出来，非常自由。村人没了约束，行为非常悠闲散漫，想干活就干，懒了就休息。很多人都在村里闲逛，尤其是年轻人。当时我正在念初中，伙伴们都在玩，我也无心再学了。我的功课逐渐落后了，于是刚升入初三就回家了。回村后，我和伙伴们一起沾上了海洛因。

岩×：

我是村里最早吸毒的一批人，13 岁开始碰黑大烟，后来也吸白粉，曾注射 2 年，到现在已经 28 年了。结婚的时候我已经在吸毒了，记得婚礼那天我是提前吸饱了黑大烟才参加婚礼的。

腊×：

我是村里最早吸毒的一批人。1993 年，我在姐告（经济开发区）混了 3 个月。当时的姐告是一片荒地，边境没有任何阻隔。大批吸毒人员聚在边境线上，有中国人和缅甸人。每天天一亮，吸毒的人就像得了瘟病一样蹲在地上。待毒贩一出现，蜷缩在地上的人们就蜂拥上去。就这样，不分白天和黑夜地吸。每天都有一两个人死，毒贩通常是就地找几个吸毒的人，给他们一点白粉，让他们把尸体抬走。我也曾为了毒品抬过几次尸体。

如果在个人身上追究吸毒的原因，那么 80 年代最早吸毒的这一批年轻人也许可以辩解自己的无辜。作为一种神秘的舶来品，海洛因借助这些年轻人的无知来套住了他们。从此，毒品像肿瘤一样牢牢吸附在帮养村，吸食者终日浑浑噩噩，徘徊在四处找钱和买毒品的路上。

一阵快感之后，村子为此付出了代价。艾滋病作为一个新名词进入村民生活。村民逐渐意识和感觉到自己和家人受到了伤害，可他们无法解释原因。90 年代是帮养村毒品危害最严重的时期，1993 年曾出现死亡高峰期，有时 2 天死 3 个人。

腊×：

以前常和我一起吸毒、注射的人全是村里身体最壮的，其中大部分人都在90年代死于艾滋病了。现在只有我和岩×还活着。从1990年我知道自己得病到现在，已经15年了。医生说这种病最多能活15年。我越来越虚弱，根本无法干活，大部分水田都卖给傣族了。我担心自己发病，所以每天吸一点黑鸦片，想控制身体状况。

岩×：

2000年，防疫站的人说我得了艾滋病，到现在已经6年了。我的身体还可以，就是去年出了意外摔坏了腰。当时疼得厉害，在床上躺了很久。我一直没去医院看过，疼得受不了时就吞一点鸦片。现在我不常吸（海洛因）了，平时在村里碰到别人在吸我就跟着吸一点。前几天村里有一家为了治病请董萨献鬼，让我去帮忙。我忙了一天，晚上休息时和老人们一起煮了一点鸦片吸。

最早沾染毒瘾的一代村民大都在90年代病逝了。现在还活着的三两个人也早已是重病之身。

近年来，帮养社区妇女外流、青少年高危行为等现象频繁发生。目前，村里吸毒和从事高危行为的人很多都是死于90年代的那些人的孩子。

腊×：

一次，村里一个女孩跑来找我要白粉，说是在家里戒毒戒了两天坚持不住了。我当时没有白粉，只有鸦片。情急之下，她当场把鸦片熬成液体，还把那些浓黑的液体注入静脉。我非常震惊，自己吸毒这么多年都从没这样做过。过去这个女孩的父亲经常和我一起吸毒，他很早以前就因为艾滋病死了。没想到现在他的女儿变成这样了。

杨×夫妻：

2005年4月，杨×夫妻因非法携带海洛因70克，在陇川至瑞丽的途中被边防队员抓捕。事发后，大家商量着想救出杨×夫妻俩，至少救出一个来照顾两个老人和两个不到 10 岁的孩子。家人听说缅甸有一个能通灵的傣族女巫师，曾救出很多犯毒品案的人。于是，家人拿了几百元钱托人去缅甸找巫师帮忙。女巫师收了几十元钱，做了一场仪式。她把检察院审理这件案子的几个关键人物的姓名和年龄写在纸上，念了一些咒语。据说这样能让这几个官员同情被告。可惜巫师最终没能帮上忙。杨×夫妻被检察院起诉，提交法院。2005 年 12 月，法院对杨×夫妻做出判决，妻子为主犯，被判有期徒刑 15 年；杨×为从犯，被判有期徒刑 5 年。

在经济高度发展的时期，城市和农村生活的反差愈演愈烈。穷困者是更容易受伤害的群体，受了伤也更难治愈。贫困的村人吸毒更容易选择海洛因，而非昂贵的“卡苦”。[①] 患了艾滋病往往是在别人告知自己的病情后才最后一个知道，没什么隐私可言。恶劣的营养条件让他们更容易发病，发病之后面临绝望。同时，贫困的村人也更容易铤而走险地贩毒。因此，杨×夫妻虽是罪犯，但又何尝不是受害者。

二、毒品伤害

1. 毒品泛滥的特点

吸毒情况严重。有七成以上的帮养景颇族青年男性吸毒、“碰烟”或曾经尝试毒品。村里的吸毒者可以分为两类。第一类是鸦片吸食者。鸦片吸食者又分为两类：一类是因病长期依赖鸦片者，多是老人；一类是因过去吸食白粉或注射毒品的人，如今身体虚弱或是已确诊为艾滋病。因为继续吸食白粉只会加速死亡，但又不敢完全戒断，所以他们只能用鸦片控制。第二类是海

① 当地人用切碎的植物叶子和黑鸦片混合熬制而成，对身体伤害相对较小，价钱较高，多是有钱人吸食。

洛因吸食者。吸食海洛因的人多数是中青年甚至少年男性，他们经常抱团成伙，一边喝着当地酿的米酒，一边吸食海洛因。因为现在海洛因比鸦片便宜，所以一些老人开始转吸海洛因。吸少量海洛因就能扛一天，而且获得海洛因的途径更多，非常方便，附近的零星贩毒者卖的多是海洛因。由此可见，村里有由鸦片转为海洛因的，也有由海洛因转为鸦片的。

吸毒人群低龄化。吸毒人员中年龄最小的只有十二三岁，多数 13～20 岁的男孩子都曾尝试过毒品，有的女孩也曾尝试过。

破裂家庭的妇女从事高危行为。村里有几个妇女在丈夫吸毒、感染艾滋病死后，和孩子相依为命。她们经常聚在一起喝酒、抽烟，并开始吸食鸦片。

大量吸毒者因注射致死的先例使得现在的吸毒人员多选择烫吸方式，而非注射。但随着毒瘾加深，毒资日益增加，烫吸海洛因的人最终会转为注射。

对于艾滋病患者歧视相对较少。对绝大多数村人来说，艾滋病是一种绝症，但是人们并没有赋予疾病患者道德污名。艾滋病病人发病之前身体较正常。因此，与一些急性的致命重病相比，艾滋病没有明显影响人们的生活。随着外界宣传的影响和村里艾滋病患者的不断病逝，村人开始意识到这种病的致命性。近几年由于村里已先后有几名妇女在丈夫患艾滋病死后几年跟着病逝，所以病人的妻子和孩子是否会感染艾滋病也开始遭到人们的议论。

2. 妇女

至2004 年 7 月为止，帮养景颇寨外流人口共计 27 人。其中，女 24 人，男 3 人。外流人员中，有 20 个女子远嫁内地。外出打工的有 2 人是夫妻，为了让丈夫戒毒，妻子随丈夫一起到新疆打工。

景颇寨妇女外流统计　　（单位：人）

性　别	流动原因	景颇族	傈僳族	汉　族	合　计
女	出嫁	14	4	2	20
	打工	4	0	0	4
男	打工	2	0	1	3

妇女外流有其原因，而外流又势必造成某种后果。远嫁的女子多嫁到山东、河南、福建、浙江等地农村。除帮养以外，德宏别的景颇族村寨也有成批的女子远嫁内地。据访谈对象反映，山东农村的景颇族媳妇很多，聚在一起可以跳“目脑纵歌”[①]。外流的是成批的婚龄、育龄女子。除了远嫁内地，还有不少人嫁给当地汉族、傣族等，这将造成景颇族婚配领域的失衡。妇女外流现象背后深埋的社会原因值得进一步深究。

除了外流问题以外，妇女还面临艾滋病的威胁。村里几个吸毒人员的妻子怀孕后去做人工流产手术。由于身体太虚弱，加之做手术的诊所卫生条件太差，她们的伤口感染，大面积溃烂，最终引发艾滋病。

个案：

木Y，女，约35岁。暑期回村做访谈的时候，我去她家里看她刚出生三个月的孩子。那时的她还很健康，在阳光下抱着熟睡的孩子笑得很开心。两个多星期后我再回去时，她已经疯了。听村人说，身体虚弱的她连续三个月哄孩子睡觉，最终病倒了。刚开始是连续一周腹泻，卧床不起，越来越瘦。在和现任丈夫结婚前，她曾和一个男子同居，那个男子长期吸毒，后来因为艾滋

① “目脑纵歌”是景颇族最隆重的传统的节日，于每年农历正月十五举行，群众着传统服装在“目脑”舞场举行舞会。

病病发死了。因为她瘦得厉害，又查不出病因，所以关于她可能感染了艾滋病的议论开始在村里传开。听到村人的议论，她开始怀疑、害怕，最终精神崩溃了。

她反复说：“告诉你吧，我没有艾滋病，我和他（从前同居男友）睡的时候一直都吃避孕药，真的，我一直吃避孕药呢，真的，我没有艾滋病……”有时她又说：“别怕，我告诉你，艾滋病是不会传染的！”忽然间她又大声喊：“你们都快走吧，我有病，会传给你们的，都快走吧！”然后她又接着哭。

家里请了邻村有名的大董萨给她杀鸡献鬼念经，可还是不管用。无奈之下，村人劝说家人带她去防疫站作艾滋病检测。

从村人的流言蜚语，可见大家对艾滋病的恐惧。而从木 X 的语无伦次和精神失常，可见她对艾滋病的无知、恐惧和无奈。无论检测结果怎样，她都是艾滋病的直接或间接受害者。

3. 青少年

青少年是社区和民族的未来，而面对毒品和艾滋病，他们是最脆弱的群体。几年来，社区青少年多数小学中途辍学或毕业后无法升学，滞留在社区，无所事事。他们是潜在的吸毒者，又是社区未来的希望，具有双重矛盾身份，是尤为重要而在以往研究中多被忽视的群体。

社区青少年中所剩女孩很少，多是男孩，大致可以分为以下几类：

（1）在家吸毒的青少年，主要是男孩。他们离校后回到家里干农活，多数时间和同龄伙伴一起玩，有可能一起吸毒。

（2）在家不吸毒的青少年，多是女孩，还有少数男孩。这类人的伙伴多数都吸毒，他们自己也基本都尝试过毒品，但是最终选择不吸毒。女孩子通常也像男孩那样都见过这些危险的东西，但是由于在当地人的观念中吸毒就像吸烟一样多是男人的事，因此女孩并不太感兴趣。

这类青少年中有的已有家庭成员吸毒，这样的孩子精神和行为上都比较大胆和叛逆，容易沾染毒品。

(3) 在外打工的青少年。

一类是在瑞丽市的景颇族餐馆和商店打工。由于汉语言水平普遍不高，文化水平较低，青少年在外打工只能从事一些体力活或者是服务性的工作。

一类是在娱乐场所打工。年轻人在那里接触的多是社会极不正常的一幕，金钱对他们的刺激使他们愈发感到自己的贫困和想要改变现状，甚至是用一种极端的方式。

一类是外嫁或从事性工作，外流女孩子多属于这类。一部分少女和已婚妇女远嫁内地农村，生活在当地社会底层，通常在三至五年生了孩子以后才能回家探亲。因为很难在外找到正常和稳定的工作，而从事性工作能相对容易地赚到相对多的钱，所以一部分女性在大理、下关、丽江、广州、深圳等地区或赌场林立的边境红灯区工作。通常是先有几个姑娘嫁到内地或在外面赚了钱，回家再动员自己的姐妹和伙伴们出去。由于从事的工作较特殊，她们易于感染艾滋病和其他性病，婚后又很可能将疾病传染给丈夫和孩子。

第四章 重新认识社区之“神”

第一节 “中毒”和“落伍”的原因

1. 在当地社会空间的位置

景颇族是德宏傣族景颇族自治州的两个主体少数民族之一，人口约为傣族人口的1/3。根据人口比例，傣族在自治政府中占有相对主导地位。阿昌族和德昂族人口总共不过5万，是国家划定的人口在10万以下的小少民族，能直接享受国家制定的关于22个小少民族特殊政策的倾斜。景颇族人口约为13万，处在国家特殊政策的边缘。

在德宏这样的多民族社会中，由于历史等多方面原因，现代化给不同民族和地区带来的影响和分配的资源不同。景颇族在社会场域里的位置决定了其占有的资源相对少，利用手中资源去改变自己地位的能力也相对较弱。现代社会日益以经济能力作为衡量一切的标准，甚至是道德和人格。现金在人们生活中逐渐占据支配地位，景颇人也希望获取更多现金从而改变生活现状。然而，由于没有资金，确信自己无能力和希望从根本上改善生活，有的人选择以自己作为资本来投资：贩毒、吸毒和从事性交易等。

在现代化过程中，居住在偏远地区，使用非标准化方言的人们，可能会继续讲他们的方言，继续耕种他们的土地。然而，新的国民教育机会、大众传媒和交通状况的改善有利于他们与外界沟通，接受强势语言和文化有利于保护自己。因此，传统和民族语言逐渐成为仪式性和象征性的东西。

2. 教育

在帮养，13岁以上的青少年大都处于校外。由于语言和文化等障碍，从乡村小学升入城镇初中的景颇族青少年的学生普遍比较困难。离校后回家的孩子多数闲散在社区。没有书报、电视和广播，学校传授的知识变得无用。即使是外出打工，有限的基础教育无法让他们在竞争激烈的市场找到稳定工作，是否念初中对于他们并无本质区别。

随着吸毒的家长丧失劳动能力，家庭走向贫困，孩子难逃辍学的命运。家人吸毒造成孩子生活极不稳定，精神受到伤害，孤独、自卑、自闭和没有安全感。他们与各种朋友结交，逐渐从熟悉毒品变为依赖毒品。吸毒的父母则因为自己的行为，很难再正常教育孩子。

除去亲属涉毒的因素，景颇族传统的开放型家庭教育方式也值得探讨。

景颇族孩子从小和伙伴一起玩耍、劳动，较少受到父母干涉。十四五岁的孩子出去打工或嫁人，通常不会遭到父母反对。村里的青少年自由交往，晚归或夜不归宿不会遭到父母的责备。

孩子有自己的朋友圈。小学毕业后有的家庭让孩子升学，有的也因为初中三年实际对生活没有更大帮助而让孩子呆在家里。农忙季节孩子跟着父母在地里忙一段时间，农闲时就和伙伴在一起打扑克、玩麻将、聊天、放牛，晚上在寨子里聚会。一般晚上的聚会在 12 点左右结束。情侣或互相吸引的男女将在聚会散场后去野外约会，吸毒的同伴也会找个隐蔽的地方吸毒。在这里，吸毒似乎变成了精神娱乐和享受的一种方式。

3. 青少年交往

景颇族青少年婚前交往自由，青年男女交往不稳定，喝酒、抽烟和吸毒行为常纠结在一起。当地人没有使用安全套的习惯，安全套即使被有关部门发放到各户，也很可能被放置在角落而积上灰尘。

吸毒是一种群体行为，大多数景颇族男子在青少年时期曾在成群结伙的场合尝试毒品。很多人在婚前“碰烟”，婚后自己有了家和稳定收入就开始多吸，甚至上瘾。

景颇族和傣族青少年之间存在一种有趣的差异。多数傣族家庭都会在孩子离校后为其买一辆摩托车，通常是在十二三岁以后。有的傣族父母答应为孩子买摩托车，条件是放弃学业，留在家里帮着干活。

帮养傣族村长的儿子这样说：

傣族也不喜欢上学。我们村根本没有初中生，大都是小学没毕业。年轻人约在十二三岁开始学摩托车，有些年纪小的才9岁。如果父母不答应买摩托车，孩子就以离家出走或服毒自杀来威胁。附近傣族村子真的曾有一个孩子为了摩托车而服毒自杀了。我们平时白天在家干活，晚上就开摩托车出去玩，抽烟喝酒，12点左右才回来，或者更晚。很多人因为飙车而发生车祸。现在我们村只有两个未婚女孩在家，其他的都外出到昆明等地方打工去了。

绝大多数景颇族家庭都没有多余的收入为孩子买摩托车。因此，景颇族青少年没有晚上出去飙车的条件，更多的是聚在公房外面的空地上、竹丛边或是村里的某个角落聊天、喝酒和抽毛烟。景颇族历来喜好唱歌跳舞，女孩音色都很好，男孩多会弹吉他、吹笛子或敲鼓。由于经济条件差，多数村子都没有能力购买文娱设施，无法为青少年提供一套基本的乐器。

有限的经济条件限制了景颇族青少年的娱乐生活。多数女孩和成年妇女的外流使得村子日益冷清，越来越多的男子觉得生活空虚，开始酗酒、吸毒。吸毒实际是一种见效快、成本相对低、且能快速摆脱贫困感和获取快乐的方式。花5元钱就能得到一次高潮的满足。

杨Y（景颇族，22岁）：

邻村三排几乎所有的男青年都吸麻黄素（又称马笃），吸的时候有一种极香的气味，能使人兴奋，不睡不累，精力旺盛，性欲增强。这种毒品对心脏的伤害很大，长期吸食的人常会觉得心慌，严重的可能会因心脏病致死。

可见，精神上一时的快乐远远胜过了死亡的威胁，人们在以生命践行着精神至上的真理。

4. 医药、卫生

计划经济时代，经济、教育、医疗等都在全国统筹范围之内。统筹制度使国家具备投资医疗保健的能力。经济体制改革后，国家统筹体系被打破，快速的经济增长成为首要目标。在边疆地区，地方政府对于医疗保健力不从心，大多数居民被排除在外。

当医疗费用主要由公共支付时，所有人都能享受医疗保健。当费用主要由个人支付时，收入分配的极端不平衡必将导致医疗不平等。在收入极不平等的时候，收入低、医疗费用负担能力低的人对疾病的敏感程度也比较低，最需要救治的人往往无法享受医疗资源。①

经济因素严重影响了景颇族社区的医疗和卫生条件。感冒等常见病通常被忽视，自己解决不了的就去小诊所，极少去医院。因此小病常被拖大，小伤常引发大面积溃烂。有的人受伤无法止疼时，可能会在别人劝说下用毒品麻痹自己，包括一些老人和小孩。

5. 现代化的魔镜

在现代化图景面前，景颇族逐渐否定自己的文化，开始放弃自己已有的东西，而去追求现代化魔镜里的世界。调查期间，我很少看见女孩穿传统的景颇族女装——筒裙，现在大家最喜欢的是牛仔裤。大多数人已忘记景颇情歌的歌词，而是反复传唱着汉语流行歌。在体质特征已经很明显的情况下，他们不愿意在服饰和生活上也被区分为“另一种”人。一些主流文化逐渐颠覆了地方传统文化，传统变成一种象征性的附属物。

---

① 王绍光：《巨人的瘸腿：从城镇医疗不平等谈起》，《读书》，2005 年 11 月。

在这样一种类似于“巫术”的力量的驱使下，人们不断模仿、对比、追求和消费，得到的越多却越难以满足。

6. 碎片化的传统文化

在被动的社会变迁过程中，景颇族的传统文化被碎片化，不再作为一个整体发挥作用。其中，一些碎片，如山官制度、董萨威信、传统婚姻制度等已经消失，传统习惯法和仪式体系也失去了对人们的约束和规范作用。

传统的单向姑舅表婚姻制度延续多年，但在禁止近亲结婚的改革中被废除了。在血亲和姻亲的叠加过程中衍生的密切的亲属关系因此逐渐解体，血缘慢慢被淡化。

目前，景颇族社会实行偶然的异姓联姻。一次性婚配关系名为双方家庭平等，实际是经济情况好的人地位较高。景颇族择偶观念发生变化，物质因素成为婚姻市场通行的择偶标准。在某种意义上说，女人像某种资源一样在市场中围绕经济因素流动，突破了地区、民族界限。因此，与外族通婚、大批妇女远嫁内地的现象不仅是毒品泛滥造成的，还因为当地人期望通过这样的婚姻能得到更好的机会。在山官和董萨的组织作用消失后，妇女外流必然更加削弱民族的认同和凝聚力。

传统文化中的另一些碎片，如好酒、“人情味”、分享、礼品经济等观念仍影响着人们的生活。分享的习惯让大家把美好的东西都拿来分享，包括毒品。传统的亲属社会的血缘虽然已经被严重淡化，但“人情味”仍是村人认可的。“人情味”致使诸如村规民约等条款难以执行，吸毒贩毒者常因为“人情法则”逃过惩罚或被村人从戒毒所赎出来而免于劳教。景颇族的文化散发着浓浓的酒香，日常生活和所有的节庆活动都离不开酒。酒是通行于一切场合的礼物。毒品常伴着喝酒的场合潜入，人们容易借着酒性和胆量分享毒品，即酒后更容易吸毒。

7. 宗教

社会变革时期，景颇族的原始信仰的社会功能被忽视，未列入正式宗教之列，作为迷信被批判。经过长期改造，景颇族的传统鬼神信仰逐渐丢失，人们开始信仰集体。改革开放后，集体主义意识逐渐淡漠。

随着现代化的推进，民族文化在外来文化的冲击下呈现弱势，景颇族逐渐离开文化本位，接受和迎合外界文化。成员逐渐失去约束力和凝聚力，认同感淡漠，社会组织涣散。

访谈过程中，笔者了解到由缅甸景颇族或境内村民自办的基督教教会学校，任何信教的人都可以去学校学习景颇语言文字、载佤语言文字、英语等课程。学员根据个人情况交纳一定学费，能者多交，不能者可以不交。师生都是本族同胞，没有压力。据访谈对象表示，几个常年酗酒的醉汉从学校回来后不再喝酒。教会学校收容愿意学习的人，是边境山区景颇族村寨重要的教育场所。为了控制境外宗教势力恶意渗透，政府一直对教会活动严格管理。加之景颇族传统观念的影响，教会学校还不普遍，但其力量已逐渐被人们感觉到。

8. 无权威的社区

农村进行经济体制改革以后，个体从集体的束缚中解放出来，自由和个体主义观念盛行。领导和干部的职能也从此发生改变。村一级基层干部的身份转变为领取少量补助的义务村干，其素质、责任感和积极性都大为下降，与群众距离日益拉远。帮养村景颇寨举行村干选举大会时，72 户村民只有 30 几户派女人去参加。

基层组织不仅有利于经济发展，还有利于价值体系的维护和精神文明建设，有利于传统和文化的保护。然而，现在多数村一级基层组织已名存实亡。政府的工作和社区百姓之间出现断层，无论是发展规划还是禁毒、防艾、救助和宣教，都无法直接有效作用于当地。

山官和董萨是景颇族社会的传统权威象征。50年代的社会改革时期，山官和董萨加入新型权威队伍，与国家体制互动。在计划经济时代的集体生活中，景颇族的自我管理能力没有见长，对集体和国家的依赖性反而增强了。改革开放以后，国家力量淡出基层生活，地方传统权威的管理职能也早已被撤销，景颇社区不再存在具有较强民族责任感和发展意识的民族权威。

第二节 帮养景颇寨和傣寨毒品问题差异

基于帮养两寨毒品问题的迥异，根据上述章节所分析的原因，在此与傣族情况做一些对照。

环境：傣族也是跨界民族，缅甸称为掸人。很多傣族村寨都地处边境，常有傣族往返于边境做买卖。与下坝生活的景颇族相比，傣族不需要激烈的适应和转型过程，而已具备建立于坝区的较好的政治、经济和文化基础。绝大多数傣族都沿公路而居，瑞丽傣族多用沿瑞丽—弄岛（口岸）公路顺流的团结沟里的水进行水田灌溉。帮养傣族和景颇族不是沿公路而居，灌溉条件相同。

教育：傣族和景颇族孩子都在帮养小学上学，学业成绩相似。学校教育对两个民族学生的影响近似。目前帮养傣族没有在读初中生。有几个景颇族学生在家庭困难、学业成绩与城市孩子差距较大的情况下坚持上学。

宗教：帮养极少数景颇族村民信仰天主教，不做礼拜。多数父母保留着一些鬼神信仰观念。青少年则对大部分传统习俗和仪式已不了解，只是因为害怕而遵守一些禁忌。与景颇族类似，傣族父母和老人们的宗教观念较强，青少年则很少去佛寺，仅注意一些父母教授的宗教禁忌。过去傣族男孩都要出家，在佛寺学习几年佛经后才能还俗，现在帮养村只有一个傣族青年曾经出家。虽然傣族的佛教信仰也呈现被削弱的趋势，但正式的宗教地位和固定的场所、人员使佛教能在傣族面临危机时发挥作用，如佛教禁毒模式的开展。

基层政权：在景颇寨，村干不具威信，加之传统的人情观念的影响，关于禁毒、预防艾滋病等方面的村规民约难以执行。据帮养傣族村长介绍，傣寨能执行严厉的村规民约。

现代化的影响：从青少年的服饰、嗜好和飙摩托车等行为可见傣族受城市文化的影响也较深，同样面临青少年接受的外来思想和传统文化相斥的情况。早恋和初次性行为年龄偏小、婚前性行为受到宽容、不使用安全套等特点与景颇族近似。帮养傣寨外出的女孩也很多，目前只有2名未婚女子在家。由于傣族文化与主流文化更接近，外流打工的傣族青少年较之景颇族也相对更容易被外界接受。

经济：可分为商品经济和礼品经济。解放前，傣族处于土司统治的封建领主制，私有观念和商品意识已较为浓厚。现在的傣族社区，个体门户观念较强。农忙时期，部分傣族提前或加速耕作，在自家农活干完后往往帮一些景颇族家干农活，挣一些零用钱：多种经营使傣族家庭能有一些经济积累。景颇族的礼品经济抑制了商品意识的发展。一些村民曾在村里酿酒卖，后来都因无法承受村人经常赊酒、要酒喝而放弃。现在景颇村民喝酒通常都选择在五天一次的集市上向傣族购买。

在民族内部社会分层中的位置：对于景颇族村民而言，帮养景颇寨距公路不太远，所以曾走在经济发展前列，也因此较早受到毒品侵袭。对于傣族村民而言，帮养傣族距公路较远，和景颇族聚居，所以曾被其他傣族村寨认为是“山上人”。

造成这种族内层次差序的根本原因是贫富差距。物质性的分层标准抹杀了民族界限，也造成民族内部的阶层差异。无论是傣族或景颇族，政府官员、在城市有固定工作的人或是商人，他们生活较富裕，处于上层，与农村人口差异很大。毒品和艾滋病并非依民族界限流动，而更易沿着阶层传播。从整体而言，景颇族的政治、经济、文化与主流社会距离更远，处于社会生活的边缘。傣族的平地生活历史使其与主流社会的碰撞没有景颇族那般惨烈，其佛教等文化在主流社会被认可的程度更高。如果描绘一幅社会分层的图画，傣族作为边疆地区的少数民族之一，处于城市的边沿，景颇族的位置处于傣族外围，距离中心更远。一些处于边缘的傣族村寨受毒品和艾滋病的伤害也很深，但总体来说景颇族的贫困、毒品和艾滋病问题较之傣族更严重。

第三节　景颇与克钦

地理和社会结构中的位置：与利奇描述的时期不同，今日的克钦人大都生活在河谷地区。克钦邦首府密支那的目瑙纵歌舞场就坐落在伊洛瓦底江边。克钦邦是缅甸几个少数民族独立邦之一，在缅甸的社会空间中处于缅政府和实力较强的瓦、卡伦等民族邦的夹缝之中。

毒品：克钦土地面积有限，经济基础薄弱。为了维护自己的地位和安全、养活百姓和军队，克钦与其他少数民族邦一样种植罂粟。此外，克钦人还进行农作物种植，并在自然资源开发等方面与中国有贸易往来。邦内对毒品滥用问题管制严格，对吸毒者的制裁较严厉。宗教和强硬的军队对克钦邦毒品滥用具有一定控制力。

现代化的影响：克钦人的物质生活远比中国景颇族困苦，百姓家中非常整洁却是一贫如洗。由于缅甸的现代化整体环境较为缓和，加之克钦邦相对封闭和独立，克钦人与外界比较形成的差异相对缓和。中国境内景颇族处于激烈的市场中，极深地被卷入现代化和贫富差距的漩流，人们失去了传统的精神依托和伦理道德规范的约束，为摆脱现状而采取各种极端方式。

文化：克钦人与中国景颇族景颇支同属一个支系。在克钦邦，学校教育传授本民族语言文字，文字通用于辖区内，民族整体文化素质高。该邦成员统一信仰基督教，有景颇文版的《圣经》。成员较遵守宗教教义，如礼貌待人、不抽烟、不偷盗、不酗酒等。即使是较隆重的宗教集会也能维持稳定秩序。

民族认同：克钦邦有自己独立的政府和军队，对处于一定规模的地域和人口易于进行有效管治。追求民族独立的愿望和现实中与缅人的隔阂使克钦人认同感较强。由于在社会中的不同位置，中国景颇族认同大致呈现三个特点：农村的景颇族向往城市文化，感觉到本民族文化和身份的弱势。但聚居的村落生活使他们保持着一种自然的、不自觉的认同感；生活在德宏城市里的景颇族多已成为失去民族特色的公民。他们的民族身份多是外界环境给予的，即被别人强调为景颇族；生活在内地城市或中心地带的景颇族的认同感较强，甚至有意强调本族个性作为自己的资本和骄傲。

第四节　景颇族、克钦人和傣族的“神”

传统景颇族和现代景颇族的对照属历时研究，现代景颇族与克钦人、傣族的对照属共时研究。

从下表可见，纵向对照景颇族的传统与现在，传统景颇族社会的“神”通过日常的物质生产和精神生活与人们互动。通过重复仪式活动和管理社区生活，“神”使人们在情感和行动上都服从于集体，社会制度严密。相比之下，在现代景颇族社区，“圣神”和仪式都近乎完全退出社区生活，而处于现行体制中的村寨权威已经丧失责任感和威信，名存实亡。

	“圣神”	“俗神”
传统景颇族	分类：（1）至上的天神、地神；（2）祖先的神灵和去世亲属的鬼魂；（3）有鬼魂的事物；（4）董萨 影响：自然、自愿服从	山官、寨老、头人等 影响：与“圣神”有联系；有人情味、非常厉害；强制和自愿服从结合
现代景颇族	分类：（1）各种传说中的人鬼；（2）去世亲属的鬼魂；（2）自然物的鬼魂 影响：在日常生活中不出现，没有固定场所；年轻人意识较淡	本民族村干、政府官员 影响：不敬不畏；人情味干预制度；强制但力量弱
现代克钦人	分类：（1）至上的基督；（2）传教人员；（3）知识分子 影响：是日常生活的一部分，有固定场所；成员自愿服从和非常尊重这些神	政府官员（民族领袖）、军队 影响：非常严厉；很强的强制力和成员自愿服从相结合
现代傣族	分类：（1）佛教领袖；（2）巫术和禁忌（“放歹”） 影响：出现于日常生活，有固定场所；传统节日具有宗教性；年轻人意识较淡	本民族村干、政府官员 影响：较服从制度和制度执行者；强制、较少受人情味干预

在横向分析中，现代克钦社会表现为由景颇民族认同和基督教教义的感召结合而实现的统一，“圣神”是继承了基督教精神的民族成员，“俗神”是独立政府的民族官员。在现代世界，有正式地位和巨大影响力的基督教较之原始信仰更有利于信徒，使其更易于被国际世界承认。基督教不仅继承了原始信仰对民族的凝聚和指导作用，还促使克钦的景颇文化在现代背景下更顺利地实现继承与创新。这种结合基督教之精神团结和行为约束力量的景颇文化能以顽强的生命力应对外界冲击。现代傣族“圣神”的力量也呈现削弱之势，尤其是在青少年之中。但是，傣族拥有固定的宗教场所和人员，宗教仪式仍定期以节日等形式反复重现于人们的生活并以此重申传统信仰和民族认同。佛教在中国乃至全世界都被广泛认可，小乘佛教是中国傣族乃至东南亚泰民族的文化根基。无论是地域还是文化，傣族与主流社会的距离较之景颇族更近，在文化的变迁与调适、物质生活和制度结构等各方面都较能适应。“圣神”和“俗神”的存在有效维持着傣族的凝聚力。

结　语

“无论有多少知识和科学能帮助人满足他的需要，它们总是有限度的。人事中有一片广大的领域，非科学所能用武之地。它不能消除疾病和腐朽，它不能抵抗死亡，它不能有效地增加人和环境间的和谐，它更不能确立人和人间的良好关系。”① 这片神秘的领域正是“神”的圣土。“神”有求必应，受人尊敬，替人解难。“神”与人具有互惠关系，和人互动，按照习惯法和亲属

① ［英］马凌诺夫斯基：《文化论》，费孝通译，见《费孝通译文集》（上册），北京：群言出版社，2002年，第244页。

原则维持社会的和谐发展。帮养景颇族社区之“神”从强到弱、从有到无的过程是一个鲜活案例。

自20世纪50年代社会改革以来，帮养村从开始认识和接触国家政权到成为其中的一部分，地方传统社会组织和精神领域与国家统治体系发生了激烈互动。计划经济时期给景颇族带来了第一次巨变，生产和生活进入集体模式。传统文化和信仰为社会主义和科学的信仰取代。作为传统文化和社会伦理道德体系的监督者和维护者的山官等民族权威逐渐丧失传统身份。

自80年代改革开放以来，景颇族地区被卷入现代化。在这场“真正的革命”中，景颇族的价值体系和民族文化受到了猛烈冲击。当国家统筹的“保护圈”消失之后，景颇族在现代化过程中遭遇物质和精神的双重挫折。

景颇族在其社会政治、经济和文化基础还不成熟的时候被动地进入市场。在场域中的结构性安排和不利位置使其遭受贫困、毒品和疾病的不成比例的（disproportionately）伤害，背负着贫穷和疾病的双重污名。

“创世之初，上帝赐给每人一只杯子，杯里装着泥土，人们从杯里吸取生命的滋养。……都浸泡水中，但他们的杯子各不相同。现在我们的杯子已破碎，已消失无踪了。一些其他的生活之杯留下来了，也许同样盛着水，但这种损失却无法弥补。”① 在更迭交替的不同时代，景颇族的生命力和文化都付出了巨大磨损和牺牲。他们的“杯子”裂了、碎了。传统文化在经历了被动的改造，部分流失后，不再完整并难以弥补。文化传承如同生物遗传，须一代代继承和繁衍下去。然而，传统文化缺失和断裂，文化遗传失去了供基因复制的模版，现代的景颇族还能传承什么?

---

① ［美］露丝·本尼迪克特：《文化模式》，向锡章、黄欢译，北京：华夏出版社，1987年，第16页。

是已经商业化的服饰还是毒品和艾滋病?

现代化崇尚经济发展和容忍了不平等的存在，市场导向必然导致资源的两极流动，被动和缺乏参与能力的弱小民族根本无法应对市场的竞争。因此，国家需要在某种程度上恢复统筹规划的政策导向和能力，尽力平衡经济发展。

物质和精神构成健康完整的社会。少数民族是被承认的具有独特文化的群体，弱小民族的传统文化更是其生存的精神支柱。而现代化要求他们以遗失本民族的传统文化和自我为代价，即失精神，换物质。毒品和艾滋病是景颇族传统文化再生产遭到破坏、社会成员和文化失调的后果。

正因为人们的信仰，文化才能活起来。只有被再次相信时，景颇族的文化才能重新发挥作用，民族认同感才能增强，社会才能自然出现有威信的民族精英和知识分子。他们能领导和增强民族凝聚力，并成为国家和民族群体之间联系的纽带，促成二者的互动。在改革和发展过程中，应该重视和利用地方传统文化的互动和创造能力，尽力修复和建立基于传统文化的地方社区，包括制度建设和精神体系，使弱小民族重拾对民族文化的自信。

每个群体和个体都在其所处的社会空间的位置中有意义地生活着，虽然这种“意义之网”是不自觉的。自从50年代 被界定为“直过民族”开始，景颇族逐渐对本族文化萌生一种不自觉的自卑感，这种感觉在现代化的刺激下更加被强化。文化的摇摆和动荡使景颇族至今也没能真正完成“过渡”。在这个由被动变迁导致的异常时期，景颇族处于敏感、不安和脆弱的阶段。因此，主流社会应恢复社区组织的活力，给地方一个真正宽容的文化环境，给目前被压抑边缘群体的传统文化以更多的尊重和认同。只有基于民族传统文化的基层制度和精神内容才能构成真正的少数民族新农村。像景颇族这样的处于偏远地区的边缘群体，只有恢复民族文化自觉，才能更加健康顽强地幸存于现代化，获得真正平等的资源、教育、发展、安全和健康权利，从而找回原有的生命的感觉。

参考文献

（一）中文文献

专著

[1]　［美］艾恺：《世界范围内的反现代化思潮——论文化守成主义》，贵阳：贵州人民出版社，1991年。

[2]　程玄、陈一之、晓根、黄欢：《云南“直过民族”社会发展与现代化》，昆明：云南人民出版社，2002年。

[3]　［法］杜尔干：《宗教生活的初级形式》，林宗锦、彭守义译，北京：中央民族大学出版社，1999年。

[4]　费孝通：《乡土中国·生育制度》，北京大学出版社，1998年。

[5]　［法］高宣扬：《当代法国思想五十年》，台北：五南图书出版股份有限公司，2003年。

[6]　龚佩华：《景颇族山官制社会研究》，广州：中山大学出版社，1988年。

[7]　郭于华主编：《仪式与社会变迁》，北京：社会科学文献出版社，2000年。

[8]　韩少功、蒋子丹主编：《是明灯还是幻像》，昆明：云南人民出版社，2003年。

[9]　［英］拉德克利夫—布朗：《社会人类学方法》，夏建中译，北京：华夏出版社，2002年。

[10]　［美］露丝·本尼迪克特：《文化模式》，向锡章、黄欢译，北京：华夏出版社，1987年。

[11]　吕天：《邪恶的罂粟》，重庆出版社，2000年。

[12]　［德］马克思·韦伯：《经济与社会》（上卷），林荣远译，北京：商务印书馆，1998年。

[13] ［英］马凌诺夫斯基：《文化论》，费孝通译，见《费孝通译文集》（上册），北京：群言出版社，2002年。

[14] 纳日碧力戈：《现代背景下的族群建构》，昆明：云南民族出版社，2000年。

[15] ［美］乔治·E·马尔库斯、［美］米开尔·M·J·费彻尔：《作为文化批评的人类学》，王铭铭、蓝达居译，北京：三联书店，1998年。

[16] ［美］图姆斯：《病患的意义：医生和病人不同观点的现象学探讨》，邱鸿钟等译，青岛出版社，2000年。

[17] 王铭铭、王斯福主编：《乡土社会的秩序、公正与权威》，北京：中国政法大学出版社，1997年。

[18] 王铭铭：《村落视野中的文化与权力——闽台三村五论》，北京：三联书店，1997年。

[19] 王筑生主编：《人类学与西南民族》，昆明：云南大学出版社，1998年。

[20] 阎玉祥：《礼物的流动——一个中国村庄中的互惠原则与社会网络》，李放春、刘瑜译，上海人民出版社，2000年。

[21] 余风高：《呻吟声中的思索——人类疾病的背景文化》，济南：山东画报出版社，1999年。

[22] 庄孔韶主编：《人类学通论》，太原：山西教育出版社，2002年。

[23] 中国社会科学杂志社主编：《社会转型：多文化与多民族社会》，北京：社会科学文献出版社，2000年。

[24] 《德宏傣族景颇族自治州概况》编写组：《德宏傣族景颇族自治州概况》，潞西：德宏民族出版社，1986年。

[25] 瑞丽市委宣传部编：《接触景颇》，潞西：德宏民族出版社，2004年。

[26] 中共瑞丽市委党史征研室编：《雾城黎明》（中共瑞丽市党史资料选编第一辑），潞西：德宏民族出版社，1997年。

文章

[27] 龚佩华：《景颇族的山官和山官制度》，载《民族学研究》（第八辑），北京：民族出版社，1986年。

[28] 侯远高：《西部民族地区艾滋病疫情及防治策略》，载《中国药物依

赖性》杂志，2004年。

[29] 侯远高：《基于语言、文化和传统的毒品伤害控制与青少年行为教育》，载《降低危害资讯》，北京大学中国药物依赖性研究所，2005年。

[30] 侯远高、木乃热哈、陈国光：《弱势群体如何参与STD/AIDS的防治》，载《中央民族大学学报》（哲学社会科学版）2004年第3期。

[31] 侯远高、张海洋：《导致少数民族青少年感染艾滋病的行为、心理及其根源——以凉山彝族外流人口为个案》，哈佛北大精神卫生高层研讨会发言稿，2004年6月。

[32] 雷亮中：《不洁、歧视与村落：麻风和麻风村的故事》（硕士学位论文），北京：中央民族大学，2003年。

[33] 刘红星：《景颇族经济观念的产生、发展及分析》，载《民族工作》1993年第2期。

[34] 潘绥铭：《艾滋病恐慌与整肃道德》，载《百科知识》，2000年第5期。

[35] 桑耀华：《景颇族山官问题初论》，载《民族学研究》第五辑，北京：民族出版社，1983年。

[36] 邵京：《纪录与思考：农村有偿献血与HIV感染》，载《广西民族学院学报》（哲学社会科学版）2003年第2期。

[37] 王绍光：《巨人的瘸腿：从城镇医疗不平等谈起》，载《读书》，北京：三联书店，2005年11月。

[38] 翁乃群、杜娟、金黎燕、侯红蕊：《海洛因、性、血液及其制品的流动与艾滋病、性病的传播》，载《民族研究》2004年第6期。

[39] 翁乃群：《艾滋病传播的社会文化动力》，载《社会学研究》2003年第5期。

[40] 吴尊友、张家鹏、董勒弄：《云南省陇川县男性青年吸毒危险因素分析》，载《中华流行病学》杂志1999年2月。

[41] 张海洋、胡英姿：《凉山彝族婚改内容解析——兼论传统文化与现代国家的互动》，载《中央民族大学学报》（人文社会科学版）2001年第4期。

[42] 赵学先：《景颇族发展问题探索》，载《云南民族学院学报》1993年

第2期。

(二) 英文文献

[43] E.R.Leach: *Political System of Highland Burma: A Study of Kachin Social Structure*, Beacon Press, Boston , 1964.

[44] Farmer, Paul: *Pathologies of Power: Health, Human Rights, and the New War on the Poor* [M], University of California Press, 2003.

后　记

本书所收录的六篇论文选自编者两届（2002、2003）硕士研究生的毕业论文略加修改而成。论文中所说的“故事”大多源自他们的家乡，甚至有的就是他们亲人的经历。学生们在学科训练的基础上，以他们独特的视角记录了中国社会的一段发展历史和他们的民族、家乡在发展中的变迁历程。“故事”的内容很普通，在中国大地上，这样的“故事”在许多地区都曾发生。现在没有发生的，将来恐怕也会发生，因为发展的潮流正在漫卷中华大地。这些故事正因为普通，所以更值得记录，因为这些既是国民不能忘记的历史，也能提示我们曾经为了今天的生活付出了何等沉重的人文代价。

六篇文章的作者除丁娥外，其余5人均为跨专业学习民族学的学生。在三年的时间里，他们除了专业补课之外，还要为生活、就业而劳心费神。他们能把论文写成这样，我们作为老师已经知足。文中的疏漏、浅表、不当之处固然是他们不成熟所致，我们作为指导老师的薄学也是重要原因，希望能得到读者的批评和指正。

教学相长，指导学生写论文的过程也是我们学习的过程。我们从他们那里，看到了书斋中没有看到的图景，了解到民众心灵的企盼，对学科的使命和意义也有了更多的理解和信心。希望本书能带给读者一些“故事”之外的启迪和反思的动力。

编　者

2006年4月于中央民族大学